Learning by Doing

Programmieren mit Access® und VBA
für Einsteiger

einfache Module für die Heimanwendung
ab Access® 2000

Portrait des Autors

Der Autor, Jahrgang 1942, ist Steuerberater und Rechtsbeistand und betrieb bis zu seinem Ruhestand eine eigene Kanzlei. Schon in den frühen 70er–Jahren beschäftigte er sich mit den ersten am Markt etablierten Computern und unternahm die ersten Schritte zur Erstellung eigener Programme. In seiner Kanzlei hielten schon bald die ersten Bürocomputer Einzug, damals noch mit Lochstreifen, dann mit Magnetbändern. Seine Frau  und er waren über viele Jahre hinweg Testkunden für eine namhafte Computerfirma, die sich gerade im steuerberatenden Beruf aufmachte, die dortigen Arbeiten zu automatisieren. Neben den ständig weiterentwickelten Techniken wurde in seiner Kanzlei auch neue Steuerberater-Software getestet und gestaltet. Mitte der 80er-Jahre hat er, zusammen mit seinem Sohn, die erste eigene Kanzleisoftware zur Mandantenverwaltung, Buchhaltung und Steuererklärungserstellung entwickelt und zum Einsatz gebracht. Später gesellte sich auch ein Programm zur Bilanzerstellung dazu. Für seine Mandanten erstellte er Kalkulations- und Nachkalkulationsprogramme, ferner das erste Bibliotheksverwaltungsprogramm auf einem PC. Im Laufe der Zeit folgten dann Programme zur Verwaltung eines Ferienparks sowie zur Verwaltung von Kindergärten und andere kommunale Einrichtungen. Dabei kamen verschiedene Programmiersprachen zum Einsatz, so zu Beginn Basic, dann Pascal. Die meisten Programme entstanden allerdings dann mittels „Clipper", einer Variante von dBase.

Mit Einführung des Windows-Betriebssystems war dann Visual Basic, zusammen mit dem Datenbanksystem Access, die Hauptprogrammiergrundlage. Hier faszinierte ihn sowohl die mächtige Datenbank als auch die Schlichtheit der Programmiersprache. Mit beiden Komponenten waren fast alle Programmierarbeiten möglich.

Diese schlichte Einfachheit ist jetzt auch Grundlage dieses Buches. Dabei soll nicht die letzte mögliche Feinheit von Visual Basic im Vordergrund stehen, sondern ausschließlich einfache Schritte um beim Einsteiger die Lust aufs Programmieren zu wecken. Wenn diese einfachen Ausführungen einmal in Fleisch und Blut übergegangen sind, kann jeder Leser sich weiterentwickeln und komplexere Programme mit eleganteren Funktionen und Add-Inns versuchen.

Wenn hiermit diese Lust und Freude des Einsteigers geweckt werden kann, dann ist der Sinn dieses Buches erfüllt.

Heinz-Jürgen Urspringer

Learning By Doing

Programmieren mit Access® und VBA Für Einsteiger

Books on Demand-Verlag, Norderstedt

Bibliografische Information der Deutschen Bibliothek
Die Deutsche Bibliothek verzeichnet diese Publikation in der Deutschen Nationalbibliografie.
Detaillierte bibliografische Daten sind im Internet über http://dnb.d-nb.de abrufbar.

Das in diesem Buch enthaltene Programm-Material ist mit keiner Verpflichtung oder Garantie irgendeiner Art verbunden. Autor und Verlag übernehmen folglich keine Verantwortung und übernehmen keinerlei Haftung irgendwelcher Art, die aus der Benutzung des Programm-Materials oder Teilen davon entsteht.

Das Werk einschließlich aller Teile ist urheberrechtlich geschützt.

Fast alle Hardware- und Softwarebezeichnungen und sonstige Angaben, die in diesem Buch verwendet werden, sind als eingetragene Marken geschützt. Da es nicht immer möglich ist, in allen Fällen zeitnah zu ermitteln, ob ein Markenschutz besteht, wird das ®-Symbol in diesem Buch nicht verwendet.

Copyright: © 2012 Heinz-Jürgen Urspringer

Herstellung und Verlag: BoD - Books on Demand

ISBN: 978-3-8482-0734-3

Printed in Germany

Vorwort

Es wurden schon viele Bücher über Access und VBA von namhaften Spezialisten geschrieben. Jeder versucht es dabei auf seine Weise, dem Leser die Möglichkeiten und Geheimnisse näher zu bringen und zu erläutern. Oft steht dabei die Theorie im Vordergrund und der Leser wird dabei nicht selten total überfordert und wirft oft entnervt das Handtuch. Mit diesem Buch möchte ich einen anderen Weg beschreiten, damit der Einsteiger möglichst schnell einen persönlichen Erfolg verspürt und in ihm das Interesse am Programmieren so richtig geweckt wird. Ausschlaggebend für dieses lehrgangsmäßig aufgebaute Buch war der Informatik-Unterricht meiner beiden Enkel Marvin und Manuel in der gymnasialen Unter- und Mittelstufe. Dieses Fach wird vom Lehrplan der Schulen sehr stiefmütterlich behandelt, obwohl die Zukunft ohne Computer gar nicht mehr denkbar ist. Es fehlt einfach die Zeit, den Schülern Informatik (=*"Wissenschaft von der systematischen Verarbeitung von Informationen*) im eigentlichen Sinne beizubringen. Diese Lücke möchte ich mit diesem Buch ein wenig schließen. Hauptaugenmerk soll daher auf das Programmieren von Arbeitsabläufen und das Speichern und Auswerten von Daten gelegt werden.

Ich möchte den Leser dabei begleiten, möglichst schnell Programme zu erstellen, um ein Erfolgserlebnis zu haben. Ausgangsbasis soll dabei ein weit verbreitetes Datenbanksystem mit einer darin enthaltenen einfachen, aber doch recht mächtigen Programmiersprache sein. Es sollen Programmmodule entwickelt werden, die bei den meisten Interessenten im häuslichen Bereich zur Anwendung kommen können. Sicherlich gibt es für alle Bereiche des täglichen Lebens schon fertige Programme auf dem Markt und es wäre nicht notwendig eigene Entwicklungen zu tätigen. Aber entweder sind es Programme aus dem Freeware- oder Shareware-Bereich, die die Ideen und spezielle Arbeitsabläufe des Programmierers tragen und nicht unbedingt mit dem übereinstimmen, was man selbst gerne hätte. Oder aber es handelt sich um teure Programme großer Softwarehäuser, die sehr umfangreich sind, weil Sie alle Bereiche eines Themas abdecken müssen, für den einzelnen Nutzer aber viel zu umfangreich und kompliziert sind. Mit diesem Buch wird der Leser ein komplettes Programm von der Planung über Tabellenerstellung, Formulare, Abfragen, Berichte und Menüstrukturen für den häuslichen Bereich selbst entwickeln. Am Ende wird er in der Lage sein, eigene, seinen tatsächlichen Bedürfnissen entsprechende, Programme zu erstellen. Dabei sollen die hauptsächlichsten Objekte stets zusammenhängend erarbeitet werden, und zwar so, dass am Ende eines Kapitels die dort behandelten Objekte fast wie im Schlaf erstellt werden können.

Zum Schluss möchte ich mich noch bei meiner Frau bedanken, die in der Zeit der Buchentwicklung sehr oft auf gemeinsame Freizeit verzichten musste. Ihnen, liebe Leserin und Leser wünsche ich bei der Durcharbeitung dieses Buches Spaß und viel Erfolg!

Inhaltsverzeichnis

KAPITEL 1
Einleitung und Grundlagen 1

Projekte 2
Module 2
Prozeduren 3
Objekte 3
Variablen 5
Konstanten 7
Access-Start 8
    Access 2000 8
    Access 2003 9
    Access 2007/2010 9
Access-Anwendungsfenster 10
Steuerelemente 10

KAPITEL 2
Planung eines Programms 13

Anwendungssammlung 13
Datensammlung 16
    Musikverwaltung 18
    Adressverwaltung 21
    Festverwaltung 28
    Verwaltung von Terminen 33
    Rezepte-Sammlung 35
    Haushaltsbuch 40
    Allgemein-Daten 43
    Bücherverwaltung 44

KAPITEL 3
Tabellen 49

Tabellenerstellung mit dem Assistenten 49
    Tabelle Postleitzahlen 50
Tabellenerstellung im Entwurfsmodus 56
    Tabelle Musikverwaltung 56
    Tabelle MusikAusleihe 60
    Tabelle Adressdaten 62
    Tabelle Termine 65
    Tabelle Erinnerung 66
    Tabelle TerminDruck 66
    Tabelle Rezept-Kategorien 66
    Tabelle Mengenangabe 67
    Tabelle Nährwert 67

- Tabelle Rezepte 68
- Tabelle Buchungskonten 69
- Tabelle Verbuchung 69
- Tabelle Allgemeine Daten 70
- Tabelle Gast 70
- Tabelle Veranstaltung 71
- Tabelle Tisch 72
- Tabelle Geschenke 72
- Tabelle Buchverwaltung 73
- Tabelle Autoren 75
- Tabelle Buch-Kategorien 75
- Tabelle Verlage 75
- Tabelle BuchAusleihe 75
- Erstellung von Beziehungen 76
  - Beziehung Adresstabelle zu Geschenketabelle (1:1) 77
  - Beziehung Musiktabelle zu Musikausleihe (1:n) 80
  - Beziehungen bei der Buchverwaltung 81
  - Beziehungen bei der Musikverwaltung 82
  - Beziehungen beim Haushaltsbuch 84
  - Beziehungen Rezeptverwaltung 85
  - Beziehungen Adressverwaltung 86
  - Beziehungen bei der Festverwaltung 87

KAPITEL 4
Formulare mit Tabellenanbindung 89

- Formular-Erstellung mit dem Assistenten 89
  - Musikverwaltung 89
  - Eingabekontrolle 129
- Formularerstellung im Entwurfsmodus 131
  - Erstellung eines Musterformulars 131
  - Erfassungsformular Postleitzahlen 136
  - Adressverwaltung 142
  - Feste-Verwaltung 172
  - Formular Terminkalender 195
  - Erinnerungs-Verwaltung 217
  - Haushaltsbuch 221
  - Koch-und Backrezepte-Erfassung 243
  - Allgemeine Daten 279
  - Buchverwaltung 282
  - Formular Buchverlage 285
  - Formular Buch-Autoren 286
  - Formular Buchverwaltung 287
  - Unterformular MusikAusleihe 301
  - Unterformular BuchAusleihe 306
  - Adressweitergabe an Word 309

KAPITEL 5
Abfragen 317

Auswahlabfragen **317**
    Abfrage Telefon-Liste 317
    Abfrage Adress-Liste 324
    Abfrage Tischbelegung 326
Löschabfrage. 327
    Löschabfrage für ganze Tabelle 328
    Löschabfrage für Termin-Druck-Datei 330
    Löschabfrage für einzelne Datensätze 330
    Löschabfragen für Buchungsdaten 331
    Löschung Musikausleihe 331
    Löschung Buchausleihe 332
    Abfrage Einladungsanzeige 332
Anfüge-Abfragen 333
    Abfrage Zusagen 338
Aktualisierungs-Abfrage 340
    Abfrage Geburtstagsliste 341
    Abfrage Saldenliste 349
    Abfrage RezeptZutaten 350
    Abfrage Adress-Etiketten 350

KAPITEL 6
FORMULARE MIT ABFRAGEN 353

Fertigstellung des Formulars frmEinladung/Zusagen 353
Unterformular Gasteinladungen 353
Formular Einladung/Zusagen 356
Formular Tischbelegung 362
Formular Glückwunsch-Erfassung 372
Druckauswahl für Terminübersicht 379
Ergänzung Formular Allgemeine Daten 388

KAPITEL 7
Erstellung von Berichten 395

Berichte im Entwurfsmodus 395
    Telefon-Liste 395
Berichtserstellung mit dem Assistenten 408
    Adress-Liste 408
    Geburtstags- u. Jubiläumlisten 418
    Einladungsliste 443
    Tisch-Listen 449
    Tischliste einzeln 457

Gäste-Liste... 461
Glückwunsch-Liste... 464
Liste bebuchbarer Konten für Haushaltsbuch 467
Saldenliste 478
Rezept-Druck 483
Adress-Etiketten... 489
Termin-Liste 491

KAPITEL 8
Menü-Strukturen 495

Untermenü Listendrucke Adressverwaltung 496
Untermenü Druckauswahl Festverwaltung 510
Untermenü Listendruck Haushaltsbuch 521
Menü zum Programmaufruf 529
    Muster-Menüformular... 530
    Haupt-Menü 531
    Menü-Adressverwaltung 535
    Menü Medienverwaltung 536
    Menü Buchverwaltung.. 537
    Menü Musikverwaltung 538
    Menü Feste 539
    Menü Haushaltsbuch 540
    Menü Rezepte 540
    Menü Termin-Verwaltung 541
    Farbänderungen der Menüs 541
    Belebung der Menüs 541
    Zurück-Schaltfläche in Formularen 542

KAPITEL 9
Weitergabe von Programmen 545

Office Developer Edition 545
MDE-Datenbank 545
Aufteilung der Programmdatei 547

ANHANG 1
Datentypen 549

ANHANG 2
Gebräuchliche Notationen **551**

ANHANG 3
MsgBox Schaltflächen 553

ANHANG 4
Wiederkehrende Programmabläufe 557

ANHANG 5
Datum und Zeitfunktionen 559

ANHANG 6
Schleifenstrukturen 561
    For-Next-Schleifen 561
    Do-Loop-Schleifen 562

ANHANG 7
Domänen-Funktionen 565

Stichwort-Verzeichnis 567

Kapitel 1

EINLEITUNG UND GRUNDLAGEN

Die Programmiersprache Basic wurde bereits 1964 in der Anfangszeit des Computers entwickelt und hat sich als sehr einfach zu erlernende Programmiersprache erwiesen. Sie hat unter dem Betriebssystem MS-DOS zwar sehr viel Programmcode benötigt, aber die Anweisungen waren stets allgemein verständlich. Unter dem Betriebssystem Windows hat Microsoft® diese Programmiersprache immer weiter entwickelt und mit Visual Basic zur neuerlichen Blüte verholfen.

Mit dem Datenbanksystem ACCESS ist der Firma Microsoft® vermutlich das erfolgreichste Datenbankprojekt für Windows gelungen. Es ist für den Endanwender leicht zu bedienen und beinhaltet bereits bärenstarke Funktionen.

Außerdem wurde diesem Datenbanksystem die Programmiersprache Visual Basic in etwas abgewandelter Form hinzugefügt. Man nennt sie deshalb auch VBA, **Vi**sual **B**asic für **A**nwendungen.

Visual Basic für Anwendungen (VBA) stellt Ihnen eine vollwertige objekt- und ereignisgesteuerte Programmiersprache zur Verfügung, die sich sehr gut auch für die Entwicklung professioneller Programme eignet. In all der Zeit, in der ich mit Access und VBA arbeite, habe ich noch keine Aufgabe gefunden, die ich nicht mit dieser Programmiersprache lösen konnte. Sicherlich waren dabei viele Lösungen nicht immer elegant, aber sie haben funktioniert.

Ich möchte schon an dieser Stelle darauf hinweisen, dass es am Markt eine ganze Reihe von sogenannten Add-Inns zu kaufen gibt, die so manche Programmierhürde leichter nehmen lassen. Doch damit können Sie sich später beschäftigen.

Derzeit besteht nur eine Voraussetzung, nämlich, dass Sie eine lizenzierte Version von Access besitzen (ab Access 2000). Zum Zeitpunkt der Bucherstellung konnte man bei einschlägigen Versendern und Händlern (z. B. auch EBay) eine Version 2000 für rd. 30 € und eine Version 2003 für rd. 50 € erwerben. Neuere Versionen (zwischenzeitlich gibt es bereits die Version 2010, Kostenpunkt ca. 180 €) benöti-

Kapitel 1

gen Sie für unseren Exkurs nicht. Diese neuerlichen Weiterentwicklungen bieten zwar noch mehr Features, aber im Prinzip ändert sich an der Programmierung nur wenig.

In diesem Buch möchte ich vorwiegend praktische Anleitungen zur Erstellung von Programmen liefern, damit Sie möglichst schnell eigene Programme anzufertigen in der Lage sind. Feinheiten und das dafür notwendige theoretische Wissen, können Sie sich dann selbst aneignen. Um etwas Theorie kommen wir allerdings nicht herum. Ich mache es aber so kurz wie möglich.

Ein VBA-Programm besteht aus verschiedenen Ebenen, die ich Ihnen nun kurz vorstelle.

Projekte

Die oberste Ebene ist die Ebene der Projekte. Ein Projekt (landläufig auch *Programm* genannt) umfasst viele einzelne Module, in denen wiederum sogen. Prozeduren enthalten sind, die den eigentlichen Programmcode zur Ausführung bringen.

Unser Buch-Projekt wird die sogen. *Heimanwendung.MDB* sein. Heimanwendung ist der Arbeitsname der zu erstellenden Datenbank. Der Bezeichner „*MDB*" gibt an, dass es ich um ein offenes Projekt handelt, d. h., jeder Nutzer kann den ablaufenden Programmcode mit Hilfe von Access einsehen. Wenn Sie Ihr selbst geschaffenes Programm anderen Nutzern zur Verfügung stellen wollen, die keinen Einblick in den Programmcode haben sollen, so können Sie Ihr neu geschaffenes Projekt in ein „*MDE-Projekt*" umwandeln. Wie das geht erfahren Sie am Ende dieses Buches.

Ab Access 2007 wurde von Microsoft ein neuer Bezeichner eingeführt, nämlich *accdb*.

Module

Unter einem Modul (auch Programmmodul oder Teilprogramm genannt) müssen Sie sich einen Container vorstellen, in dem viele kleine Programmteilchen aufbewahrt werden. Je nachdem, was Ihr Programm einmal tun soll, werden die einzel-

Kapitel 1

nen Programmschritte sinnvollerweise in unterschiedliche Module aufgeteilt. So z. B. in ein Stammdatenmodul, in dem die Artikeldaten erfasst und verwaltet werden können, in ein Modul für die Kundenverwaltung und ein Modul für die Lieferantenverwaltung. Weiter wird man in einem solchen Projekt Module entwickeln, die Ihnen das Schreiben von Rechnungen erlaubt, den Zahlungseingang kontrolliert und statistische Auswertungen zulässt.

Prozeduren

Jedes Modul besteht aus kurzen Programmstückchen, den sogen. Prozeduren. Man unterscheidet dabei zwischen Funktionsprozeduren, Ereignisprozeduren und Sub-Prozeduren. Funktionsprozeduren sind Prozeduren, denen Sie einen Wert zur Verarbeitung übergeben und die Ihnen nach der Verarbeitung einen Wert zurückgeben. Dabei gibt es eingebaute Funktionen, die von VBA und Access zur Verfügung gestellt werden und Funktionen, die Sie selbst erstellen können.

Ereignisprozeduren übergeben keinen Wert, sondern führen einfach die Anweisungen aus, die Sie ihnen auftragen. Wie der Name schon ausdrückt, werden sie für ein bestimmtes Ereignis geschrieben. Wenn dieses Ereignis eintritt (z. B. durch Klick auf eine Schaltfläche) dann wird diese Prozedur abgearbeitet.

Subprozeduren übergeben ebenfalls keinen Wert. Sie sind auch an keine Ereignisse gebunden. Meistens werden sie von Funktionen oder Ereignisprozeduren aufgerufen. Sie führen dann die in ihnen enthaltenen Anweisungen aus. Anschließend wird das Programm mit der aufrufenden Prozedur fortgesetzt.

Im Laufe unseres Exkurses werden Sie hiervon eine ganze Menge solcher Prozeduren erarbeiten.

Wie oben schon einmal erwähnt, ist VBA nicht nur eine ereignisgesteuerte Programmiersprache, sondern auch eine objektorientierte.

Objekte

Um ablauffähige Programme zu erzeugen, braucht es verschiedener Objekte z. B. *Tabellen, Abfragen, Formulare, Berichte und Globale Module.*

Einleitung und Grundlagen

Kapitel 1

Jedes Objekt besitzt bestimmte Eigenschaften und kann mit bestimmten Methoden manipuliert werden. Die Eigenschaften von solchen Objekten können in vielen Fällen von Ihnen verändert werden. So kann z. B. die Höhe oder Breite eines Steuerelementes geändert werden, oder auch die Schriftgröße, die Schriftart, die Schriftfarbe usw. VBA gibt jeweils die Standardeigenschaften vor, die über das jeweilige *Eigenschaftsfenster* von Ihnen den Bedürfnissen entsprechend angepasst werden können.

Bei den Objekten werden folgende Elemente unterschieden:

TABELLEN werden benötigt, um die zu erfassenden Daten speichern zu können. Sie sind Grundlage einer Datenbank. Eine Tabelle setzt sich immer aus Zeilen und Spalten zusammen. Eine Zeile enthält stets einen kompletten Datensatz. Die Spalten stellen die einzelnen Datensatzfelder dar. Alle Datensätze einer Tabelle müssen den gleichen Aufbau besitzen. Jede Tabelle kann aus bis zu 255 Datenfeldern bestehen. Der Feldname kann bis zu 64 Zeichen lang sein.

ABFRAGEN dienen zum Filtern und zum Selektieren von Daten nach bestimmten Kriterien. In Abfragen werden also keine Daten gespeichert, sondern lediglich Daten nach bestimmten Kriterien aus den Tabellen zusammengestellt. Dadurch werden teilweise komplizierte Programmierschritte wesentlich vereinfacht. In VBA kennt man Auswahlabfragen, Anfügeabfragen, Löschabfragen und Aktualisierungsabfragen.

FORMULARE dienen dazu, die notwendigen Daten übersichtlich zu erfassen (also einer Tabelle Daten hinzufügen, zu ändern oder zu löschen).

BERICHTE sind Ausdrucke der erfassten Daten nach von Ihnen bestimmten Schemen. Sie präsentieren die erfassten Daten nach vom Nutzer vorgegebenen Kriterien.

SEITEN sind ein bestimmter Typ von Webseiten, die der Anzeige und Bearbeitung einer Datenbank im Internet oder Intranet dient. Sie spielen allerdings in diesem Buch keine Rolle, da sie für die Hobbyprogrammierung nicht notwendig sind.

Kapitel 1

MAKROS sind eine Definition einer Folge von einzelnen Schritten, die eine bestimmte Aktion immer wieder ausführen oder auslösen können. In diesem Buch werden Makros nicht verwendet.

GLOBALE MODULE sind eine Zusammenstellung von Funktionselementen, die Datenbankaufgaben mit Hilfe von Prozeduren automatisieren. Ein globales Modul besteht aus mindestens einer Prozedur. Es kann von allen Programmteilen aufgerufen werden und gibt errechnete Werte zurück oder führt bestimmte Operationen aus.

Variablen

Zur Durchführung von Berechnungen müssen Werte häufig zwischengespeichert werden. Dazu benötigen Sie sogen. *Variablen*. Eine Variable hat einen **Namen** und einen **Datentyp**.

Der Name einer Variablen kann maximal 255 Zeichen lang sein und soll die Aufgabe der Variablen möglichst bestimmen. Der Name muss mit einem Buchstaben beginnen. Erlaubt sind Buchstaben, Zahlen und das Unterstreichungszeichen „_". Satz- und Leerzeichen sind nicht erlaubt. Groß- und Kleinschreibung spielt für die Erkennung keine Rolle. Es dürfen jedoch keine von Visual Basic reservierten Schlüsselworte verwendet werden (z. B. *Name, Mod, Loop, and*, etc.).

Um Variablen möglichst eindeutig zu definieren, bietet es sich an zusammengesetzte Wörter als Variablennamen zu verwenden. Dabei können verschiedene Bezeichnungen zu einem Wort zusammengezogen werden, wobei jeder Wortbeginn vorzugsweise als Großbuchstabe geschrieben wird, so z. B. „**F**amilien**N**ame", „**Z**weit**W**ohnsitz", „**T**elefon**G**eschäft", „**T**elefon**P**rivat", etc.

Als Standard-Datentyp verwendet Access den Typ *Variant*. In diesem Variablentyp können Sie verschiedene Datenarten speichern. So können Sie Zahlen, Datum/Uhrzeit und auch Textzeichenfolgen speichern. Allerdings benötigen Sie für diesen universellen Datentyp auch einen größeren Speicherplatzbedarf.

Einleitung und Grundlagen

Kapitel 1

Um Speicherplatz zu sparen, empfiehlt es sich den benötigten Variablen auch nur den Datentyp zuzuweisen, den sie tatsächlich brauchen. Eine Zusammenstellung der Variablentypen und deren Speicherbedarf entnehmen Sie bitte dem **Anhang 1**.

Variablen werden vor ihrer Verwendung in einem Modul oder einer Prozedur deklariert. Hierzu gibt es mehrere Deklarationsbefehle:

Deklarationsbefehl	*Deklarationsort*	*Gültigkeit*
Dim	Prozedur	Nur innerhalb dieser Prozedur gültig (Lokale Variable)
Dim oder Private	Modul	Gültig für das Modul
Public	Globales Modul	Globale Variable
Static	Überall	Variable behält Wert bis Anwendung geschlossen wird

Der entsprechende Daten-Typ wird vorzugsweise mit dem Schlüsselwort „*AS*" zugewiesen. Geben Sie keinen Daten-Typ ein, ist immer der Variant-Typ deklariert.

Beispiele:

Dim SteuerWert   *Variable vom Typ* **Variant**
Dim SteuerWert **AS** Integer   *Variable vom Typ* **Integer**
Public SteuerWert **AS** Currency   *Variable vom Typ* **Währung**
Static SteuerTag **AS** Date   *Variable vom Typ* **Datum**
Dim SteuerGrund **AS** String   *Variable vom Typ* **Zeichen**

Einleitung und Grundlagen

Kapitel 1

Etwas fortgeschrittene Programmierer verwenden bei der Deklaration von Variablen aber auch bei der Bezeichnung für Programmmodule eine sogen. Notation, aus der man aus dem Namen sofort erkennen kann um welche Art von Variablen oder Modul es sich handelt. Diese Notation wird vor dem eigentlichen Variablen- oder Modulnamen in Kleinbuchstaben gesetzt, z. B.:

Dim **txt**SteuerGrund AS String   **txt** bedeutet dabei, dass die
                                          Variable vom Typ **String** ist.

Dim **int**SteuerWert AS Integer   Variable vom Typ **Integer**

Eine Zusammenstellung der üblichen und auch der von mir als sinnvoll erachteten Notationen ersehen Sie aus **Anhang 2**.

Die Angabe einer Notation ist nicht zwingend notwendig und hat auch keine Auswirkung auf den Programmablauf. Sie dient lediglich der besseren Übersicht.

Konstanten

Konstanten sind, anders als Variablen, Werthalter, deren Wert einmalig im Deklarationsteil übergeben wird und während des Programmablaufs immer zur Verfügung steht. Der Wert selbst kann während des Programmlaufs nicht verändert werden. Einer Konstanten können Sie neben Texten, auch Zahlen oder Zeichen zuweisen.

Wenn Sie Arbeiten z. B. mit einem bestimmten festgelegten Stundenlohn für einen Meister kalkulieren, so können Sie diesen Stundenlohn fest deklarieren und in jeder Berechnung innerhalb des Programms mit dem Konstanten-Namen benutzen.

Eine Konstanten-Deklaration wird mit dem Schlüsselwort *Const* eingeleitet:

constStundenlohnMeister = 35 €

Im Programmablauf können Sie dann den Arbeitspreis des Meisters errechnen

Einleitung und Grundlagen

Kapitel 1

10 Stunden x constStundenlohnMeister

Konstanten können Sie auch mit dem Schlüsselwort Public oder Private festlegen. Die Gültigkeit entspricht der bei Variablen:

Public ConstArbeitswert = 10 €
Private ConstArbeitswert = 10 €

Access-Start
Access 2000

Abbildung 1-1

Beim Start von MS ACCESS® 2000 öffnet sich ein Fenster und Sie werden gefragt, ob Sie eine neue Datenbank erstellen und eine von Access zur Verfügung gestellte leere Datenbank nutzen wollen. Wollen Sie eine neue Datenbank erstellen, dann klicken Sie in den leeren Kreis (Abbildung.1-1 – Pfeil A), so dass dieser danach einen Punkt enthält. Mit OK wird die Neuanlage bestätigt. Wollen Sie eine bereits bestehende Datenbank weiter bearbeiten, so klicken Sie in Access 2000 in das Feld „Öffnet eine bestehende Datenbank" (Abbildung 1-1, Buchstabe B), wählen eine im unteren Fensterteil aufgeführte Datenbank an und bestätigen mit OK.

Access 2003

In Access 2003 sieht das Startfenster wie in Abbildung 1-2 gezeigt aus. Mit der linken Maustaste klicken Sie in die Zeile „Eine neue Datei erstellen" und anschließend in die Zeile *Leere Datenbank* an.

Abbildung 1- 2

Es öffnet sich ein Fenster des Windows-Explorers und Sie geben der Datenbank einen Namen. Wenn Sie die neue Datenbank nicht an der vorgeschlagenen Stelle speichern wollen, wählen Sie einen anderen Ordner oder legen einen neuen Ordner an.

Wenn Sie eine bestehende Datenbank öffnen wollen, klicken Sie eine unter der Rubrik ÖFFNEN aufgeführte Datenbank an.

Access 2007/2010

Auch bei diesen neuen Versionen verhält sich die Öffnung von Datenbanken bzw. die Neuanlage von Datenbanken ähnlich, so dass auf eine detaillierte Darstellung verzichtet werden kann. Allerdings hat die Version 2010 leider noch einige Tücken, die Microsoft bis zur Fertigstellung dieses Buches noch nicht beseitigt hat. Sie kann daher von mir noch nicht empfohlen werden. Geben Sie der neu zu erstellenden Datenbank den Projektnamen *„Heimanwendung"*. Am besten speichern

Kapitel 1

Sie sie auch in einem neuen Ordner auf der Festplatte „C:". den Sie „*Eigenanwendung*" nennen. Nach diesen vorbereitenden Angaben erscheint das

Access-Anwendungsfenster

Betrachten Sie sich zunächst den oberen Teil des Access-Anwendungsfensters. (Abbildung 1-3).

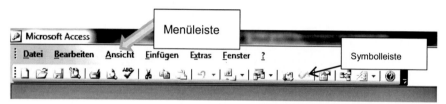

Abbildung 1- 3

Unterhalb der *Titelleiste* mit der Beschriftung *Microsoft Access* sehen Sie die mit dem dicken Pfeil markierte **Menü-Leiste** mit insgesamt 7 Pull-Down-Menüs (*Datei, Bearbeiten, Ansicht, Einfügen, Extras, Fenster und „?" für die Hilfefunktion*). Die Zeile darunter ist die sogen. **Symbolleiste** (*dünner Pfeil*). Sie erleichtert Ihnen bei der späteren Programmierung die Arbeit, weil Sie sehr viele Befehle direkt anwählen können ohne sich durch ein Menü quälen zu müssen.
Die Menü- und Symbolleisten verändern sich etwas, wenn Sie sich beim Arbeiten mit Access zwischen den Objekten bewegen.

Ganz unten befindet sich in verschiedenen Arbeitsbereichen noch die Statusleiste, die Ihnen beim Arbeiten immer wieder Hinweise und Erläuterungen gibt. Auf der leeren Access-Arbeitsfläche ist ein weiteres Fenster geöffnet, in dem die verschiedenen Objekte (*Tabellen, Abfragen, Formulare, Berichte, Seiten, Makros und Module*) einer Datenbank zu sehen sind.

Steuerelemente

Bei den Programmierarbeiten werden Sie es ständig mit sogen. Steuerelementen zu tun haben. Die Datenfelder der Tabellen z. B. werden als *Steuerelemente* bezeichnet. Diese Steuerelemente für Datenfelder bestehen stets aus zwei Teilen, nämlich

dem Bezeichnungsfeld und
*dem Datenfeld*Fehler! Textmarke nicht definiert. *(auch Textfeld genannt)*,

wobei für sich genommen das Bezeichnungsfeld auch wieder ein eigenständiges Steuerelement darstellt. In einem Formular gibt es aber noch weitere Steuerelemente, nämlich die sogen. Schaltflächen, die eine Aktion auslösen.

Wichtige Schaltflächen und Steuerelemente sind in der Toolbox zusammengefasst, die Sie später noch kennen lernen werden.

Jedes Steuerelement, ob Tabellenfeld, Bezeichnungsfeld oder Schaltfläche, hat verschiedene Eigenschaften. Die Standard-Eigenschaften werden bei jedem Steuerelement von VBA vorgegeben und können von Ihnen jederzeit Ihren Bedürfnissen oder Ihrem Geschmack entsprechend angepasst werden.

Zur Änderung oder Anpassung der Eigenschaften klicken Sie in der Menüleiste auf *Ansicht* und dann auf *Eigenschaften* oder klicken, was ich stets bevorzuge, mit der rechten Maustaste auf das entsprechende Steuerelement um es zu markieren. Es öffnet sich ein Drop-Down-Menü in dem Sie *Eigenschaften* anwählen. Daraufhin wird das Eigenschaftsfenster eingeblendet, das, je nach Art des Steuerelements, bis zu 5 Register enthält (Abbildung 1-4).

So können Sie z. B. im Register **Format**, neben der Höhe und Breite eines Steuerelementes, den linken Rand, den Abstand vom Formularbeginn, die Schriftart, die Schriftfarbe, die Schriftgröße usw. einstellen.

Im Register **Daten** werden die Datenherkunft, die Deaktivierung und der Steuerelementinhalt eingetragen.

Im Register **Ereignis** werden Prozeduren, also Programmcode geschrieben um verschiedene Ereignisse einzuleiten, was das Programm z. B. beim Verlassen eines Steuerelementes machen soll (Überprüfung des Inhaltes auf Richtigkeit o. ä.), oder beim Hingehen zu einem Steuerelement (evtl. Vorgaben anzeigen o. ä.).

Kapitel 1

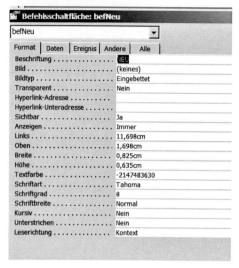

Abbildung 1-4

Im Register **Andere** werden Reihenfolgen für das Formular festgelegt, oder Steuerelementetipps vorgegeben.

Das Register **Alle** zeigt noch einmal alle Eigenschaften eines Steuerelementes an ohne auf die vorher besprochenen Gruppenregister zu achten.

Doch genug der Theorie. Sie wollen ja nutzbringende Programme erstellen und sich nicht allzu sehr in theoretischen Fachbegriffen vertiefen.

Wenn künftig Theorie notwendig wird, dann erläutere ich die notwendigen Grundlagen dort, wo sie in der Anwendung benötigt werden.

Kapitel 2

PLANUNG EINES PROGRAMMS

Anwendungssammlung

Bevor Sie überhaupt mit dem Programmieren beginnen, müssen Sie sich Gedanken machen, was das neu zu erstellende Projekt tun soll oder können muss. Nehmen Sie daher zunächst Papier und Bleistift zur Hand und schreiben einmal zusammen, welche Ergebnisse Sie von der Programmierarbeit erwarten.

Ich möchte Sie mit diesem Buch begleiten, möglichst viele Arbeiten im Heimbereich abzudecken. Da jeder von uns unterschiedliche Interessengebiete hat, sind auch die Vorstellungen, was ein solches Projekt beinhalten soll, sicherlich recht unterschiedlich. Wir versuchen deshalb gemeinsam ein möglichst breites Spektrum von Anwendungen abzudecken. Jeder von Ihnen kann dann individuelle, weitere Module hinzufügen, die für wichtig gehalten werden.

Zentrales Modul wird vermutlich eine Adressverwaltung sein, die nicht nur Grundlage für Adressliste, Telefonverzeichnis, Geburtstags- und Jubiläumsliste ist, sondern auch für andere Teilprogramme nutzbar ist.

Eine Terminverwaltung mit feststehenden und variablen Terminen kann auch für die meisten Anwender eine willkommene Hilfe sein.

Zu einer Heimanwendung gehört aber auch die Verwaltung von Musikstücken (Schlager, Klassische Musik etc.) auf den verschiedensten Datenträgern wie Schallplatten, Musikkassetten oder CD's.

Für einen Bücherfreund wird auch die Verwaltung seiner Bücher eine lohnende Anwendung sein. Deshalb sollte eine Bücherverwaltung nicht fehlen.

Oftmals werden Bücher und Tonträger an Freunde und Bekannte ausgeliehen. Damit Sie sicher sind, dass die ausgeliehenen Dinge auch wieder zurückkommen,

Kapitel 2

wird vorgeschlagen, eine Ausleihekontrolle in beide Verwaltungsprogramme einzubauen.

Sicherlich haben Sie manches Fest zu feiern und wollen hierzu Verwandte, Freunde und Bekannte einladen. Dafür müssen Sie Einladungen schreiben, Gästelisten führen, evtl. auch Tischlisten für die eigentliche Feier zusammenzustellen, also benötigen Sie eine sogen. Festverwaltung.

Eine übersichtliche Erfassung aller Geschenke, die man bei einem solchen Fest erhält, wäre sicherlich auch wünschenswert.

Wenn Sie begeisterter Hobbykoch sind, haben Sie vielleicht das Bedürfnis, Ihre besten Rezepte in einer Datenbank festzuhalten um sie ab und zu wieder mal auszuprobieren.

Vielleicht wollen Sie auch wissen, wohin Ihr Geld wandert und deshalb ein Haushaltsbuch führen.

Die persönlichen Daten des Programmnutzers sollten ebenfalls gesammelt werden um sie vielleicht in einem der Module wieder einsetzen zu können ohne dabei diese Daten immer wieder erfassen zu müssen.

Sicher haben Sie persönlich noch andere Dinge im Sinn, die Sie gerne mit Ihrem Programm erledigen möchten. Schreiben Sie all Ihre Gedanken zusammen. Wenn Sie die einzelnen Schritte dieses Buches nachvollziehen, sind Sie am Ende in der Lage, weitere Module selbstständig hinzuzufügen.

Nach den grundsätzlichen Festlegungen über den Umfang des Projektes müssen Sie zusammenschreiben, was Sie bei jedem Programm-Modul anstellen wollen, wie Sie die Datengrundlagen legen und was Sie als Ergebnis nachher erhalten wollen, z. B. Listen, Etiketten o. ä.

Nach Abschluss all dieser Vorüberlegungen könnte die Vorhabens-Liste jetzt etwa wie folgt aussehen:

Kapitel 2

Adressverwaltung

Eingabe: *Erfassen, Ändern und Löschen von Adressen*

Ausgabe: *Adressenliste, Telefonverzeichnis, Geburtstags- bzw. Jubiläumsliste, Adressetiketten, Übernahme der Adressen nach Microsoft Word, Adressverwendung in anderen Programm-Modulen*

Terminverwaltung

Eingabe: *Erfassung feststehender und variabler Termine,*

Ausgabe: Tages- Wochen- oder Monatsplanes

Festverwaltung

Eingabe: *Auswahl der Gäste, Erstellung der Einladungen, Erfassung von Zusagen, Erfassung der Geschenke*

Ausgabe: *Einladungsliste, Gästeliste, Tischzusammenstellung, Geschenkeliste*

Musik- und Literaturverwaltung

Eingabe: *Erfassung der Lieder von Schallplatte, CD und MC bzw. Erfassung vorhandener Bücher*

Ausgabe: *Liederliste, Bücherliste, Evtl. Ausleih-Liste*

Haushaltsbuch

Eingabe: *Erfassung von Einnahmen und Ausgaben*

Ausgabe: *Übersichtsliste für Einnahmen und Ausgabenliste*

Programmplanung

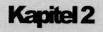

Kapitel 2

Kochrezepte

Eingabe: *Erfassung von Zutaten und Kochanleitungen*

Ausgabe: *Rezeptesammlung oder Rezeptebuch*

Datensammlung

Nach Abschluss dieser Vorüberlegungen sollten Sie aufschreiben, welche Daten in welchem Programmteil benötigt werden. Sammeln Sie jetzt alle Daten, ob z. B. ein Name in der Adressverwaltung getrennt nach Vor- und Nachname erfasst werden soll, ob akademische Grade notwendig sind, wie die Anrede für einen Brief lauten soll etc.

Die so gesammelten Datenstrukturen müssen Sie anschließend in einzelnen Sammelbehältern einsortieren. Diese Sammelbehälter heißen Tabellen.

Eine Tabelle besteht aus einer diversen Anzahl von Zeilen (Felder). Jede Zeile hat 3 Spalten.

Für jedes Feld einer Tabelle müssen Sie einen Feldnamen (Spalte 1) und einen Felddatentyp (Spalte 2) vergeben. Zusätzlich können Sie noch eine Beschreibung des Feldes angeben (Spalte 3), die als Erläuterung des Feldes dienen soll. Letzteres muss nicht sein, wird aber dringend angeraten um auch noch später Bescheid zu wissen, was das Feld zu bedeuten hat. Dokumentieren Sie so viel, so gut und so umfassend wie möglich. Sie erleichtern sich später die Arbeit ganz erheblich, wenn Sie einmal Ergänzungen Ihrer Programme durchführen wollen oder müssen.

Der *Feldname* ist der Bezeichner eines Feldes, mit dem Sie in der Programmerstellung weiterarbeiten müssen. Ein Feldname kann maximal 64 Zeichen lang sein. Punkte, Ausrufezeichen, Leerzeichen und eckige Klammern werden nicht akzeptiert. Aus dem Namen sollte auch ein Dritter erkennen können, welche Daten in diesem Feld erfasst werden. Es bieten sich oftmals zusammengesetzte Namen an wie z. B. „NameEhegatte" oder „NameKind" oder „TelefonPrivat" etc.

Kapitel 2

Der Felddatentyp legt fest, welche Information in welcher Form gespeichert wird (z. B. Text, Zahl, Datum etc.). Wenn Sie später in der Entwurfsansicht der Tabelle einen Felddatentyp anklicken erscheint rechts davon ein kleiner Pfeil. Wenn Sie diesen anklicken, werden alle möglichen Felddatentypen im aufklappenden Fenster angezeigt und Sie können sich den notwendigen aussuchen.

Die möglichen Felddatentypen habe ich in **Anhang 1** tabellarisch zusammengestellt.

Bei den numerischen Feldern (Zahl) gibt es eine Vielzahl von Untertypen, die sich durch den notwendigen Speicherbedarf und durch die Größe der Zahlen unterscheiden.

Im **Anhang 1** habe ich auch die möglichen Untertypen des Felddatentyps ZAHL tabellarisch dargestellt. Bevor Sie ein numerisches Feld anlegen lohnt sich ein Blick in diese Zusammenstellung um leicht den richtigen Untertyp zu finden und den Speicherplatz optimal auszunutzen.

Bitte schauen Sie sich diese Anlage einmal in Ruhe an. Bei der Tabellenerstellung fällt Ihnen dann die Entscheidung leichter, welchen Felddatentyp Sie für Ihre Tabellenfelder benötigen. Wie oben schon erwähnt sollten Sie eine Feldbeschreibung erfassen, wenn Sie etwas zur besseren Dokumentation Ihrer Tabelle beitragen wollen. Diese Eingabe ist also nicht unbedingt notwendig, kann aber sehr hilfreich sein.

Noch ein Hinweis zur Bildung von Feldnamen:

Viele Programmierer schwören darauf, einem Feldnamen, ebenso wie später auch den Formular- und Berichtsnamen eine Kennzeichen voranzustellen, aus dem sich bereits der Felddatentyp ergibt. Dies nennt man Notation. In der EDV hat sich hierbei die sogen. Ungarische Notation eingebürgert, wobei diese oftmals auch durch eigene Kennzeichen der Programmierer erweitert werden kann. So könnte man z. B. aus dem Feldnamen mit Notation

txtFamilienName

Programmplanung

Kapitel 2

erkennen, dass es sich bei diesem Feld um ein Textfeld bzw. Stringfeld (txt) oder bei der Bezeichnung

frmAdressVerwaltung

um ein Formular (frm vom engl. Ausdruck forms für Formular) zur Erfassung der Adressdaten handelt.

Die gebräuchlichsten Notationen habe ich Ihnen im **Anhang 2** zusammengestellt. Entscheiden Sie selbst. Ob Sie diese einsetzen möchten oder nicht. Zwingend ist der Einsatz jedoch nicht.

Jede Tabelle, die mehrere Datensätze umfasst, sollte indiziert werden. Ein für die Tabelle herausragendes Feld erhält dann den Index. Mit dem Index kann direkt auf einen bestimmten Datensatz zugegriffen werden, ohne dass die gesamte Tabelle von Anfang bis Ende gelesen werden muss. Zu vergleichen ist ein Index mit einem Stichwortverzeichnis eines Buches. Sie müssen also nicht das ganze Buch lesen um einen bestimmten Begriff zu finden, sondern können gezielt auf eine bestimmte Seite zugreifen. Access verwaltet intern den Index als eine eigene Tabelle. Ein Index kann mit allen Datentypen außer Memo-, Hyperlink- oder Ole-Objekt-Felder gebildet werden. Ein Index kann auch aus mehreren Tabellenfeldern gebildet werden (z. B. aus Nachname und Vorname). Ein Index kann aber auch notwendig sein, wenn man sicherstellen will dass keine Datenduplikate in einer Tabelle vorkommen, dass also jeder Datensatz einmalig ist. Dies bewerkstelligt man mit dem sogen. „Primärschlüssel". Sie haben jetzt einiges über die Struktur von Tabellen erfahren. Auf den nächsten Seiten werden die notwendigen Datenfelder zusammengestellt, die Sie für die einzelnen Module benötigen.

Wir beginnen mit einem einfachen Projekt, nämlich der Datensammlung und Strukturierung einer Musikverwaltung.

Musikverwaltung

Hier sollen alle Lieder und Musikstücke, die auf Schallplatten, CD's oder MC's vorhanden sind, aber auch solche, die Sie aus dem Internet heruntergeladen und auf der Festplatte des Computers gespeichert haben, erfasst werden. Möglichst

Kapitel 2

natürlich gleich mit dem Speicherort, damit Sie einen schnellen Zugriff darauf haben. Hierzu müssen die Schallplatten, MC's und CD's entsprechend nummeriert werden um ein schnelles Wiederfinden zu gewährleisten. Die meisten CD's aber auch die MC's und Schallplatten haben einen sogen. Album-Namen. Diesen sollten Sie ebenso erfassen wie z. B. die Abspieldauer eines Liedes. Sicher ist es auch sinnvoll zu kennzeichnen, ob ein zu verwaltendes Lied auf einer CD, MC oder Schallplatte der eigenen Sammlung vorhanden ist, oder ob es auf der Festplatte als Radiomitschnitt, aus dem Internet oder von der CD eines Freundes stammt.

Jedes Lied soll eindeutig indiziert sein, d. h., jedes Lied soll mit einem unverwechselbaren Kennzeichen ausgestattet sein. Dies können Sie mit einer laufenden Nummer bewerkstelligen. Diese Nummer soll später vom Programm automatisch für jedes Lied vergeben werden. Dazu bietet sich der Felddatentyp *AutoWert* an. Dem Feld *LiedNr* weisen Sie deshalb den Primärschlüssel zu.

Für die Musikverwaltung selbst benötigen Sie mindestens die nachfolgenden Tabellenfelder:

Feld-Name	*Feld-Datentyp*	*Beschreibung*
LiedNr	Autowert	Eindeutiges Sortierkriterium
Titel	Text, 50 Zeichen	Lied-Titel
Interpret	Text, 50 Zeichen	Name des Sängers oder Name der Band
AlbumName	Text, 50 Zeichen	Bezeichnung des Albums
Länge	Datum/Uhrzeit	Abspieldauer
SpeicherOrt	Text, 2 Zeichen	Bezeichnung f. CD, MC, Schallplatte
MediumNr	Text, 10 Zeichen	Nummer der CD etc.

Programmplanung

Kapitel 2

| EigenFremd | Ja/Nein | Bezeichnung ob in eigner Sammlung vorhanden |

Den Sammel-Container, also die erste Tabelle, nennen Sie *tblMusik*. Im nächsten Kapitel werden Sie diese Tabelle dann auch in der Praxis erstellen.

Von Vorteil wäre natürlich auch, wenn Sie festhalten könnten, an wen eine Schallplatte, CD oder MC ausgeliehen, bzw. wann der Tonträger wieder zurückgekommen ist

Wenn Sie eine solche Ausleihekontrolle integrieren wollen, benötigen Sie eine zweite Tabelle, in der die Ausleihedaten festgehalten werden. Beide Tabellen werden über ein gemeinsames und eindeutiges Tabellenfeld verbunden, d. h. in eine sogen. „Beziehung" gesetzt. Wie das funktioniert erfahren Sie später. Folgende Tabellenfelder richten Sie in dieser zweiten Tabelle ein:

Feld-Name	*Feld-Datentyp*	*Beschreibung*
AusleihNr	Autowert	Eindeutiger Index
MediumNr	Text, 50 Zeichen	Nr. der CD, MC etc.
AusleiheAm	Datum, kurz	Tag der Ausleihe
NamedesAusleihenden	Text, 50 Zeichen	Name des Leihenden
ZurückAm	Datum, kurz	Tag der Rückgabe
LöschKZ	Ja/Nein-Feld	Kennzeichen, ob Datensatz gelöscht werden kann

Die zweite Tabelle erhält den Namen *tblMusikAusleihe*.

Kapitel 2

Adressverwaltung

Zentraler Datensammelpunkt ist sicherlich die Adressverwaltung. Mit diesen Daten können Sie nicht nur Namen von Bekannten und Freunden aufnehmen, Sie können auch andere Personen mit verwalten, die Sie vielleicht einmalig zu einem Fest einladen wollen, die ansonsten aber nicht zu Ihrem näheren Umfeld gehören, für die Sie alle relevanten persönlichen Daten speichern wollen. Auch Personen, die Ihnen zu irgendeinem Ereignis ein Geschenk gemacht haben, müssen nicht unbedingt in einer permanenten Adressliste erscheinen, deren Daten werden aber trotzdem benötigt. Sie brauchen dazu mindestens

Nachname, Vorname, Geburtsdatum, evtl. Jubiläumsdaten (Hochzeitstag etc.), bei Ehepaaren natürlich von beiden Personen, Straße, Postleitzahl, Ortsbezeichnung evtl. ein Länderkennzeichen, wenn Sie Adressen auch aus dem Ausland erfassen müssen, private, geschäftliche und Handy-Telefonnummern, Telefaxnummer, E-Mail-Adresse, evtl. auch die Web-Adresse.

Eine automatische Briefanrede und ein alphabetisches Sortierkriterium (für späteren alphabetischen Ausdruck der Adressliste) sowie die Briefanschrift werden Sie schon hier integrieren, obwohl Sie dies auch zur Laufzeit der Auswertungen erstellen könnten. Zu Übungszwecken sollten Sie einmal von dem Grundsatz abweichen, dass Datenkonstrukte, die aus anderen vorhandenen Daten abgeleitet werden können, nicht in eine Tabelle aufgenommen werden sollen.

Da nicht alle Adressen auch in allen Auswertungen benötigt werden, müssen Sie verschiedene Kennziffern einführen, um auszuwählen, welche Personen in welche Auswertungen übernommen werden sollen.

So werden Sie eine Kennziffer einführen für alle Personen, die in die künftige Adressenliste aufgenommen werden sollen. Ebenso eine Kennziffer, wer in der Telefonliste Aufnahme finden soll oder aber auch, wer von den erfassten Personen in einer Geburtstagsliste aufgeführt wird.

Kapitel 2

Sie integrieren auch ein Feld *AlphaSort*. In dieses Feld werden Sie bei jeder Adressaufnahme den ersten Buchstaben des Nachnamens einfließen lassen. Dieses Feld verwenden Sie später bei der Telefonliste als Gruppenüberschrift.

Die zu verwaltenden Adresspersonen haben vermutlich auch Kinder, deren Daten Sie auch mit verwalten wollen, z. B. für eine Geburtstagsliste oder aber weil sie für eine Kinderparty benötigt werden könnten.

Bei den Kindern und auch bei den Telefonnummern können Sie nicht vorhersehen für wie viele Kinder Sie bei jeder erfassten Adresse Speicherplatz reservieren müssen. Manche Familien haben überhaupt kein Kind, oder 1 Kind. Es gibt aber auch Familien die zwei, drei oder mehr Kinder haben. Sie könnten z. B. vorsehen, dass maximal 4 Kinder aufgenommen werden können. Was aber machen Sie, wenn einer Ihrer Bekannten oder Freunde 5 Kinder hat. Wenn kein Kind zu erfassen ist, wäre dann Speicherplatz total vergeudet.

Bei den Telefonnummern verhält es sich ähnlich. Manche haben nur einen Telefonanschluss, andere haben privat und geschäftliche Telefone, andere zusätzlich ein privates und/oder geschäftliches Handy, manche verfügen auch über einen Fax-Anschluss oder gar eine Mail-Adresse oder eine Homepage.

Hier gilt grundsätzlich das Prinzip, dass eine Tabelle nur die Felder aufweisen soll, die überwiegend für alle Datensätze benötigt werden. Man nennt dies *Normalisierung* von Daten. Alle Daten, die nur sporadisch oder in variabler Anzahl benötigt werden, müssen in zusätzliche, eigenständige Tabellen ausgelagert werden. Die relevanten Daten werden später über sogen. „Beziehungen" wieder zusammengefügt.

Ab und zu sind sicherlich auch Adressen zu erfassen, die Sie nur zu einem bestimmten Zweck benötigen, z. B. weil die Personen Ihnen zu einem Fest ein Geschenk gemacht haben. Damit die Adressbestände dann nicht unnötig aufgebläht werden, sollten Sie ein sogen. Temporärfeld anlegen, um diese Adressen irgendwann einmal wieder komfortabel löschen zu können.

Kapitel 2

Ein Bemerkungsfeld, in dem wichtige Details oder Eigenheiten über die Person oder Familie festgehalten werden können, sollte auch nicht fehlen.

Da Sie auch Einladungen und Zusagen für Feierlichkeiten verwalten wollen, benötigen Sie noch Kennziffern, mit denen Sie aus dem Adressbestand die einzuladenden Personen zur Weiterverarbeitung markieren können.

Jetzt müssen Sie noch überlegen, welchen Datentyp Sie den einzelnen Datenfeldern zuweisen wollen. Für alle textlichen Eingaben wie Name, Strasse, Ort, Telefon etc. wählen Sie zweifelsohne den Datentyp *Text*. Für die Eingabe von Geburtstag oder Jubiläumstag verwenden Sie den Datentyp *Datum/Uhrzeit*, allerdings beschränkt auf das Datum. Für alle Kennziffern bevorzugen Sie ein sogen. *Ja/Nein*-Feld.

Für das Indexfeld *ID* kommt der Datentyp *Autowert* in Frage, der mit jeder Adresseingabe automatisch - ohne Ihr Zutun - hochgezählt wird und somit ein unverwechselbares Kriterium darstellt.

Die Datenstruktur wird demnach wie folgt aussehen:

Feldname	*Felddatentyp*	*Beschreibung*
ID	AutoWert	Primärschlüssel für eindeutige Identifizierung des Datensatzes; wird bei Datensatzerfassung automatisch vergeben
AkadGrad	Text, 7 Zeichen	evtl. Akademischer Grad der aufzunehmenden Person
FamilienName	Text, 50 Zeichen	Name der aufzunehmenden Person
Vorname	Text, 50 Zeichen	Vorname
AkadGradPartner	Text, 7 Zeichen	Akademischer Grad des Partners

Programmplanung

Kapitel 2

FamilienNamePartner	Text, 50 Zeichen	Name des Partners
VornamePartner	Text, 50 Zeichen	Vorname des Partners
GebTag	Datum, kurz, Format: 00.00.0000;0;_	Geburtsdatum der aufzunehmenden Person
GebTagPartner	Datum, kurz, Eing.Format: 00.00.0000;0;_	Geburtsdatum des Partners
JubelKZ	Text, 3 Zeichen	Jubiläums-Kennzeichen: z. B. HT für Hochzeitstag, TT für Todestag
JubelTag	Datum, kurz, Eing.Format: 00.00.0000;0;_	Eingabe des Hochzeits- oder Todestags
JubelKZPartner	Text, 3 Zeichen	wie oben, jedoch für Partner
JubelTagPartner	Datum, kurz, Eing.Format: 00.00.0000;0;_	wie oben, jedoch für Partner
Strasse	Text, 50 Zeichen	Bezeichnung der Strasse
LKZ	Text, 4 Zeichen	Länderkennzeichen z. B.: D für Deutschland, A für Österreich
PLZ	Text, 5 Zeichen	Postleitzahl
Ort	Text, 50 Zeichen	Bezeichnung des Wohnortes
Bemerkung	Memo	Bemerkungen beliebiger Art
AdressName	Text, 150 Zeichen	Briefanschrift für Textverarbeitung

Kapitel 2

AdressListe	ja/nein	Kennziffer für Aufnahme in Adressliste
GeburtstagsListe	ja/nein	KZ für Aufnahme in Geburtstagsliste
Einladung	ja/nein	KZ ob Person für Feier eingeladen ist
EinladungPartner	ja/nein	KZ, ob Partner für Feier eingeladen ist
Zusage	ja/nein	KZ ob eine Zusage für Feier vorliegt
ZusagePartner	ja/nein	Kennziffer, ob vom Partner eine Zusage für Feier vorliegt
LöschKZ	Ja/nein	Kennziffer zum Löschen temporärer Daten
BriefAnrede	Text, 100 Zeichen	komplette Briefanrede für Textverarbeitungsprogramm
AlphaSort	Text, 1 Zeichen	1. Buchstabe des Namens zur Sortierung

Verwaltung der Kinder

Für diese Tabelle wird auch wieder ein eindeutiges Indexfeld benötigt. Auch hier bietet sich das Autowert-Feld an. Da diese Tabelle später eine Beziehung zur Adresstabelle herstellen muss, wird ein korrespondierendes Feld benötigt, das auf ein eindeutiges Feld im Adressen-Stamm der Eltern verweist.

Wie Sie aus den vorher zusammengestellten Adressdaten wissen, wurde ein solch eindeutiges Feld mit Namen „ID" hinterlegt. Jede Adresse erhält dort eine bestimmte Nummer, die vom Anwender nicht geändert werden kann. Mit dieser Nummer stellen Sie jetzt eine eindeutige Verbindung zur Kinder-Tabelle her. In der Kindertabelle nennen Sie das Feld „AdressNr".

Außerdem benötigen Sie neben dem Namen und Vornamen, das Geburtsdatum und ähnlich wie in den normalen Adressdaten auch Kennziffern, ob das Kind in

Kapitel 2

die Geburtstagsliste aufgenommen werden soll, ob es zu einer Feier eingeladen wird und ob eine Zusage auf die Einladung erfolgt ist.

FeldName	*FeldDatentyp*	*FeldBeschreibung*
KindID	Autowert	Index
AdressNr	Zahl (Long Integer)	Verbindung zu Adressdaten
Vorname	Text (50 Zeichen)	Vorname
Nachname	Text (50 Zeichen)	Nachname
GebTag	Datum (Datum kurz)	Geburtstag
Einladung	Ja/Nein-Feld	KZ für Einladung
Zusage	Ja/Nein-Feld	KZ für Zusage
GeburtstagsListe	Ja/Nein-Feld	KZ für Aufnahme in Geburtstagsliste

Verwaltung von Kommunikationsdaten

Dieser Datencontainer ist etwas einfacher gehalten. Hier benötigen Sie außer einem eindeutigen Indexfeld – als Autowert – ein Feld, das die Verbindung zur Adressdatei herstellt, sowie ein Feld für die Telefon- oder Faxnummer, Mail oder Internetadresse und dazu noch ein Feld, das die Art der Kommunikationsnummer festlegt: z. B.: Handy, HandyPartner, Mail, Telefon geschäftlich, Telefon privat etc. Die Struktur könnte folgendermaßen aussehen:

FeldName	*FeldDatentyp*	*FeldBeschreibung*
TelefonID	Autowert	Index

Kapitel 2

AdressNr	Zahl (Long Integer)	Verbindungsfeld zu Adressdaten
TelefonNummer	Text (50 Zeichen)	Kommunikations-Nr
TelefonArt	Text (12 Zeichen)	Art des Kommunikationsmittels
TelefonListe	Ja/Nein-Feld	KZ ob eine Nummer in Liste aufgenommen werden soll

Verwaltung von Postleitzahlen

Damit die Erfassungsarbeiten für die persönlichen Daten komfortabler von statten gehen, legen Sie noch eine Postleitzahlen-Tabelle an, die später bei der Adresseingabe aus einer erfassten Postleitzahl sofort den dazu gehörenden Ort selbstständig ermittelt. Sie sparen damit Schreibarbeit und vermeiden auch Fehleingaben.

Hierzu brauchen Sie folgende Felder:

FeldName	*FeldDatentyp*	*FeldBeschreibung*
PLZ	Text, 6 Stellen	Postleitzahl
Ort	Text	Ortsbezeichnung

Als Indexfeld dienen beide Felder, da es Städte gibt, die mehrere Postleitzahlen haben.

Kapitel 2

Verwaltung von Geburtstagen

Damit Geburtstage oder sonstige Jubiläen schnell ausgewertet werden können, legen Sie auch noch eine Geburtstagstabelle an, die neben dem Namen auch die Sortierkriterien Jahr, Monat und Tag enthalten, damit Sie später bei den Auswertungen eine Jubiläumsliste ausgedruckt werden kann, die nach Monaten und Tagen sortiert ist.

Feldname	Felddatentyp	Feldbeschreibung
FamilienName	Text	Nachname
Vorname	Text	Vorname
GebTag	Datum/Uhrzeit Datum, kurz	Geburtsdatum
JubTag	Datum/Uhrzeit Datum, kurz	Jubiläumsdatum
JubKZ	Text 3 Stellen	Kennzeichen für Art des Jubiläums
SortierungMonat	Zahl, Long Integer	Sortierung für Monat
SortierungTag	Zahl, Long Int.	Sortierung für Tag
SortierungJahr	Zahl, Long Int.	Sortierung für Jahr

Festverwaltung

In jeder Familie gibt es große Feste, die vorbereitet werden müssen. Dies macht viel Arbeit. Um sich die Arbeit etwas zu vereinfachen, sollten Sie versuchen, viele manuelle Arbeiten vom Computer erledigen zu lassen.

Zunächst müssen Sie sich Gedanken machen, wen Sie einladen wollen.

Kapitel 2

Im Adressverwaltungsprogramm haben Sie bereits einige Dateifelder vorgesehen, nämlich die Kennziffern, ob jemand eingeladen wird und eine Kennziffer, ob der Eingeladene auch eine entsprechende Zusage für die Feier zurückgegeben hat.

Die Adressen der Eingeladenen und die Briefanschriften wollen Sie aus der Adressdatei einem Textverarbeitungsprogramm übergeben, mit dem die Einladungen geschrieben werden. Eine Gästeliste soll dann aus den Zusagen der eingeladenen Personen herauskommen. Sie wollen dann auch eine Tischliste ausgeben, so dass man auch bei der Feier weiß, wer an welchem Tisch sitzt.

Die Vorbereitung einer solchen Feier setzt voraus, dass man eine Lokalität ausfindig gemacht hat, sei es ein Restaurant, ein Hotel oder natürlich auch die eigene Wohnung.

Verwaltung von Veranstaltungen

Damit alle Auswertungen mit der Veranstaltung identifiziert werden können legen Sie eine Tabelle an, in der Ort, Lokalität und Veranstaltungsdatum abgespeichert werden. Auch hier benutzen Sie für das Feld *EinladungsNummer* den Datentyp *Autowert,* der Ihnen jede Veranstaltung eindeutig indiziert. Für den Grund des Feierns (z. B. 80.Geburtstag Oma Helene), für den Veranstaltungsort, die Bezeichnung der Lokalität und deren Telefonnummer nehmen Sie den Datentyp *Text* und für den Einladungstag natürlich wieder den Datentyp *Datum/Uhrzeit.*

Die Datenstruktur wird wie folgt aussehen:

Feldname	*Felddatentyp*	*Feldbeschreibung*
EinladungsNummer	Autowert	Eindeutige Kennzeichnung der Veranstaltung
EinladungsGrund	Text, 50 Stellen	Grund der Einladung
EinladungsTag	Datum, kurz	Tag der Feier

Programmplanung

Kapitel 2

VeranstaltungsOrt	Text 50 Stellen	Ort der Feier
Lokalität	Text 50 Stellen	Gasthaus oder Saal
Anschrift	Text 50 Stellen	Ort und Straße
Telefon	Text 20 Stellen	Telefon der Lokalität

Verwaltung der Gäste

Um festzuhalten, wen Sie eingeladen haben und von wem Zusagen für eine Teilnahme zurückgekommen sind benutzen Sie die besprochene Tabelle *Adressdaten*. Dort haben Sie bereits entsprechende Kennziffern für Einladungen und Zusagen für jede Person vorgesehen. Für verschiedene Auswertungen benötigen Sie jedoch noch eine zusätzliche Verwaltungstabelle.

In dieser Tabelle werden Sie nicht die Gliederung des Namens in Nachname und Vorname übernehmen wie in der Adressdatei. Hier ziehen Sie beide Namensteile in einem Feld *GastName* zusammen. Die Adressdaten und die private Telefonnummer werden mit dem Datentyp Text übernommen. Die beiden Kennziffern für Einladung und Zusage als *Ja/Nein-Feld* übernehmen Sie ebenfalls.

Der Tabelle geben Sie den Namen *tblGast* mit folgender Struktur:

Feldname	*Felddatentyp*	*Feldbeschreibung*
GastName	Text 50 Stellen	Nachname Gast
LKZ	Text 3 Stellen	Landes-KZ
PLZ	Text 5 Stellen	Postleitzahl
Ort	Text 30 Stellen	Ort
Telefon	Text 20 Stellen	Telefon

Kapitel 2

TischNummer	Zahl, long Integer	Tischnummer
Einladung	Ja/Nein-Feld	KZ für Einladung
Zusage	Ja/Nein-Feld	KZ für Zusage

Tisch-Verwaltung

Oftmals gibt es bei größeren Feiern z. B. in einer Lokalität unterschiedlich große Tische. Man hat dann auch vor z. B. einen Familientisch, einen Kindertisch, oder Tische für bestimmte Personen- und Freundeskreise zusammenzustellen. Nachdem die Zusagen der Gäste eingetroffen sind, macht man sich Gedanken, wen setzen wir mit wem zusammen. Am besten werden die Tische nummeriert und man ermittelt, wie viele Personen an diesem Tisch Platz finden.

An Daten benötigen Sie hierzu

Feldname	*Felddatentyp*	*Feldbeschreibung*
TischNummer	Zahl, Integer	Nummer des Tisches
AnzahlPlätze	Zahl, Integer	Anzahl der Sitzplätze an diesem Tisch

Glückwunsch-Verwaltung

Bei Feiern werden oftmals auch Glückwünsche überbracht. Das können Glückwunschkarten, Geschenke, Bargeld oder auch Gutscheine sein. Damit man später immer mal wieder nachschauen kann, wer was zu welchem Anlass geschenkt hat, erstellen Sie eine eigene Tabelle, in die Sie die einzelnen Glückwünsche speichern können. Für die verschiedenen Glückwunscharten (Karte, Geschenk, Geld und Gutschein) werden Sie dabei einzelne Kennziffern in Form von Ja/Nein-Feldern einführen. Bei einem Geldgeschenk werden Sie neben der Kennziffer auch den Betrag festhalten. Bei einem Gutschein den Wert und auch für was dieser Gut-

Programmplanung

Kapitel 2

schein dienen soll. In dieser Datensammlung werden Sie keinen Namen des Schenkers speichern sondern vielmehr eine Nummer ablegen, die dem Index der Adressdatei entspricht. Sie werden die Tabelle *tblGeschenke* und die *Adressdatei* später mit einer sogen. Beziehung versehen, so dass der Name des Schenkers aus der Adressdatei automatisch bezogen werden kann.

Folgende Daten werden vorgesehen:

Feldname	*Felddatentyp*	*Feldbeschreibung*
IDGeschenk	AutoWert	Geschenke-Index
PersNr	Zahl, Interger	ID-Nummer des Schenkers in Adressdatei
Karte	Ja/Nein-Feld	KZ für Glückw.Karte
Geschenk	Ja/Nein-Feld	KZ für Sachgeschenk
GeschenkBezeichnung	Text	Beschreibung des Sachgeschenks
Geld	Ja/Nein-Feld	KZ für Geldgeschenk
Geldbetrag	Währung	Geschenkter Geldbetrag
Gutschein	Ja/Nein-Feld	KZ für Gutschein
GutscheinWert	Währung	Wert des Gutscheins
GutscheinBezeichnung	Text	Erläuterung zum Gutschein

Kapitel 2

Verwaltung von Terminen

Bei einer Terminverwaltung benötigen Sie neben dem eigentlichen Datum und den Terminanlass auch die Uhrzeit für den Terminbeginn und die Angabe der voraussichtlichen Dauer eines Termins, um weitere Tagestermine planen zu können. Zweckmäßig ist es auch festzuhalten, ob der Termin im Büro/Zuhause oder auswärts stattfinden soll. Um einen Termin später noch löschen zu können, muss noch ein Lösch-Kennzeichen eingebaut werden. Der Felddatentyp *Datum/Zeit* in Access beinhaltet neben dem eigentlichen Datum auch eine Zeitangabe. Damit Sie beides gesondert verwalten können, u.U. aber auch manchmal eine volle Kombination beider Kriterien für Sortierzwecke benötigen, sollten Sie den Datentyp splitten, in dem Sie einmal nur das Datum, dann nur die Zeit und zum Dritten auch beide Kriterien in einem eigenen Tabellenfeld festhalten. So sind Sie für alle Fälle flexibel.

Stellen Sie deshalb folgende Datenfelder zusammen:

Feldname	*Felddatentyp*	*Beschreibung*
datDatum	Datum/Uhrzeit	Tagesdatum (kurz)
datZeit	Datum/Uhrzeit	Tageszeit
datDatumZeit	Datum/Uhrzeit	Datum und Zeitangabe
Dauer	Datum/Uhrzeit	Stunden/ Minuteneingabe
txtBezeichnung	Text (200)	Beschreibung Termin
Löschen	Ja/Nein	Lösch-Kennzeichen
Auswärts	Ja/Nein	KZ f. Auswärtstermin

Es wäre sicher auch wünschenswert, wenn man neben der eigentlichen Terminverwaltung auch noch an wichtige Ereignisse eines Tages erinnert werden

Kapitel 2

würde. Z. B. an einen Geburtstag, oder an bestimmte Besorgungen und ähnliche Dinge. Sie könnten diese zwar auch in der Terminverwaltung selbst unterbringen, besser ist es aber hierfür eine eigene Datensammlung anzulegen:

Feldname	Felddatentyp	Beschreibung
datErinnerung	Datum/Uhrzeit (kurz)	Datum der Erinnerung
txtErinnerung	Text (200)	Erinnerungsgrund
Fix	Ja/Nein	KZ für Vortrag

Wenn Sie später die erfassten Termine und Erinnerungen ausdrucken wollen, sind die beiden Datengrundlagen zusammen zu führen. Außerdem sollte es auch möglich sein, Termine nur für einen bestimmten auszuwählenden Zeitraum (z. B. für einen Tag oder für eine Woche) ausdrucken zu können. Am einfachsten können Sie das mithilfe einer Druckdatei bewerkstelligen, in die sowohl die Termine als auch die Erinnerungen geleitet werden. Danach lässt sich diese Datei leicht in einem neuen Bericht verarbeiten.

Folgende Daten wären dazu nötig:

Feldname	Felddatentyp	Beschreibung
TagesDatum	Datum kurz	Termin-Datum
datZeit	Zeit 24 Std.	Termin Beginn
Auswärts	Ja/Nein-Feld	KZ ob Termin auswärts ist
Dauer	Zeit 24 Std	Geplante Dauer des Termins
txtBezeichnung	Text, 50 Zeichen	Terminbezeichnung
txtErinnerung	Text, 50 Zeichen	Erinnerungsgrund

Kapitel 2

Rezepte-Sammlung

Zur Sammlung von Koch- und Backrezepten sollte man sich zunächst überlegen, was und wie alles gesammelt werden soll. Sollen die einzelnen Rezepte einer bestimmten Kategorie zugeordnet werden z. B.. Suppen, Dessert, Wildspezialitäten oder Fisch u.ä., oder sollen die Rezepte nur alphabetisch geordnet sein. Ferner ist zu überlegen, ob eine Zutatenliste separat erfasst wird, oder ob die Zutatenzusammenstellung im Rahmen der Zubereitungsbeschreibung aufgeschrieben wird. Auch ist die Frage zu klären, ob man die gesammelten Köstlichkeiten im Bild festhalten will oder nur in der textlichen Darstellung. Festlegen müsste man auch, ob die gesammelten Rezepte lediglich über den Bildschirm angesehen werden können, oder ob man die Rezepte z. B. auf einem DINA5-Blatt ausdrucken und in einem Ordner sammeln will.

Interessant für den Koch oder die Köchin sind auch noch die Nährwerte einer Speise, wie kcal, Eiweiß, Fett und Kohlehydrate.

Wichtig ist außerdem, wie lange man ungefähr benötigt um diese Speise herzustellen oder wie lange man zwischen der Zubereitung bzw. auch danach noch als Wartezeit einkalkulieren muss. Dafür benötigen Sie zwei Felder des Datentyps *Datum/Uhrzeit*, aus der Sie die Uhrzeit herausformatieren.

Man sollte vielleicht auch festhalten, aus welchem Buch oder Zeitschrift man dieses Rezept übernommen, oder, wenn bekannt, wer dieses Rezept kreiert hat.

Sinnvoll ist dabei wiederum, die Daten in mehrere Tabellen aufzuteilen und durch „Beziehungen" später zu verbinden. Dadurch sind Sie in allem wesentlich flexibler.

Rezept-Kategorien

Mein Vorschlag wäre, auch damit durch einen höheren Programmieraufwand mehr persönliche Programmierroutine erworben wird, jedes Rezept einer bestimmten Speiserichtung zuzuordnen. Damit Sie die verschiedenen Kategorien erfassen können, benötigen Sie eine Kategorien-Tabelle und damit auch ein kleines Erfassungsprogramm. Hierfür benötigen Sie lediglich drei Datenfelder, nämlich ein eindeuti-

Kapitel 2

ges Kennzeichen für jede Kategorie mit dem Namen *KategorienNr*, dem Sie den Datentyp *Autowert* zuordnen. Ferner ein Bezeichnungsfeld mit dem Datentyp *Text* und eine Kennziffernfeld um festhalten zu können, ob die Rezeptmenge nach Personen, Portionen oder Stücken bestimmt ist. Bei normalen Speisen ist das meistens die Anzahl Personen, bei Kuchen meist die Stückzahl etc.

Folgende Datenstruktur ergibt sich für diese Tabelle mit dem Namen *tblKategorie*:

Feldname	*Felddatentyp*	*Beschreibung*
KategorienNr	AutoWert	Lfd. Nummer der Kategorie
KategorieBezeichnung	Text, 50 Zeichen	Bezeichnung der Kategorie
RezeptMenge	Zahl, Byte	KZ 1 = Personen KZ 2 = Stück KZ 3 = Portionen

Mengen-Verwaltung

Vorschlagen würde ich außerdem, dass Sie die Mengenerfassung der einzelnen Zutaten offen gestalten und zwar mit der Auswahl, ob für das Rezept ein Kilogramm, ein Liter, ein Esslöffel, eine Prise einer bestimmten Zutat benötigt wird. Auch hierfür würde ich eine eigene Tabelle anlegen und auch ein Erfassungsprogramm erstellen. Damit wären Sie sehr flexibel.

Auch hier sind nur drei Datenfelder notwendig. Eine eindeutige Kennzeichnung aller Mengenangaben mit dem Namen *MengeID* und dem Datentyp *AutoWert*, eine Mengen-Kennzeichen, d. h. die Abkürzung der Mengenbezeichnung (z. B.. TL für Teelöffel oder kg für Kilogramm. Hier nehmen Sie den Datentyp *Text*, sowie das eigentliche Feld für die ausgeschriebene Mengenbezeichnung.

Die Tabelle *tblMenge* hat nachfolgende Struktur:

Feldname	Felddatentyp	Beschreibung
MengeID	Autowert	Mengen-Index
MengeKZ	Text	Mengen-Abkürzung
MengenBezeichnung	Text 50 Zeichen	Bezeichnung der Menge

Zutaten

Die gesamten Zutaten einer Speise werden Sie in einer eigenen Tabelle abspeichern, da Sie in der Rezepttabelle ansonsten entweder die Anzahl der Zutaten beschränken müssten oder aber so viele Datenfelder vorsehen müssten, damit alle Eventualitäten abgefangen werden könnten.

Für diese Tabelle benötigen Sie insgesamt 5 Datenfelder. Wie in den Tabellen vorher natürlich ein AutoWert-Feld für die eindeutige Indizierung, ein Feld das Ihnen die Rezeptnummer der Rezepte-Tabelle festhält, die Anzahl der Zutatenmenge, die Zutatengröße (TL, Kilo etc.) und die Zutatenbezeichnung.

Feldname	Felddatentyp	Beschreibung
ZutatID	AutoWert	Zutaten-Index
RezeptNr	Zahl	Nr des zugehörenden Rezeptes
ZutatGrösse	Text	Bezeichnung Zutatengröße
ZutatBezeichnung	Text 50 Zeichen	Bezeichnung d. Zutat

Mit der RezeptNr werden Sie später wieder eine „Beziehung" zum eigentlichen Rezept herstellen.

Kapitel 2

Nährwerte

Zur Erfassung der diversen Nährwerte erstellen Sie eine weitere Tabelle mit folgenden Feldern:

Feldname	Felddatentyp	Beschreibung
NährwertID	Autowert	Index
RezeptNr	Integer	Nr. des dazugehörenden Rezeptes
Kalorien	Zahl, Integer	Angabe der kcal
Eiweiss	Zahl, Integer	Angabe der Eiweißwerte
Fett	Zahl, Integer	Angabe des Fettgehaltes
KohlHydrat	Zahl, Integer	Angabe des Kohlenhydratwertes

Ein kleines Bild zu Ihrem Rezept könnte den Appetit auf ein bestimmtes Essen noch größer werden lassen. Fotografieren Sie deshalb eine Speise, die Sie nach dem gesammelten Rezept gekocht haben und legen Sie das Digitalbild in einem Unterverzeichnis Ihres Programms ab. Sie können dieses Bild dann in die Rezeptesammlung einbinden.

Welche Daten benötigen Sie für die eigentliche Rezepte-Tabelle?

Sie werden eine Tabelle entwickeln, die Sie mit den anderen eben erstellten Tabellen verbinden werden, so dass die unterschiedlichen Werte wie Kategorie, Menge, Zutaten nicht mehrfach erfasst werden müssen. Dies bewerkstelligen Sie mit verschiedenen Kennziffern, die dann auf die anderen Tabellen zugreifen und Ihnen die benötigten Werte liefern.

Kapitel 2

Notwendig ist natürlich wieder ein AutoWert-Feld für den Index, damit jedes einzelne Rezept unverwechselbar gekennzeichnet ist. Weiter benötigen Sie ein Feld in das Sie die Kategorien-Nummer speichern um eine Verbindung zur Kategorien-Tabelle herstellen zu können. Des Weiteren ein Feld in das Sie den Namen der Speise eintragen können, ein weiteres Feld in dem Sie die Anzahl der fertigen Portionen, Stücke oder die Personenzahl festhalten, die aus dem Rezept herauskommen, dann eine Kennziffer für die Zutaten, die eine Verbindung zur Zutaten-Tabelle verschafft. Da die Zubereitung einer Speise eine längere Beschreibung sein wird, verwenden Sie hierfür ein sogen. *Memo-Feld*. Hierin haben Sie ausreichend Platz den entsprechenden Text unterzubringen.

Wenn ein Bild eingebunden werden soll sind noch zusätzlich 3 Felder vorzusehen, nämlich für den Pfad, wo das Bild auf dem Computer gespeichert ist, ferner den Namen des Bildes und eine Bildbezeichnung.

Feldname	*Felddatentyp*	*Beschreibung*
RezeptNr	Autowert	Rezept-Index
Kategorie	Zahl	Kategorien-Nummer
Bezeichnung	Text 50 Zeichen	Bezeichnung d. Speise
PersonenZahl	Zahl	Zutatenmenge f. Anzahl Personen
Zutaten	Zahl	Zutaten-KZ
Zubereitung	Memo	Anweisung für die Zubereitung
Bildpfad	Text	Pfad des Bildspeicherortes
BildDatei	Text	Name des Bildes
BildBeschriftung	Text	Bezeichnung des Bildes

Programmplanung

Kapitel 2

ErstelltVon	Text	Name, wer Rezept kreiert hat
GesammeltAus	Text	Buch oder Zeitschrift
Nährwerte	Zahl, LongInteger	Hinweis auf Nähwerttabelle
ZubereitungsZeit	Datum/Uhrzeit	Zeit für Herstellung
WarteZeit	Datum/Uhrzeit	Wartezeit bis Genuss

Natürlich sehen Sie auch die Möglichkeit vor die erfassten Rezepte auszudrucken. Vielleicht wünscht sich eine Freundin oder ein Freund ein bestimmtes Rezept, weil es ihm bei Ihnen so gut geschmeckt hat. So können Sie ihm das sofort mitgeben. Vielleicht finden Sie an der Rezeptesammlung auch einen solchen Gefallen, dass Sie die einzelnen Rezepte in Buchform zusammenstellen wollen.

Haushaltsbuch

Wo ist denn das Geld geblieben? So oder ähnlich fragen Sie sich manchmal. Um das herauszufinden können Sie Ihre Einnahmen und Ausgaben in einem Haushaltsbuch festhalten. Am Monatsende oder zu jedem anderen beliebigen Zeitpunkt können Sie kontrollieren, wohin Ihr Geld gegangen ist. Überlegen Sie sich zunächst, woher Ihre regelmäßigen Einnahmen stammen. Hier wäre sicherlich an erster Stelle das monatliche Gehalt zu erwähnen. Aber vielleicht auch die Überweisung des Kindergeldes oder Mieteinnahmen aus einer vermieteten Wohnung oder auch aus Verkäufen auf dem Flohmarkt o.ä. Die Ausgaben könnten Sie zur besseren Übersicht in Rubriken untergliedern, z. B. in Lebensmittel, Kleidung, Wohnungskosten, Autokosten usw. Da sich diese Kategorien bei jedem anders darstellen, sollten Sie diese Rubriken flexibel gestalten. Sinnvoll wäre es dabei, dass jeder Nutzer sich seine Rubriken – im Fachjargon auch Konten genannten - selbst festlegen kann. Hierzu müssten Sie sich eine sogen. Konten-Tabelle erarbeiten.

Kapitel 2

Jeder Rubrik (jedem Konto) könnten Sie eine bestimmte Nummer zuteilen, so dass stets eine eindeutige Identifizierung gewährleistet wäre. Um später vernünftige Auswertungen programmieren zu können wäre es außerdem hilfreich, wenn Sie verschiedene Nummernbereiche für die einzelnen Kontenarten festlegen würden, so dass anhand der Kontonummer sofort festgestellt werden kann, ob es sich um ein Einnahmen-Konto oder um ein Ausgabe-Konto handelt. Das Haushaltsbuch sollte auch etwas professionell aussehen und die Erfassung der Einnahmen und Ausgaben auch über ein bestimmtes Finanzkonto laufen, ähnlich einer doppelten Buchführung im kaufmännischen Bereich. Sie bräuchten demnach drei Buchungsbereiche, nämlich

Einnahmenkonten, Ausgabekonten und Finanzkonten

Folgende Nummernkreise schlage ich vor:

für die Finanzkonten	die Kontonummern von 1000 bis 1999
für die Einnahmenkonten	die Kontonummern von 2000 bis 2999
für die Ausgabenkonten	die Kontonummern von 3000 bis 3999

Sie können natürlich auch andere Nummernkreise festlegen. Beachten Sie aber dann, dass in den Erfassungsformularen die Überprüfung der richtigen Kontonummern entsprechend angepasst werden muss.

Buchungskonten

Für die Kontendaten legen Sie folgende Daten fest:

Feldname	*Felddatentyp*	*Beschreibung*
KtoNr	Zahl	Konto-Nummer
KontoBezeichnung	Text	Kontobezeichnung
BuchungsArt	Zahl	Einnahme oder Ausgabe

Programmplanung

Kapitel 2

Buchungsdatei

Letztendlich brauchen Sie noch eine Tabelle, in die die erfassten Werte der Ausgaben und Einnahmen festgehalten werden. In diese Tabelle muss die Kontonummer, der Betrag, das Datum der Einnahme oder Ausgabe, eine Beleg-Nummer, das dazugehörende Finanzkonto – wir bezeichnen dies künftig auch als Gegenkonto – und vielleicht noch ein kurzer Erläuterungstext erfasst werden.

Bei der Verbuchung sollten keine buchhalterischen Kenntnisse vorausgesetzt werden. Deshalb müssten Sie noch ein Indiz aufnehmen um zwischen Einnahmen und Ausgaben eindeutig unterscheiden zu können. Hier werden Sie mit Kennziffern arbeiten, die sich aus einer Optionsgruppe ergeben und den erfassten Betrag automatisch zuordnen.

Sicherlich ergeben sich im Laufe der Zeit auch Geldbewegungen, die weder eine Einnahme noch eine Ausgabe darstellen z. B. eine Geldabhebung vom Bankkonto oder aber bei einem Überschuss am Monatsende, den Sie einem Sparbuch zuführen. Auch hierfür müssten Sie noch Kennziffern einführen.

Feldname	*Felddatentyp*	*Beschreibung*
KontoNummer	Zahl	Kontonummer
BuchDat	Datum	Buchungsdatum
Gegenkonto	Zahl	Finanzkonto
Betrag	Währung	Buchungsbetrag
BuchungsArt	Zahl	1 = Einnahmen 2 = Ausgaben 3 = interne Einnahmen 4 = interne Ausgaben
Bemerkung	Text	Erläuterung zur Buchung

Damit Sie nicht nur Beträge erfassen, sollten auch einige Auswertungen geplant werden, so z. B. das Ausdrucken von Konten, damit man einen Überblick über die einzelnen Buchungsbewegungen hat oder aber auch Saldenliste, aus der man die Summen der einzelnen Einnahmen- und Ausgabensparten entnehmen kann.

Allgemein-Daten

Hier werden die persönlichen Daten, wie Name, Vorname, Adresse, Telefon, Fax, Mail- und Internetadresse des Programmnutzers gespeichert. Außerdem wird ein Datenpfad festgelegt, in dem Sie später die Bilder der Rezepte speichern können. Damit dieser Pfad nicht immer wieder bei jedem neuen Rezept per Hand eingegeben werden muss, werden Sie diesen hier einmalig festlegen und bei Bedarf immer wieder herein laden.

Nachfolgende Daten sind hierfür notwendig:

Feldname	*Felddatentyp*	*Beschreibung*
NutzerName	Text	Name des Nutzers
NutzerVorname	Text	Vorname des Nutzers
Strasse	Text	Anschrift des Nutzers
PLZ	Text, 7 Zeichen.	PLZ des Nutzers
Ort	Text	Wohnort des Nutzers
Telefon	Text	Telefon des Nutzers
Handy	Text	Handynummer d.N.
Fax	Text	Faxnummer d.N.
Mail	Text	E-Mail-Adresse d.N.

Kapitel 2

Internet	Text	Web-Adresse d.N.
RezeptBilderPfad	Text, 200 Z.	Pfad der Bilder-Datei
BuchungsZeitraumVom	Datum kurz	Beginn Buchung Haushaltsbuch
BuchungsZeitraumBis	Datum kurz	Ende Buchung Haushaltsbuch

In diesem Modul können auch Löschroutinen für Tabellen eingebaut werden, die bei einem Jahreswechsel nicht mehr benötigt werden. Dazu müssen Sie allerdings erst die Erstellung von Abfragen durcharbeiten. In Kapitel 6 werden Formulare mit Abfrage-Grundlagen besprochen. Dort wird dieses Modul dann fertiggestellt.

Bücherverwaltung

Sicher haben Sie eine Menge Bücher und möchten gerne eine genaue Übersicht haben, welche Buchtitel von welchen Autoren in den Regalen schlummern. Für viele Buchfreunde ist auch wichtig zu wissen in welchem Verlag ein Buch erschienen ist und vielleicht auch, wann und unter welcher ISBN-Nummer das Buch gelistet ist. Wünschenswert ist sicher auch in welche Kategorie ein Buch einzuordnen ist, ob es ein Sachbuch, ein Roman oder ein Reisebericht o.ä. ist.

Oftmals werden auch Bücher an Freunde und Bekannte verliehen. Diese Verleihe sollte man auch überwachen, damit man sicher sein kann, dass die verliehenen Stücke auch wieder zurückkommen.

Sie werden, entsprechend dem Daten-Normalisierungs-Prinzip, diese Bücherverwaltung mit mehreren getrennten Datencontainern erstellen

So wird eine einheitliche Verwaltungsdatei für die Bücher erstellt. Daneben Tabellen für Autoren, Kategorien und Verlage.

Autoren

Für die Autoren-Tabelle benötigen Sie natürlich den Namen des Autors und ein eindeutiges Schlüsselfeld. Diese Tabelle benötigt folgende Struktur:

Feldname	Felddatentyp	Beschreibung
AutorenID	Autowert	Indexfeld
AutorenName	Text, 100 Zeichen	Name des Autors

Buch-Kategorien

Für diese Tabelle benötigen Sie ebenfalls ein eindeutiges Indexfeld und den Namen der Kategorie

Feldname	Felddatentyp	Beschreibung
KategorienID	Autowert	Indexfeld
Kategorie	Text, 50 Zeichen	Bezeichnung der Kategorie

Verlage

Diese Tabelle hat die gleiche Struktur wie die beiden anderen, nämlich lediglich ein eindeutiges Schlüsselfeld und den Verlagsnamen

Feldname	Felddatentyp	Beschreibung
VerlagID	Autowert	Indexfeld
Verlag	Text, 100 Zeichen	Name des Verlags

Kapitel 2

Buchverwaltung

Die eigentliche Tabelle für die Buchverwaltung ist etwas umfangreicher. Sie benötigt ebenfalls ein eindeutiges Schlüsselfeld, das Sie mit dem Datentyp *Autowert* belegen. Sie benötigen ein Textfeld für den Titel und einen evtl. Untertitel. Sie verfahren hier großzügig und geben diesen beiden Feldern eine Größe von jeweils 255 Zeichen. Für Freaks wird die ISBN-Nummer erfasst. Die **Internationale Standardbuchnummer** *(International Standard Book Number)*, abgekürzt **ISBN**, ist eine Nummer zur eindeutigen Kennzeichnung von Büchern und anderen selbstständigen Veröffentlichungen mit redaktionellem Anteil, wie beispielsweise Multimedia-Produkte und Software. ISBN werden überwiegend in Warenwirtschaftssystemen des Buchhandels eingesetzt, doch auch viele Bibliotheken verwenden sie für die Bestellsysteme. Sie besteht aus insgesamt 13 Zeichen.

Für Verlag, Kategorie und Autor werden Sie in dieser Tabelle nur die eindeutigen Schlüssel speichern. Das Erscheinungsjahr ordnen Sie einem Textfeld zu. Sehen Sie auch ein Feld zur Erfassung des Standortes des Buches vor, z. B. im Wohnzimmer, Regal links o.ä. Hierfür benötigen Sie ebenfalls ein Textfeld.

Vielleicht ist es auch sinnvoll, noch ein Memo-Feld anzulegen, in dem z. B. eine kurze Inhaltsangabe vermerkt werden kann.

Die Tabellenstruktur ergibt sich wie folgt:

Feldname	*Felddatentyp*	*Beschreibung*
BuchID	Autowert	Indexwert
Titel	Text, 255 Zeichen	Titel
Untertitel	Text, 255 Zeichen	Untertitel
ISBN	Text, 13 Zeichen	ISBN-Nummer
KategorieID	Zahl, Long Integer	Nr. der Kategorie

Kapitel 2

AutorID	Zahl, Long Integer	Nr. des Autors
VerlagID	Zahl, Long Integer	Nr. des Verlages
ErscheinungsJahr	Text, 4 Zeichen	Erscheinungsjahr
Standort	Text, 50 Zeichen	Lagerort des Buches
Bemerkung	Memofeld	Kurzbeschreibung
CoAutorID	Zahl, Long Integer	Nr. des Co-Autors

Buch-Ausleihe

Wenn Sie die Ausleihe integrieren wollen, wird eine weitere Datei benötigt. Sie erhält folgende Felder:

Feldname	*Felddatentyp*	*Beschreibung*
AusleihNr	Autowert	Indexwert
BuchID	Zahl, LongInteger	Beziehungsfeld zur Hauptdatei
AusleiheAm	Datum/Uhrzeit	Ausleih-Datum
NamedesAusleihenden	Text, 50 Zeichen	Name des Leihers
ZurückAm	Datum/Uhrzeit	Eückgabe-Datum
LöschKZ	Ja/Nein-Feld	Lösch-Kennzeichen

Erst nach diesen Vorbereitungen beginnen Sie mit der eigentlichen Programmierarbeit. Wenn Sie einen anderen Weg beschreiten, werden Sie sehr bald einsehen müssen, dass Sie viele überflüssige Arbeit zu investieren haben oder aber im Extremfall entnervt das Programmieren wieder aufgeben.

Programmplanung

Kapitel 2

Anders als in vielen anderen Lehrbüchern werde ich Ihnen nun die wichtigsten Objekte für Ihre Programmierarbeit vorstellen und zwar jeweils getrennt in eigenständigen Kapiteln. Sie werden zunächst alle Tabellen erstellen, dann alle tabellengebundene Formulare, im darauffolgenden Kapitel dann Abfragen usw. Dadurch werden Sie sich nach Abschluss eines jeden Kapitels sehr viel Routine für das jeweilige Objekt angeeignet haben und evtl. Erweiterungen wie im Schlaf beherrschen.

Kapitel 3

TABELLEN

Wie schon im Vorkapitel dargelegt geht in einem Programm ohne Daten überhaupt nichts. Sie haben für die verschiedenen Teilprogramme bereits im vorherigen Kapitel die notwendigen Daten gesammelt. Diese auf Papier niedergelegten Datengrundlagen müssen Sie jetzt in sogen. *Tabellen* fassen. Tabellen sind Container, in die Sie die zusammengehörenden Daten hineingeben. Allerdings werden die Daten nicht willkürlich durcheinander geworfen sondern strukturiert. Das haben Sie im vorherigen Kapitel schon vorgegeben, in dem Sie für jede Tabelle den Feldnamen, den Felddatentyp und die Feldbeschreibung aufgezeichnet haben. Tabellen können sowohl mit dem Assistenten als auch „per Hand" im sogen. *Entwurfsmodus* angelegt werden. Sie werden beide Methoden kennenlernen. Sie können danach selbst entscheiden, in welcher Form Sie künftige Tabellen entwerfen. Ich persönlich bevorzuge den Entwurfsmodus, weil ich damit Tabellen wesentlich schneller konzipieren kann.

Tabellenerstellung mit dem Assistenten

Die erste Tabelle werden Sie mit dem Assistenten erstellen.

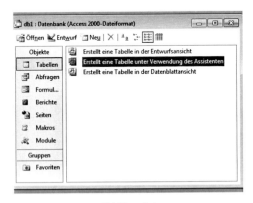

Abbildung 3-1

Kapitel 3

Auf der linken Seite der Arbeitsfläche (Abbildung 3-1) klicken Sie mit der linken Maustaste auf das Objekt TABELLEN.

Tabelle Postleitzahlen

Aus dem Kontextmenü wählen Sie die zweite Option im rechten Fenster: „*Erstellt eine Tabelle unter Verwendung des Assistenten*" und klicken dann in der Menüleiste auf NEU, weil Sie eine neue Tabelle erstellen wollen.

Es öffnet sich ein neues Fenster, in dem Sie verschiedene Entwurfsarten auswählen können.

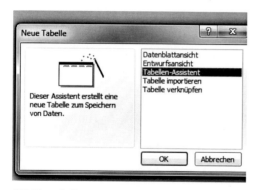

Abbildung 3-2

Da Sie sich für den Assistenten entschieden haben, wählen Sie hier *Tabellen-Assistenten* aus und klicken auf OK.

Es öffnet sich ein weiteres Fenster. (Abbildung 3-3). Dort werden Ihnen einige Beispieltabellen angezeigt, die nach den Kategorien Geschäftlich und Privat gegliedert sind. Sie entscheiden sich zunächst für die Kategorie Privat und der Assistent listet einige Musterdateien auf, die im Privatbereich immer wieder vorkommen. Sie sehen z. B. eine Musterdatei mit dem Namen Adressen. In dieser Musterdatei müssten normalerweise die benötigten Felder PLZ und Ort enthalten sein, denn solche Felder sind Bestandteile von Adressen. Wenn diese Musterdatei noch nicht markiert ist, klicken Sie diese an und Sie sehen die Beispielfelder im zweiten Fenster aufgeführt. Von den Beispielfeldern klicken Sie zunächst das Feld *Postleitzahl* doppelt an, so dass es in die Spalte „Felder der neuen Tabelle" übernommen wird. Sie können das Beispielfeld auch markieren und mit dem Kleinen Pfeil „>" als Feld der neuen Tabelle übernehmen. Mit dem Feld *Ort* verfahren Sie ebenso.

Abbildung 3- 3

Unterhalb der neuen Feldliste befindet sich noch eine Schaltfläche „Feld umbenennen" (Abbildung 3-4).

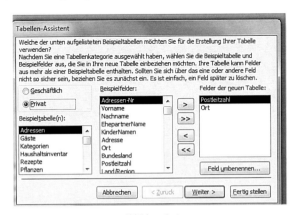

Abbildung 3- 4

Tabellen

Kapitel 3

Das neue Feld mit dem Namen „Postleitzahl" sollten Sie in die allgemein gültige Abkürzung „PLZ" umbenennen. Hierzu klicken Sie auf diesen Feldnamen, dann auf die Schaltfläche „Feld umbenennen..." und schreiben im aufgehenden Fenster einfach *PLZ* hinein und bestätigen mit OK. Damit ist das Feld umbenannt. (Bild 3-5 oben links).

Mit einem Klick auf WEITER können Sie der neuen Tabelle noch einen Namen geben. Sie nennen sie *tblPostleitzahlen*. Außerdem werden Sie dem Assistenten noch mitteilen, dass Sie den Primärschlüssel selbst festlegen wollen, in dem Sie die zweite Option auswählen (Bild 3-5 oben rechts).

Sie benötigen noch einen Primärschlüssel zur eindeutigen Identifizierung jedes Datensatzes. Klicken Sie in das Optionsfeld „Primärschlüssel selbst festlegen" und danach auf WEITER.

Es öffnet sich ein weiteres Feld, in dem das Feld für einen Primärschlüssel festgelegt werden kann. Mit dem kleinen Pfeil können Sie die verfügbaren Felder anzeigen. Entscheiden Sie sich für das Feld *PLZ* und legen in der Optionsgruppe darunter den Datentyp fest.

Beste Wahl für diese Tabelle ist sicherlich die dritte Option *„Zahlen und/oder Buchstaben, die ich selbst eingebe, wenn ich neue Datensätze hinzufüge"* (Bild 3-5 unten links). Mit WEITER kommen Sie zur nächsten Auswahl. Hier werden Beziehungen für die neue Tabelle festgelegt. Hier geben Sie nichts ein, da keine Beziehung festgelegt werden soll.

Was unter einer Beziehung zu verstehen ist, folgt weiter unten. Mit WEITER kommen Sie zum nächsten Dialogfenster, nämlich, ob der Tabellenentwurf geändert, oder Daten eingegeben werden sollen und ob der Assistent gleich ein Eingabeformular kreieren soll.

Kapitel 3

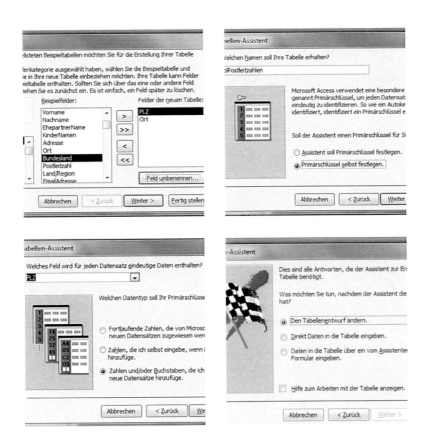

Abbildung 3- 5

Wählen Sie die erste Option an, weil noch eine Änderung an der Tabelle vorgenommen werden muss (Bild 3-5 unten rechts). Nach einem Klick auf FERTIGSTELLEN wird der Tabellenentwurf angezeigt.

Tabellen

Kapitel 3

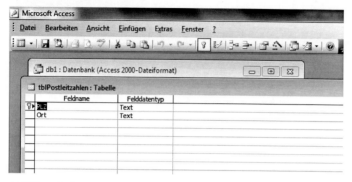

Abbildung 3- 6

Sie sehen die beiden angelegten Tabellenfelder und den Primärschlüssel im Feld PLZ. Da ein Ort (z. B. eine größere Stadt) mehrere Postleitzahlen haben kann, muss auch noch das Feld *Ort* mit in den Primärschlüssel aufgenommen werden. Klicken Sie in die kleine graue Spalte vor dem Feldnamen PLZ, drücken anschließend die Hochstell-(Shift-) Taste und klicken auf die graue Spalte vor dem Feldnamen Ort. Damit sind beide Felder markiert. In der Symbolleiste klicken Sie auf das Symbol für den Primärschlüssel (das ist das Symbol mit dem Schlüssel)

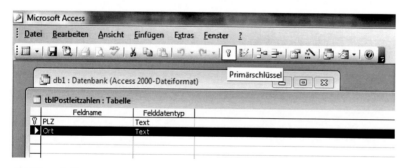

Abbildung 3- 7

In den grauen Spalten vor dem Feldnamen erscheinen diese Schlüssel nunmehr ebenfalls. Damit ist der Primärschlüssel festgelegt. In die Beschreibungsspalte kann noch eine Erläuterung zu den Tabellenfeldern aufgenommen werden, z. B. „Postleitzahl" und „Ort".

Kapitel 3

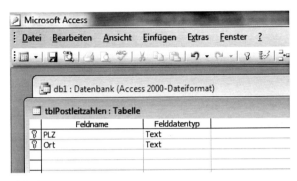

Abbildung 3- 8

Im unteren Teil des Tabellenblattes wird für das Feld *PLZ* eine Feldgröße von 50 Buchstaben/Ziffern angezeigt. Da die deutschen Postleitzahlen nur 5-stellig sind, Sie aber eine Reserve für evtl. Auslandspostleitzahlen einkalkulieren sollten, wählen Sie als Größe 6. Die Größe für den Ort können Sie bei der Vorgabe von 50 Buchstaben belassen.

Beenden Sie die Tabellenerstellung mit einem Klick auf das „X" oben rechts

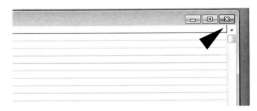

Abbildung 3- 9

und beantworten die Frage, ob die Tabelle gespeichert werden soll mit *Ja*. Als Tabellenname geben Sie *tblPostleitzahlen* ein.

Tabellen

Kapitel 3

Tabellenerstellung im Entwurfsmodus
Tabelle Musikverwaltung

Auf der Access-Arbeitsfläche klicken Sie links auf das Objekt *Tabellen* und wählen im rechten Fensterteil: *„Erstellt eine Tabelle in der Entwurfsansicht"*. Anschließend klicken Sie auf NEU, weil Sie eine neue Tabelle erstellen wollen.

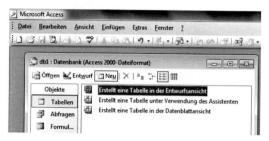

Abbildung 3- 10

Es öffnet sich ein weiteres Dialogfenster

Abbildung 3- 11

Hier wählen Sie „Entwurfsansicht" aus. Dies wird mit OK bestätigt und es erscheint das Tabellenentwurfsblatt.

Kapitel 3

Abbildung 3-12

Das Tabellenblatt zeigt die drei Spalten, *Feldname, Felddatentyp und Beschreibung*. Die ersten beiden Spalten müssen Sie bestücken, die letzte ist zu empfehlen, damit man später weiß, was es mit dem Feldnamen auf sich hat.

Der erste Feldname ist *LiedNr*. Den Felddatentyp können Sie, wenn Sie mit der TAB-Taste in die Eingabespalte springen, mit einem Klick auf den kleinen Pfeil aus einem Kontextmenü auswählen. In diesem speziellen Fall wählen Sie hieraus den sogen. *Autowert* aus, d. h., jedes erfasste Lied erhält eine fortlaufende aufsteigende Nummer und kann damit eindeutig identifiziert werden. Der erste erfasste Datensatz bekommt die Nummer 1, der zehnte Datensatz die Nummer 10 usw. Wird dabei einmal ein Datensatz gelöscht, entfällt diese Nummer in der Zahlenfolge. Die übrigen Datensätze bleiben damit in der gleichen Reihenfolge.

Im Beschreibungsfeld geben Sie als Erläuterung ein: „Eindeutige *Nummer der Lieder zur Sortierung*".

Diesem Feld weisen Sie auch den Primärschlüssel zu. Dazu klicken Sie in das Kästchen vor dem Feldnamen und dann im Symbolmenü auf das Symbol „Primärschlüssel".

Dies bedeutet, dass alle Datensätze dieser Tabelle nach diesem Feld sortiert werden und in aufsteigender Zahlenfolge gespeichert sind.

Kapitel 3

Unten links ist der Felddatentyp näher erläutert. Im vorliegenden Fall ist der Zahlentyp für den *Autowert* vom Typ *Long Integer* und es wird auch angezeigt, dass nach diesem Feld sortiert wird und zwar ohne Duplikate zuzulassen. Es können in einer Tabelle also niemals zwei Datensätze mit dem gleichen Autowert vorhanden sein.

In diesem Fenster links unten können Sie noch weitere Kriterien erfassen, z. B. welche Beschriftung ein Feld später im Erfassungsprogramm haben, oder wie es formatiert angezeigt werden soll. Schreiben Sie in der Zeile Beschriftung: „Automat. Lied-Nummer:", allerdings ohne die Anführungszeichen. In die Spalte Feldbeschreibung geben Sie zur Erläuterung des Feldes ein: „*Lfd. Nummer der Lieder zur Sortierung*".

Das nächste Feld ist der Liedtitel. Der Assistent hat diesem Feld bereits den Felddatentyp *Text* zugeordnet. Geben Sie als Feldbeschreibung ein: „Lied-Titel". Im Fenster unten links sehen Sie die Größe dieses Feldes. Beim Felddatentyp *Text* gibt Access die Größe von 50 Zeichen vor, d. h., Sie können bis zu 50 Zeichen erfassen. Sie haben aber die Möglichkeit, diesen Wert zu vergrößern oder zu verkleinern. Behalten Sie im Moment diesen Wert bei. Schreiben Sie in der Zeile Beschriftung: „Lied-Titel:".

Jetzt erfassen Sie alle anderen Felder aus der Datensammlung in Kapitel 2. Die Felder Interpret und Album sind Textfelder, bei denen Sie die vorgegebene Zeichenzahl 50 beibehalten können. Die Länge eines Liedes, also die Abspieldauer, gibt man in Minuten und Sekunden, getrennt durch einen Doppelpunkt an. Eine solche Formatierung kann man mit dem Felddatentyp *Datum/Zeit* erreichen. Der Felddatentyp *Datum/Zeit* speichert grundsätzlich ein Datum inkl. einer Zeitangabe ab. Da Sie aber nur die Zeitangabe benötigen, müssen Sie die korrekte und notwendige Teil-Formatierung vorgeben. Klicken Sie zunächst in die Zeile *Format* und anschließend auf den kleinen Pfeil rechts. Hier haben Sie verschiedene Auswahlmöglichkeiten. Da Sie kein Datum benötigen, wählen Sie „Zeit, 24 Std" aus.

Kapitel 3

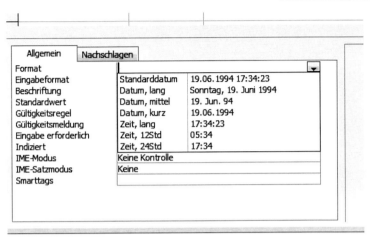

Abbildung 3-13

Jetzt haben Sie festgelegt, dass Sie nur einen Teil der möglichen Datum/Zeit-Eingabe speichern wollen. Klicken Sie dann noch in die Zeile *Eingabeformat*. Hier legen Sie eine Eingabeschablone für die spätere Erfassung fest. Die drei kleinen Punkte deuten darauf hin, dass Sie wieder verschiedene Auswahlmöglichkeiten haben. Wählen Sie auch hier die Formatierung *„Zeit, 24 Std"* aus

Abbildung 3-14

Tabellen 59

Kapitel 3

und klicken auf *Fertig stellen*. Als Formularbeschriftung erfassen Sie „Abspieldauer:"

Die beiden nächsten Felder Speicherort und MedienNr bereiten keine Schwierigkeiten bei der Eingabe. Als Felddatentyp wählen Sie Text und als Feldgröße 2 bzw. 10 Zeichen. Vergessen Sie nicht die Formularbeschriftung für die Felder zu erfassen.

Unser letztes Feld *EigenFremd* soll kennzeichnen, ob dieses Lied in einer eigenen CD oder MC-Sammlung vorhanden ist oder ob es vom Medium eines Bekannten überspielt oder vom Radio direkt aufgenommen wurde. Dieses Feld wird wie eine Frage aufgebaut, die mit JA zu beantworten ist, wenn das Lied in einer eigenen Sammlung vorhanden ist und mit NEIN, wenn es aus Fremdbeständen kommt. Deshalb heißt der zu verwendende Felddatentyp auch Ja/Nein-Feld.

Damit ist die Datenbasis für die Musiksammlung fertiggestellt. Schließen Sie den Tabellenentwurf mit einem Klick auf die Schaltfläche rechts oben mit dem „X" und beantworten die Frage zum Speichern mit *Ja* und geben ihr den Namen *tblMusik*.

Tabelle MusikAusleihe

Auf der Arbeitsfläche klicken Sie wieder links auf das Objekt *Tabellen* und wählen im rechten Fensterteil: „*Erstellt eine Tabelle in der Entwurfsansicht*". Anschließend klicken Sie auf NEU, weil wieder eine neue Tabelle erstellt werden soll.

Der erste Feldname ist AusleihNr. Den Felddatentyp können Sie, wenn Sie in die Eingabespalte springen mit einem Klick auf den kleinen Pfeil aus einem Kontextmenü auswählen. Wählen Sie hieraus den sogen. *Autowert* aus, d. h., jede erfasste Ausleihe erhält eine fortlaufende aufsteigende Nummer und kann damit eindeutig identifiziert werden. Der erste erfasste Datensatz bekommt die Nummer 1, der fünfte Datensatz die Nummer 5 usw. Wird ein Datensatz gelöscht, entfällt diese Nummer in der Zahlenfolge. Die übrigen Datensätze bleiben aber in der gleichen Reihenfolge. Im Beschreibungsfeld geben Sie als Erläuterung ein: „*Lfd.Nummer der Ausleihe*". Diesem Feld weisen Sie auch den Primärschlüssel zu. Dazu klicken Sie in das Kästchen vor dem Feldnamen und dann im Symbolmenü auf das Symbol „Primärschlüssel".

Die Datensätze dieser Tabelle werden nach diesem Feld in aufsteigender Reihefolge sortiert, ohne dabei Duplikate zuzulassen. Unten links ist der Felddatentyp näher erläutert. In unserem Fall ist der Zahlentyp für den *Autowert* vom Typ *Long Integer*.

In unteren Fensterbereich können Sie weitere Kriterien erfassen. Schreiben Sie in der Zeile Beschriftung: „Automat. Ausleih-Nummer:", allerdings ohne die Anführungszeichen.

In die Spalte Feldbeschreibung geben Sie zur Erläuterung des Feldes ein: „*Lfd. Nummer der Ausleihe*".

Das nächste Feld ist die MediumNr. Der Assistent hat diesem Feld bereits den Felddatentyp *Text* zugeordnet. Das können Sie belassen. Als Feldbeschreibung geben Sie ein: „Kennzeichnung des Tonträgers". Unten links sehen Sie die Größe dieses Feldes. Beim Felddatentyp *Text* gibt uns Access die Größe von 50 Zeichen vor. Diesen Wert behalten Sie bitte bei.

Das Ausleih-Datum erhält den Felddatentyp *Datum/Uhrzeit*. Der Felddatentyp *Datum/Uhrzeit* speichert grundsätzlich ein Datum inkl. einer Zeitangabe ab. Da Sie aber nur das Datum benötigen, müssen Sie die korrekte und notwendige Teil-Formatierung vorgeben. Klicken Sie im unteren Fensterteil zunächst in die Zeile *Format* und anschließend auf den kleinen Pfeil rechts. Hier haben Sie verschiedene Auswahlmöglichkeiten. Wählen Sie „Datum kurz", da eine Zeitangabe in diesem Falle nicht relevant ist. In der nächsten Zeile *Eingabeformat* klicken Sie rechts außen auf den kleinen Pfeil – es kann sein, dass Sie die Tabelle zunächst speichern müssen, kommen Sie der Aufforderung des Erstellungsassistenten nach, - wählen im Eingabeformat-Assistenten wiederum *Datum kurz* an und klicken auf *Fertigstellen*.

Kapitel 3

Im nächsten Feld soll der Name des Leihenden festgehalten werden. Benutzen Sie hierfür ein Textfeld und die Vorgabe unten mit 50 Zeichen können Sie beibehalten.

Das nächste Feld „ZurückAm" ist wiederum ein Datumsfeld. Verfahren Sie bezüglich der Formatierung genauso wie vorher, also Teilformatierung mit „Datum kurz".

Als letztes Feld erhält die Tabelle ein Lösch-Kennzeichen, damit der Datensatz gelöscht werden kann, wenn der Tonträger wieder zurückgegeben wurde. Als Felddatentyp dient hierbei ein JA/NEIN-Feld.

Speichern Sie diese Tabelle unter dem Namen *tblMusikAusleihe*.

Tabelle Adressdaten

Sie haben sicherlich bemerkt, dass die Tabellenerstellung im Entwurfsmodus am einfachsten geht. Deshalb würde ich vorschlagen, alle weiteren Tabellen in diesem Modus durchzuführen. Wählen Sie auf der Access-Arbeitsfläche das Objekt *Tabelle* an, und klicken auf „*Erstellt eine Tabelle in der Entwurfsansicht*". Im nächsten Fenster nehmen Sie *Entwurfsansicht*. Sie sehen das bereits bekannte leere Tabellenblatt und beginnen gleich mit der Eingabe des ersten Feldnamens lt. der Datensammlung in Kapitel 2.

Ich brauche Ihnen sicherlich keine weitere Hilfe für diese Tabellenerstellung geben, da der Aufbau analog der vorhergehenden Tabelle erfolgt.

Achten Sie bitte aber auf zwei Dinge. Bei dem Felddatentyp Text müssen Sie stets die notwendige Größe im unteren Teil des Tabellenblattes eingeben. Bei den Feldern, bei denen Sie als Felddatentyp Datum/Uhrzeit eingeben (Geburtstag, Jubiläumstag etc.), wählen Sie unten in der Zeile Format „Datum kurz" aus, weil für diese Zwecke nur das reine Datum ohne Zeitangabe benötigt wird. Klicken Sie außerdem in der Zeile Eingabeformat in die weiße Zeile. Es erscheint rechts dann eine Schaltfläche mit 3 Punkten. Klicken Sie darauf, so öffnet sich ein Fenster mit den verschiedenen Eingabeformaten.

Abbildung 3- 15

Hier entscheiden Sie sich für das Eingabeformat „Datum, kurz" und klicken auf Fertigstellen.

Wenn Sie alle Felder erfasst haben, legen Sie auch hier den Primärschlüssel fest. Klicken Sie in die kleine graue Spalte vor dem Feldnamen „ID" und anschließend in der Symbolleiste auf das Schlüsselsymbol.

Schließen Sie diese Tabelle durch einen Klick auf das „X" oben rechts, bejahen Sie die Frage zum Speichern und geben der Tabelle den Namen *tblAdressdaten*.

Kapitel 3

Tabelle AdressTelefon

Auf der Access-Arbeitsfläche wählen Sie das Objekt *Tabelle*, klicken auf „*Erstellt eine Tabelle in der Entwurfsansicht*". Im nächsten Fenster nehmen Sie wieder Entwurfsansicht. Auf dem jetzt sichtbaren Tabellenblatt geben Sie die in Kapitel 2 für diese Datensammlung festgelegten Datenfelder ein.

Dem Tabellenfeld *TelefonID* weisen Sie den Primärschlüssel zu. Speichern Sie die Tabelle unter dem Namen *tblAdressTelefon* ab.

Tabelle AdressKind

Auf der Access-Arbeitsfläche wählen Sie das Objekt *Tabelle*, klicken auf „*Erstellt eine Tabelle in der Entwurfsansicht*". Im nächsten Fenster wählen Sie Entwurfsansicht. Auf dem jetzt sichtbaren Tabellenblatt geben Sie die in Kapitel 2 für diese Datensammlung festgelegten Datenfelder ein.

Dem Tabellenfeld *KindID* weisen Sie den Primärschlüssel zu. Speichern Sie die Tabelle unter dem Namen *tblAdressKind* ab.

Tabelle Geburtstag

Auf der Access-Arbeitsfläche wählen Sie das Objekt *Tabelle*, klicken auf „*Erstellt eine Tabelle in der Entwurfsansicht*". Im nächsten Fenster nehmen Sie wieder Entwurfsansicht. Auf dem jetzt sichtbaren Tabellenblatt geben Sie die in Kapitel 2 für diese Datensammlung festgelegten Datenfelder ein.

Die beiden Namensfelder dürften Ihnen sicherlich keine Probleme machen. Bei den beiden nächsten Feldern *GebTag* und *JubTag* gehen Sie bitte im unteren Teil des Tabellenblattes in die Zeile *Format* und entscheiden sich für „*Datum, kurz*". In der Zeile *Eingabeformat* wählen Sie wiederum „*Datum, kurz*" an und klicken auf *Weiter* und danach auf *Fertigstellen*.

Die nächsten Felder erhalten als Felddatentyp jeweils „Zahl" in der Größe *Long Integer*.

Ein Primärschlüssel wird hier nicht benötigt. Speichern Sie die Tabelle unter dem Namen *tblGeburtstag* ab.

Tabelle Termine

Klicken Sie auf das Objekt Tabelle, dann auf *„Erstellt eine Tabelle in der Entwurfsansicht"* und dann noch einmal auf Entwurfsansicht.

Die vier ersten Felder *datDatum, datZeit, datDatumZeit* und *Dauer* erhalten jeweils den Felddatentyp *Datum/Uhrzeit*.

Das Feld datDatum soll ein einfaches Datum darstellen, deshalb wählen Sie in der Zeile Format „Datum kurz" an. Auch in der nächsten Zeile Eingabeformat geben Sie „Datum, kurz" vor.

Beim zweiten Feld datZeit wird in der Zeile Format „Zeit, 24 Std" festgelegt, ebenso in der Zeile Eingabeformat.

Das dritte Feld datDatumZeit können Sie in der Format-Zeile als Standarddatum deklarieren. Ein Eingabeformat wird nicht benötigt.

Das vierte Feld Dauer erhält in der Format-Zeile wieder das Attribut „Zeit, 24 Std", ebenso in der Zeile Eingabeformat.

Der Felddatentyp für das Feld *txtBezeichnung* wird mit Text eingegeben und die Feldgröße ändern Sie bitte von 50 Zeichen auf 200 Zeichen ab. Die beiden anderen Felder *Löschen* und *Auswärts* werden als Ja/Nein-Felder deklariert.

Speichern Sie die Tabelle unter dem Namen *tblTermine* ab.

Kapitel 3

Tabelle Erinnerung

Auch hier erfolgt die Tabellenanlage, wie bei den vorherigen Tabellen: Klick auf das Objekt Tabelle, *Erstellt eine Tabelle in der Entwurfsansicht"* und dann noch einmal auf *Entwurfsansicht*.

Das Feld *datErinnerung* erhält als Felddatentyp „Datum/Uhrzeit", wobei als Format und als Eingabeformat jeweils wieder als „Datum, kurz" festgelegt wird. Das Feld *txtErinnerung* wird logischerweise mit dem Datentyp Text und das Feld *Fix* als Ja/Nein-Feld deklariert.

Markieren Sie das Feld *datErinnerung* und legen über die Symbolleiste dieses Feld als Primärschlüssel fest.

Speichern Sie diese Tabelle unter dem Namen *tblErinnerungen* ab.

Tabelle TerminDruck

Zum Ausdruck der Termine hatten Sie vorausgeplant, eine eigene Drucktabelle zu erstellen, die dann Datengrundlage für den Bericht sein soll. Auf der Access-Arbeitsfläche wählen Sie das Objekt Tabelle aus und erstellen eine neue Tabelle. Geben Sie die einzelnen Felder so ein, wie Sie sie in der Datensammlung vorbereitet haben. Ein Primärschlüsselfeld ist nicht erforderlich.

Speichern Sie diese Tabelle unter der Bezeichnung *tblTerminDruck* ab.

Tabelle Rezept-Kategorien

Für die Rezeptsammlung hatten Sie in Kapitel 2 festgelegt, die Rezepte in Kategorien zu bündeln. Auf der Arbeitsfläche wählen Sie, wie bei den vorherigen Tabellen, wiederum *Tabellen*, und dann „*Erstellt eine Tabelle in der Entwurfsansicht"* an und klicken auf NEU. Im anschließenden Fenster wählen Sie Entwurfsansicht aus (wie Bild 3-11). Sie sehen wieder die Tabellenerstellungsfläche wie in Bild 3-12.

Kapitel 3

Jede Kategorie soll einen eindeutigen Schlüssel erhalten, der jeden Datensatz als eindeutig und ohne Duplikate kennzeichnet. Dabei bietet sich natürlich der *Auto-Wert* an, da dieser doppelte Schlüssel ausschließt. Die Kategorien-Bezeichnung erfassen Sie mit dem Feld *Kategorie*, der Sie den Felddatentyp Text mit einer Größe von 30 Zeichen zuordnen.

Vergessen Sie bitte nicht, dem Schlüsselfeld auch den Primärschlüssel zuzuordnen, indem Sie das Feld ID markieren und auf das Schlüsselsymbol in der Symbolleiste klicken. Speichern Sie diese Tabelle unter den Namen *tblRezeptKategorie* ab.

Tabelle Mengenangabe

Zwischenzeitlich können Sie die Tabellenerstellung schon im Schlaf!

Auch hier ordnen Sie jeder zu erfassende Mengeneinheit einen unverwechselbaren Schlüssel zu. Bedienen Sie sich auch hier wieder des Felddatentyps *Auto-Wert*. Für die Rezeptsammlung sollten Sie übliche Abkürzungen verwenden. Hierfür wurden in der Entwurfsplanung zwei Felder vorgesehen, einmal die ausgeschriebene Bezeichnung und einmal die Abkürzung.

Vergessen Sie auch hier nicht das Feld ID als Primärschlüssel einzusetzen. Anschließend speichern Sie die Tabelle unter dem Namen *tblRezeptMenge* ab.

Tabelle Nährwert

Auf der Arbeitsfläche wählen Sie *Tabellen*, und dann „*Erstellt eine Tabelle im Entwurfsansicht*" an und klicken auf NEU. Im anschließenden Fenster wählen Sie Entwurfsansicht aus (wie Bild 3-11). Sie sehen die Tabellenerstellungsfläche wie in Bild 3-12.

Geben Sie nun die Tabellenfelder entsprechend dem Tabellenentwurf in Kapitel 2 ein und speichern diese Tabelle unter dem Namen *tblRezeptNährwert* ab.

Kapitel 3

Tabelle Rezepte

Dies ist der eigentliche Sammeltopf für die Rezepte. Als eindeutiges Schlüsselfeld, werden Sie das Feld *RezeptNr* wählen. Als Felddatentyp ist auch hier *AutoWert* richtig. Jedem Rezept bzw. jeder erfassten Speise müssen Sie einen Namen geben. Dies tun Sie im Feld *Speisenbezeichnung* mit dem Felddatentyp *Text*. Wenn Sie schon in verschiedenen Kategorien erfassen wollen, dann benötigen Sie auch ein Feld *Kategorie*, dem Sie den Felddatentyp *Zahl* zuordnen und als *Long Integer* deklarieren. Hierin wird der Schlüssel der gewählten Kategorie abgespeichert.

Die eigentliche Zubereitungsanweisung speichern Sie in einem Memofeld, dem Sie den Namen *ArbeitsAnweisung* geben. Ein M*emo-Feld* deshalb, weil Sie hier fast unbegrenzte Möglichkeiten der Texterfassung haben, ohne eine bestimmte Feldgröße vorher festlegen zu müssen.

Viele Rezepte sind von der Zutatenmenge auf 4 Personen ausgelegt. Manchmal erfolgt die Mengenangabe aber auch in Portionen oder in Stückzahlen. Damit Sie später sofort erkennen können, für wie viele Personen/Portionen/Stück die Zutaten ausgelegt sind, müssen Sie flexibel die Personenzahl, die Stückzahl oder die Anzahl der Portionen festlegen können. Dies tun Sie mit dem Feld *Anzahl*. Als Felddatentyp nehmen Sie *Zahl* und *LongInteger*. Entsprechend der Festlegung in der Tabelle *tblRezeptKategorie* wird die Beschriftung später mit Personen bzw. Stücke ausgegeben.

Interessant für den Koch oder die Köchin sind auch noch die Nährwerte einer Speise. Diese müssen Sie wegen der Datennormalisierung in einer weiteren Tabelle *tblRezeptNährwert* auslagern, schaffen aber in dieser Tabelle eine Verbindung dorthin und werden später auch eine Beziehung zwischen diesen Tabellen herstellen.

Wichtig ist außerdem, wie lange man ungefähr benötigt um diese Speise herzustellen oder wie lange man zwischen der Zubereitung bzw. auch danach noch als Wartezeit einkalkulieren muss.

Für beide Felder verwenden Sie den Datentyp „Datum/Uhrzeit". Im unteren Teil der Tabelle geben Sie dann die Formatierung für diese Felder vor und zwar in der Zeile Format verwenden wir die 24-Std-Zeit und in der Zeile Eingabeformat wählen Sie ebenfalls „Zeit-24 Std" aus.

Für die beiden Tabellenfelder „ErstelltVon" und „GesammeltAus" verwenden Sie *Text* als Datentyp.

Diese Tabelle speichern Sie unter dem Namen *tbl Rezepte* ab.

Tabelle Buchungskonten

In der Vorplanung für das Haushaltsbuch wurde festgelegt, dass eine Tabelle benötigt wird um mögliche Konten für die differenzierte Erfassung von Einnahmen und Ausgaben zu haben. Erstellen Sie die nachfolgende Tabelle in der Entwurfsansicht. Erfassen Sie die in Kapitel 2 festgelegten Tabellenfelder.

Das Feld *KontoNummer* deklarieren Sie als Primärschlüssel. Speichern Sie diese neue Tabelle unter dem Namen *tbl Buchungskonto* ab.

Tabelle Verbuchung

Langsam wird die Tabellenerstellung schon Routine. Gehen Sie planmäßig wie bei den vorherigen Tabellen vor. Geben Sie alle vorgesehenen Felder ein. Beachten Sie dabei, dass das Feld *Buchdat* den Felddatentyp „Datum/Uhrzeit" erhält und in den Zeilen Format und Eingabeformat jeweils „Datum, kurz" festgelegt werden.

Zur eindeutigen Sortierung müssen Sie noch einen Primärschlüssel festlegen. Das sollte hier das Feld *BelegNummer* sein. Da dieses Feld bei jeder Erfassung einer Einnahme oder Ausgabe fortgezählt wird, eignet es sich besonders für die Indizierung eines Datensatzes.

Diese Tabelle speichern Sie unter dem Namen *tbl Verbuchung* ab.

Kapitel 3

Tabelle Allgemeine Daten

Die Erfassung der in Kapitel 2 festgelegten Felder dürfte nunmehr keine Schwierigkeiten mehr bereiten. Achten Sie lediglich darauf, dass Sie bei dem Feld PLZ in der Zeile Format nur 5 Zeichen festlegen, dafür aber bei dem Feld *RezeptBilderPfad* eine Größe von 200. Bei den Buchungsdaten für das Haushaltsbuch legen Sie in den Zeilen Format und Eingabeformat im unteren Bereich jeweils *Datum kurz* fest.

Einen Primärschlüssel benötigen Sie hier nicht, da diese Tabelle nur einen einzigen Datensatz besitzen wird.

Diese Tabelle speichern Sie unter dem Namen *tblAllgemein* ab.

Tabelle Gast

Diese Tabelle wird für verschiedene unterschiedliche Zwecke benutzt. Deshalb werden Felder einbezogen, die nicht für alle Anwendungen gleichzeitig benötigt werden.

Öffnen Sie eine neue Tabellenentwurfs-Fläche und beginnen mit der Eingabe des ersten Feldnamens lt. der Datensammlung in Kapitel 2.

Den Namen des Gastes speichern Sie in einem Feld, das Sie *GastName* benennen. Hier werden später bei der Bestückung dieser Tabelle der Familienname und der Vorname des Gastes aus der Adressdatei zusammengefasst. Das Feld hat den Felddatentyp *Text*. Die Länge des Feldes belassen Sie auf der Vorgabe von 50 Zeichen.

Die Adresse geben Sie mit dem Felddatentyp Text und den Feldern Strasse (50 Zeichen), LKZ (3 Zeichen), PLZ (5 Zeichen), Ort (30 Zeichen) und Telefon (20 Zeichen) ein.

Das Feld TischNummer erhält als Datentyp *Zahl* und als Untertyp Byte. Dieser Untertyp genügt vom Speicherbedarf, da nicht ernsthaft zu erwarten ist, dass Sie eine Feier mit mehr als 255 Tischen verwalten werden. Zum Schluss benötigen Sie noch zwei Felder Einladung und Zusage, denen Sie den Datentyp *JaNein-Feld* zuordnen.

Für das erste Feld GastName setzen Sie den Primärschlüssel.

Feldname	Felddatentyp	
GastName	Text	Name und Vorname des Gastes
Strasse	Text	Adresse des Gastes
LKZ	Text	Länderkennung des Gastes
PLZ	Text	Postleitzahl des Gastes
Ort	Text	Wohnort des Gastes
Telefon	Text	Telefon des Gastes
TischNummer	Zahl	Tischnummer für Veranstaltung
Einladung	Ja/Nein	KZ f. Einladung
Zusage	Ja/Nein	KZ für Zusage
Veranstaltung	Zahl	Nr. der Veranstaltung
Einladungsversand	Zahl	Kennzeichnung ob Einladung versandt ist

Abbildung 3-16

Schließen Sie das Tabellenblatt und geben der Tabelle den Namen *tblGast*.

Tabelle Veranstaltung

Öffnen Sie ein neues Tabellen-Objekt in der Entwurfsansicht. Erfassen Sie ein Textfeld für den Einladungsgrund (z. B. 80.Geburtstag von Oma Lisa). Die vorgegebene Größe von 50 Buchstaben sollte genügen. Für den Einladungstag wählen Sie den Datentyp *Datum/Uhrzeit*. Im unteren Bereich erfassen Sie in der Zeile Format *Datum kurz*, in der Zeile Eingabeformat klicken Sie rechts auf die Schaltfläche mit den drei Punkten und wählen im aufgehenden Fenster wiederum *Datum kurz* aus und klicken auf *Fertigstellen*. Dem nächsten Feld Veranstaltungsort weisen Sie den Felddatentyp *Text* zu. Die vorgegebene Größe kann belassen werden. Weiter legen Sie das Feld Lokalität fest (z. B. Gasthaus Hirschen). Jetzt stellen Sie noch das Feld Anschrift mit dem Felddatentyp *Text* ein und belassen auch hier die Größe mit 50 Zeichen. Zum Schluss kommt noch das Feld *Telefon*, ebenfalls vom Typ Text und mit einer Länge von 20 Zeichen. Dem Feld *Einladungsnummer* weisen Sie den Primärschlüssel zu.

Kapitel 3

Speichern Sie die neue Tabelle unter den Namen *tblVeranstaltung* ab.

Tabelle Tisch

Auf der Arbeitsfläche wählen Sie das Objekt TABELLLEN, und dann „*Erstellt eine Tabelle im Entwurfsansicht*" an und klicken auf NEU. Im anschließenden Fenster wählen Sie Entwurfsansicht aus (wie Bild 3-11). Sie sehen wieder die Tabellenerstellungsfläche wie in Bild 3-12. Erfassen Sie die einzelnen Felder entsprechend der Vorplanung in Kapitel 2. Dem Feld Tischnummer weisen Sie den Primärschlüssel zu und speichern das Ganze unter dem Namen *tblTisch* ab.

Tabelle Geschenke

In Kapitel 2 haben Sie die nötigen Felder bereits erarbeitet. Setzen Sie diese nun in eine neue Tabelle um. Achten Sie darauf, dass die Felder Karte, Geschenk, Geld und Gutschein *Ja/Nein-Felder* sind und die Felder Geldbetrag und GutscheinWert im unteren Auswahlbereich unseres Tabellenarbeitsfeldes in der Zeile Format als Kriterium Euro erhalten.

Abbildung 3-17

Kapitel 3

Dem Feld PersNr ordnen Sie dann noch den Primärschlüssel zu. Der Tabellenentwurf müsste wie folgt aussehen:

Feldname	Felddatentyp	
IDGeschenk	AutoWert	Geschenke-Index
PersNr	Zahl	Nr. des Schenkers in Adressdatei
Karte	Ja/Nein	KZ für Glückwunschkarte
Geschenk	Ja/Nein	KZ für Sachgeschenk
Geschenkbezeichnung	Text	Beschreibung des Sachgeschenks
Geld	Ja/Nein	Kz für Geldgeschenk
Geldbetrag	Währung	geschenkter Geldbetrag
Gutschein	Ja/Nein	KZ für Gutschein
GutscheinWert	Währung	Wert des Gutscheins
Gutscheinbezeichnung	Text	Bezeichnung wo dieser Gutschein eingelöst werden kann

Abbildung 3- 18

Speichern Sie die Tabelle unter dem Namen *tblGeschenke* ab.

Tabelle Buchverwaltung

Entsprechend dem Vorentwurf legen Sie die Tabellenfelder jetzt an. Dem Feld BuchID weisen Sie den Primärschlüssel zu. Für die ISBN-Nummer wählen Sie eine feste Formatierung, die dem internationalen Standard entspricht. Wenn Sie sich Ihre Bücher einmal anschauen, so werden Sie unterschiedliche Abbildungsweisen der ISBN-Nummer entdecken. Manche Verlage stellen dieser ISBN-Nummer noch ihre Verlagsnummer voran. Dies erkennen Sie daran, dass vor diesen 13 Stellen noch eine dreiziffrige Verlagsnummer geschrieben ist. Sie sollten sich aber an die richtige Schreibweise halten. Access stellt eine solche Formatierungsmöglichkeit zur Verfügung. Klicken Sie deshalb in die Zeile *Eingabeformat* und anschließend auf die Schaltfläche mit den drei Punkten und klicken Sie dann doppelt auf die Vorgabe für die ISBN-Nummer, so dass diese Formatierung in die Zeile Eingabeformat übernommen wird.

Nach Bestätigung mit Weiter werden Sie gefragt, ob Sie das Eingabeformat ändern wollen. Nehmen Sie hier keine Änderung vor sondern klicken auf die Taste *Weiter*. Sie werden danach gefragt, wie die Daten gespeichert werden sollen. Nehmen Sie die erste Option, damit die Speicherung mit den Symbolen und nicht nur die reine Ziffernfolge erfolgt und klicken auf *Fertigstellen*.

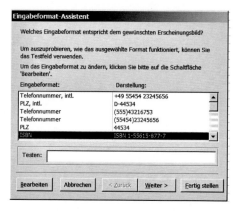

Abbildung 3- 19

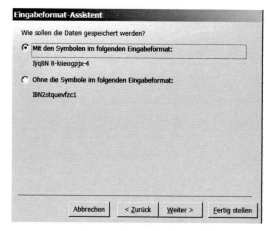

Abbildung 3- 20

Speichern Sie diese Tabelle ab unter dem Namen *tblBuchverwaltung*.

Kapitel 3

Tabelle Autoren

Hier verfahren Sie wie oben. Weisen Sie dem Feld AutorenID den Primärschlüssel zu und speichern die Tabelle unter dem Namen *tblBuchautoren* ab.

Tabelle Buch-Kategorien

Zwischenzeitlich können Sie Tabellen sicherlich schon ohne Hilfe erstellen. Weisen Sie dem Feld KategorieID den Primärschlüssel zu und speichern die Tabelle unter der Bezeichnung tblBuchKategorie ab.

Tabelle Verlage

Wie bei der vorigen Tabelle erhält das Feld VerlagID den Primärschlüssel. Abspeicherung der Tabelle erfolgt unter dem Namen *tblBuchVerlage*.

Tabelle BuchAusleihe

Für die Musikverwaltung wurde bereits eine Ausleihe-Tabelle erstellt. Da sich die Tabellenfelder ähneln, kopieren Sie diese Datei einfach und ändern lediglich ein entscheidendes Feld ab.

Klicken Sie auf der Access-Arbeitsfläche das Objekt Tabellen an. Klicken Sie danach mit der rechten Maustaste auf die Tabelle *tblMusikAusleihe*, damit diese Tabelle markiert ist. Im aufgehenden Fenster wählen Sie dann *Kopieren*. Setzen Sie den Mauszeiger anschließend auf einen freien Platz und klicken wieder mit der rechten Maustaste und wählen dann *Einfügen* an.

Sie müssen nun den neuen Namen der Tabelle angeben. Geben Sie ihr den Namen *tblBuchAusleihe*.

Öffnen Sie die Tabelle im Entwurfsmodus und ändern Sie den Feldnamen *MedienNr* ab in *BuchID* und ändern Sie den Felddatentyp von Text in Zahl (Long Integer) ab.

Speichern Sie danach die Tabelle wieder. Damit ist sie einsatzbereit.

Kapitel 3

Erstellung von Beziehungen

Nachdem Sie die Datensammlung für Adressen, Rezepte etc. in verschiedene Tabellen aufgeteilt d. h. normalisiert haben müssen zwischen diesen zusammenhängenden Tabellen Beziehungen hergestellt werden, damit die Daten aus unterschiedlichen Tabellen gemeinsam ausgewertet bzw. Datensätze verschiedener Tabellen in Formularen und Berichten bearbeitet werden können.

Die Tabelle mit den Hauptdatensätzen nennt man dabei Mastertabelle, die Tabelle mit den untergeordneten Datensätzen Detailtabelle.

Es gibt drei verschiedene Beziehungsarten:

Eins-zu-Eins-Beziehung (1:1)

Mit dieser Art wird festgelegt, dass jeder Datensatz der Mastertabelle genau einem Datensatz in der Detailtabelle zugeordnet ist. Diese Art wird man immer dann benutzen, wenn ein sehr großer Datenbestand zu verwalten ist und man die Felder der Detailtabelle nicht in die Mastertabelle integrieren will oder kann.

Eins-zu-Viele-Beziehung (1:n oder auch n:1)

Dies ist wohl die am meisten benutzte Beziehungsart. Für jeden Datensatz der Mastertabelle können dabei ein oder mehrere zugeordnete Datensätze in der Detailtabelle existieren.

Viele-zu-Viele-Beziehung (m:n)

Hierbei können jedem Datensatz einer Tabelle mehrere Datensätze der anderen Tabelle zugeordnet sein. Diese Art der Beziehung kann allerdings nur durch eine zusätzliche Tabelle hergestellt werden, in dem der Primärschlüssel aus den Schlüsseln beider Tabellen zusammengesetzt ist.

Grundsätzlich sind die Beziehungen der Tabellen erst einmal vollkommen lose organisiert. Wenn Sie z. B., in einer Tabelle einen Datensatz löschen, bleibt ein dazugehörender Datensatz in der anderen Tabelle erst einmal bestehen. Dies führt unweigerlich zu Dateninkonsistenzen. Dies kann allerdings verhindert werden, in

Kapitel 3

dem eine sogen. Referentielle Integrität im Beziehungsassistenten vereinbart wird. Voraussetzung hierzu ist allerdings, dass das Feld einer Tabelle den Primärschlüssel besitzt bzw. eindeutig (d. h. ohne Duplikate) indiziert ist. Bei einer referentiellen Integrität kann sowohl eine Löschweitergabe als auch eine Aktualisierungsweitergabe vereinbart werden. Eine Aktualisierungsweitergabe würde bedeuten, dass bei einer Änderung des Schlüsselfeldes einer Tabelle, der Schlüssel in der anderen Tabelle automatisch mit angepasst wird. Löschweitergabe bedeutet die Löschung eines Datensatzes, wenn in der anderen Tabelle der dazugehörende Datensatz gelöscht wird.

Beziehung Adresstabelle zu Geschenketabelle (1:1)

Wie bereits oben ausgeführt, haben Sie in der Tabelle *tblGeschenke* keinen Nach- und Vornamen der Schenker aufgenommen, weil diese über das Feld *PersNr* aus der Tabelle Adressdaten übernommen werden um eine Doppelspeicherung zu vermeiden. Hierzu müssen Sie allerdings diese beiden Tabellen miteinander verbinden. Dies geschieht durch eine Beziehungsherstellung. Die Tabellen, die in eine Beziehung einfließen sollen dürfen dabei nicht geöffnet sein. Um eine Beziehung herstellen zu können müssen Sie das Beziehungsfenster öffnen. Im Auswahlmenü klicken Sie auf *Extra*, dann auf *Beziehungen*.

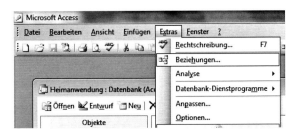

Abbildung 3- 21

Es öffnet sich das Beziehungsfenster.

Kapitel 3

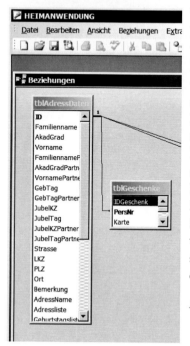

Wie schon erwähnt, benötigen Sie für die Beziehungsherstellung die Tabelle *tblAdressdaten* und die Tabelle *tblGeschenke*. Sollte eine oder beide Dateien nicht auf dieser Arbeitsfläche angezeigt werden, klicken Sie mit der rechten Maustaste auf die Arbeitsfläche und wählen aus dem Popup-Menü TABELLE ANZEIGEN aus. Es erscheint nun ein Fenster mit den Tabellen unseres Projektes. Wählen Sie die benötigten Tabellen aus, die noch nicht angezeigt werden. Im Bildbeispiel z. B. die Tabelle *tblGeschenke*. Markieren Sie diese und klicken auf *Hinzufügen*. Sollte auch die Tabelle *tblAdressdaten* fehlen, so verfahren Sie ebenso. Werden beide Tabellen angezeigt, schließen Sie das Tabellenfenster durch einen Klick auf Schließen.

Abbildung 3-22

In der Tabelle *tblAdressdaten* haben Sie ein Feld *IDAdressen* als *AutoWert* deklariert, das einen eindeutigen Schlüssel (Primärschlüssel) für den jeweiligen Datensatz enthält. In der Tabelle *tblGeschenke* haben Sie ebenfalls ein Feld, das dem IDAdressen-Feld vom Inhalt her entsprechen soll, nämlich das Feld *PersNr*. Beide Felder müssen vom gleichen Datentyp sein. Sie wissen sicherlich noch, dass der Datentyp *AutoWert* grundsätzlich ein Zahlenwert vom Typ *LongInteger* ist. Deswegen muss auch das korrespondierende Feld in der Tabelle *tblGeschenke* ein Zahlenwert vom Typ *LongInteger* sein. Um beide Tabellen mit einem gemeinsamen Feld zu verbinden, klicken Sie zunächst auf das Feld *IDAdressen* der Tabelle *tblAdressdaten* und ziehen mit gedrückter linker Maustaste eine Verbindungslinie bis zum Feld *PersNr* der Tabelle *tblGeschenke* und lassen dann die Maustaste los.

Daraufhin öffnet sich ein Fenster „Beziehungen bearbeiten". In diesem Fenster werden die beiden soeben durch eine Beziehungslinie gekennzeichneten Beziehungsfelder *IDAdressen* und *PersNr* angezeigt. Jetzt müssen Sie noch einen Beziehungstyp festlegen. Klicken Sie auf *Verknüpfungstyp* und wählen aus den angezeigten drei Verknüpfungstypen die erste Option aus (1:1-Beziehung). Dabei wird unterstellt, dass jeder Gast aus der Adresstabelle auch nur ein Geschenk mitgebracht hat, wobei Sie in der Geschenktabelle ja sowieso noch die Möglichkeit haben, mehrere Teilgeschenke unterzubringen.

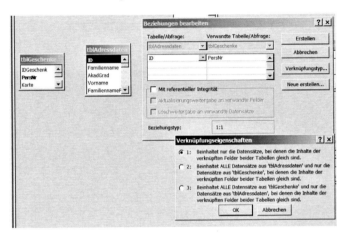

Abbildung 3- 22

Mit OK bestätigen Sie die Auswahl und schließen das Bearbeitungsfenster mit einem Klick auf Erstellen. Jetzt sehen Sie, dass die Beziehung eingerichtet ist.

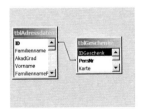

Abbildung 3- 23

Da Sie sicherlich die Geschenktabelle löschen werden, wenn Ihre Geschenkeliste einmal zu Papier gebracht ist, brauchen Sie keine weitere Änderung an der

Kapitel 3

Beziehung vornehmen. Insbesondere ist dann eine referentielle Integrität nicht erforderlich.

Beziehung Musiktabelle zu Musikausleihe (1:n)

Bei der Tabellenplanung hatte ich schon darauf hingewiesen, dass eine Tabellenbeziehung bei der Tabelle *tblMusik* mit der Tabelle *tblMusikausleihe* notwendig ist, sofern Sie die Ausleihe in der Musikverwaltung integrieren wollen. Im Auswahlmenü klicken Sie auf Extra, dann auf Beziehungen.

Sollte eine oder beide Dateien nicht auf dieser Arbeitsfläche angezeigt werden, klicken Sie mit der rechten Maustaste auf die Arbeitsfläche und wählen aus dem Popup-Menü TABELLE ANZEIGEN aus. Es erscheint das Fenster mit den Tabellen des Projektes. Wählen Sie die Tabellen aus, die noch nicht angezeigt werden. Markieren Sie diese und klicken auf *Hinzufügen*. Werden beide Tabellen angezeigt, schließen Sie das Tabellenfenster durch einen Klick auf Schließen.

In der Tabelle *tblMusik* haben Sie ein Feld *MediumNr* aufgenommen. In der Tabelle *tblMusikAusleihe* haben Sie ebenfalls ein Feld mit gleichem Namen und gleichem Datentyp. Um beide Tabellen mit einem gemeinsamen Feld zu verbinden, klicken Sie zunächst auf das Feld *MediumNr* der Tabelle *tblMusik* und ziehen mit gedrückter linker Maustaste eine Verbindungslinie bis zum Feld *MediumNr* der Tabelle *tblMusikAusleihe* und lassen dann die Maustaste los.

Daraufhin öffnet sich das Fenster „Beziehungen bearbeiten". In diesem Fenster werden die beiden soeben durch eine Beziehungslinie gekennzeichneten Felder angezeigt. Jetzt müssen Sie noch einen Beziehungstyp festlegen. Klicken Sie auf „Verknüpfungstyp" und wählen aus den angezeigten drei Verknüpfungstypen die Zweite aus, nämlich diejenige, die alle Datensätze aus der Tabelle *tblMusik* und nur die Datensätze aus der Tabelle *tblMusikAusleihe* enthält bei denen die Inhalte der verknüpften Felder beider Tabellen gleich sind.

Mit OK bestätigen Sie die Auswahl und schließen das Bearbeitungsfenster mit einem Klick auf *Erstellen*.

Kapitel 3

Beziehungen bei der Buchverwaltung

Bei der Tabellenstruktur der Buchverwaltung habe ich bereits darauf hingewiesen, dass Sie die notwendigen Daten spreizen und in unterschiedlichen Tabellen speichern wollen. Damit diese Tabellen danach wieder zusammenwirken können, müssen Sie diese auch hier in eine Beziehung zueinander stellen.

Für die Beziehungsherstellung benötigen Sie die Tabelle *tblBuchverwaltung*, die Tabelle *tblBuchAutoren*, die Tabelle *tblBuchVerlag*, die Tabelle *tblKategorie* und die Tabelle *tblBuchAusleihe*. Sollte eine oder alle Dateien nicht auf dieser Arbeitsfläche angezeigt werden, klicken Sie mit der rechten Maustaste auf die Arbeitsfläche und wählen aus dem Popup-Menü „Tabelle anzeigen" aus. Es erscheint das Fenster mit den Tabellen des Projektes. Wählen Sie die Tabellen aus, die noch nicht angezeigt werden. Markieren Sie diese und klicken auf *Hinzufügen*. Werden alle notwendigen Tabellen angezeigt, schließen Sie das Tabellenfenster durch einen Klick auf *Schließen*.

In der Tabelle *tblBuchverwaltung* haben Sie ein Feld *KategorieID* aufgenommen. In der Tabelle *tblKategorie* haben Sie ebenfalls ein Feld, das diesem Feld vom Inhalt und Datentyp her entspricht. Um beide Tabellen mit einem gemeinsamen Feld zu verbinden, klicken Sie zunächst auf das Feld *KategorieID* in der Tabelle *tblBuchVerwaltung* und ziehen mit gedrückter linker Maustaste eine Verbindungslinie bis zum Feld *KategorieID* der Tabelle *tblKategorie* und lassen dann die Maustaste los.

Daraufhin öffnet sich das Fenster „Beziehungen bearbeiten". In diesem Fenster werden die beiden soeben durch eine Beziehungslinie gekennzeichneten Felder angezeigt. Jetzt legen Sie noch einen Beziehungstyp fest. Klicken Sie auf *Verknüpfungstyp* und wählen aus den angezeigten drei Verknüpfungstypen die Zweite aus, nämlich diejenige, die alle Datensätze aus der Tabelle *tblBuchverwaltung* und nur die Datensätze aus der Tabelle *tblKategorie* enthält bei denen die Inhalte der verknüpften Felder beider Tabellen gleich sind.

Mit OK bestätigen Sie Ihre Auswahl.

Kapitel 3

Mit den beiden anderen Feldern der Tabelle *tblBuchVerwaltung*, nämlich dem Feld *AutorID* und *VerlagID* verfahren Sie ebenso, verbinden diese Felder aber jeweils mit der dazugehörenden Detailtabelle *tblAutor* bzw. *tblVerlag*. Der Verknüpfungstyp ist auch hier die 1:n-Beziehung, also die Option 2.

Zum Schluss benötigen Sie noch eine Beziehung zwischen der Tabelle *tblBuchVerwaltung* und der Tabelle *tblBuchAusleihe*. Verfahren Sie hier ebenso. Verknüpfen Sie dabei die Felder *BuchID* jeweils miteinander. Beim Verknüpfungstyp wählen Sie die zweite Variante.

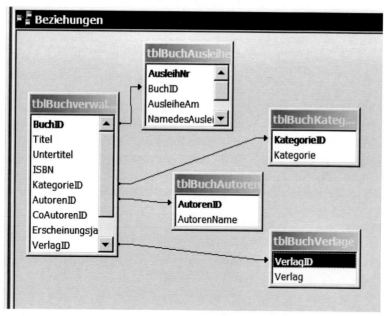

Abbildung 3-24

Beziehungen bei der Musikverwaltung

Bei der Tabellenstruktur der Musikverwaltung wurde festgelegt, die beiden Tabellen *tblMusik* und *tblMusikAusleihe* in eine Beziehung zueinander zu stellen.

Kapitel 3

Sollten die Tabellen oder eine Tabelle noch nicht angezeigt werden, klicken Sie mit der rechten Maustaste auf die Arbeitsfläche und wählen aus dem Kontextmenü „Tabelle anzeigen" aus. Markieren Sie die fehlende Tabelle und klicken auf „Hinzufügen".

In der Tabelle *tblMusik* haben Sie ein Feld *MediumNr* aufgenommen. In der Tabelle *tblMusikAusleihe* haben Sie ebenfalls ein Feld, das diesem Feld vom Inhalt und Datentyp her entspricht. Um beide Tabellen mit einem gemeinsamen Feld zu verbinden, klicken Sie zunächst auf das Feld *MediumNr* in der Tabelle *tblMusik* und ziehen mit gedrückter linker Maustaste eine Verbindungslinie bis zum Feld *MediumNr* der Tabelle *tblMusikAusleihe* und lassen dann die Maustaste los. Daraufhin öffnet sich das Fenster „Beziehungen bearbeiten". In diesem Fenster werden die beiden soeben durch eine Beziehungslinie gekennzeichneten Felder angezeigt. Jetzt legen Sie noch einen Beziehungstyp fest. Klicken Sie auf *Verknüpfungstyp* und wählen aus den angezeigten drei Verknüpfungstypen den Zweiten aus, nämlich denjenigen, der alle Datensätze aus der Tabelle *tblMusik* und nur die Datensätze aus der Tabelle *tblMusikAusleihe* enthält bei denen die Inhalte der verknüpften Felder beider Tabellen gleich sind. Mit OK bestätigen Sie Ihre Auswahl.

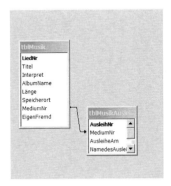

Abbildung 3-25

Tabellen

Kapitel 3

Beziehungen beim Haushaltsbuch

Für die Führung des Haushaltsbuches haben Sie insgesamt drei Tabellen im Einsatz, nämlich die Tabelle *tblBuchungskonto*, die Tabelle *tblVerbuchung* und die Tabelle *tblKontendruck*. Alle drei Tabellen stehen zueinander in einer Beziehung und zwar verbunden jeweils durch das Feld für die Kontonummer als zentraler Dreh- und Angelpunkt.

Sicherlich können Sie jetzt diese Beziehungen schon ohne meine Mithilfe erstellen. Achten Sie aber darauf, dass bei der Beziehung zwischen der Tabelle tblBuchungsKonto und der Tabelle tblVerbuchung der dritte Verknüpfungstyp benötigt wird, während bei der Beziehung zwischen der Tabelle tblBuchungsKonto und der Tabelle tblKontenDruck der erste Verknüpfungstyp anzuwenden ist.

Lesen Sie dabei jeweils die Beschreibung für die einzelnen Verknüpfungstypen nochmals nach um auch die unterschiedlichen Verknüpfungen zu verstehen.

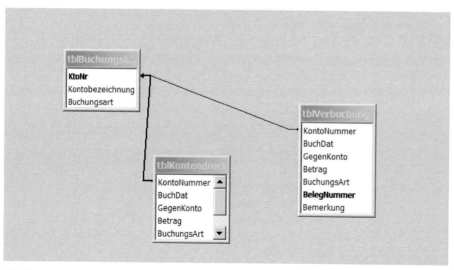

Abbildung 3- 26

Kapitel 3

Beziehungen Rezeptverwaltung

Für die Rezeptverwaltung müssen insgesamt vier Tabellen in Beziehung zueinander gesetzt werden, nämlich die Tabellen *tblRezepte, tblRezeptmenge, tblRezeptKategorien* und *tblRezeptZutaten*.

Die erste Beziehung, die gesetzt wird, ist die Beziehung zwischen der Tabelle *tblRezepte* und der Tabelle *tblRezeptZutaten*. Benötigt werden alle Datensätze der *tblRezepte* und diejenigen Datensätze der Tabelle *tblRezeptZutaten*, bei denen das gemeinsame Kriterium *RezeptNr* übereinstimmen. Verbinden Sie jetzt das Feld *RezeptNr* der Tabelle *tblRezepte* und das Feld *RezeptNr* der Tabelle *tblRezeptZutaten* und wählen als Verknüpfungstyp die zweite Option an (1:n).

Als nächstes wird die Beziehung zwischen der Tabelle *tblRezeptZutaten* und der Tabelle *tblRezeptMenge* hergestellt. Verbinden Sie das Feld *ZutatGrösse* der Tabelle *tblRezeptZutaten* und das Feld *MengenID* der Tabelle *tblRezeptMenge*, denn hier sind die einzelnen Mengengrößen gespeichert. Als Verknüpfungstyp nehmen Sie hier die zweite Option (n:1).

Die nächste Beziehung stellen Sie zwischen dem Tabellenfeld *Nährwerte* der Tabelle *tblRezepte* und der Tabelle *tblRezeptNährwert* her, wobei verbindende Felder jeweils das Feld *RezeptNr* ist. Als Beziehungstyp verwenden Sie die 2. Option.

Zum Schluss setzen Sie noch eine Beziehung zwischen den Tabellen *tblRezepte* und *tblRezeptKategorien*. Die Verbindungsfelder sind dabei das Feld *Kategorie* der ersten Tabelle und das Feld *KategorieNr* der zweiten Tabelle, weil in dieser die Kategorie-Bezeichnung gespeichert ist. Als Verknüpfungstyp nehmen Sie die erste Option.

Damit haben Sie alle relevanten Daten, die Sie zur Weiterverarbeitung benötigen greifbar, obwohl diese in verschiedenen Tabellen gespeichert sind.

Kapitel 3

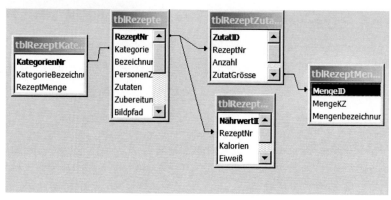

Abbildung 3- 27

Beziehungen Adressverwaltung

Für die Adressverwaltung müssen insgesamt vier Tabellen in Beziehung zueinander gesetzt werden, nämlich die Tabellen *tblAdressdaten*, *tblAdressKind*, *tblAdressTelefon* und *tblGeschenke*.

Die erste Beziehung, die gesetzt wird ist die Beziehung zwischen der Tabelle *tblAdressdaten* und der Tabelle *tblAdressKind*. Benötigt werden alle Datensätze der *tblAdressdaten* und diejenigen Datensätze der Tabelle *tblAdressKind*, bei denen die gemeinsamen Datenmengen übereinstimmen. Verbinden Sie jetzt das Feld *ID* der Tabelle *tblAdressdaten* und das Feld *AdressNr* der Tabelle *tblAdressKind* und wählen als Verknüpfungstyp die zweite Option an (1:n).

Als nächstes wird die Beziehung zwischen der Tabelle *tblAdressdaten* und der Tabelle *tblAdressTelefon* hergestellt. Verbinden Sie das Feld *ID* der Tabelle *tblAdressdaten* und das Feld *AdressNr* der Tabelle *tblAdressTelefon*, denn in diesen beiden Felder sind die zusammengehörenden Datenmengen. Als Verknüpfungstyp nehmen Sie hier die zweite Option.

Die nächste Beziehung stellen Sie zwischen dem Tabellenfeld *PersNr* der Tabelle *tblGeschenke* und dem Tabellenfeld *ID* der Tabelle *tblAdressdaten* her. Als Beziehungstyp verwenden Sie die 1. Option.

Damit haben Sie alle relevanten Daten, die Sie zur Weiterverarbeitung benötigen zusammengefasst, obwohl diese in verschiedenen Tabellen gespeichert sind.

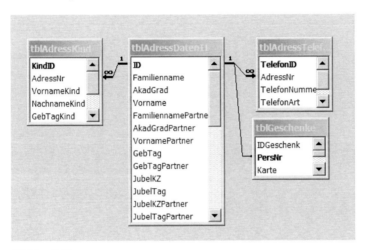

Abbildung 3-28

Beziehungen bei der Festverwaltung

Bei der Tabellenstruktur der Festverwaltung wurde festgelegt, die drei Tabellen *tblGast, die Tabelle tblTisch* und *tblGästeliste* in eine Beziehung zueinander zu setzen. Sollten die Tabellen oder eine Tabelle noch nicht angezeigt werden, klicken Sie mit der rechten Maustaste auf die Arbeitsfläche und wählen aus dem Kontextmenü „Tabelle anzeigen" aus. Markieren Sie die fehlende Tabelle und klicken auf „Hinzufügen".

In der Tabelle *tblGast* haben Sie ein Feld *TischNummer* aufgenommen. In der Tabelle *tblTisch* haben Sie ebenfalls ein Feld, das diesem Feld vom Inhalt und Datentyp her entspricht. Um beide Tabellen mit einem gemeinsamen Feld zu

Kapitel 3

verbinden, klicken Sie zunächst auf das Feld *TischNummer* in der Tabelle *tblGast* und ziehen mit gedrückter linker Maustaste eine Verbindungslinie bis zum Feld *TischNummer* der Tabelle *tblTisch* und lassen dann die Maustaste los.

Daraufhin öffnet sich das Fenster „Beziehungen bearbeiten". In diesem Fenster werden die beiden soeben durch eine Beziehungslinie gekennzeichneten Felder angezeigt. Jetzt legen Sie noch einen Beziehungstyp fest. Klicken Sie auf *Verknüpfungstyp* und wählen aus den angezeigten drei Verknüpfungstypen den Ersten aus.

Verbinden Sie als nächstes das Feld *TischNummer* der Tabelle *tblTisch* mit dem Feld *TischNr* der Tabelle *tblGästeliste* und wählen auch hier als Verbindungstyp die erste Option an.

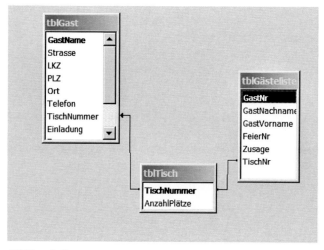

Abbildung 3-29

Schließen Sie das Beziehungsfenster wieder.

Kapitel 4

FORMULARE MIT TABELLENANBINDUNG

Jetzt müssen Sie Erfassungsformulare entwickeln, um Ihre Daten möglichst komfortabel erfassen zu können. Wir werden Formulare sowohl mit dem Assistenten, als auch ganz konventionell, im Entwurfsmodus entwickeln. Sie können dann selbst entscheiden, welche Form Sie für künftige Formularerstellungen verwenden wollen. Fast alle Formulare benötigen eine Datengrundlage, das kann eine Tabelle sein, das kann aber auch eine Abfrage sein, wenn nur bestimmte Daten oder aber Daten mehrerer Tabellen im Formular benötigt werden. Sie werden zunächst solche Erfassungsformulare entwickeln deren Datengrundlage ausschließlich Tabellen sind. Im Kapitel 6 entwickeln Sie dann auch Formulare, deren Datengrundlage eine Abfrage ist.

Formular-Erstellung mit dem Assistenten
Musikverwaltung

In der Access-Arbeitsfläche wählen Sie das Objekt *Formulare* an und klicken in der rechten Spalte auf „*Erstellt ein Formular unter Verwendung des Assistenten*". Mit einem Klick auf „*NEU*" starten Sie den Assistenten.

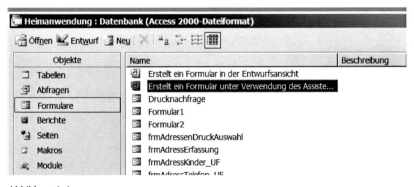

Abbildung 4-1

Kapitel 4

Darauf öffnet sich ein neues Fenster, in dem Sie wiederum Formular-Assistent anklicken. Außerdem müssen Sie die für das Formular notwendige Datenbasis auswählen. In unserem Fall ist das die Tabelle tblMusik. Mit dem kleinen Pfeil können Sie die bereits vorhandenen Tabellen ansehen und die notwendige anwählen.

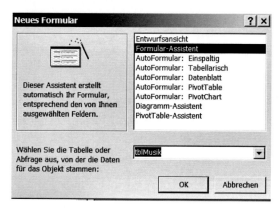

Abbildung 4-2

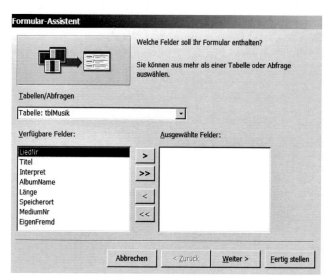

Nach der Bestätigung mit „OK" öffnet sich ein weiteres Fenster.

Abbildung 4-3

Jetzt müssen Sie auswählen, welche Felder der ausgesuchten Datenbasis *tblMusik* in das Erfassungsformular übernommen werden sollen. Hier sind das alle

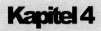

Felder, so dass Sie mit einem Klick auf den Doppelpfeil „>>" Ihre Arbeit fortsetzen können. Wenn Sie nur einzelne Felder übernehmen wollten, dann müssen Sie diese Felder einzeln markieren und mit dem einfachen Pfeil „>" übernehmen.

Mit einem Klick auf „Weiter" können Sie ein bestimmtes Layout des Formulars auswählen.

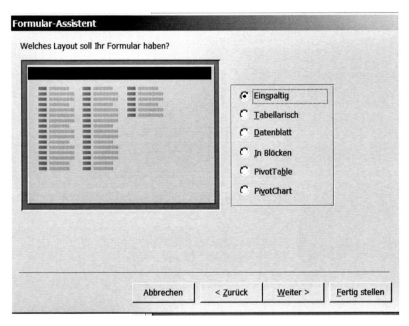

Abbildung 4- 4

Fürs erste wählen Sie „Einspaltig" an. Sie können später einmal die anderen Varianten probieren, so dass Sie Ihren eigenen Geschmack finden können. Mit einem Klick auf „Weiter" öffnet sich ein weiteres Dialogfenster:

Formulare

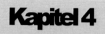

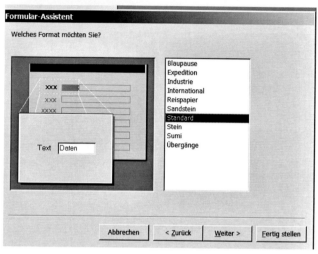

Abbildung 4-5

Auch hier belassen Sie das vorgegebene Format auf *Standard* und Sie können in einer ruhigen Minute auch mal die anderen Varianten erkunden. Mit „Weiter" werden Sie gefragt, wie das Eingabeformular heißen soll.

Abbildung 4-6

Geben Sie als künftigen Namen „*frmMusikErfassung*" ein und klicken auf „*Fertigstellen*". Wenn Sie alle anderen Einstellungen dieses Fenster unangetastet ließen, öffnet sich jetzt das fertige Erfassungsformular in der sogen. *Formularansicht*, das etwa wie folgt aussieht:

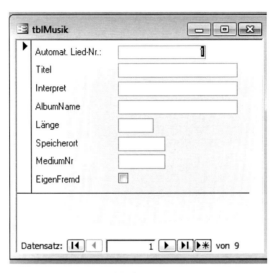

Abbildung 4-7

Sie haben jetzt ein Erfassungsformular erstellt, ohne auch nur eine Textzeile Code programmiert zu haben. Der Assistent hat alles für Sie selbstständig erledigt. Erfassen Sie doch gleich einmal ein Lied, damit Sie sehen wie die Eingabe funktioniert. Beim Autowert geben Sie nichts ein, weil die Nummerierung durch das Programm automatisch erfolgen soll. Springen Sie von Feld zu Feld entweder mit der Tab-Taste, das ist auf Ihrer Tastatur die Taste links mit den zwei entgegengesetzten Pfeilen, oder aber mit der Eingabe- oder Returntaste. Geben Sie im Feld Titel z. B. ein „*Ein Stern, der deinen Namen trägt*" und springen weiter zum nächsten Feld Interpret. Hier erfassen Sie den Sänger zu diesem Lied, das ist bekanntlich „*DJ Ötzi*". Im Feld Album erfassen Sie „*Sternstunden*", denn so heißt das Album des Interpreten, in dem dieses Lied vermarktet wird. Im Feld Länge geben Sie „*3:42*" ein, denn das Originallied hat eine Länge von 3 Minuten und 42 Sekunden.

Kapitel 4

Beim Speicherort geben Sie „CD" ein, wenn sich dieses Lied auf einer CD befindet oder „MC", wenn es sich auf einer Musikkassette bzw. „SP", wenn es sich auf einer Schallplatte befindet. Es wäre gut, wenn Ihre Medien durch nummeriert wären, so dass Sie jetzt noch die Mediennummer eingeben können, um ein bestimmtes Lied wiederzufinden. Es empfiehlt sich auch, dieser Nummerierung zusätzlich die Abkürzung des Mediums voranzustellen. Wir unterstellen einmal, dieses Lied befindet sich auf einer CD mit der Nummer 1, so geben Sie also ein: „CD-1".

Damit haben Sie das erste Lied erfasst.

In der letzten Zeile des Formulars sind vom Assistenten sogen. Navigationsschaltflächen untergebracht (Pfeil).

Abbildung 4- 8

Mit diesen steuern Sie, ob Sie einen neuen Datensatz aufnehmen, also ein neues Lied erfassen wollen. Dazu müssen Sie das Steuerelement mit dem Pfeil und Stern „>*" anklicken. Wollen Sie zum nächsten Datensatz wechseln, so klicken Sie auf die Schaltfläche mit dem einfachen Pfeil „>".Wenn Sie zum letzten Datensatz wechseln wollen, nehmen Sie die Schaltfläche mit dem Pfeil und dem senkrechten Balken „>|". Zurückspringen auf den vorangegangenen Datensatz können Sie mit der Schaltfläche „<", den Anfang der Tabelle erreichen Sie mit der Schaltfläche

Kapitel 4

„|<". Es wird Ihnen ständig die Datensatznummer des aktuell zu bearbeitenden Datensatzes angezeigt.

Sie können jetzt noch einige Lieder aufnehmen. Sicher haben Sie schon bemerkt, dass die Eingabe zwar funktioniert, aber nicht unbedingt komfortabel ist. Deshalb sollten Sie das Formular etwas umbauen und eleganter machen.

Verbesserung des Eingabeformulars

Eine Änderung des Formulars wird in der sogen. Entwurfsansicht erledigt. Die Entwurfsansicht erreichen Sie durch einen Klick auf das Symbol ganz links in der Symbolleiste.

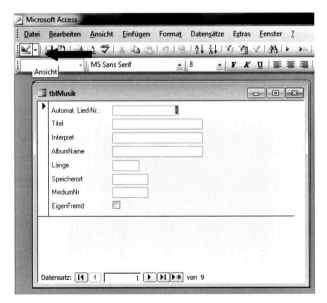

Abbildung 4-9

Die Gestaltung eines Formulars ist natürlich eine persönliche Geschmacksfrage. Entscheidend für eine gute Programmierung ist aber eine möglichst einheitliche Gestaltung aller Formulare. Da mit diesem Buch die vielfältigsten Gestaltungs-

Kapitel 4

möglichkeiten gezeigt werden sollen, schlage ich eine etwas aufwendigere Formularentwicklung vor. Sie können natürlich auch eigene Ideen kreieren.

Die Assistenten-Vorlage ist etwas zu klein um weitere Steuerelemente unterbringen zu können bzw. um die Anordnung der bisherigen Steuerelemente übersichtlicher zu präsentieren.

Vergrößern Sie die hellgrau umrahmte Formular-Arbeitsfläche, in dem Sie mit dem Cursor an die rechte Begrenzung des Arbeitsfeldes klicken. Dabei verwandelt sich der Cursor in einen Doppelpfeil.

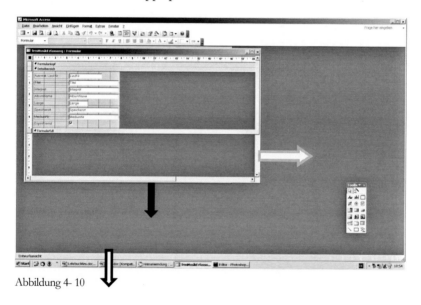

Abbildung 4-10

Mit gedrückter linker Maustaste ziehen Sie die Begrenzungslinie (grau/weißer Pfeil) nach rechts außen bis kurz vor dem Bildschirmrand. Danach ziehen Sie den unteren Formularrand (schwarzumrandeter Pfeil) nach unten, ebenfalls bis kurz vor den Bildschirmrand. Anschließend ziehen Sie auch noch die Leiste mit der Beschriftung Formularfuß (schwarzer Pfeil) nach unten bis zur vorherigen Formularbegrenzungslinie. Es ergibt sich in etwa folgendes Bild:

Kapitel 4

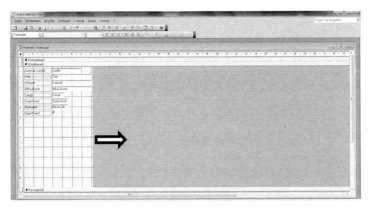

Abbildung 4-11

Jetzt vergrößern Sie auch noch die Formularfläche (hellgrau karierter Hintergrund), in dem Sie mit dem Cursor die rechte Begrenzungslinie anfassen, der Cursor verwandelt sich dabei wieder in einen Doppelpfeil, und ziehen bei gedrückter linker Maustaste diese Linie, entsprechend dem Pfeil, nach rechts außen bis kurz vor der Arbeitsflächenbegrenzung. Die Formularfläche muss danach wie folgt aussehen:

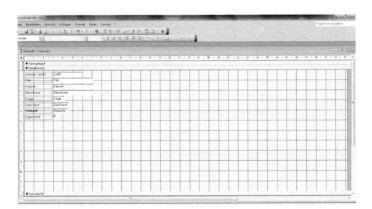

Abbildung 4-12

Jetzt sind die Eingabefelder natürlich in die linke obere Ecke verbannt. Dies werden Sie jetzt ändern.

Kapitel 4

Ihre erste Arbeit wird es sein, diese Felder zu vergrößern. Sie können dies in zwei Schritten tun, in dem Sie alle Felder markieren. Gemeinsam markiert werden diese Felder, in dem Sie mit gedrückter linker Maustaste ein Rechteck aufziehen, das alle Felder berührt. Sie beginnen in der linken oberen Ecke und ziehen es bis zum Eingabefeld *EigenFremd* einschließlich. Dies müsste wie folgt aussehen:

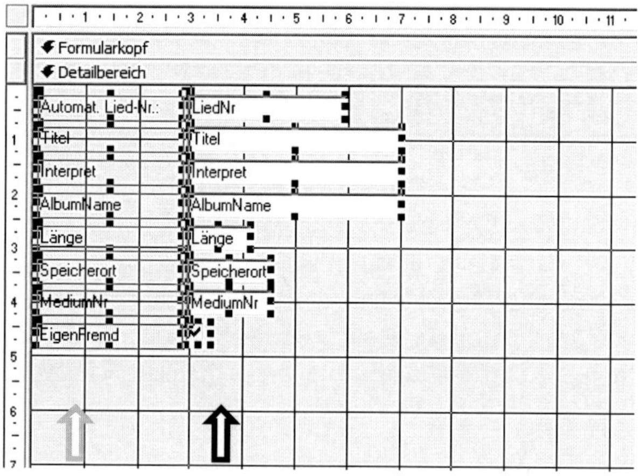

Abbildung 4-13

Die Eingabefelder bestehen aus zwei Teilen, nämlich dem *Bezeichnungsfeld (grauer Pfeil)*, das ist das linke Feld. Dieses Feld beschreibt das danebenstehende *Eingabefeld*, auch „Textfeld" genannt (schwarzer Pfeil). Beide Felder gehören grundsätzlich einmal zusammen.

Sie setzen den Cursor nun in den markierten Bereich (er verwandelt sich dabei in eine schwarze Hand) und ziehen die markierten Felder mit gedrückter linker Maustaste zunächst etwas nach rechts unten, so dass die Bezeichnungsfelder etwa bei 1,5 cm vom linken Rand weg sind.

Alle Steuerelemente in Access, egal ob Formular, Bericht aber auch die Bezeichnungs- und Textfelder, haben sogenannte Eigenschaften. Die Datenbank gibt jedem Steuerelement automatisch verschiedene Eigenschaften vor, z. B. die Größe, Farbe, den Abstand zum linken Rand, den Namen usw. Diese Eigenschaften können Sie jederzeit nach Ihren Vorstellungen und Geschmack abändern.

Zum Ändern der Eigenschaften eines Steuerelements muss dieses Steuerelement bzw. diese Steuerelemente markiert sein. Alle Felder sind durch die soeben durchgeführte Verschiebung noch immer markiert. Sie stellen den Cursor in die markierte Fläche und klicken mit der rechten Maustaste. Dadurch öffnet sich ein Auswahl-Fenster.

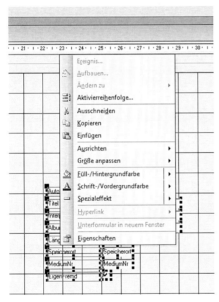

Abbildung 4-14

Ganz unten können Sie die *Eigenschaften* der markierten Steuerelemente durch einen Klick erreichen.

Sie können das Eigenschaftsfenster aber auch über die Menüleiste erreichen, indem Sie im Auswahlmenü *Ansicht* und danach aus dem Kontextmenü die Zeile

Kapitel 4

Eigenschaften anklicken. Ich persönlich bevorzuge den rechten Mausklick, das geht schneller. Es öffnet sich nunmehr das Eigenschaftsfenster.

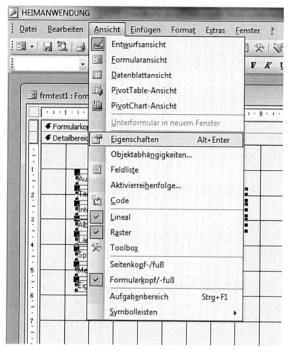

Abbildung 4-15

Eigenschaftsfenster

Das Eigenschaftsfenster hat normalerweise 5 Registerkarten: Format, Daten, Ereignis, Andere, Alle.

Hinter jedem Register verbergen sich eine Menge Eigenschaften, die Sie, je nach Geschmack, auswählen können. Im Augenblick konzentrieren Sie sich auf das Register *Format*. Wenn es nicht aktiv ist, klicken Sie es kurz an. Es zeigt uns folgende Einstellmöglichkeiten:

Kapitel 4

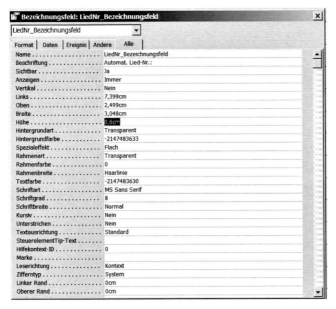

Abbildung 4-16

Interessant ist z.Zt. nur die Einstellung *Höhe*. Sie ist vorgegeben mit 0,423 cm. Sie vergrößern diesen Wert auf 0,6 cm, in dem Sie in den grauen Bereich der Zeile *Höhe* klicken. Damit wird die bisherige Höhe markiert (schwarz unterlegt). Jetzt schreiben Sie in die weiße Zeile einfach 0,6 hinein und bestätigen mit der Return-Taste die Eingabe, bzw. verlassen dieses Eingabefeld mit der TAB-Taste. Jetzt haben alle Felder, also Bezeichnungsfelder und Textfelder die gleiche Höhe von 0,6 cm.

Lösen Sie jetzt die Markierung aller Felder auf. Hierzu klicken Sie mit der linken Maustaste in die freie, nicht markierte Formularfläche.

Steuerelemente verschieben

Ordnen Sie nun die einzelnen Tabellenfelder neu an.

Kapitel 4

Hierzu gibt es zwei Möglichkeiten um zu einem ansprechenden Ergebnis zu gelangen. Die erste Möglichkeit ist die Anordnung der einzelnen Steuerelement-Teile mittels Eingabe des linken Randes und des Abstandes von der Formularoberseite. Markieren Sie hierzu zunächst einmal das erste Bezeichnungsfeld (Automat. Lied-Nr.:). Wenn nur ein einziges Steuerelement (bestehend z. B. aus Bezeichnungsfeld und Textfeld) bearbeitet werden soll genügt zur Markierung und Aufruf des Eigenschaftsfensters einfach ein Klick mit der rechten Maustaste auf das entsprechende Steuerelement.

Würden Sie das Textfeld anklicken, so wären beide Steuerelementteile markiert und könnten in ihren Eigenschaften gemeinsam verändert werden.

Doch aufgepasst! Es ist sicherlich einleuchtend, dass hiermit z. B. nicht der linke Rand formatiert werden kann, weil Bezeichnungsfeld und Textfeld den gleichen linken Rand bekommen und sich somit überlappen würden. Das wollen Sie aber nicht. Eigenschaften, die beiden Teilen zugeordnet werden sollen, lassen sich hiermit natürlich gemeinschaftlich eingeben (z. B. die Höhe oder die Schriftart).

Formatieren Sie aber zunächst das Bezeichnungsfeld. Klicken Sie mit der rechten Maustaste in das Bezeichnungsfeld. Wenn das Register *Format* im Eigenschaftsfenster nicht aktiv ist, klicken Sie bitte auf das Register *Format*. Sie sehen, dass die vorhin eingestellte Höhe von 0,6 cm vorgegeben ist.

Jetzt ändern Sie die Schriftart und Schriftgröße. Klicken Sie in den grauen Bereich der Zeile *Schriftart*, so dass die voreingestellte Schriftart MS Sans Serif o.ä. markiert ist. Gleichzeitig erscheint am rechten Rand der weißen Zeile ein kleiner Pfeil, der nach dem Anklicken die möglichen Schriftarten freigibt, so dass Sie eine auswählen können. Sie können aber auch gleich in die weiße Zeile die Schriftart eintippen, z. B.. Arial, oder die Größe der Schrift in der nächsten Zeile abändern. Statt der vorgegebenen 8-pt.-Schrift geben Sie einfach 10 ein, so dass sich die Schriftgröße für dieses Steuerelement entsprechend ändert. Geben Sie als linken Rand in der Zeile „Links" die Zahl 1,5 ein. In der Zeile „OBEN" geben Sie bitte 2,3 ein. Damit rutscht das Bezeichnungsfeld an die Stelle 1,5 cm vom linken Rand und 2,3 cm vom oberen Rand. Klicken Sie jetzt das *Textfeld* an und geben in der Zeile

Kapitel 4

„LINKS" die Zahl 5,5, in der Zeile „OBEN" ebenfalls die 2,3 ein. Das Textfeld geht damit 5,5 cm vom linken Rand und 2,3 cm vom oberen Rand in Stellung.

Gehen Sie mit dem Feld *Titel* ebenso vor, allerdings muss in der Zeile „OBEN" der Wert 3,3 eingegeben werden. Für das jeweilige Bezeichnungsfeld bleibt der Wert Links bei 1,5 und für das Textfeld der Wert Links bei 5,5.

Mit dem Feld *Interpret* verfahren Sie analog, als Wert „OBEN" geben Sie 4,3 ein. Der Wert Links wird wie eben beschrieben beibehalten. Das Feld *Album* erhält ebenfalls die Werte für den linken Rand. Bei „OBEN" erfassen Sie 5,3. Das Feld *Länge* erhält einen „OBEN"-Wert von 6,3. Der linke Rand wird wie bei den vorigen Feldern eingestellt. Nächstes Feld ist das Tabellenfeld Speicherort. Die linken Ränder bleiben wie oben. Der Abstand von oben wird mit 7,4 eingegeben.

Als nächstes Feld nehmen Sie das Feld *Eigen/Fremd*. Hier setzen Sie für das Bezeichnungsfeld den linken Rand auf 8,7 und den linken Rand für das Textfeld auf 12,8. Der Abstand von oben soll 6,4 betragen. Das letzte Feld *MedienNr* wird wie das Feld Eigen/Fremd bearbeitet, wobei der Wert für den Rand von oben 7,4 beträgt.

Die zweite Methode der Steuerelement-Anordnung ist das direkte Verschieben.

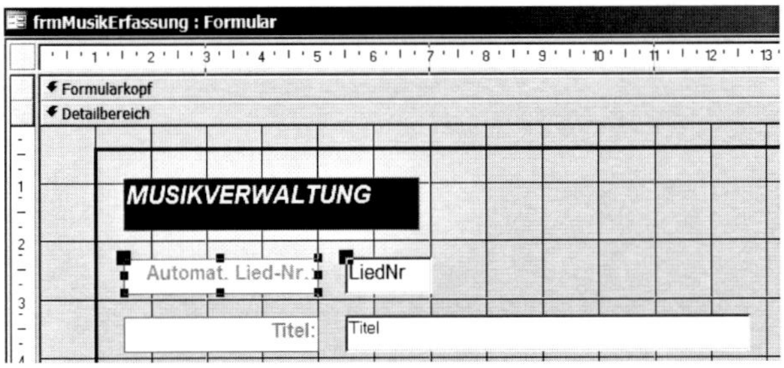

Abbildung 4-17

In Abbildung 4-17 sehen Sie das markierte Steuerelement „LiedNr". Oben links sehen Sie sowohl im Bezeichnungsfeld als auch im Textfeld je ein größeres schwarzes Kästchen. Wenn sie mit dem Mauszeiger auf dieses schwarze Quadrat

Formulare

Kapitel 4

(z. B. des Bezeichnungsfeldes „Autom.LiedNr.:") klicken, können Sie bei gedrückter Maustaste dieses Teilsteuerelement einzeln verschieben. Anschließend können Sie auch das dazugehörende Textfeld an dessen schwarzem Quadrat anfassen und mit gedrückter Maustaste an seinen künftigen Platz positionieren. Wenn die beiden Steuerelemente nicht auf einer Linie platziert sind, können Sie über das Eigenschaftsfenster jederzeit beide durch die manuelle Eingabe des Wertes für OBEN korrigieren.

Standard-Navigationsschaltflächen

Am unteren Rand des Assistenten-Formulars sind Navigationsschaltflächen eingebaut, die aber m.E. nicht sehr elegant aussehen. Sie werden deshalb eigene Navigationstasten entwickeln, die logischer und leichter zu bedienen sind. Sie benötigen Navigationstasten für die Eingabe eines neuen Datensatzes, für das Löschen eines Datensatzes, für das Abbrechen einer Eingabe unter gleichzeitiger Wiederherstellung der alten Werte und für das gezielte Speichern eines neu erfassten oder geänderten Datensatzes. Später werden Sie eine weitere Schaltfläche einbauen, um aus diesem Modul in das Hauptmenü zurückspringen zu können.

Als Erstes entfernen Sie die vom Assistenten eingefügten Navigationstasten. Mit der rechten Maustaste klicken Sie auf dem Formular ganz oben links in das helle Quadrat (Bild 4-18) und wählen im Kontextmenü die Eigenschaften des Formulars an.

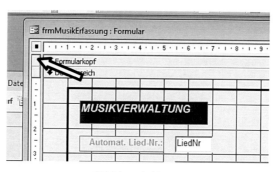

Abbildung 4-18

Kapitel 4

Im Register *Format* des Eigenschaftsfensters klicken Sie doppelt in den weißen Teil der Zeile *Datensatzmarkierer*, so dass die Voreinstellung „JA" auf „NEIN" umgepolt wird. In der Zeile *Navigationsschaltflächen* klicken Sie ebenfalls doppelt, so dass hier „NEIN" eingetragen ist. Sie können in diesen Zeilen auch direkt Ja oder Nein hineinschreiben. Damit sind die Schaltflächen des Assistenten gelöscht.

Toolbox

Um eigene Schaltflächen einbauen zu können benötigen Sie die Toolbox von Access. Normalerweise ist diese aktiviert. Wenn nicht, schalten Sie sie aktiv, in dem Sie in der Symbolleiste auf die Schaltfläche mit gekreuztem Hammer und Schraubenschlüssel klicken. Sie können aber auch in der Menüleiste auf Ansicht und dann auf Toolbox klicken.

Abbildung 4-19

Auf dem Formular muss nun die Toolbox sichtbar sein. In der Toolbox stehen Ihnen 2 Symbole und 18 Steuerelemente zur Verfügung.

Sie kann so oder auch in Form eines Quadrats abgebildet sein.

Abbildung 4-20

Formulare

Kapitel 4

Das erste Symbol mit dem Pfeil nach links oben dient lediglich zur Aufhebung einer getroffenen Steuerelement-Auswahl.

Das zweite Symbol mit dem Zauberstab schaltet den Steuerelement-Assistenten ein bzw. aus. Dieser Assistent hilft beim Erstellen von Steuerelementen, wie z. B. Kombinations- oder Listenfelder, Optionsgruppen, Befehlsschaltflächen etc. durch gezielte Abfrage notwendiger Kriterien. Achten Sie darauf, dass dieser Assistent stets eingeschaltet ist (hell unterlegt). Wenn Sie ihn in diesem Buch einmal nicht brauchen, weise ich extra darauf hin, dass er ausgeschaltet werden muss. Wenn Sie mit dem Cursor über die einzelnen Schaltflächen fahren, wird Ihnen angezeigt, was die entsprechende Schaltfläche beinhaltet.

Die Hauptschaltflächen möchte ich zunächst einmal kurz vorstellen. Betrachten Sie dabei die Abbildung 4-20.

Bezeichnungsfeld

Ein Bezeichnungsfeld (**Aa**) enthält einen konstanten Text, der unabhängig von der Datenbank ist. Die Schaltfläche benutzt man z. B., um eine Überschrift in einem Formular oder Bericht zu gestalten oder aber ein sonstiges Eingabefeld zu beschriften.

Textfeld

Ein Textfeld (**ab**) wird zum Anzeigen, Eingeben und Bearbeiten von Daten in einem Formular verwendet, wenn hierfür kein Tabellenfeld zur Verfügung steht (z. B. für berechnende Felder, Summen etc.). Wenn Sie es benutzen erhalten Sie ein sogen. *ungebundenes* Textfeld, ein Feld also, das an keine Tabelle gebunden ist. Zusammen mit dem Textfeld wird auch ein Bezeichnungsfeld eingefügt, das – wie bei einem Tabellenfeld - zur Beschriftung dient.

Optionsgruppen

Mit der Schaltfläche Optionsgruppe (Rahmen mit den Buchstaben „**xyz**") wird dem Benutzer eine Auswahlmöglichkeit zwischen verschiedenen möglichen Auswahl-Kriterien gegeben, z. B. bei der Erfassung des Geschlechtes einer Person werden zwei Optionen vorgegeben, nämlich männlich und weiblich. Eines dieser beiden Kriterien muss der Benutzer anklicken.

Optionsschalter (Umschaltfeld)

Mit dieser Schaltfläche fügen Sie ein Steuerelement ein, das angeklickt werden muss, wenn eine bestimmte abgefragte Situation zutrifft, z. B. wenn eine erfasste Person zum engsten Freundeskreis gehört.

Optionsfeld

Mit Optionsfeldern kann optisch schnell festgestellt werden, ob eine bestimmte Situation wahr oder falsch ist z. B., ob ein Kunde am Lastschriftverfahren teilnimmt oder nicht. Mit dieser Schaltfläche wird auch ein eigenes Bezeichnungsfeld mitgeliefert in dem der Optionstext festgehalten werden kann.

Kontrollkästchen

Mit dem Kontrollkästchen werden ebenfalls Falsch/Wahraussagen festgehalten, ähnlich wie Options- und Umschaltfelder. Wenn eine bestimmte Abfragesituation zutrifft, erhält das Kontrollkästchen einen Haken, andernfalls ist es leer.

Kombinationsfeld

Mit dem Kombinationsfeld kann eine Datenauswahl vorgenommen werden. Die auszuwählenden Daten werden aus einer aufklappbaren Liste entnommen, die über die Pfeiltaste angezeigt wird, sogen. Dropdown-Liste. Die Werte für diese Liste können entweder manuell erfasst oder aber auch aus einer Tabelle stammen.

Listenfeld

Das Listenfeld erfüllt die gleichen Kriterien wie ein Kombinationsfeld, nur werden alle Einträge direkt angezeigt und müssen nicht erst aufgeklappt werden.

Kapitel 4

Befehlsschaltfläche

Mit der Schaltfläche setzen Sie ein Steuerelement in ein Formular ein, mit dem Sie durch einen Mausklick z. B. eine Prozedur aufrufen, die den Druck eines Formulars auslöst, oder einen Datensatz neu anlegt oder löscht.

Bild-Objekt

Mit der Schaltfläche lässt sich in einem Formular an jeder beliebigen Stelle ein Bild einfügen.

Objektfeld

Auch mit dieser Schaltfläche lässt sich ein Bild oder ein anderes OLE-Objekt einbinden.

Gebundenes Objektfeld

Diese Schaltfläche ähnelt den vorherigen beiden Schaltflächen, nur dass das eingefügte Objekt (Bild etc.) an ein Tabellenfeld gebunden ist.

Seitenumbruch

Mit dieser Schaltfläche teilen Sie ein Formular in mehrere Seiten auf um größere Datenmengen verarbeiten zu.

Registersteuerelement

Auch dieses Steuerelement wird dazu benutzt viele Eingabefelder eines Formulars übersichtlich in zusammengehörenden Gruppen auf einzelne Register zu verteilen. Man kann danach eine bestimmte Gruppe durch Anklicken des eingerichteten Registers anwählen und bearbeiten.

Kapitel 4

Unterformular

Mit der Schaltfläche können Sie ein Unterformular oder Unterbericht in einem Hauptformular /-bericht eingliedern, bei dem Daten einer verknüpften Tabelle angezeigt werden. In einem Hauptformular haben Sie z. B. die allgemeinen Daten des Kunden Müller (Name, Anschrift, Zahlungskonditionen etc) angezeigt. Im Unterformular dagegen können Sie alle bisherigen Rechnungen für diesen Kunden oder alle offenen Aufträge dieses Kunden anzeigen lassen.

Linie

Die Linie ist ein Zeichnungselement, mit dem Sie ein Formular oder einen Bericht optisch ansprechender gestalten können. Eine Linie wird mit der Maus gezeichnet. Um eine exakt horizontale oder vertikale Linie zu erhalten, muss während des Ziehens mit der Maus die Shift-Taste gedrückt werden.

Rechteck

Mit diesem Steuerelement können Sie ein Rechteck oder ein Quadrat auf ein Formular aufziehen um z. B. zusammengehörende Felder optisch zu gruppieren, oder aber ihr Formular mit einem Rahmen zu versehen.

Mit dem letzten Steuerelement rechts (wieder gekreuzter Hammer, Schraubenschlüssel und den drei Punkten) kann eine weitere Liste mit Steuerelementen aufgerufen werden, die aus dem Bereich Multimedia oder Internet stammen. Wir lernen später auch von diesen einige kennen

Eigene Navigationsschaltflächen

Schaltfläche Neuer Datensatz

Klicken Sie die Befehlschaltfläche (9.Symbol) mit der linken Maustaste an und ziehen Sie auf der rechten Hälfte unseres Formulars ein kleines Rechteck auf. Die exakte Lage ist zunächst nicht relevant, weil Sie alle Schaltflächen später gemeinsam ausrichten.

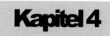

Es meldet sich der Steuerelement-Assistent mit folgendem Dialogfenster:

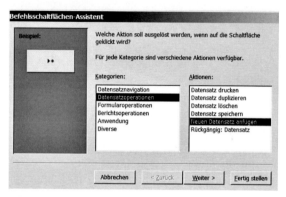

Abbildung 4- 21

Der Assistent bietet Ihnen verschiedene Kategorien an, je nachdem, welche Operation die Schaltfläche auslösen soll. Sie wollen etwas mit einem Datensatz veranlassen, nämlich einen neuen Datensatz aufnehmen. In der Kategorien-Spalte wählen Sie deshalb *Datensatzoperationen* an. In der Spalte Aktionen klicken Sie auf „*Neuen Datensatz anfügen*" und auf *Weiter*. Der Assistent fragt weitere Eigenschaften der Schaltfläche ab. Sie können auswählen, ob die Schaltfläche beschriftet werden oder ob sie ein Symbol erhalten soll.

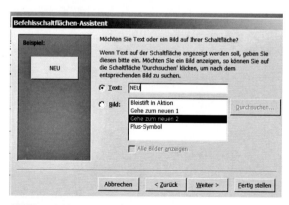

Abbildung 4- 22

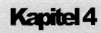

Entscheiden Sie sich für Texteingabe und klicken dies im Optionsfeld an. Als Text erfassen Sie NEU, für neuen Datensatz und klicken auf Weiter.

Abbildung 4-23

Geben Sie der Schaltfläche den Namen *befNeu* und klicken auf Fertigstellen. Damit ist die erste Befehlsschaltfläche fertig. Der Steuerelement-Assistent hat allen notwendigen Code für diese Schaltfläche selbstständig geschrieben. Wenn Sie alle Schaltflächen fertiggestellt haben, schauen Sie sich den Code einmal an.

Schaltfläche Datensatz speichern

Als nächste Navigationsschaltfläche erarbeiten Sie sich die Schaltfläche für das Speichern eines Datensatzes.

Achten Sie darauf, dass der Befehlsschaltflächen-Assistent eingeschaltet ist und klicken in der Toolbox auf die Befehlsschaltfläche und ziehen auf dem rechten Teil des Formulars ein Rechteck auf. Im nächsten Dialogfenster wählen Sie bei den Kategorien „*Datensatzoperationen*" aus. In der Spalte Aktionen klicken Sie auf „ *Datensatz speichern*" und auf *Weiter*.

Der Assistent fragt weitere Eigenschaften der Schaltfläche ab. Sie können wieder auswählen, ob die Schaltfläche beschriftet werden soll oder ob sie ein Symbol

Kapitel 4

erhalten soll. Entscheiden Sie sich für Texteingabe und klicken dies im Optionsfeld an. Als Text erfassen Sie SPEICHERN und klicken auf *Weiter*. Geben Sie dieser Schaltfläche den Namen *befSpeichern* und klicken auf Fertigstellen.

Schaltfläche Datensatz rückgängig machen

Manchmal kommt es vor, dass Sie bereits Änderungen an einem Datensatzes vorgenommen haben und wollen diese Änderungen vor dem Abspeichern wieder rückgängig machen. Dazu benötigen Sie eine eigene Schaltfläche. Der Vorgang ähnelt denen der beiden vorhergehenden Schaltflächen:

Der Befehlsschaltflächen-Assistent ist hoffentlich noch eingeschaltet. Klicken Sie in der Toolbox auf die Befehlsschaltfläche und ziehen auf dem rechten Teil des Formulars ein Rechteck auf. Im nächsten Dialogfenster wählen Sie bei den Kategorien *„Datensatzoperationen"* aus. In der Spalte Aktionen klicken wir auf „ *Datensatz: Rückgängig"* und auf *Weiter*.

Der Assistent fragt weitere Eigenschaften der Schaltfläche ab. Wählen Sie wieder Beschriftung aus. Als Text erfassen Sie *Abbrechen* und klicken auf *Weiter*. Geben Sie der Schaltfläche den Namen *befAbbrechen* und klicken auf Fertigstellen.

Schaltfläche Datensatz löschen

Es kommt vor, dass gespeicherte Datensätze gelöscht werden müssen. Deshalb benötigen Sie auch eine Schaltfläche um einen Datensatz zu eliminieren.

Achten Sie wieder darauf, dass der Befehlsschaltflächen-Assistent eingeschaltet ist und klicken in der Toolbox auf die Befehlsschaltfläche und ziehen auf dem rechten Teil des Formulars nochmals ein Rechteck auf. Im nächsten Dialogfenster wählen Sie bei den Kategorien *„Datensatzoperationen"* aus. In der Spalte Aktionen klicken Sie auf „ *Datensatz löschen"* und auf *Weiter*.

Der Assistent fragt wieder die Gestaltung der Schaltfläche ab. Entscheiden Sie sich auch hier für Texteingabe.

Kapitel 4

Als Text erfassen Sie *Löschen* und klicken auf *Weiter*. Geben Sie der Schaltfläche den Namen *befLöschen* und klicken auf Fertigstellen.

Damit Sie nicht versehentlich einen Datensatz zur Löschung bringen, sollte noch eine zusätzlich Rückversicherung erfolgen. Sobald der Nutzer die Schaltfläche *Löschen* anklickt, soll sich ein Rückfrage-Fenster öffnen und abgefragt werden, ob tatsächlich eine Löschung erfolgen soll.

Hierzu verwenden Sie die sogen.

MsgBox()

Die Syntax hierfür lautet

MsgBox(„Meldung", Stil, Titel, Hilfe, „Kontext für Thema"

Wenn Sie beim Schreiben der Prozedur die Klammer nach Msgbox setzen erscheint in einer Hilfezeile die komplette Syntax dieses Befehls. Als *Meldung* geben Sie eine Frage an den Benutzer weiter, nämlich: „Soll Datensatz wirklich gelöscht werden?". Diese Meldung setzen Sie in Anführungszeichen. Nach dem Komma springt der Assistent weiter auf den Stil. Sie können die MsgBox mit verschiedenen Schaltflächen ausstatten, so z. B. für diesen Fall mit einer Schaltfläche für JA und eine für NEIN. Hierfür gibt es eine VBA-Funktion namens *vbYesNo*. Außerdem können Sie angeben, ob zusätzlich in der Fragebox ein Ausrufezeichen (vbExclamation) oder ein Fragezeichen (vbQuestion), ein roter Warnkreis mit einem „x"(vbCritical) oder ein blauweißer Kreis mit ein „i" (vbInformation) erscheinen soll. Diese beiden Auswahlbereiche können Sie nacheinander erfassen und durch ein Komma trennen. Sie können beide aber auch in einem numerischen Wert zusammenfassen, was zu empfehlen ist.

Jede Schaltflächenauswahl und jede Fensterinformation ist einem bestimmten Zahlenwert zugeordnet. Sie können also den Wert der Schaltflächenkombination und den Wert der Fensterinformation addieren und hier eingeben. Hier wäre dies die 52, die sich zusammensetzt aus dem Wert 4 für die Schaltflächenkombination vbYesNo und dem Wert 48 für das Ausrufezeichen.

Formulare

Kapitel 4

Eine ausführliche Darstellung der Werte und der Kombinationsmöglichkeiten können Sie im **Anhang 3** einsehen.

Zum Schluss werden Sie noch diesem Meldungsfenster, wiederum durch ein Komma getrennt, eine Überschrift geben, damit nicht unbedingt die allgemeine Beschriftung „Microsoft Access" erscheint. Geben Sie deshalb – in Anführungszeichen - „Löschung ??" ein.

Der fertige Programmcode für die MsgBox lautet also:

MsgBox(„Soll Datensatz wirklich gelöscht werden?", 52, „Löschung ??")

Je nachdem ob der Nutzer in der MsgBox die Ja- oder die Nein-Taste drückt muss sich das Programm verzweigen. Drückt er die Nein-Taste, dann muss aus der Löschroutine herausgesprungen werden, drückt er die Ja-Taste muss die Löschroutine fortgesetzt und der Datensatz gelöscht werden. Wir definieren zunächst eine Variable *antwort* als Integer-Variable. Sowohl die Taste Ja (oder *vbOK*) als auch die Taste nein (*vbNo*) haben einen numerischen Wert. Damit das Programm diesen Wert auswerten kann, speichern Sie den Wert der gedrückten Taste in dieser Variablen und fragen danach mit einer *If-Then-Else-Anweisung* die Programmverzweigung ab. Gehen Sie zunächst in den VBA-Editor in dem Sie in der Symbolleiste auf das Symbol CODE klicken. Suchen Sie dort die vom Assistenten erstellte Löschprozedur, die mit der Zeile

Private Sub befLöschen_Click()

beginnt. Zwischen die Zeilen

On Error GoTo Err_befLöschen_Click und
   DoCmd.DoMenuItem acFormBar, acEditMenu, 8, , acMenuVer70
   DoCmd.DoMenuItem acFormBar, acEditMenu, 6, , acMenuVer70

schreiben Sie die neue Nachfrageprozedur:

Dim antwort As Integer
antwort = MsgBox("Soll Datensatz wirklich gelöscht werden?", 52, _ "Löschung??")

Kapitel 4

```
If antwort = vbNo Then
    ' Lösch-Prozedur muss verlassen werden
    Exit Sub
End If
```

Mit dieser Anweisung haben Sie eine sogen. Negativanweisung zum Verlassen der Prozedur erstellt, wenn die Nein-Taste gedrückt wurde. In einem späteren Programm werden Sie diese Lösch-Nachfrage auch mit einer Positivanweisung durchführen, damit Sie die unterschiedlichen Lösungsmöglichkeiten erfahren.

Formatieren von Befehlsschaltflächen

Jetzt haben Sie alle notwendigen Schaltflächen erstellt. Allerdings sehen Sie sicherlich noch etwas ungleich aus. Deshalb müssen Sie sie noch einheitlich formatieren. Hierzu markieren Sie alle Schaltflächen, in dem Sie ein Rechteck mit der linken Maustaste aufziehen, das alle Befehls-Schaltflächen einschließt. Mit der rechten Maustaste klicken Sie dann in die markierte Fläche und wählen aus dem Kontextmenü das Eigenschaftsfenster an. Im Eigenschaftsfenster gehen Sie auf das Register *Format* und wählen in der Zeile *Links* als linken Rand die 17, als *Breite* 3, als *Schriftart* Arial und *Schriftgrad* 10 an. Ferner werden Sie die Schriftfarbe ändern und zwar in die Farbe rot. Klicken Sie hierzu in den weißen Teil der Zeile *Schriftfarbe*. Sie sehen dann einen kleinen Pfeil rechts. Beim Klicken auf diesen Pfeil öffnet sich die Farbpalette und Sie wählen hieraus das rote Farbquadrat aus und bestätigen die Farbauswahl mit OK. Jede Farbe hat eine bestimmte Nummer. Die rote Farbe, die Sie über die Farbpalette ausgewählt haben, hat z. B. die Nummer 255. Da Sie diese Farbe öfter benötigen, können Sie sich diese Nummer sicherlich merken und die Farbänderung in der weißen Zeile direkt mit der Eingabe dieser Nummer vollziehen. Jetzt gestalten Sie noch die Beschriftung der Schaltflächen in fetter Schrift. Gehen Sie hierfür auf die Zeile *Schriftbreite* und klicken in den weißen Teil der Zeile. Auch hier erscheint am rechten Rand ein kleiner Pfeil, mit dem Sie verschiedene Schriftbreiten auswählen können. Klicken Sie in diesem Auswahlmenü auf *Fett*. Damit wird die Beschriftung unserer Schaltfläche etwas hervorgehoben. Künftig können Sie auch in den grauen Teil der Zeile klicken und

Kapitel 4

im weißen Teil den Text „Fett" eingeben, so dass Sie die Auswahl mit dem Pfeil gar nicht öffnen müssen.

Rahmen aufziehen und formatieren

Jetzt soll noch ein Rahmen um die gesamten Steuerelemente und Schaltflächen gezogen werden um das Formular optisch etwas aufzupeppen.

Die Toolbox ist sicherlich noch auf dem Formular sichtbar. Wenn nicht, schalten Sie sie wieder ein. In dieser Toolbox klicken Sie jetzt die Rechteck-Schaltfläche (vorletzte Schaltfläche in der Toolbox) an und ziehen mit gedrückter linker Maustaste von oben (Linealposition: horizontal 1 und vertikal 1) bis horizontal 22 und vertikal 12 ein Rechteck auf. Belassen Sie den Cursor auf dem Rahmen und klicken mit der rechten Maustaste darauf, wählen die Zeile *Eigenschaften* an und gehen im Register *Format* auf die Zeile Rahmenbreite, klicken den weißen Zeilenteil an, klicken dann auch den kleinen Pfeil am rechten Rand und wählen als Breite die 2 pt aus. Sie können auch die Vorgabe markieren (Klick in den grauen Zeilenteil) und direkt die 2 eingeben. Jetzt klicken Sie noch in die Zeile Rahmenfarbe und holen sich über den kleinen Pfeil die Farbpalette und wählen darin die Farbe Blau aus, so dass der Rahmen dann blau eingefärbt wird. Sie schließen das Eigenschaftsfenster über die Befehlsschaltfläche X im oberen rechten Fensterbereich.

Formular-Titel

Jetzt geben Sie dem Formular noch einen Titel, damit der Benutzer nach dem Öffnen dieses Formular sofort weiß, was er mit diesem Formular tun kann.

In der Toolbox klicken Sie das Bezeichnungsfeld (gekennzeichnet mit **Aa**) an und ziehen unterhalb des Rahmens und über dem ersten Tabellenfeld ein Rechteck auf. In dieses Rechteck schreiben Sie sofort MUSIK-VERWALTUNG. Anschließend klicken Sie in eine freie Fläche des Formulars. Jetzt muss die Schrift noch formatiert werden. Sie klicken mit der rechten Maustaste innerhalb des Rechtecks und wählen wieder Eigenschaften aus dem Kontextmenü aus. Im Register *Format* klicken Sie den grauen Teil der Zeile *Hintergrundfarbe* an, wählen über den kleinen Pfeil rechts die Farbpalette an und entscheiden sich für die Farbe Blau und bestätigen die Auswahl mit OK. Anschließend wiederholen Sie diese Prozedur in der Zeile *Textfarbe* und wählen in der Farbpalette die Farbe Weiß aus und bestätigen ebenfalls mit OK. Als *Schriftart* wählen Sie wieder Arial, als *Schriftgrad* 12 pt und als *Schriftbreite* fett aus. Wenn Sie wollen können Sie in dem weißen Teil der Zeile *Kursiv* doppelt klicken, so dass die Vorgabe „Nein" in „JA" geändert wird. Der Titel wird danach in kursiver Form dargestellt. Sie ändern jetzt noch die Größe des Titelfeldes ab. Geben Sie in der Zeile Breite 5,3 ein und in der Höhe 1,5 cm an.

Formularverfeinerung

Am Anfang dieses Kapitels wurde überlegt, welche Daten in die einzelnen Tabellenfelder geschrieben werden sollen. Dabei hatten Sie für das Feld „Speicherort" verschiedene Möglichkeiten angedacht, wie z. B. CD, MC, SP, SK, FP. Da hier die Eingabemöglichkeiten beschränkt sind, denn außer den eben aufgeführten gibt es keine anderen Medien, könnten Sie hier dem Benutzer des Programms gleich die möglichen Eingaben vorgeben, so dass er nicht manuell jedes Mal angeben muss, auf welchem Medium das Lied gespeichert ist. Hierzu bietet sich ein Kombinationsfeld oder ein Listenfeld aus der Toolbox an. Wir entscheiden uns für ein *Kombinationsfeld*.

Kombinationsfeld

Bitte stellen Sie sicher, dass der Befehlsschaltflächen-Assistent eingeschaltet ist. In der Toolbox klicken Sie auf die Schaltfläche „Kombinationsfeld" (dies ist die 7. Schaltfläche) und ziehen in einem freien Teil des Formulars ein kleines Rechteck auf. Der Assistent meldet sich mit dem ersten Dialogfenster (Abbildung 4-24)

Hier können Sie auswählen, woher die Daten für das Kombinationsfeld kommen und was mit diesen gemacht werden soll. Da die oben genannten Medienarten in keiner Tabelle stehen, müssen Sie sie manuell festlegen. Entscheiden Sie sich deshalb für die zweite Option „Ich möchte selbst Werte in die Liste eingeben".

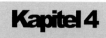

Kapitel 4

Abbildung 4-24

Klicken Sie diese Option an und klicken dann auf Weiter. Der Assistent gibt Ihnen vor, dass das Kombinationsfeld aus einer Spalte bestehen soll. Dies genügt auch für diese Zwecke. Außerdem gibt er ein leeres Feld zur Erfassung des ersten Mediums vor.

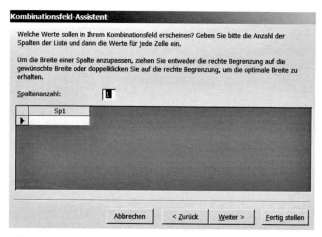

Abbildung 4-25

In die weiße Zeile geben Sie zunächst „CD" ein. Danach öffnet der Assistent eine weitere Zeile, in der Sie „MC" für eine Musikkassette ein. In der dritten Zeile

Kapitel 4

erfassen Sie „SP" für Schallplatte und in der vierten Zeile „SK" für eine Speicherkarte und in der nächsten Zeile geben Sie FP für Festplatte ein. Mit einem Klick auf Weiter wird eine weitere Abfrage des Assistenten gestartet.

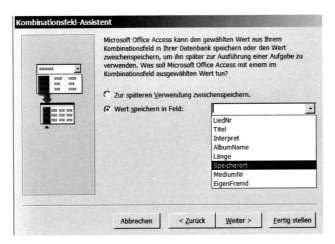

Abbildung 4-26

Hier müssen Sie entscheiden, was mit den ausgewählten Daten passieren soll, ob sie zwischengespeichert oder direkt in die Tabelle übernommen werden sollen. Da Sie in der Tabelle ein Feld vorgesehen haben, entscheiden Sie sich für „*Wert speichern in Feld*" und klicken den kleinen Pfeil an der rechten Seite an, der Ihnen die Tabellenfelder der Tabelle *tblMusik* auflistet. Hier wählen Sie das Tabellenfeld *Speicherort* aus und gehen mit einem Klick auf *Weiter* in den nächsten Dialog. Der Assistent fragt nunmehr nach der Beschriftung des Kombinationsfeldes.

Im Formular besteht bereits ein Tabellenfeld, das aber eine manuelle Eingabe erfordert. Dieses Feld werden Sie jetzt aus dem Formular entfernen und dafür das Kombinationsfeld einsetzen, das die Auswahl dann – so wie es eben programmiert wurde – in das Tabellenfeld *Speicherort* hineinschreibt.

Beschriften Sie das Kombinationsfeld deshalb auch wieder mit „Speicherort:". Zum Abschluss klicken Sie auf Fertigstellen.

Kapitel 4

Jetzt gehen Sie in das Formular zurück und klicken das alte Textfeld *Speicherort* unseres Tabellenfeldes an und drücken dann die *Entf*-Taste, so dass das ursprüngliche Tabellenfeld gelöscht ist.

Klicken Sie nunmehr das Kombinationsfeld an und ziehen es mit gedrückter Maustaste an die Stelle, wo vorher das Tabellenfeld war. Sie müssen es jetzt nur noch formatieren. Hierzu klicken Sie das Bezeichnungsfeld mit der rechten Maustaste an, wählen *Eigenschaften* und im Register *Format* als linken Rand die 3 und als Breite ebenfalls die 3. Jetzt klicken Sie auch das Textfeld an und geben als linken Rand die 7 und als Breite 2 ein.

Beschriftungsfelder einheitlich formatieren

Bevor Sie das erste Formular benutzen, sollten Sie noch die Beschriftungsfelder einheitlich gestalten. Markieren Sie alle Beschriftungsfelder, in dem Sie mit gedrückter linker Maustaste ein Rechteck über alle Beschriftungsfelder ziehen. Achten Sie darauf, dass Sie dabei kein Textfeld mit einschließen. Mit der rechten Maustaste klicken Sie jetzt in den markierten Bereich, wählen *Eigenschaften* aus und gehen in das Register *Format*.

Kontrollieren Sie, ob der linke Rand noch bei 1,5, die Breite ebenfalls noch bei 3 und die Höhe noch bei 0,6 steht. Wenn in einem Feld keine Eingabe steht, dann müssen Sie den Wert noch einmal hineinschreiben.

Gehen Sie in die Zeile *Hintergrundfarbe*, klicken in den grauen Teil und anschließend auf die kleinen Punkte rechts. Es öffnet sich die Farbpalette. Nehmen Sie die Farbe hellgelb (zweite von links in der oberen Reihe) und bestätigen die Auswahl mit *OK*. Als Textfarbe nehmen Sie wieder die Farbe 255 (rot). Bei der Schriftart nehmen Sie Arial, als Schriftgrad 10, als Schriftbreite Fett. In der Zeile Schriftausrichtung klicken Sie in den grauen Teil, anschließend auf den kleinen Pfeil rechts und wählen *Rechtsbündig* aus.

Das Eigenschaftsfenster ist noch aktiv, so dass Sie die Beschriftung der einzelnen Bezeichnungsfelder noch kurz verbessern können. Klicken Sie zunächst in das erste Bezeichnungsfeld „Automat. Lied-Nr.:" und kontrollieren ob am Ende der

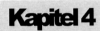

Beschriftung (in der Zeile Beschriftung) auch ein „:" steht. Anschließend klicken Sie die übrigen Beschriftungsfelder an und ergänzen den Eintrag jeweils mit einem „:" sofern er noch nicht vorgegeben ist. Im Feld *EigenFremd* geben Sie jetzt „*Eigenes Medium*:" ein. Bei MediumNr fügen Sie neben dem „:" noch ein Leerzeichen zwischen Medium und Nr. ein.

Jetzt verändern Sie noch einige Textfelder. Das erste Textfeld mit der Lied-Nr. verkleinern Sie etwas, da keine so großen Zahlen vorkommen werden. Klicken Sie in das Textfeld und geben im Register Format des Eigenschaftsfeldes in der Zeile *Breite* die Größe von 1,5 ein.

Die Breite für das Textfeld *Titel* erhöhen Sie auf 7,2, die Breite für das Textfeld *Interpret* ändern Sie ebenfalls auf 7,2, ebenso das Feld *AlbumName*. Die Breite für das Textfeld *Länge* nehmen Sie mit 1,8 an, das Textfeld für *Speicherort* machen Sie 2,6 cm groß und das Textfeld für *Medien-Nr.* verändern Sie auf 1,8 cm.

Wenn Sie viele Lieder erfasst haben und Sie ein bestimmtes Lied suchen um die Daten abzuändern, ist es mit diesem Erfassungsprogramm etwas schwierig, da Sie sich durch alle Lieder durchklicken müssten. Um diesen Nachteil auszugleichen, werden Sie noch ein weiteres Kombinationsfeld einbinden.

Kombinationsfeld mit Datensatz-Suche

Wenn die Toolbox nicht angezeigt wird, aktivieren Sie diese bitte noch einmal. Kontrollieren Sie, ob der Befehlsschaltflächen-Assistent eingeschaltet ist und klicken auf die Schaltfläche für das Kombinationsfeld. Ziehen Sie im freien Raum über den Navigationsschaltflächen ein kleines Rechteck auf. Der Assistent fragt nun die Datensatzbestückung wie in Bild 4-24 ab. In dem jetzigen Kombinationsfeld wählen Sie die dritte Option „Einen Datensatz im Formular basierend auf dem im Kombinationsfeld gewählten Wert suchen" und klicken auf Weiter.

In der nächsten Abfrage des Assistenten müssen Sie das Feld eingeben, nach dem künftig der Datensatz gesucht werden soll. Das ist im Normalfall der Titel des Liedes.

Formulare

Kapitel 4

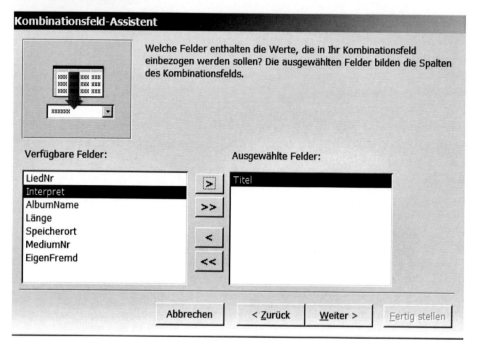

Abbildung 4-27

In der Spalte „Verfügbare Felder" klicken Sie deshalb die Felder *LiedNr* und *Titel* an und transferieren diese Felder mit einem Klick auf den einfachen Pfeil „>" in die Spalte „Ausgewählte Felder". Nach einem Klick auf Weiter erscheint ein neuer Dialog, nämlich ob die Schlüsselspalte ausgeblendet werden soll. Das ist in diesem Fall das Feld *LiedNr*. Dieses Feld brauchen Sie nicht, so dass Sie die Voreinstellung belassen können. Es wird außerdem angezeigt, in welcher Größe der Titel später im Kombinationsfeld angezeigt werden soll. Da Sie schon ein Lied erfasst haben, können Sie feststellen, dass das Vorgabefeld etwas zu klein ist. Vergrößern Sie dieses Feld in dem Sie mit dem Cursor auf den rechten Rand des mit *Titel* bezeichnenden grau unterlegten Feldes gehen. Der Cursor verwandelt sich dabei in ein Kreuz. Mit gedrückter linker Maustaste ziehen Sie das graue Feld nach rechts bis der Titel ganz zu sehen ist.

Kapitel 4

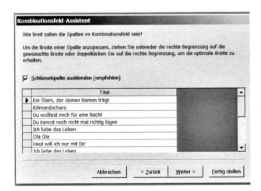

Abbildung 4-28

Mit einem Klick auf Weiter kommen Sie zum letzten Dialog. Hier geben Sie „Titel-Suche" als Beschriftung des Kombinationsfeldes ein und klicken auf *Fertigstellen*. Das Kombinationsfeld ist damit einsatzbereit.

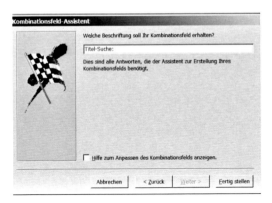

Abbildung 4-29

Allerdings sieht es besser aus, wenn die Beschriftung direkt über das Anzeigefeld gesetzt wird. Hierzu gehen Sie mit dem Cursor auf das Beschriftungsfeld und klicken dieses an. Anschließend stellen Sie den Cursor auf das größere schwarze Quadrat am oberen linken Rand des Beschriftungsfeldes. Der Cursor verwandelt sich eine schwarze Hand mit ausgestrecktem Zeigefinger. Mit gedrückter linker Maustaste ziehen Sie das Beschriftungsfeld über das Textfeld des Kombinations-

Formulare

Kapitel 4

feldes. Vergrößern Sie das Feld durch Anklicken des mittleren Anfassers rechts und ziehen es so weit bis es die gleiche Größe wie das Textfeld hat. Ziehen Sie es mit dem mittleren Anfasser an der oberen Kante auch noch etwas nach oben, so dass auch die Höhe etwas größer ist.

Mit der rechten Maustaste klicken Sie in das Beschriftungsfeld und öffnen das Eigenschaftsfenster. Im Register *Format* gehen Sie in die Zeile *Hintergrundfarbe* und wählen aus der Farbpalette das *Hellgelb* aus (wie für die Beschriftung der Tabellenfelder). Als Textfarbe wählen Sie wieder 255 (rot), als Schriftart nehmen Sie Arial, als Schriftgrad 10 und als Schriftbreite wieder Fett. Jetzt schließen Sie das Eigenschaftsfenster. Das Formular müsste in etwa so aussehen:

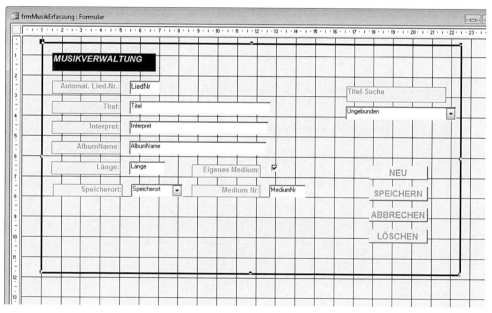

Abbildung 4-30

Grundsätzlich könnten Sie jetzt das Formular für weitere Lied-Eingaben benutzen. Versuchen Sie es gleich einmal um noch einige Verbesserungs-Maßnahmen zu erkennen.

Kapitel 4

Wechseln Sie vom Entwurfsmodus des Formulars in den Ansichtsmodus in dem Sie auf das erste Symbol in der Symbolleiste klicken (Bild 4-31).

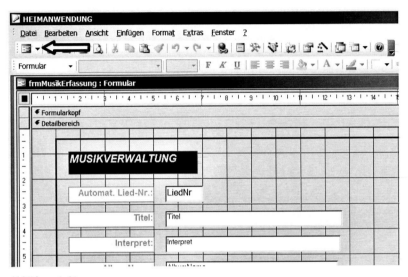

Abbildung 4-31

Klicken Sie nunmehr auf die Befehlsschaltfläche *NEU* und erfassen folgende Daten:

Titel:	Kilimandscharo
Interpret:	Berg Andrea
Album:	Best of Andrea Berg
Länge:	3:18
Eigenes Medium: √	
Speicher-Ort:	CD
Medium-Nr.	CD-3

Kapitel 4

Änderung der Reihenfolge

Da das Formular die Tabellenfelder nicht in der gleichen Reihenfolge wie die Tabelle selbst aufführt, verschwindet die Eingabemarke nach Eingabe der Länge direkt zum Feld Medien-Nr. Das müssen Sie natürlich ändern. Schalten Sie das Formular wieder in den Entwurf-Modus und zwar mit einem Klick auf das erste Symbol in der Symbolleiste, das derzeit so aussieht:

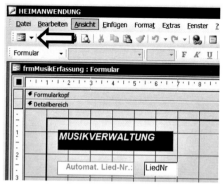

Abbildung 4-32

Jetzt klicken Sie in der Menüleiste oben auf *Ansicht* und im aufgehenden Kontextmenü auf *Aktivierungsreihenfolge*.

Abbildung 4-33

Kapitel 4

Es öffnet sich das Reihenfolge-Fenster, aus dem Sie die augenblickliche Eingabe-Abfolge sehen. Diese lautet: LiedNr, Titel, Interpret, AlbumName, Länge, MediumNr, EigenFremd, befNeu usw. Da im derzeitigen Formular nach der Eingabe der Länge das Feld *Eigen/Fremd* kommt, müssen Sie im Reihenfolge-Fenster die gleiche Abfolge herstellen.

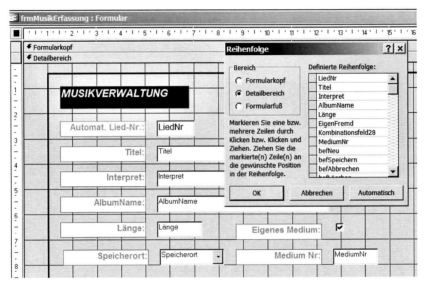

Abbildung 4-34

Im Reihenfolge-Fenster suchen Sie zunächst das Tabellenfeld *Eigen/Fremd*. Klicken Sie das linke graue Kästchen vor der Beschriftung an, um das Feld zu markieren. Klicken Sie dann dieses Kästchen mit der linken Maustaste an, halten die Maustaste gedrückt und ziehen Sie das Feld *Eigen/Fremd* bis unterhalb des Feldes Länge. Jetzt lassen Sie die Maustaste los. Der Speicherort ist damit an die richtige Stelle verschoben. Danach müsste das Kombinationsfeld für den Speicherort kommen und danach das Feld MedienNr. Sollte dies nicht der Fall sein, markieren Sie die Felder, die nicht in dieser Reihenfolge kommen und verschieben Sie diese ebenfalls an die richtige Position.

Kapitel 4

Zum guten Schluss wird noch ein wenig Feintuning betrieben. Wenn das Feld *Eigenes Medium* angeklickt ist, erfassen Sie den Speicherort, z. B. „CD". Da es sich um eine eigene CD handelt, die Sie vorab nummeriert haben, geben Sie bei der Medium-Nr. gleich den Speicherort vor, so dass nur noch die Nummer der CD hinzugefügt werden muss. Ähnlich wird mit anderen Medien verfahren. Wenn Sie das Kombinationsfeld *Speicherort* verlassen, steht durch die Auswahl fest, auf welchem Medium der Titel gespeichert ist. Dies nutzen Sie für einen kurzen VBA-Code aus. Beim Verlassen des Kombinationsfeldes bestücken Sie das Feld *Medien-Nr.* sofort mit dem ausgewählten Speicherort und einem „-". Sie müssen dann nur noch die von Ihnen vergebene Mediennummer ergänzen.

Klicken Sie zur Erstellung dieser Prozedur auf das Kombinationsfeld mit der rechten Maustaste, wählen *Eigenschaften* an, gehen auf das Register *Ereignisse* und in die Zeile „Beim Verlassen". Klicken Sie in diese Zeile, anschließend auf die drei kleinen Punkte rechts außen, wählen danach *Code-Generator* aus und befinden sich im Code-Editor. Vorgegeben sind bereits zwei Code-Zeilen, nämlich

Private Sub Kombinationsfeld28_Exit(Cancel As Integer)
End Sub

Da Sie dabei verschiedene Medien abfragen müssen, wird eine Auswahl-Bedingung formuliert, die zwischen diese beiden Vorgabezeilen als Programmcode eingegeben wird. Hierfür gibt es in VBA eine sogen.

If-Then-Else-Anweisung.

Dies bedeutet, wenn (If) ein Feld einen bestimmten Wert hat, dann (then) soll etwas passieren. Wenn es einen anderen Wert hat (Else) dann muss etwas anderes geschehen. Wenn aber mehrere Möglichkeiten auszuwerten sind kommen Sie mit diesen beiden Alternativzweigen nicht zurecht. In unserem Fall haben Sie ja insgesamt 4 Möglichkeiten (CD, MC, SK und SP). VBA gibt Ihnen die Möglichkeit mit einer *ElseIf-Anweisung* mehr als 2 Varianten abzuprüfen. Sie fragen demnach ab, ob im Kombinationsfeld z. B. „CD" ausgewählt wurde, dann muss in das Feld *MedienNr* „CD-" und (&) ein Leerzeichen geschrieben werden usw. Jedes

Kapitel 4

Steuerelement muss durch seinen Namen und seinen Herkunftsort exakt bestimmt werden. Sofern Sie auf ein Steuerelement in dem aktiven Formular zugreifen, gibt Ihnen VBA die Möglichkeit den Herkunftsort nicht mit dem vollen Namen des Formulars sondern mit einem schlichten „Me." zu bezeichnen.

Der Code lautet demnach wie folgt,

```
Private Sub Kombinationsfeld28_Exit (Cancel As Integer)
If Me.Kombinationsfeld28.Value = "CD" Then
    Me.MediumNr = "CD -" & " "
ElseIf Me.Kombinationsfeld28.Value = "MC" Then
    Me.MediumNr = "MC -" & " "
ElseIf Me.Kombinationsfeld28.Value = "SK" Then
    Me.MediumNr = "SK -" & " "
Else: Me.MediumNr = "SP -" & " "
End If
End Sub
```

Die Nummer des Kombinationsfeldes könnte bei Ihnen anders lauten. Sie wird vom Assistenten eigenständig vergeben. Doch das spielt keine Rolle.

Eingabekontrolle

Nach dem Verlassen des letzten Tabellenfeldes *Medien-Nr* soll der Cursor sofort wieder auf das erste Erfassungsfeld *Titel* springen und nicht auf eine Schaltfläche oder sonst wohin.. Hierzu benötigen Sie nochmals ein wenig Code.

Mit einem rechten Mausklick auf das letzte Feld, wählen Sie, wie schon oben, das Eigenschaftsfeld an, wählen danach das Register *Ereignisse*, dann die Zeile „Beim Verlassen", anschließend Code-Generator und schreiben zwischen die beiden Vorgabe-Zeilen

Private Sub MediumNr_Exit(Cancel As Integer)

Me.Titel.SetFocus

End Sub

Mit der Funktion „SetFocus" wird der Cursor nach dem Verlassen des Schlussfeldes auf das Anfangsfeld *Titel* gelenkt.

Kapitel 4

Wenn es sich nicht um ein eigenes Medium handelt, z. B. wenn Sie den Titel aus dem Internet downgeloaded haben oder wenn Sie den Titel von der CD eines Bekannten kopiert und auf der Festplatte gespeichert haben, so wird das Feld *Eigenes Medium* nicht angeklickt. D. h. aber auch, dass Sie keinen der vorgegebenen Speicherorte benötigen. In diesem Fall, wollen Sie als Speicherort „Festplatte" vorgeben und keine Mediennummerierung durchführen. Sinnvoll ist es dabei auch, bereits von diesem Feld direkt wieder mit dem Cursor zum Feld Titel zu springen.

Zu diesem Zweck fragen Sie den Inhalt des Feldes *EigenFremd* beim Verlassen ab. Ein *Ja/Nein-Feld*, wie dieses, hat den Wert *True* oder -1, wenn es angeklickt ist. Sie fragen also ab, ob es den Wert „<> (-1)" hat, also auf False steht. Dann soll in das Feld Speicherort „Festplatte" geschrieben werden und der Cursor zum Feld *Titel* zurückspringen.

Zur Erfassung des notwendigen Programmcodes gehen Sie wie oben vor. Klicken Sie das Feld *EigenFremd* mit der rechten Maustaste an, wählen *Eigenschaften*. Im Register *Ereignisse* klicken Sie die Zeile „Beim Verlassen" an, klicken auf die drei kleinen Punkte rechts, wählen Code-Generator an und tragen zwischen den beiden vorgegebenen Prozedur-Zeilen folgenden Code ein:

```
Private Sub EigenFremd_Exit(Cancel As Integer)
If EigenFremd <> -1 Then
    Me.Kombinationsfeld28 = " "
    Me.Speicherort = "Festplatte"
    Me.MediumNr = ""
    Me.Titel.SetFocus
End If
End Sub
```

Speichern Sie dieses Programm-Modul unter dem Namen *frmMusikerfassung* jetzt ab. Nun ist das Modul bereit Ihren ganzen Medienbestand aufnehmen.

In Programmentwurf hatten Sie festgelegt, dass Sie auch eine Möglichkeit schaffen wollen, evtl. Ausleihungen von Musikträgern festhalten zu können. Dies werden Sie aber erst später erledigen, wenn Sie auch die Buchausleihe programmieren.

Kapitel 4

Sie haben jetzt also gelernt, wie man ein Formular mit dem Assistenten erstellt. Sie haben auch erfahren, welche vielschichtigen Änderungen dabei notwendig sind um ein gut durchdachtes und gut funktionierendes Formular zu erhalten. Ich persönlich bin der Meinung, dass Sie bei der Formularerstellung auf den Assistenten verzichten können und das Formular gleich im Entwurfsmodus aufbauen sollten, was Sie mit den übrigen Programm-Modulen auch tun sollten.

Formularerstellung im Entwurfsmodus
Erstellung eines Musterformulars

Im vorigen Kapitel wurde schon einmal angesprochen, dass die Erfassungsformulare möglichst alle einen einheitlichen Stil erhalten sollten, damit der Nutzer sich sofort in jedem Modul zurechtfindet. Dies muss nicht unbedingt der Stil sein, den ich Ihnen hier zeige. Dies ist ja nur eine von unzähligen Möglichkeiten. Finden Sie deshalb im Laufe der Zeit Ihren eigenen Stil.

Errichten Sie sich am besten ein Musterformular, in dem die wichtigsten Steuerelemente bereits fertig programmiert sind. Sie haben im vorigen Abschnitt gelernt, dass das Formular aus optischen Gründen z. B. einen blauen Rahmen erhält, dass ein Formular-Titel in weißer Schrift auf blauem Hintergrund geschaffen wird und dass eigene Navigationsschaltflächen programmiert und die Standardnavigationstasten gelöscht werden.

Ein solches Formular erstellen Sie nun und kopieren dies später bei jedem neuen Formular und geben ihm einen entsprechenden neuen Namen. Dann haben Sie in diese Kopie lediglich noch die Datengrundlage einzutragen und haben alle Tabellenfelder oder Abfragefelder zum Einbau zur Verfügung.

Auf der Access-Arbeitsfläche klicken Sie das Objekt *Formular* an, gehen dann zu „*Erstellt ein Formular in der Entwurfsansicht*", klicken dann auf *NEU*, weil Sie ja ein neues Formular erstellen wollen. Im aufgehenden Dialog-Fenster klicken Sie auf *Entwurfsansicht* und bestätigen das Ganze mit *OK*.

Kapitel 4

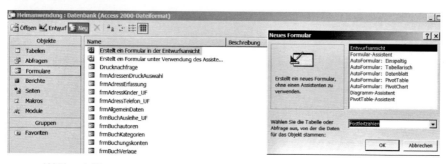

Abbildung 4-35

Es öffnet sich das Arbeitsblatt, das Sie bereits aus Abbildung 4-10 kennen. Vergrößern Sie dieses Formular, ebenso wie dort beschrieben. Gehen Sie mit der Maus zum unteren grauen Begrenzungsrand. Der Mauscursor verwandelt sich in einen Doppelpfeil. Ziehen Sie den grauen Rand nach unten bis zur 14 am linken Lineal. Ziehen Sie anschließend den rechten grauen Rand des Formulars bis zur 28,5 cm am oberen Lineal. Anschließend ziehen Sie auch das hellgraue Formularfeld entsprechend nach unten und außen.

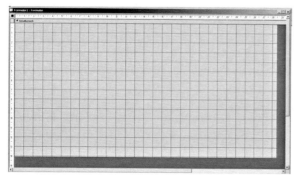

Abbildung 4-36

Als nächstes ziehen Sie aus der Toolbox einen Rahmen auf das Formular. Wenn die Toolbox noch nicht angezeigt werden sollte, klicken Sie im Symbol-Menü auf Toolbox

Kapitel 4

Abbildung 4-37

Daraufhin öffnet sich die Toolbox.

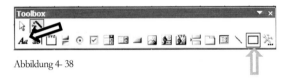

Abbildung 4-38

Klicken Sie nun das Rechtecksymbol (grau-weißer Pfeil) an. Gehen Sie mit dem Cursor dann auf die Formularfläche und ziehen mit gedrückter linker Maustaste ein Rechteck von der oberen linken Ecke bis zur rechten unteren Ecke. Dieses Rechteck ist jetzt noch markiert. Stellen Sie den Cursor auf eine Linie dieses Rechtecks, so dass er sich in eine schwarze Hand verwandelt. Ein rechter Mausklick öffnet das Kontextmenü. Wählen Sie hier *Eigenschaften* an. Im Register *Format* des Eigenschaftsfensters gehen Sie in die Zeile Rahmenbreite und klicken einmal kurz in den weißen Zeilenbereich. Am rechten Zeilenrand taucht ein kleiner Pfeil auf. Mit einem Klick auf diesen Pfeil öffnet sich ein weiteres Kontextmenü, aus dem Sie die Rahmenbreite auswählen können. Eine Breite von 2 pt. ist sicherlich angemessen. Klicken Sie anschließend noch in die Zeile Rahmenfarbe und dann auf die Schaltfläche mit den drei Punkten. Es öffnet sich die Farbpalette. Entscheiden Sie sich für eine dunkelblaue Farbe und bestätigen Ihre Wahl mit OK. Verlassen Sie jetzt das Eigenschaftsfenster wieder.

Die Toolbox ist sicherlich noch aktiviert, wenn nicht, dann holen Sie sich diese nochmals auf den Bildschirm. Jetzt wird noch der Titel des Formulars gestaltet. Klicken Sie mit der linken Maustaste auf das Bezeichnungsfeld (schwarzer Pfeil), gehen auf die Formularfläche und ziehen ein kleines Rechteck auf, beginnend etwa bei 2 cm, etwa 8 cm breit und mit einer Höhe von etwa 1 cm. Das so gezeichnete Rechteck ist nun weiß unterlegt. Geben Sie jetzt über die Tastatur sofort den Titel ein, hier z. B. „Musterformular" und klicken anschließend in einen freien Bereich

Kapitel 4

des Formulars. Jetzt muss der Titel noch formatiert werden. Mit einem rechten Mausklick auf das Titelfeld kommen Sie über *Eigenschaften* zum Eigenschaftsfenster. Gehen Sie hier in das Register *Format*, zunächst in die Zeile Hintergrundfarbe. Nach dem Erscheinen der kleinen Schaltfläche am rechten Zeilenrand können Sie über die Farbpalette eine Farbe auswählen. Nehmen Sie am besten wieder die blaue Farbe von vorhin und bestätigen mit OK. Wechseln Sie nun in die Zeile Textfarbe, lassen wieder die Farbpalette anzeigen und wählen diesmal die Farbe Weiß aus und bestätigen ebenfalls wieder mit OK. Gehen Sie jetzt in die Zeile Schriftart und geben als Schriftart Arial ein, wenn Sie mit der Vorgabe nicht einverstanden sein sollten. In der nächsten Zeile stellen Sie den den Schriftgrad auf 14 pt und wieder in der nächsten Zeile als Schriftbreite „fett" ein. Schließen Sie danach das Eigenschaftsfenster. Ihr Formular sollte etwa wie folgt aussehen:

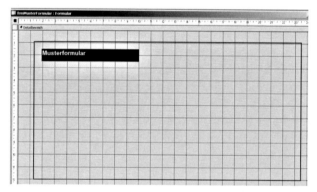

Abbildung 4- 39

Jetzt sollen die Standard-Navigationsschaltflächen noch gelöscht werden, um eigene Schaltflächen einfügen zu können. Hierzu benötigen Sie das Eigenschaftsfenster des Formulars. Dies erreichen Sie mit einem rechten Mausklick auf das kleine, schwarz ausgefüllte Quadrat am oberen linken Rand. Gehen Sie danach in das Register *Format* und klicken dann in den Zeilen Datensatzmarkierer und Navigationsschaltflächen jeweils zweimal kurz mit der linken Maustaste, so dass die bisherigen Werte „Ja" in „Nein" verändert werden. Klicken Sie dann noch in den weißen Bereich der Zeile Bildlaufleisten und anschließend auf die Schaltfläche rechts mit dem Pfeil. Aus dem Kontextmenü wählen Sie dann „NEIN" an und schließen das Eigenschaftsfenster.

Jetzt ist der Weg frei für eigene Navigationsschaltflächen. Legen Sie Schaltflächen für neue Datensätze, zum Speichern und zum Löschen eines Datensatzes, sowie für den Abbruch einer evtl. fehlerhaften Eingabe an. Schauen Sie dazu nochmals in die Anleitung im vorigen Abschnitt nach. Formatieren Sie diese Schaltflächen einheitlich, wie Sie es in der Formularentwicklung für die Musikverwaltung bereits getan haben.

Ihr Musterformular sieht jetzt etwa so aus:

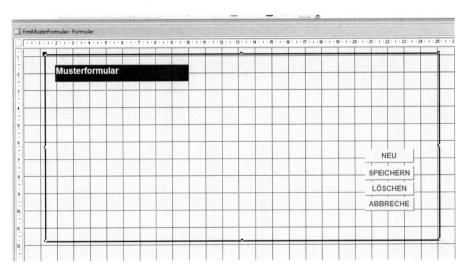

Abbildung 4-40

Speichern Sie dieses Formular nun ab und geben ihm den Namen *frmMusterFormular*.

Kapitel 4

Erfassungsformular Postleitzahlen

Zur Erstellung dieses Eingabeformulars benutzen Sie sogleich das soeben erstellte Musterformular. Auf der Access-Arbeitsfläche klicken Sie das Objekt *Formular* an. Sie erhalten eine Auflistung aller bisher schon entwickelten Formulare, darunter auch das Musterformular. Markieren Sie dieses Musterformular mit der rechten Maustaste und wählen im Kontextmenü *Kopieren* aus. Klicken Sie anschließend mit der rechten Maustaste in einen freien Bereich der Arbeitsfläche und wählen aus dem sich öffnenden Kontextmenü *Einfügen* aus. Sie müssen dieser Kopie nun einen Namen geben. Schreiben Sie in das Vorgabefenster „frmPLZ" hinein und bestätigen mit OK. Damit ist eine Kopie des Musterformulars unter der neuen Bezeichnung gespeichert.

Damit Sie weiterarbeiten können klicken Sie das neue Formular an und wählen aus dem Menü „Entwurf" an. Das Formular *frmPlz* wird dadurch im Entwurfsmodus geöffnet.

Das Musterformular haben Sie bekanntlich ohne Datengrundlage erstellt. Sie müssen dem neuen Formular nunmehr eine Datengrundlage zuteilen. Klicken Sie mit der rechten Maustaste auf die kleine schwarz ausgefüllte Schaltfläche oben links in der Linealzeile und gehen im Kontextmenü über Eigenschaften zum Eigenschaftsfenster des Formulars. Im Register *Daten* gehen Sie in die Zeile *Datenherkunft* und öffnen ein Fenster mit allen bisher geschaffenen Datengrundlagen (derzeit sind nur Tabellen vorhanden, später kommen auch noch Abfragen hinzu). Über einen Klick auf die Schaltfläche rechts mit dem kleinen Pfeil wählen Sie für dieses Formular die Tabelle *tblPostleitzahlen* und schließen das Eigenschaftsfenster wieder.

Jetzt sind die Felder dieser Tabelle in das Formular einzubauen. Sollte die Tabelle mit ihren Feldern nicht angezeigt werden, klicken Sie im Symbolmenü oben auf das Symbol Feldliste.

Ziehen Sie die Tabellenfelder auf das Formular. Markieren Sie in der Feldliste das Feld *Postleitzahl*, ziehen es mit gedrückter linker Maustaste auf das Formular und lassen die Maustaste wieder los. Hiermit wird es auf dem Formular abgelegt.

Kapitel 4

Danach verfahren Sie mit dem Feld *Ort* ebenso und platzieren dieses unterhalb des vorherigen Feldes.

Markieren Sie nun die beiden Eingabefelder einschl. der Bezeichnungsfelder in dem Sie bei gedrückter linker Maustaste ein kleines Rechteck über alle vier Feldteile aufziehen. Innerhalb dieser Markierung klicken Sie mit der rechten Maustaste und dann auf *Eigenschaften*. Es öffnet sich das Eigenschaftsfenster. Dort klicken Sie das Register *Format* an und stellen in der Zeile Höhe 0,5 cm ein. Gehen Sie im Formatregister ein wenig nach unten und stellen als Schriftart *Arial* ein. Klicken Sie dann mit der linken Maustaste irgendwo in den freien Raum um die bisherige Markierung aufzuheben.

Markieren Sie nunmehr die beiden Bezeichnungsfelder. Wenn Sie vorher das Eigenschaftsfenster nicht geschlossen haben, können Sie die Eigenschaften für die Bezeichnungsfelder jetzt sofort neu setzen, ansonsten müssen Sie das Eigenschaftsfenster nochmals öffnen. Im Register *Format* geben Sie in der Zeile *Links* 1,5 cm als linker Rand an. Klicken Sie dann in die Zeile *Hintergrundfarbe* und anschließend auf die drei Punkte rechts außen und wählen aus der Farbpalette das hellgelb aus und bestätigen diese Auswahl mit OK.

Etwas weiter unten in der Zeile *Textfarbe*, wählen Sie über die Farbpalette die Farbe Rot an oder geben direkt in die weiße Zeile die Farbnummer 255 ein. Als Schriftart nehmen Sie Arial, als Schriftgrad 8 pt, die Schriftbreite wählen Sie mit *Fett* und die Textausrichtung mit *Rechtsbündig*. Lösen Sie Markierung wieder durch einen Klick in den freien Raum.

Anschließend markieren Sie die beiden Eingabefelder, klicken im Register *Format* des Eigenschaftsfensters die Zeile *Links* an und geben 5,5 cm ein.

Jetzt klicken Sie das erste Beschriftungsfeld nochmals an, gehen im Eigenschaftsfenster auf das Register *Alle* und klicken mit der linken Maustaste vor „Beschriftung", so dass der Vorgabetext markiert ist und geben als neue Beschriftung die Bezeichnung „Postleitzahl:" ein. Dem zweiten Bezeichnungsfeld geben Sie auf gleiche Weise die Bezeichnung „Ort:".

Formulare

Kapitel 4

Vergessen Sie nicht den Titel des Formulars zu ändern. Klicken Sie das Titel-Feld an und gehen im Eigenschaftsfenster auf das Register *Alle*. In der Zeile *Beschriftung* ändern Sie den Vorgabetext *Musterformular* in *Postleitzahlen* um.

Sie benötigen jetzt noch zwei Suchfelder für die Suche nach gespeicherten Datensätzen. Einmal sortiert nach Postleitzahlen und einmal sortiert nach Orten. Hierzu bedienen Sie sich zweier

Kombinationsfelder

Achten Sie darauf, dass in der Toolbox der Assistent eingeschaltet ist, wählen Sie das Symbol *Kombinationsfeld* und ziehen dieses auf der Formularfläche oben rechts auf. Wählen Sie im aufgehenden Fenster die dritte Alternative „*Einen Datensatz basierend auf dem im Kombinationsfeld gewählten Wert suchen*". Nach einer Bestätigung auf *Weiter* übernehmen Sie die beiden Dateifelder PLZ und Ort mit der >-Taste in das Kombinationsfeld. Mit *Weiter* kommen Sie in das Ansichtsfeld. Hier verkleinern Sie die Anzeigebreite der Postleitzahl, so dass sie gerade noch vollständig sichtbar bleibt. Nach einem nochmaligen Klick auf *Weiter* geben Sie als Beschriftung für das Kombinationsfeld PLZ-SUCHE ein und klicken auf Fertigstellen. Das Bezeichnungsfeld markieren Sie mit einem Klick auf das Feld und ziehen es mit dem oberen linken Anfasser und gedrückter linker Maustaste genau über das Eingabefeld. Anschließend vergrößern Sie es auf die Breite des Eingabefeldes, in dem Sie den mittleren Cursor-Ansatzpunkt in der Mitte des Feldes rechts anklicken und mit gedrückter linker Maustaste auf die gewünschte Größe ziehen. Über das Eigenschaftsfeld im Register *Format* setzen Sie die Höhe des Bezeichnungsfeldes auf 0,5, die Hintergrundfarbe auf Rot (255), die Textfarbe auf weiß, die Schriftart auf Arial, den Schriftgrad auf 10 pt, die Schriftbreite auf Fett, Kursiv auf Ja und die Textausrichtung auf Zentriert.

Jetzt wird noch ein weiteres Kombinationsfeld aufgezogen, das Sie unterhalb des ersten platzieren. Die Vorgehensweise ist identisch, so dass ich mir die Aufzählung der einzelnen Schritte sparen kann. Wenn Sie dieses Kombinationsfeld fertig gestellt haben klicken Sie im Eigenschaftsfenster im Register Daten in die Zeile *Datensatzherkunft* doppelt auf die weiße Zeile, deren Beschriftung mit „SELECT .... " beginnt. Danach klicken Sie rechts auf die kleine Schaltfläche mit den drei Punkten und sehen jetzt eine Abfrage mit den beiden Datenfeldern. Gehen Sie in der unteren Reihe auf das Datenfeld *Ort* in die Zeile Sortierung und klicken auf den kleinen Pfeil rechts. Aus dem sich öffnenden Kontextmenü wählen Sie *aufsteigend* an. Sie haben damit eine SQL-Anweisung generiert, deren Inhalt und Wortlaut Sie sich jetzt einmal anschauen können. Klicken Sie hierzu auf *Ansicht* und danach auf *SQL-Anweisung*. Für diese Orts-Suche wurde automatisch folgender Code generiert:

SELECT Postleitzahlen.ort, Postleitzahlen.plz FROM Postleitzahlen

ORDER BY Postleitzahlen.ort;

Dieser bedeutet, dass Sie beim Klicken auf das Eingabefeld des Kombinationsfeldes sowohl die Postleitzahl als auch den Ort aus der Datei Postleitzahlen suchen, die nach dem Ort sortiert ist.

Wenn Sie mehrere Postleitzahlen erfassen und dabei auch eine bereits erfasste über das Kombinationsfeld anzeigen lassen wollen, kann es sein, dass in der Auflistung Postleitzahlen noch fehlen, weil Access normalerweise eine Aktualisierung der Daten eines Kombinationsfeldes erst wieder bei einem Neustart eines Moduls vornimmt. Sie können allerdings veranlassen, dass sofort nach der Speicherung eines Datensatzes auch die Daten der beiden Kombinationsfelder neu aufgebaut werden. Dafür gibt es die Funktion „requery".

Gehen Sie bitte in den VBA-Editor mit einem Klick auf das Code-Symbol im Menü und ergänzen den vorhandenen Code mit den fett gedruckten Zeilen:

```
Private Sub befSpeichern_Click()
On Error GoTo Err_befSpeichern_Click
DoCmd.DoMenuItem acFormBar, acRecordsMenu, acSaveRecord, , acMenuVer70

    'Kombinationsfelder aktualisieren
    Me.Kombinationsfeld13.Requery
    Me.Kombinationsfeld6.Requery

Exit_befSpeichern_Click:
    Exit Sub
Err_befSpeichern_Click:
    MsgBox Err.Description
    Resume Exit_befSpeichern_Click
End Sub
```

Formulare

Kapitel 4

Diese Code-Ergänzung sollten Sie in jedem Formular verwenden, wenn Sie über ein Kombinationsfeld Datensätze suchen. Passen Sie dann lediglich den Code dergestalt an, dass Sie den Namen des im Formular verwendeten Kombinationsfeldes angeben.

Speichern Sie jetzt das fertige Eingabeformular ab.

Wenn Sie in der Access-Arbeitsfläche doppelt auf den Namen dieses Formulars klicken, wird es im Ansichtsmodus geöffnet und Sie können ausprobieren, ob es auch wirklich funktioniert. Erfassen Sie jetzt zur Übung einige Postleitzahlen mit den dazugehörenden Orten. Damit die weiteren Schritte leichter nachvollzogen werden können erfassen Sie wenigstens einmal die Postleitzahlen für Aschaffenburg und zwar 63735, 63736, 63739, 63741 und 63743, jeweils einzeln. Klicken Sie danach einmal auf das Kombinationsfeld PLZ-Suche. Es öffnet sich ein kleines Fenster, in dem die Postleitzahlen sortiert angezeigt sind. Mit den Pfeiltasten außen rechts können wir Sie nunmehr eine Postleitzahl aussuchen und mit einem Mausklick den entsprechenden Datensatz auf das Eingabeformular laden. Sie können aber auch im Eingabefeld eine Postleitzahl eingeben, z. B.. 63741 – dann erscheint im Auflistungsfenster sofort der dazugehörende Ort. In diesem Fall also Aschaffenburg. Wenn Sie jetzt diese Vorgabe im Auflistungsfenster anklicken, dann sehen Sie die Postleitzahl und der Ort auch auf dem Eingabeformular. Ebenso können Sie es mit der Ortssuche probieren. Klicken Sie auf den kleinen Pfeil bis sich das Auflistungsfenster öffnet. Sie können jetzt einen Ort suchen und anklicken. Sie können aber auch im Eingabefeld einen Ortsnamen schreiben z. B.. Aschaffenburg, dann erscheint im Auflistungsfenster auch der Ort und die Postleitzahl. Hat ein Ort allerdings mehrere Postleitzahlen, wie z. B.. auch unser Beispiel Aschaffenburg, dann wird im Eingabeformular der Ort mit der ersten Postleitzahl angezeigt. Um zu einer anderen Postleitzahl dieses Ortes zu gelangen müssen Sie noch zwei Schaltflächen zum Vor- und Rückwärtsblättern programmieren. Wählen Sie aus der Toolbox eine Befehlsschaltfläche aus und setzen diese rechts neben das Kombinationsfeld Ort-Suche. Wenn der Assistent eingeschaltet war, wählen Sie im sich öffnenden Fenster Datensatznavigation an und klicken rechts daneben auf *„Gehe zum nächsten Datensatz"* und auf *Weiter*. Im nächsten Fenster wird Ihnen angezeigt, dass ein Bild

Kapitel 4

für die Schaltfläche gewählt ist. Klicken Sie dann auf „*Gehe zum nächsten 2*" und klicken auf Weiter. Den Befehl hierzu nennen Sie *befNächster* und klicken auf *Fertigstellen*. Mit der zweiten Befehlsschaltfläche verfahren Sie sinngemäß, lediglich wählen Sie hierfür „*Gehe zum vorherigen Datensatz*" und auf *Weiter*. Wählen Sie im nächsten Fenster „*Gehe zum vorherigen 2*" und klicken auf *Weiter*. Nennen Sie den Befehl *befVoriger* und klicken auf *Fertigstellen*. Damit die Schaltflächen gleich aussehen, markieren Sie diese, klicken mit der rechten Maustaste und öffnen das Eigenschaftsfenster. Im Register *Format* geben Sie die Werte für Links mit 16,497, für Breite 0,804 und für Höhe 0,72.

Das Formular muss so oder ähnlich aussehen:

Abbildung 4- 41

Schalten Sie nun das Formular wieder in den Ansichtsmodus und probieren das Erfassungsformular noch einmal aus.

Klicken Sie auf Orts-Suche, geben Sie nach Öffnung des Auflistungsfensters im weißen Eingabefeld Aschaffenburg ein. Sie sehen, dass nun Aschaffenburg mit den Postleitzahlen 63735, 63736, 63739, 63741 und 63743 aufgeführt sind. Wählen Sie eine Postleitzahl aus. Aschaffenburg wird im Eingabeformular nunmehr mit der ersten Postleitzahl angezeigt. Mit den neu programmierten Pfeiltasten können Sie jetzt zur nächsten oder auch zur vorherigen Postleitzahl navigieren.

Formulare   **141**

Kapitel 4

Wenn Sie wieder in den Entwurfsmodus des Formulars schalten, können Sie sich auch einmal den gesamten Code anschauen, den Sie mit Ihren Eingaben automatisch haben programmieren lassen. Klicken Sie dazu im Symbolmenü auf das Symbol Code. Es wird Ihnen der gesamte bisher generierte Programmcode angezeigt. Zum Verlassen des Codefenster klicken Sie ganz rechts oben den kleinen Pfeil.

Adressverwaltung

Das nächste Formular, das Sie entwickeln werden, ist das Formular zur Verwaltung der Adressen.

Zur Erstellung dieses Eingabeformulars benutzen Sie das erstellte Musterformular. Auf der Access-Arbeitsfläche klicken Sie das Objekt *Formular* an. Sie sehen alle bisher schon entwickelten Formulare, darunter auch das Musterformular. Markieren Sie dieses Musterformular mit der rechten Maustaste und wählen im Kontextmenü *Kopieren* aus. Klicken Sie anschließend mit der rechten Maustaste in einen freien Bereich der Arbeitsfläche und wählen aus dem sich öffnenden Kontextmenü *Einfügen* aus. Sie müssen dieser Kopie nun einen Namen geben. Schreiben Sie in das Vorgabefenster „frmAdresserfassung" hinein und bestätigen mit OK. Damit ist eine Kopie des Musterformulars unter der neuen Bezeichnung gespeichert.

Zum Weiterarbeiten klicken Sie das neue Formular an und wählen aus dem Menü „Entwurf" an. Das Formular *frmAdresserfassung* wird dadurch im Entwurfsmodus geöffnet. Ändern Sie zunächst den Titel des Formulars. Klicken Sie das Titel-Feld mit der rechten Maustaste an und gehen im Eigenschaftsfenster auf das Register *Alle*. In der Zeile *Beschriftung* ändern Sie den Vorgabetext Musterformular in *Adressdaten* um.

Das Musterformular haben Sie bekanntlich ohne Datengrundlage erstellt. Dies müssen Sie jetzt ändern. Klicken Sie mit der rechten Maustaste auf die kleine schwarz ausgefüllte Schaltfläche oben links in der Linealzeile und gehen im Kontextmenü über *Eigenschaften* zum Eigenschaftsfenster des Formulars. Im

Register *Daten* gehen Sie in die Zeile Datenherkunft und öffnen ein Fenster mit allen bisher geschaffenen Datengrundlagen über einen Klick auf die Schaltfläche rechts mit dem kleinen Pfeil. Für das Formular wählen Sie dort die Tabelle *tblAdressdaten* aus und schließen das Eigenschaftsfenster wieder.

Erstellung eines Registersteuerelementes

Das Erfassungsformular muss mit einem sehr umfangreichen Datenbestand fertig werden. Bei zu vielen Daten auf einer Formularseite leidet die Übersichtlichkeit enorm. Im vorigen Formular war dies ohne weiteres möglich. Ich empfehle deshalb die Daten nach zusammenhängenden Kriterien auf einem mehrseitigen Formular zu verteilen. Dies kann auf zweierlei Art und Weise geschehen. Einmal lässt sich ein mehrseitiges Formular programmieren, wobei beim Verlassen des letzten Feldes einer Seite automatisch auf die zweite oder weitere Seite gesprungen wird. Ich halte diese Methode jedoch nicht für sehr elegant, weshalb ich die zweite Art in meinen Programmen bevorzuge. Hierzu wird ein Registersteuerelement benutzt – ähnlich wie das im Eigenschaftsfenster geschieht –, bei dem Sie oben verschiedene Reiter haben, die Sie mit den Kategorien beschriften. Durch Klick auf einen solchen Reiter eröffnet sich die entsprechende Eingabeseite. Klicken Sie in der Toolbox das Symbol Registersteuerelement an und ziehen bei gedrückter linker Maustaste auf der Formulararbeitsfläche ein großes Rechteck innerhalb des blauen Rahmens auf. So sollte das Werk nun aussehen:

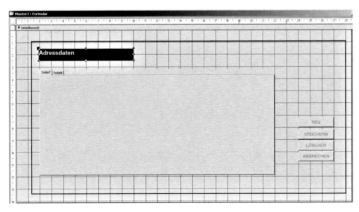

Abbildung 4- 42

Kapitel 4

Registerseiten hinzufügen

Für dieses Formular werden insgesamt 4 Register benötigt. Zwei hat Ihnen der Assistent bereits vorgegeben. Zwei weitere fügen Sie noch hinzu, in dem Sie in der Menüleiste auf *Einfügen* und dann im Kontextmenü auf *Registersteuerelement-Seite* klicken. Die nichts sagenden Beschriftungen wie *Seite X* ersetzen Sie durch logische Begriffe.

Beschriftung Registerseite

Klicken Sie mit der linken Maustaste auf den ersten Reiter. Ist das Eigenschaftsfenster nicht geöffnet, klicken sie mit der rechten Maustaste um das Kontextmenü zu öffnen und dann auf *Eigenschaften*. Da eine Format-Eigenschaft geändert werden soll, gehen Sie auf das Register *Format* und sehen dort eine Zeile *Beschriftung*. Klicken Sie die weiße Zeile an und schreiben „*Personalien*" hinein. Wiederholen Sie diesen Vorgang mit der nächsten Seite 2, in dem Sie dort bei *Beschriftung „Kommunikation"*, für die nächste Registerseite „*Kinder*" und für die letzte Seite „*Sonstiges*" erfassen.

Nächster Schritt ist der Aufbau der Dateneingabe-Felder. Klicken Sie jetzt auf das Register *Personalien* um sicherzustellen, dass in dieses Register die Dateifelder eingetragen werden.

Aufziehen der Tabellenfelder

Nun beginnt die eigentliche Arbeit mit der Platzierung der Dateifelder. Sofern die Feldliste noch nicht angezeigt wird, klicken Sie in der Symbolleiste mit der linken Maustaste auf das Symbol *Feldliste*.

Abbildung 4- 43

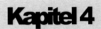

Die Felder der Tabelle werden nun angezeigt.

Mit der linken Maustaste können Sie nunmehr beliebige Tabellenfelder anklicken und bei gedrückter Maustaste auf das Formularfeld ziehen. Lassen Sie die Maustaste dort los, bleibt sowohl das Bezeichnungsfeld als auch das Textfeld auf dem Formular „kleben". Ziehen Sie zunächst die Dateifelder Familienname, Vorname, Akad.Grad, GebTag, FamiliennamePartner, VornamePartner, AkadGradPartner, LKZ, PLZ, Ort,GebTagPartner, JubelKZ, JubelKZPartner, JubTag, JubTagPartner, Strasse, LKZ, PLZ, Ort auf. Soweit Sie bei der Tabellen-Erstellung keine explizite Beschriftung vorgegeben haben, wird die Feldbezeichnung hierfür übernommen. Diese können Sie jederzeit auf dem Formular über das Eigenschaftsfenster des Bezeichnungsfeldes nachträglich ändern. Die Bezeichnungsfelder von PLZ und Ort können Sie löschen. Markieren Sie dazu die beiden Bezeichnungsfelder und drücken die ENTF-Taste. Ändern Sie jetzt die Beschriftung des verbliebenen Bezeichnungsfeldes über das Eigenschaftsfenster und dann im Register Alle in der Zeile Beschriftung wie folgt ab: „LKZ/PLZ/Ort:". Die dazugehörenden Textfelder platzieren Sie dann in der gleichen Reihenfolge daneben. Sparen Sie etwas Platz aus zwischen der Anschrift und den Jubiläums-Feldern, damit Sie anschließend noch einige Felder einsetzen können.

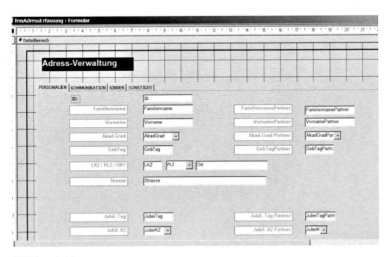

Abbildung 4-44

Formulare 145

Kapitel 4

Ihre Felder sind sicherlich noch nicht so exakt angeordnet und auch noch nicht farbig unterlegt. Dies holen Sie jetzt nach.

Formatierung der Felder

Wenn Sie alle Felder zunächst unter- und nebeneinander anordnen, können diese in einem Zug auf eine einheitliche Größe formatiert werden, ohne jedes einzelne Element ansprechen zu müssen. Hierzu stellen Sie den Mauszeiger auf die linke obere Ecke innerhalb des Registersteuerelementes und ziehen bei gedrückter linker Maustaste einen Markierungs-Rahmen soweit auf, dass der Rahmen alle Felder erfasst. Beim Loslassen der Maustaste sind alle Felder markiert. Wenn der Mauszeiger innerhalb der markierten Felder steht, wird der Mauszeiger in eine schwarze Hand umgewandelt. Klicken Sie mit der rechten Maustaste und es öffnet sich ein Fenster. Wählen Sie dort *Eigenschaften* an. Im Eigenschaftsfenster klicken Sie auf das Register *Format* und dann auf *Höhe* und geben 0,5 cm ein. Gleichzeitig können Sie etwas weiter unten die Schriftart Arial und den Schriftgrad mit 8 pt einstellen. Klicken sie einmal mit der linken Maustaste in einen freien Raum, damit die Markierung aufgehoben wird.

Den Beschriftungsfeldern geben Sie jetzt noch zusätzliche Formatierungen vor. Markieren Sie die ersten Beschriftungsfelder auf der linken Seite und wählen im Eigenschaftsfenster in dem Register *Format* die Hintergrundfarbe an. Beim Klick auf die weiße Zeile erscheint rechts außen eine Schaltfläche mit drei Punkten. Durch einen Klick hierauf öffnet sich die Farbpalette. Wählen Sie hier die zweite Farbe von links in der ersten Farbzeile aus und bestätigen mit OK. Anschließend gehen Sie zur Zeile *Textfarbe*. Hier können Sie entweder die Farbnummer 255 eingeben oder aber in die weiße Zeile klicken und über das Feld mit den drei Punkten wieder die Farbpalette aufrufen und die erste Farbe links in der zweiten Farbzeile auswählen und mit OK bestätigen. Einige Zeilen weiter unten wählen Sie als Schriftbreite *Fett* und bei Textausrichtung klicken Sie in die weiße Zeile, rufen im der Schaltfläche mit den drei Punkten das Auswahlmenü auf und wählen *Rechtsbündig* aus. Diese Formatierungen nehmen Sie auch für die Beschriftungsfelder auf der rechten Seite vor.

So wie Sie nunmehr alle Felder gemeinsam formatiert haben, können Sie natürlich auch ein einzelnes Feld mit oder ohne Beschriftungsfeld formatieren. Dazu wird eben nur dieses Feld angeklickt und kein umfassender Markierungsrahmen aufgezogen. Das Feld ID brauchen Sie für die künftige Datenerfassung nicht, da es automatisch vom Programm bestückt wird. Damit dieses Feld bei der Datenerfassung nicht angesprungen aber eingesehen werden kann, müssen Sie es entsprechend präparieren. Markieren Sie das Textfeld, wählen das Eigenschaftsmenü an, gehen im Register *Format* in die Zeile *Sichtbar* und klicken doppelt in den weißen Zeilenbereich oder wählen mit der Schaltfläche rechts außen *Nein*.

Verschieben der Tabellenfelder

Wie Sie bei der Platzierung sehen, hängen das Beschriftungsfeld und das Textfeld fest verbunden zusammen. Durch einen Klick auf das Textfeld werden sowohl dieses als auch das Bezeichnungsfeld markiert und der Mauszeiger in eine schwarze Hand verändert. Mit gedrückter linker Maustaste lässt sich das gesamte Element beliebig auf der Formularfläche verschieben. Wenn Sie die linke Maustaste loslassen, bleibt das Element an dieser Stelle stehen.

Sie können jedoch – wenn notwendig - auch das Bezeichnungsfeld und das Eingabefeld getrennt verschieben. Klicken Sie mit der linken Maustaste ein solches Einzel-Element an, sehen sie jeweils links oben ein schwarz gefülltes Viereck.

Abbildung 4- 45

Wenn Sie eins dieser mit der Maustaste berühren und die Maustaste drücken, können Sie diesen Teil an jede beliebige Stelle verschieben.

Kombinationsfeldes mit selbst erfassten Daten (manuell)

Die Eingabefelder für das Jubiläumskennzeichen ändern Sie jetzt in ein Kombinationsfeld um. Damit kommen Sie schneller an eine einheitliche Auswahlmöglichkeit. Markieren Sie das Eingabefeld *Jubiläumskennzeichen* und rufen

Kapitel 4

in der Menüleiste *Format* und im Untermenü „*Ändern zu*" auf, wählen dort *Kombinationsfeld* aus und verlassen das Menü. Auf der Formularfläche sehen Sie, dass das Eingabefeld nun ein kleines Feld mit einem Pfeil aufweist. Wenn das Eigenschaftsmenü für dieses Feld noch nicht geöffnet ist, klicken Sie mit der rechten Maustaste auf das Feld, wählen *Eigenschaften* und dann das Register *Daten* aus. Bei *Herkunftstyp* wählen Sie *Werteliste* aus. Bei *Datensatzherkunft* erfassen Sie die Kurzbezeichnungen für die einzelnen Jubiläumstage z. B.. „HOT" für Hochzeitstag oder „TOT" für Todestag u.ä.

ACHTUNG! Setzen Sie die Abkürzungen jeweils in Anführungszeichen und trennen diese stets mit einem Semikolon (;). Nach dem letzten Jubiläums- oder Gedenktag brauchen Sie kein Satzzeichen mehr zu erfassen Vielleicht ist das Eingabefeld noch etwas zu vergrößern. Ein Klick mit der linken Maustaste auf das Feld ruft die Markierung auf. Wenn Sie den Mauszeiger auf den rechten mittleren Ziehpunkt der Markierung setzen, verwandelt sich der Mauszeiger in einen Doppelpfeil <-->. Diesen können Sie etwas nach rechts ziehen, so dass das Feld vergrößert wird.

Mit dem Eingabefeld des Partners gehen Sie genau so vor.

Kombinationsfeldes mit selbst erfassten Daten (mit Assistent)

Sie haben jetzt ein Eingabefeld in ein Kombinationsfeld manuell umgewandelt. Jetzt werden Sie auch zwei Kombinationsfelder mit dem komfortablen Assistenten kreieren. Zu dem Zweck löschen Sie die beiden Felder *AkadGrad* und *AkadGradPartner*.

Stellen Sie sicher, dass die Toolbox angezeigt wird, wenn nicht, klicken Sie oben in der Symbolleiste auf das Symbol *Toolbox*. Stellen Sie sicher, dass der Steuerelement-Assistent aktiv ist (der Zauberstab ist hell unterlegt). Wenn nicht, klicken Sie ihn kurz mit der linken Maustaste an. Wenn Sie nun mit dem Maus-Cursor langsam über die einzelnen Symbole der Toolbox streichen, wird Ihnen der Name des einzelnen Steuerelements eingeblendet. Sobald Sie auf *Kombinationsfeld* stoßen, genügt ein Klick hierauf um es auszuwählen. Ziehen Sie dann auf der Formularfläche vor dem Feld *Vorname* bei gleichzeitig gedrückter linker Maustaste ein kleines Rechteck auf. Damit wird ein ungebundenes Eingabefeld (Textfeld) einschl. des Beschriftungsfeldes erstellt. Gleichzeitig meldet sich der Assistent um die programmtechnischen Eigenschaften dieses Kombinationsfeldes abzufragen, ohne dass Sie auch nur ein Wort Programm-Code schreiben müssen. Im Assistentenfenster wählen Sie aus „*Ich möchte selbst Werte in die Liste eingeben*" und klicken auf *Weiter*. Da für diese Zwecke nur eine Spalte benötigt wird, können Sie die Vorgabe der Spaltenzahl übernehmen und die weiße Zeile mit der Beschriftung *Sp1* den ersten akademischen Grad eingeben z. B..: „Dr.". Wenn weitere akadem. Grade eingegeben werden sollen, springen Sie mit der TAB-Taste in die zweite Zeile und geben dort z. B.. "Dr. h. c.", in den nächsten Zeilen z. B.. „Prof.", „Prof. Dr.", „KomRat", „RegDir", „MinRat" o.ä. ein. Haben Sie alle für Sie relevanten akademischen Grade erfasst, klicken Sie auf *Weiter*. Der Assistent fragt Sie dann, ob dieser Wert zwischengespeichert oder in einem Tabellenfeld gespeichert werden soll. Wählen Sie „*Speichern in Feld*" und klicken auf die kleine Pfeiltaste rechts. Die Felder Ihrer Tabelle werden angezeigt und Sie wählen das Feld *AkadGrad* an. Nach einem Klick auf *Weiter* werden Sie gefragt, welche Feldbezeichnung sie wünschen. Schreiben Sie „AKAD.GRAD:" Damit ist das Kombinationsfeld angelegt.

Jetzt können Sie noch das Format einstellen: Mit der rechten Maustaste klicken Sie auf das Kombinationsfeld, mit der linken Maustaste nacheinander auf *Eigenschaften*, *Format* und *Höhe* und geben hier 0,5 cm ein. Wenn Sie nun das Bezeichnungsfeld bunt unterlegen wollen, so formatieren Sie dies, wie oben schon einmal beschrieben. Nun können Sie auch das Feld *AkadGradPartner* entsprechend anlegen und in die Arbeitsfläche einpassen.

Jetzt fehlen noch die Kennziffern für die Listenausdrucke. Vorgeplant waren Kennzeichen für die Aufnahme in eine Adressliste, in die Telefonliste, Geburtstags-u. Jubiläumsliste und vorgesehen war auch ein Kennzeichen zur Löschung lediglich temporär aufgenommener Adressen. Wenn die Feldliste der Tabelle nicht angezeigt wird, schalten Sie sie über die Symbolleiste ein. Ziehen Sie nun die Felder *Adressliste, Geburtstagsliste und LöschKZ* auf das Formular und ordnen sie unterhalb des Feldes *Straße* ein. Über das Eigenschaftsfenster formatieren Sie mit einer Höhe von 0,5 cm. Die Eigenschaften der Beschriftungsfelder alleine ändern Sie wie folgt: Hintergrundfarbe auf Hellgelb, die Textfarbe auf 255 (rot), die Schriftart auf Arial, den Schriftgrad auf fett.

Formulare

Kapitel 4

Das erste Registerblatt des Eingabeformulars sieht jetzt etwa wie etwa folgt aus:

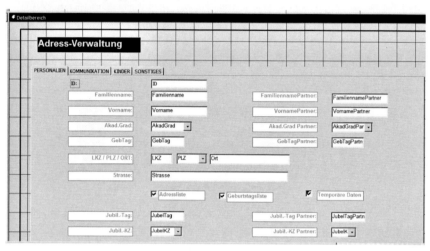

Abbildung 4-46

Wenn Sie die Eingabe etwas komfortabel gestalten wollen, kommen Sie um einigen Programmcode nicht herum. Dies werden Sie nun für die erste Registerseite durchführen.

Sie haben in der Tabelle ein Feld *AlphaSort* aufgenommen. Dieses Feld soll später bei den Auswertungen die alphabetische Sortierung erleichtern. In dieses Feld müsste der erste Buchstabe des Familiennamens aufgenommen werden. Nach dem Erfassen des Familiennamens, wird der erste Buchstabe herausgefiltert und in dieses Feld *AlphaSort* geschrieben. Diese Prozedur soll beim Verlassen des Feldes *Familienname* ausgeführt werden. Klicken Sie das Feld *FamilienName* mit der rechten Maustaste an. Im aufgehenden Fenster klicken Sie auf Eigenschaften. Es öffnet sich das Eigenschaftsfenster mit seinen fünf Registern. Sie gehen auf das Register *Ereignisse*. Dort klicken Sie die Zeile „Beim Verlassen" an. Auf der rechten Seite erscheint eine Schaltfläche mit drei kleinen Punkten. Klicken Sie diese an und wählen aus dem aufgehenden Menü *Code-Generator* an. Es öffnet sich das Codefenster und Sie sehen zwei vorgegebene Prozedurzeilen:

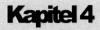

```
Private Sub Familienname_Exit(Cancel As Integer)
End Sub
```

Zwischen diese beiden Zeilen müssen Sie jetzt die Anweisung unterbringen. Benutzen Sie dabei eine in VBA eingebaute Funktion. Diese lautet:

Left()

Die Funktion gibt den oder die linken Buchstaben eines in Klammern befindlichen Ausdrucks aus. Wie viele Buchstaben dabei herausgenommen werden, wird mit einer Zahl nach dem Ausdruck, getrennt durch ein Komma, festgelegt. Hier soll aus dem Familiennamen nur ein Buchstabe, nämlich der erste, herausgezogen und dem Tabellenfeld *AlphaSort* zugewiesen werden. Die Anweisung muss deshalb lauten:

Me.AlphaSort = Left(FamilienName,1)

Eine weitere Anweisung soll beim Feld *LKZ* für das Länderkennzeichen erfolgen. Dabei soll beim Hingehen zu diesem Feld geprüft werden, ob bereits ein LKZ gesetzt ist. Wenn nicht, weil z. B.. eine neue Adresse aufgenommen wurde, soll automatisch das Kennzeichen „D-" für Deutschland gesetzt werden.

Ob ein solches Kennzeichen gesetzt ist, prüfen Sie mit der eingebauten Funktion

IsNull().

Wenn noch kein Kennzeichen aufgenommen ist, hat das Tabellenfeld den Wert Null (hat nichts mit der Zahl Null zu tun!). Sie können dabei den negativen oder den positiven Fall abprüfen. Hier ist allerdings der negative Fall sinnvoll, also ob noch kein LKZ gesetzt ist:

If Not IsNull(Me.LKZ)

D. h., wenn das Feld bisher noch keinen Inhalt hat, dann soll das Kennzeichen für Deutschland vorgegeben werden. Klicken Sie das Feld *LKZ* mit der rechten Maustaste an, klicken auf Eigenschaften, wählen im Register *Ereignisse* die Zeile „Beim Hingehen", klicken in diese Zeile, dann auf die Schaltfläche mit den drei

Kapitel 4

Punkten rechts außen, wählen den Code-Generator an und geben folgende Prozedur zwischen die beiden Vorgabezeilen ein:

```
Private Sub LKZ_Enter()
If  Not IsNull(Me.LKZ) Then
    Me.LKZ = "D-"
End If
End Sub
```

Bei diesem Feld LKZ wird noch eine weitere Prozedur benötigt, nämlich für den Fall, dass kein Länderkennzeichen für Deutschland erfasst ist. Hier soll sichergestellt werden, dass nach dem Länderkennzeichen ein trennender Bindestrich zwingend eingefügt wird um das LKZ von der Postleitzahl zu trennen. Die Prozedur eignet sich am besten beim Verlassen dieses Feldes, weil zu diesem Zeitpunkt feststeht, welches LKZ aufgenommen wurde. In das LKZ für Deutschland wurde dieser Bindestrich mit der vorhergehenden Prozedur bereits zwingend eingebaut, deshalb wird jetzt nur noch sicherzustellen sein, dass bei anderen LKZ dieser Bindestrich vorhanden ist. Es wird deshalb abgefragt, ob das erfasste LKZ <> D ist.

Klicken Sie das LKZ mit der rechten Maustaste an, wählen Eigenschaften und danach das Register *Ereignisse* an. Klicken Sie auf die Zeile „Beim Verlassen", dann auf die Schaltfläche mit den drei kleinen Punkten rechts, wählen Code-Generator an und geben zwischen die beiden Vorgabezeilen folgenden Code ein:

```
Private Sub LKZ_Exit(Cancel As Integer)
If Me.LKZ <> "D-" Then
    Me.LKZ = Me.LKZ & "-"
End If
End Sub
```

Eine weitere Prozedur wird benötigt beim Feld *Ort*. Dieser soll automatisch aufgrund der vorher erfassten Postleitzahl vorgegeben werden. Allerdings haben Sie bisher vermutlich nur Postleitzahlen für Deutschland gespeichert. Deshalb müssen Sie abprüfen, ob es sich beim eingegebenen LKZ um das LKZ für Deutschland handelt. Wenn dies der Fall ist, soll aus der Tabelle Postleitzahlen der dazugehörende Ort gesucht und eingetragen werden. Hierzu benutzen Sie eine weitere eingebaute Funktion, nämlich

Kapitel 4

Dlookup().

Mit dieser Funktion können Sie aus einer bisher nicht geöffneten Tabelle eine Aktualisierung durchführen. Derzeit ist nur die Tabelle *tblAdressdaten* geöffnet. Aus der Tabelle Postleitzahlen benötigen Sie aber den Ort. Die Syntax dieser Funktion lautet:

Dlookup(„Suchfeld","Tabellenname","Suchkriterium")

Das Suchfeld nach dem Sie suchen wollen ist das Feld *Ort*. Gesucht werden soll in der Tabelle *Postleitzahlen*. Das Suchkriterium ist in der Tabelle Postleitzahlen das Feld PLZ, das mit der Postleitzahl im Erfassungsformular übereinstimmen muss. Um das Formular exakt bestimmen zu können müssen Sie es benennen und zwar mit dem Ausdruck *Forms*, gefolgt von einem „!", dem *Formularnamen*, ebenfalls gefolgt von einem „!" und dem Feld im Erfassungsformular, das dem Suchfeld in der Tabelle entspricht.

Die Prozedur lautet demnach:

Private Sub Ort_Enter()
If Left([Me.LKZ, 1]) = "D" Then
Me.Ort = DLookup("[Ort]", "Postleitzahlen", "[plz] =" forms!Adresserfassung!PLZ")
End If
End Sub

Besonders betonen möchte ich noch, dass alle Anweisungen im Dlookup in Anführungszeichen stehen müssen. Wenn es sich um Tabellenfelder handelt, sind diese außerdem in eckige Klammern zu setzen.

Es wurden verschiedene Kennzeichenfelder auf die erste Registerseite gesetzt um mit den Adressdaten verschiedene Auswertungen steuern zu können. So besteht das Kennzeichen, ob eine erfasste Adresse in die Adressliste bzw. in die Geburtstagsliste übernommen werden soll, oder ob es sich bei der Adresse nur um eine temporäre Adresse handelt, die später wieder gelöscht werden kann. Diese Kennziffern schließen sich gegenseitig aus. Wird nämlich eine Adresse erfasst, die in eine Auswertung (Adressliste, Geburtstagsliste oder Telefonliste) aufgenommen werden soll, darf das Kennzeichen für temporäre Daten nicht angeklickt werden. Deshalb wird ein Programmcode für die beiden ersten Kennziffern benötigt.

Kapitel 4

Klicken Sie dazu das Eingabefeld von *Adressliste* mit der rechten Maustaste an, wählen Eigenschaften und das Register *Ereignis* an. In der Zeile „Beim Verlassen" klicken Sie rechts außen auf den kleinen Pfeil, wählen den Code-Generator an. Zwischen die beiden Vorgabezeilen schreiben Sie den Programm-Code. Dieser bedeutet, wenn das Kennzeichen für die Aufnahme in die Adressliste gesetzt ist, muss das Lösch-Kennzeichen für temporäre Daten auf 0 bzw. False gesetzt werden. Wenn es aktiv sein soll, ist aber ein -1 bzw. True gesetzt. Verwenden Sie in der Prozedur die Ziffereingabe 0 und -1.

```
Private Sub Adressliste_Exit(Cancel As Integer)

If Me.Adressliste = -1 Then
    Me.LöschKZ = 0
End If

End Sub
```

Ebenso verfahren Sie mit dem Kennzeichen für die Geburtstagsliste.

```
Private Sub Geburtstagsliste_Exit(Cancel As Integer)
If Me.Geburtstagsliste = -1 Then
    Me.LöschKZ = 0
End If
End Sub
```

Umgekehrt müssen Sie aber auch sicherstellen, dass bei einer Bejahung von temporären Daten, die beiden anderen Kennzeichen auf 0 gesetzt sind. Der Ablauf der Programmcode-Erfassung geschieht wie bei den anderen Kennziffern. Der Code lautet:

```
Private Sub LöschKZ_LostFocus()
If Me.LöschKZ = -1 Then
    Me.Adressliste = 0
    Me.Geburtstagsliste = 0
End If
End Sub
```

Nächster Schritt im Exkurs ist die Gestaltung der 2.Registerseite KOMMUNIKATION.

Kapitel 4

Auf dieser Registerseite sollen die Telefonnummern erfasst werden. Wie schon in der Planungsphase erläutert, sollte es möglich sein, für jede Adresse eine unterschiedliche Anzahl und auch verschiedene Arten von Telefonnummern speichern zu können. Deshalb wurden die Telefonnummern in eine eigene Tabelle ausgelagert. Um diese in einem Adresserfassungsformular verfügbar zu machen, wählt man einen kleinen Umweg über ein eigenes Erfassungsformular für diese Telefonnummern, welches dann lediglich in das Adresserfassungsformular eingegliedert wird.

Speichern Sie deshalb an dieser Stelle das Adressformular ab, damit zunächst das Erfassungsformular für die Telefonnummern erstellt werden kann.

Unterformular Telefon

In der Access-Arbeitsfläche klicken Sie auf das Objekt *Formulare*. Es öffnet sich ein Dialogfenster, in dem die bisher erstellten Formulare aufgeführt sind. Die beiden obersten Zeilen dieser Liste dienen der Anwahl des Formular-Erstellungsassistenten bzw. der Anwahl der Erstellung im Entwurfsmodus. Wählen Sie den Entwurfsmodus aus und bestätigen mit NEU, weil Sie ein neues Formular erstellen wollen. Im nächsten Dialogfenster bestätigen Sie nochmals die Entwurfsansicht und wählen im unteren Teil die für dieses Formular benötigte Datengrundlage (das ist die Tabelle *tblAdressTelefon*) aus. Lassen Sie sich die Feldliste anzeigen, wenn sie nicht bereits vorhanden ist. Das Formular sollte in der Breite etwa 8 cm und in der Höhe etwa 3 cm betragen. Stellen Sie diese Formulargröße zunächst einmal ein. Klicken Sie dann im Auswahlmenü auf Ansicht und im aufgehenden Kontextmenü auf Formularkopf/fuß, so dass diese beiden Formularteile sichtbar werden.

Aus der Feldliste ziehen Sie die beiden Tabellenfelder *TelefonID* und *AdressNr* in den Formularkopf an den rechten Rand und löschen die beiden Bezeichnungsfelder. Die verbleibenden Textfelder können Sie markieren und mit den Anfassern verkleinern, so dass sie gerade noch sichtbar sind. Markieren Sie jetzt diese beiden Textfelder. Mit einem rechten Mausklick innerhalb dieser Markierung rufen Sie über Eigenschaften das Eigenschaftsfenster auf. Im Register *Format* klicken Sie doppelt in die Zeile „Sichtbar", so dass die Vorgabe auf *Nein* umgeschaltet wird. Damit sind die beiden Textfelder im Formular zwar vorhanden, sie werden aber nicht angezeigt.

Kapitel 4

Ziehen Sie jetzt das Tabellenfeld *TelefonNummer* in den Detailbereich an den linken Rand, schneiden das Bezeichnungsfeld aus und fügen es im Formularkopf am linken Rand ein. Formatieren Sie das Bezeichnungsfeld mit Hintergrund hellgelb, Textfarbe Rot, Schrift Arial 8 pt. und fett.

Statt dem Tabellenfeld *TelefonArt* werden Sie ein Kombinationsfeld einbauen, aus dem später die Art des Telefonanschlusses ausgewählt werden kann. Wenn die Toolbox nicht am Bildschirm angezeigt wird, öffnen Sie diese über das Symbol im Symbolmenü. Klicken Sie in der Toolbox auf das Symbol für das Kombinationsfeld und ziehen im Detailbereich ein kleines Rechteck neben der Telefonnummer auf.

Lassen Sie vom Assistenten 1 Spalte anzeigen und geben folgende Werte ein:

Privat
Geschäft
Handy
Handy Partner
Telefax
Mail
Web

Nach jeder Eingabe drücken Sie die Tab-Taste um in die jeweils nächste Zeile zu kommen

Als Bezeichnung für das Kombinationsfeld geben Sie ein: *Telefon Art*. Beantworten Sie die Frage, in welchem Feld dieser Wert abgespeichert werden soll mit: *TelefonArt*. Klicken Sie auf Fertigstellen.

Klicken Sie das Kombinationsfeld nochmals mit der rechten Maustaste an, wählen Eigenschaften und gehen im Eigenschaftsfenster in das Register *Alle* und geben als Name *TelefonArt* ein. Schneiden Sie das Bezeichnungsfeld nun aus und fügen es im Formularkopf oberhalb des Kombinationsfeldes wieder ein. Formatieren Sie das Bezeichnungsfeld wie vor.

Ziehen jetzt noch das Tabellenfeld *TelefonListe* auf die Formularfläche und verfahren Sie mit dem dazugehörenden Bezeichnungsfeld ebenso. Markieren Sie nun die Bezeichnungsfelder und ziehen Sie diese an den oberen Rand des Formularkopfs. Fassen Sie den oberen Rand des Detailbereichs an, so dass ein Fadenkreuz sichtbar wird, und ziehen mit gedrückter Maustaste den Detailbereich nach oben, kurz unterhalb der beiden Bezeichnungsfelder. Ziehen Sie unterhalb des Textfeldes *Telefonnummer* und dem Kombinationsfeld noch eine Trennlinie aus der Toolbox auf. Ändern Sie im Eigenschaftsfenster die Höhe auf 0 cm. Fassen Sie nun den oberen Rand des Formularfußes an. Der Cursor verwandelt sich in ein Fadenkreuz. Ziehen Sie mit gedrückter linker Maustaste den Formularfuß bis zur soeben erstellten Trennlinie vor. Klicken Sie mit der rechten Maustaste ganz oben links in das schwarz ausgefüllte Quadrat links vom Lineal, wählen im Kontextmenü *Eigenschaften* aus und ändern Sie in den Formulareigenschaften im Register *Format* die Seitenansicht in „Endlosformular" um. Sie können aber auch Datenblatt auswählen. Probieren Sie einfach mal aus, was Ihnen besser gefällt. Außerdem klicken Sie noch in den weißen Bereich der Zeile *Bildlaufleisten* und wählen über die kleine Schaltfläche rechts außen *Nein* an. Bildlaufleisten werden hier nämlich nicht benötigt. Auch in der Zeile *Navigationsschaltflächen* schalten Sie die Vorgabe auf Nein.

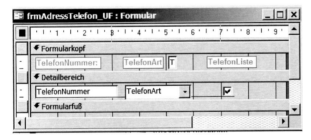

Abbildung 4-47

Das Unterformular speichern Sie jetzt unter dem Namen *frmAdressTelefon_UF* ab.

Unterformular Kinder

Um keinen unnötigen Speicherplatz zu verbrauchen, wurde in der Programmplanung festgelegt, eine eigene Tabelle für Kinder zu erstellen, die eine Beziehung zur Tabelle *tblAdressdaten* hat. Um bei der Adresserfassung auch Kinder

Formulare 157

Kapitel 4

aufnehmen zu können, müssen Sie hierfür ein Unterformular anfertigen, das dann auch in das Hauptformular der Adressverwaltung integriert wird.

In der Access-Arbeitsfläche klicken Sie auf das Objekt *Formulare*. Es öffnet sich ein Dialogfenster, in dem die bisher erstellten Formulare aufgeführt sind. Die beiden obersten Zeilen dieser Liste dienen der Anwahl des Formular-Erstellungsassistenten bzw. der Anwahl der Erstellung im Entwurfsmodus. Wählen Sie den Entwurfsmodus aus und bestätigen mit NEU, weil Sie wieder ein neues Formular erstellen wollen. Im nächsten Dialogfenster bestätigen Sie nochmals die Entwurfsansicht und wählen im unteren Teil die für dieses Formular benötigte Datengrundlage (das ist die Tabelle *tblAdressKinder*) aus. Lassen Sie sich die Feldliste anzeigen, wenn sie nicht bereits vorhanden ist.

Das Formular sollte in der Breite etwa 13,5 cm und in der Höhe etwa 3 cm betragen. Stellen Sie diese Formulargröße zunächst einmal ein.

Klicken Sie dann im Auswahlmenü auf Ansicht und im aufgehenden Kontextmenü auf Formularkopf/fuß, so dass diese beiden Formularteile sichtbar werden.

Aus der Feldliste ziehen Sie die Tabellenfelder *KindID* und *AdressNr* in den Formularkopf. Die Bezeichnungsfelder löschen Sie wieder. Die verbleibenden Textfelder können Sie markieren und mit den Anfassern verkleinern, so dass sie gerade noch sichtbar sind. Markieren Sie jetzt diese beiden Textfelder. Mit einem rechten Mausklick innerhalb dieser Markierung, rufen Sie über Eigenschaften das Eigenschaftsfenster auf. Im Register *Format* klicken Sie doppelt in die Zeile „Sichtbar", so dass die Vorgabe auf *Nein* umgeschaltet wird. Damit sind die beiden Textfelder im Formular zwar vorhanden, sie werden aber nicht angezeigt.

Ziehen Sie jetzt die Tabellenfelder Vorname, Nachname, GebTag, Geburtstags-Liste in den Detailbereich. Die jeweiligen Bezeichnungsfelder schneiden Sie aus und fügen diese im Formularkopf in einer Zeile nebeneinander wieder ein. Formatieren Sie die Bezeichnungsfelder mit Hintergrund hellgelb, Textfarbe Rot, Schrift Arial 8 pt. und fett.

Kapitel 4

Ordnen Sie jetzt auch die Textfelder im Detailbereich in einer Zeile nebeneinander an, so dass die Textfelder unter den Bezeichnungsfeldern stehen.

Markieren Sie die Bezeichnungsfelder und ziehen Sie diese an den oberen Rand des Formularkopfs.

Fassen Sie den oberen Rand des Detailbereichs an, so dass ein Fadenkreuz sichtbar wird, und ziehen mit gedrückter Maustaste den Detailbereich nach oben, kurz unterhalb der beiden Bezeichnungsfelder.

Ziehen Sie unterhalb der Textfelder noch eine Trennlinie aus der Toolbox auf. Ändern Sie im Eigenschaftsfenster die Höhe auf 0 cm. Fassen Sie nun den oberen Rand des Formularfußes an. Der Cursor verwandelt sich in ein Fadenkreuz. Ziehen Sie mit gedrückter linker Maustaste den Formularfuß bis zur soeben erstellten Trennlinie vor.

Klicken Sie mit der rechten Maustaste ganz oben links in das schwarz ausgefüllte Quadrat links vom Lineal, wählen im Kontextmenü Eigenschaften aus und ändern Sie in den Formulareigenschaften im Register *Format* die Seitenansicht in „Datenblatt" um. Sie können aber auch „Endlosformular" auswählen. Probieren Sie einfach mal aus, was Ihnen besser gefällt.

Beim Datenblatt werden die Texte der Bezeichnungsfelder automatisch als Überschrift gesetzt. Beim Endlosformular müssen Sie die Überschriften manuell einfügen. Außerdem klicken Sie noch in den weißen Bereich der Zeile *Bildlaufleisten* und wählen über die kleine Schaltfläche rechts außen *Nein* an. Bildlaufleisten werden hier nämlich nicht benötigt. Auch in der Zeile *Navigationsschaltflächen* schalten Sie die Vorgabe auf Nein.

Formulare

Kapitel 4

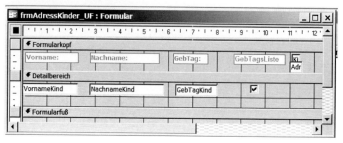

Abbildung 4-48

Speichern Sie dieses Unterformular nun unter dem Namen *frmAdressKinder_UF* ab.

Jetzt können Sie sich wieder dem Hauptformular für die Adresserfassung widmen. Öffnen Sie das Formular *frmAdresserfassung* im Entwurfsmodus. Die erste Registerseite hatten Sie bereits fertiggestellt. Fahren Sie also mit der zweiten Registerseite fort. Durch Anklicken des Registers *Kommunikation* wird diese Seite aktiviert. Falls die Feldliste der Tabelle nicht angezeigt wird, müssen Sie diese über die Symbolleiste aktivieren.

Fügen Sie als erstes das soeben erstellte Unterformular ein. In der Toolbox klicken Sie auf das Symbol Unterformular. Ziehen Sie dann im linken Bereich der Registerseite ein Rechteck auf.

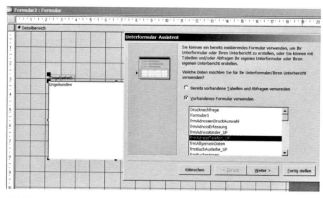

Abbildung 4-49

Kapitel 4

Im aufgehenden Dialogfenster klicken Sie auf „Vorhandenes Formular verwenden" und wählen das vorhin erstellte Unterformular *frmAdressTelefon-UF* aus und bestätigen Sie mit Weiter. Das nächste Dialogfenster können Sie unverändert lassen und klicken lediglich auf Fertigstellen. Damit ist das Unterformular eingefügt. Auf der rechten Hälfte bringen Sie die Felder *Adressname, Briefanrede und AlphaSort* unter.

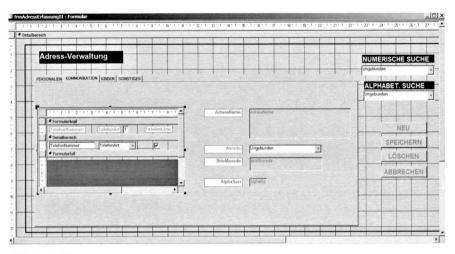

Abbildung 4- 50

Mit dem Assistenten erstellen Sie ein neues Kombinationsfeld für die Briefanrede. Dabei wählen Sie an, dass Sie selbst Werte eingeben wollen. Als Auswahlwerte geben Sie ein: *Liebe, Lieber, Hallo, Sehr geehrter Herr, Sehr geehrte Frau.* Der Wert soll vorerst zwischengespeichert werden. Als Name des Kombinationsfeldes geben Sie *cmbAnrede* ein.

Das Feld *Briefanrede* soll später eine Zusammensetzung der Anrede und der Namen enthalten. Das Eingabefeld *Adressname* vergrößern Sie ein wenig, so dass später die komplette Briefanschrift darin zu sehen ist. Normalerweise wird so etwas nicht in einem Datenerfassungsprogramm programmiert, sondern eine Briefanschrift erst bei Gebrauch zusammengesetzt. Hier möchte ich aber demonstrieren, wie man

mehrere Felder zusammensetzt und wie man darin auch Zeilenvorschübe mit VBA-Mitteln verwirklichen kann.

Auch hier legen Sie noch die Aktivierungsreihenfolge fest. Markieren Sie das Register *Kommunikation* des Formulars, wählen in der Menüleiste *Ansicht*, *Aktivierungsreihenfolge* und ordnen wie folgt

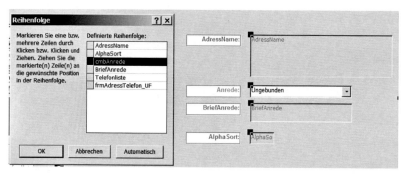

Abbildung 4- 51

Erstes Feld ist das Feld *AdressName*, das ist bereits so dargestellt. Zweites Feld soll bei der Erfassung das Kombinationsfeld *cmbAnrede* sein. Klicken Sie hierzu in die kleine Schaltfläche neben der Feldbezeichnung. Die Zeile ist damit markiert. Klicken Sie nochmals in diese Schaltfläche und halten die linke Maustaste gedrückt und ziehen diese Zeile um eine Zeile nach oben und lassen die Maustaste wieder los. Damit haben Sie dieses Feld von der dritten auf die zweite Position verschoben. Verfahren Sie mit dem Feld BriefAnrede ebenso. Verschieben Sie diese Zeile auf die 3. Position. Das Feld *AlphaSort* ist damit in der Aktivierung ebenso an der 4. Stelle, wie in der Formularansicht auch. Damit werden diese Felder exakt in dieser Reihenfolge bei der Erfassung angesprungen.

Zum Schluss ziehen Sie noch die Zeile frmAdressTelefon_UF ganz nach oben und die Zeile TelefonListe an die 2. Position, damit bei der späteren Erfassung der Nutzer zunächst auf die Eingabe der Telefonnummern geführt wird und dann erst auf die Felder der rechten Registerseite. Schließen Sie das Reihenfolgefenster mit OK.

Kapitel 4

Für die Felder *AdressName, Alphasort und Briefanrede,* legen Sie im Eigenschaftsfenster noch die Eigenschaft *Aktiviert* im Register *Daten* auf **Nein** fest. Außerdem wird die Eigenschaften *In Reihenfolge* im Register *Andere* ebenfalls auf **Nein** festgelegt.

Jetzt müssen Sie die einzelnen Felder noch bestücken. Hierzu müssen Sie etwas Programmcode schreiben. Im ersten Feld *Adress-Name* soll die komplette Briefanschrift in postalisch richtiger Form automatisch aus den erfassten Daten der ersten Registerseite zusammengestellt werden. Am besten veranlassen Sie, dass diese Zusammenstellung schon erfolgt, wenn Sie auf der 1. Registerseite die Straßenbezeichnung eingegeben haben. Zu diesem Zeitpunkt liegen alle relevanten Daten vor. Gehen Sie deshalb ganz kurz noch einmal zurück auf die vorherige Registerseite. Sie haben dort einen Namen und den Namen eines evtl. Partners eingetragen. In der Briefanschrift sollen beide aufgeführt werden. Dabei ist natürlich möglich, dass beiden Partner unterschiedliche Nachnamen besitzen. Dies muss der Korrektheit halber natürlich abgefragt und darauf entsprechend im Programm-Code reagiert werden. Möglich ist es außerdem, dass einer oder auch beide Partner einen akademischen Grad besitzen, der in der Adresse nicht fehlen darf.

Nach dem Namen muss ein Zeilenumbruch und nach der Straße müssen zwei Trennzeilen eingefügt werden. Ein sogen. Zeilenumbruch erfolgt mit der eingebauten Funktion *vbCrLf.* Sie haben jetzt schon einige eingebauten Funktionen kennengelernt, so dass Sie die komplette Anweisung für den Adressnamen leicht nachvollziehen können, die Sie nach einem Klick mit der rechten Maustaste auf das Feld *Straße,* der Anwahl von *Eigenschaften,* die Wahl des Registers *Ereignisse,* der Zeile „Beim Verlassen" eingeben:

```
Private Sub Strasse_Exit(Cancel As Integer)
'zunächst abprüfen, ob ein Partnername eingegeben ist, wenn ja, dann müssen
' die beiden Vornamen zunächst zusammengesetzt werden und dann der Familienname
'sind die Familienname unterschiedlich, dann müssen beide Familiennamen zusammengesetzt
werden
'Gleichzeitig ist zu prüfen, ob bei einer Person ein akadem.Grad zu erfassen sind

'erste Alternative ist, wenn kein Partner erfasst ist
'
```

Formulare

Kapitel 4

```
If IsNull(Me.FamiliennamePartner) Then
    If Not IsNull(Me.AkadGrad) Then
        Me.AdressName = Me.AkadGrad & " " & Me.Vorname & " " & Me.Familienname
    Else
        Me.AdressName = Me.Vorname & " " & Me.Familienname
    End If
End If
'
' zweite Alternative ist, wenn ein Partner erfasst ist
'
If Not IsNull(Me.FamiliennamePartner) Then
    'wenn die beiden Familiennamen gleich sind
    If Me.Familienname = Me.FamiliennamePartner Then
        'Vorname des ersten Partners
        If Not IsNull(Me.AkadGrad) Then
            Me.AdressName = Me.AkadGrad & " " & Me.Vorname & " u."
        Else
            Me.AdressName = Me.Vorname & " u."
        End If
        'jetzt Vorname des zweiten Partners und Familienname
        If Not IsNull(Me.AkadGradPartner) Then
            Me.AdressName = Me.AdressName & Me.AkadGradPartner & " " & _
                Me.VornamePartner & " "
        Else
            Me.AdressName = Me.AdressName & Me.VornamePartner & " "
        End If
        ' jetzt Nachnamen anhängen
        Me.AdressName = Me.AdressName & Me.Familienname
    Else
        'Die Familiennamen sind unterschiedlich
        'Name des ersten Partners
        If Not IsNull(Me.AkadGrad) Then
            Me.AdressName = Me.AkadGrad & " " & Me.Vorname & " " & _
                Me.Familienname & " u." & vbCrLf
        Else
            Me.AdressName = Me.Vorname & " " & Me.Familienname & " u." & _
                vbCrLf
        End If
        ' jetzt Name des zweiten Partners
        If Not IsNull(Me.AkadGradPartner) Then
            Me.AdressName = Me.AdressName & Me.AkadGradPartner & " " & _
                Me.VornamePartner & " " &   Me.FamiliennamePartner
        Else
```

```
            Me.AdressName = Me.AdressName & Me.VornamePartner & " " & _
            Me.FamiliennamePartner
         End If
      End If
End If
' jetzt die Strasse in das Textfeld Adresse2 übertragen
Me.AdressName = Me.AdressName & vbCrLf & Me.Strasse & vbCrLf & vbCrLf
' nun noch den Ort mit PLZ und LKZ zusammensetzen, für Deutschland ohne LKZ
If Left(Me.LKZ, 1) <> "D" Then
    Me.AdressName = Me.AdressName & Me.LKZ & " " & Me.PLZ & " " & Me.Ort
Else
    Me.AdressName = Me.AdressName & Me.PLZ & " " & Me.Ort
End If
End Sub
```

Das Code-Listing sieht auf den ersten Blick sehr kompliziert aus. Wenn Sie aber einmal Zeile für Zeile durchlesen, werden Sie sehr schnell die verschiedenen Kombinationsmöglichkeiten erkennen.

Als Nächstes müssen Sie die Briefanrede zusammenstellen, je nach dem, was im Feld *Anrede* erfasst wurde, ob Sie also gut bekannt sind mit dem Adressaten und ihn duzen, oder ob es eher etwas förmlicher sein soll. Sie sollten auch unterscheiden ob der erste Adressat männlich oder weiblich ist. In der überwiegenden Zahl der Fälle ist dann der Partner vom anderen Geschlecht.

Die Zusammenstellung geschieht am besten ebenfalls beim Verlassen dieses Feldes *Anrede*. Klicken Sie daher das Feld *Anrede* mit der rechten Maustaste an, wählen Eigenschaften, im Register *Ereignisse* klicken in die Zeile „Beim Verlassen" und mit einem Klick auf die drei kleinen Punkte rechts wählen Sie Code-Generator an. Zwischen die beiden vorgegebenen Prozedurzeilen geben Sie folgenden Code ein:

```
Private Sub cmbAnrede_Exit(Cancel As Integer)
' Zusammenstellung Briefanrede
If Me.cmbAnrede = "Lieber" Then
    Me.BriefAnrede = "Lieber " & Me.Vorname & ","
    If Not IsNull(Me.VornamePartner) Then
        Me.BriefAnrede = Me.BriefAnrede & vbCrLf & _
        "Liebe " & Me.VornamePartner & ","
    End If
End If
'
```

Formulare

Kapitel 4

```
If Me.cmbAnrede = "Liebe" Then
    Me.BriefAnrede = "Liebe " & Me.Vorname & ","
    If Not IsNull(Me.VornamePartner) Then
            Me.BriefAnrede = Me.BriefAnrede & vbCrLf & _
            "Lieber " & Me.VornamePartner & ","
    End If
End If
'
If Me.cmbAnrede = "Hallo" Then
    Me.BriefAnrede = "Hallo " & Me.Vorname & ","
    If Not IsNull(Me.VornamePartner) Then
            Me.BriefAnrede = Me.BriefAnrede & vbCrLf & _
            "Hallo " & Me.VornamePartner & ","
    End If
End If
'
If Me.cmbAnrede = "Sehr geehrter Herr" Then
    Me.BriefAnrede = "Sehr geehrter Herr " & Me.Familienname & ","
    If Not IsNull(Me.VornamePartner) Then
            Me.BriefAnrede = Me.BriefAnrede & vbCrLf & _
            "Sehr geehrte Frau " & Me.FamiliennamePartner & ","
    End If
End If
'
If Me.cmbAnrede = "Sehr geehrte Frau" Then
    Me.BriefAnrede = "Sehr geehrte Frau " & Me.Familienname & ","
    If Not IsNull(Me.VornamePartner) Then
            Me.BriefAnrede = Me.BriefAnrede & vbCrLf & _
            "Sehr geehrter Herr " & Me.FamiliennamePartner & ","
    End If
End If


End Sub
```

Das dritte Registerblatt nimmt die Daten der Kinder auf. Markieren Sie den dritten Reiter des Registersteuerelementes. Fügen Sie auch wieder ein Unterformular ein. Klicken Sie auf das Symbol Unterformular in der Toolbox und ziehen danach auf der Registerseite ein Rechteck auf, das in etwa der Größe des vorher erstellten Unterformulars Kinder entspricht. Die Größe können Sie später immer noch anpassen. Im aufgehenden Dialogfenster wählen Sie wieder aus, dass Sie ein

vorhandenes Unterformular verwenden wollen und klicken dann auf den Namen *frmAdressKinder_UF*, dann auf Weiter um im nächsten Dialogfenster auf Fertigstellen.

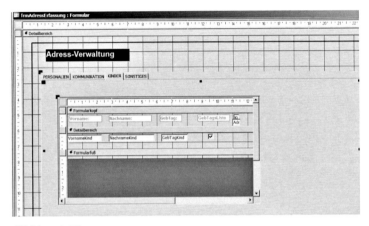

Abbildung 4- 52

Den letzten Teil der Platzierungsaufgabe mit dem vierten Register des Eingabeformulars *Sonstiges* haben Sie ganz schnell abgehandelt. Hier ist nur ein Feld aufzuziehen, nämlich das Feld *Bemerkung*. Da hier viele Daten eingegeben werden können, ziehen Sie es größer auf. Breite 11 cm und Höhe 5 cm. Das Beschriftungsfeld formatieren Sie wie die Beschriftungsfelder auf den anderen Seiten.

Reihenfolge

Gehen Sie noch einmal zurück auf die erste Registerseite. Dort haben Sie noch nicht überprüft, ob die Aktivierungsreihenfolge mit der Felderanordnung im Formular übereinstimmt. Das werden Sie jetzt nachholen. Rufen Sie über die Menüleiste *Ansicht* den Punkt *Aktivierungsreihenfolge* auf.

Kapitel 4

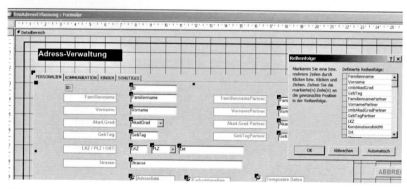

Abbildung 4- 53

Vergleichen Sie die Reihenfolge im aufgehenden Fenster mit der in dem Formular. Stimmen sie überein, brauchen Sie keine Änderung vornehmen. Wenn nicht, dann ändern Sie die Reihenfolge im Reihenfolge-Fenster ab, in dem Sie ein Tabellenfeld, das falsch positioniert ist anklicken, so dass es markiert ist. Dann ziehen wir im linken Quadrat mit der linken Maustaste dieses markierte Feld an seine richtige Position.

Außerdem müssen Sie noch verhindern, dass der Cursor nach dem letzten Feld dieser Registerseite ins Nirwana verschwindet. Klicken Sie das letzte Eingabefeld, das ist das *Jubel-Kennzeichen* für den Partner mit der rechten Maustaste an, wählen *Eigenschaften*, gehen in die Zeile „Beim Verlassen". Mit einem Klick auf die drei Punkte rechts außen rufen Sie den Code-Generator auf und schreiben zwischen die beiden Vorgabezeilen der neuen Prozedur:

Private Sub JubelKZPartner_Exit(Cancel As Integer)
Me.Familienname.SetFocus
End Sub

Mit der „SetFocus"-Anweisung geben Sie dem benamten Feld den „Fokus", d. h., der Cursor springt wieder in dieses Feld zurück.

Auch auf der 4.Registerseite sollen Sie verhindern, dass nach dem Verlassen des Bemerkungsfeldes der Cursor irgendwohin verschwindet. Deshalb halten Sie durch

Eingabe eines Programm-Codes wieder fest, dass bei Eingabebeendigung (also beim Verlassen des Feldes) wieder zum Anfang zurückgekehrt wird. Klicken Sie mit der rechten Maustaste auf das Eingabefeld, wählen *Eigenschaften* an und gehen auf die Registerseite *Ereignis* in die Zeile „Beim Verlassen". Nach Klicken auf die Schaltfläche mit den drei Punkten geben Sie folgende Anweisung ein:

Private Sub Bemerkung_Exit(Cancel as Integer)
Me.Bemerkung.SetFocus
End Sub

Wenn Sie sich jetzt einmal die Programmcode-Seite anschauen wollen, so können Sie mit einem Klick auf CODE in der Symbolleiste

Abbildung 4- 54

den kompletten Programmcode anschauen, also den, den Sie selbst erfasst haben und den, der von den Assistenten automatisch erzeugt wurde.

Kombinationsfeld mit Assistent und Dateiwerten

Zum besseren Suchen von bereits erfassten Adressdaten bauen Sie jetzt noch zwei Suchroutinen ein. Hierzu bedienen Sie sich wieder zweier Kombinationsfelder. Achten Sie darauf, dass der Assistent eingeschaltet ist (Zauberstab muss hell unterlegt sein). Wie bereits mehrmals geübt, klicken Sie in der Toolbox das Symbol Kombinationsfeld an und ziehen auf eine freie Fläche über den Befehlsschaltflächen ein neues Kombinationsfeld auf. Im Fenster des Assistenten geben Sie diesmal ein, dass Sie die Werte aus dem Kombinationsfeld in der Tabelle suchen wollen (3. Alternative). Nach Klick auf *Weiter* wählen Sie die entsprechende Tabelle aus, nämlich *tblAdressdaten*. Im nächsten Fester zeigt Ihnen der Assistent die verfügbaren Tabellenfelder an. Markieren Sie zunächst das Feld *ID*. Mit einem Klick auf „>" übernehmen Sie dieses Feld. Anschließend markieren Sie *FamilienName* und übernehmen dieses Feld ebenfalls mit „>", zuletzt übernehmen Sie noch das Feld Vorname. Im nächsten Fenster klicken Sie einmal auf die Schaltfläche „Schlüsselspalte ausblenden", so dass das Häkchen entfernt ist, weil Sie den

Kapitel 4

Autowertschlüssel angezeigt haben wollen. Im unteren Teil des Fensters sehen Sie jetzt die Suchfenster. Die Spalte für den Autowert ist noch etwas zu groß ausgefallen. Diese Spalte verkleinern Sie in dem Sie in der rechten Spaltenbegrenzung des Feldes *ID* mit dem Mauszeiger hingehen. Dieser verändert sich dabei in ein Kreuz

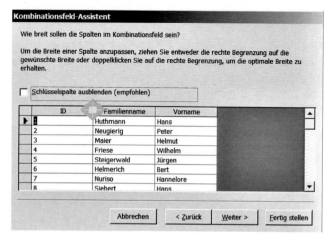

Abbildung 4- 55

Jetzt ziehen Sie bei gedrückter Maustaste die Begrenzung nach links, so dass im verbleibenden Feld Platz für eine dreistellige Zahl verbleibt und lassen die Maustaste wieder los. Nach *Weiter* öffnet sich ein neues Dialogfenster, bei dem als Sortier- und Speicherfeld das Tabellenfeld ID bereits vorgegeben ist. Dies können Sie belassen und mit *Weiter* gelangen Sie ins nächste Abfragefester. Dort kann die vorgewählte Einstellung „Zur späteren Verwendung zwischenspeichern" belassen werden. Mit einem neuerlichen Klick auf *Weiter* wird noch die Beschriftung des Kombinationsfeldes erfragt. Hier geben Sie ein „Numerische Suche" und klicken auf *Fertigstellen.* Das Beschriftungsfeld ziehen Sie nach Markierung an seinem Anfasser (kleines schwarzes Viereck links oben) über das Kombinationsfeld.

Im Eigenschaftsfenster des Beschriftungsfeldes stellen Sie die Hintergrundfarbe auf Blau ein. Hierzu klicken wir in der Zeile *Hintergrundfarbe* auf die weiße Fläche. Am Ende der Zeile erscheint eine Schaltfläche mit drei Punkten. Mit einem Klick

hierauf öffnet sich die Farbpalette. Hier klicken Sie in der vierten Farbzeile die fünfte Farbe von links an. Die Schriftart ändern Sie auf Arial und die Schriftgrad auf 12 Pt., sowie die Schriftbreite auf fett. Damit haben Sie dieses Eingabefeld fertig gestellt.

Ein zweites Kombinationsfeld wird nach gleichem Schema aufgebaut. Hier übernehmen Sie aus der Tabelle *tblAdressdaten* aber lediglich die Felder *FamilienName* und *Vorname*. Diesmal verbleibt das Häkchen in „Schlüsselspalte ausblenden" und als Beschriftung geben Sie *Familienname* ein. Jetzt müssen Sie nur noch festlegen, dass die Namen auch alphabetisch angezeigt werden. Hierzu klicken Sie doppelt auf den Eingabebereich des neuen Kombinationsfeldes. Dabei erscheint das Eigenschaftsfester des Kombinationsfeldes. In der Datenspalte *Datensatzherkunft* sehen Sie rechts davon eine Anweisung, die mit dem Schlüsselwort *Select* beginnt. Dies ist eine SQL-Anweisung zum Suchen von Datensätzen in einer Tabelle. Mit der linken Maustaste klicken Sie mitten in diese Anweisungszeile. Am rechten Rand erscheinen zwei Schaltflächen. Die Schaltfläche mit den drei Punkten wird nun angeklickt. Dadurch erscheint der SQL-Abfragegenerator mit den notwendigen Tabellenfeldern. In der unteren Hälfte der Anzeige befinden sich die Felder *FamilienName* und *Vorname*. In der Spalte *FamilienName* klicken Sie in der dritten Zeile – beschriftet mit *Sortierung*, einmal mit der linken Maustaste hinein. An der rechten Feldbegrenzung erscheint ein kleiner Pfeil. Wenn Sie den Pfeil anklicken, haben Sie die Auswahl der aufsteigenden oder absteigenden Sortierung des Tabellenfeldes. Hier wählen Sie *Aufsteigend* an. Die gleiche Prozedur machen Sie im Feld *Vorname*, und zwar deshalb, weil es mehrmals einen gleichen Familienname geben kann und mit der gleichzeitigen Sortierung nach dem Vornamen eine exakte alphabetische Sortierung des ganzen Namens vorgenommen wird. Mit einem Klick auf die *Schließen*-Schaltfläche und der Bestätigung mit *Ja* für die Änderung der SQL-Anweisung beenden Sie die Arbeit am Kombinationsfeld. Vergessen sie auch nicht, die Beschriftung wieder über dem Eingabeteil anzuordnen.

Das fertige Formular müsste nun wie folgt aussehen:

Kapitel 4

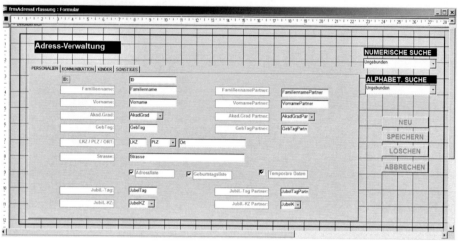

Abbildung 4- 56

Felder, Schalt- und Navigationsschaltflächen sind nun komplett platziert, damit können Sie das Erfassungsprogramm abschließen. Speichern Sie dieses Programm unter dem Namen *frmAdresserfassung*. Wechseln Sie anschließend in die Formularansicht und erfassen Sie Ihre Daten, denn Sie benötigen für den Test der weiteren Programme unbedingt einige brauchbare Daten.

Feste-Verwaltung

Für die Verwaltung von Familienfesten müssen Sie einige Erfassungsformulare erstellen um die Daten zu sammeln. Zunächst benötigen Sie ein Erfassungsformular, um die jeweiligen Feierlichkeiten festzuhalten, also den Grund zum Feiern und die Lokalität, sowie den Termin.

Formular Veranstaltungen

Auf der Access-Arbeitsfläche wählen Sie in der Objekt-Spalte *Formular* aus. Kopieren Sie dann das erstellte Musterformular und fügen es unter dem Namen *frmVeranstaltung* ab.

Kapitel 4

Als Datengrundlage geben Sie über einen Rechtsklick für die Formulareigenschaften im Eigenschaftsfenster in dem Register Daten die notwendige Tabelle *tblVeranstaltung* ein.

Ändern Sie durch Anklicken der Titelzeile im Register *Alle* die Beschriftung in „Veranstaltung".

Alle Felder gemeinsam formatieren

Anschließend ziehen Sie alle Felder der Tabelle auf die Formularfläche und zwar untereinander. Markieren Sie mit gedrückter linker Maustaste danach alle Tabellenfelder durch das Aufziehen eines alle Felder umschließenden Rechtecks, klicken die markierten Felder mit der rechten Maustaste an, wählen im aufgehenden Fenster *Eigenschaften* an und gehen auf das Register *Format* des Eigenschaftsfensters. Klicken Sie in die Zeile *Höhe* und geben 0,5 ein. Ferner verändern Sie die *Schriftart* in Arial. Danach klicken Sie in die freie Fläche um die Markierung aller Felder aufzuheben.

Textfelder formatieren

Markieren Sie zunächst ausschließlich die Textfelder durch Aufziehen eines Rechtecks, das nur diese Textfelder umfasst. Klicken Sie mit der rechten Maustaste in diese markierten Felder, wählen dann *Eigenschaften* und gehen im Eigenschaftsfenster auf das Register *Format*. In der Zeile Links erfassen Sie 6,5. Heben Sie die Markierung wieder auf.

Bezeichnungsfelder formatieren

Nun formatieren Sie auch die Bezeichnungsfelder. Dazu markieren Sie ausschließlich die Bezeichnungsfelder und klicken sich, wie oben, durch bis zum Register *Format* des Eigenschaftsfensters. Klicken Sie in die Zeile Links und geben 3 ein. Als Breite wählen Sie 3 cm. Als Hintergrundfarbe verwenden Sie wieder das Hellgelb, als Textfarbe nehmen Sie Rot (255). Als Schriftbreite geben Sie *Fett* ein und als Textausrichtung wählen Sie über die kleine Schaltfläche rechts *Rechtsbündig* aus.

Kapitel 4

Überprüfen Sie noch, ob die Erfassungsreihenfolge stimmt. Hierzu gehen Sie über die Menüauswahl zu *Ansicht, Aktivierungsreihenfolge*. Vergleichen Sie die Abfolge der Felder im Reihenfolgefenster und auf dem Formular. Sie erkennen, dass die Reihenfolge identisch und keine Korrektur notwendig ist.

Die EinladungsNummer ist in der Tabelle als Autowert deklariert und sollte vom Nutzer nicht angesprochen werden können. Klicken Sie deshalb in das Textfeld mit der rechten Maustaste, wählen Eigenschaften an und ändern im Register *Daten* des Eigenschaftsfensters die Zeile „Aktiviert" in *Nein* um.

Weiterhin sollte der Cursor nach dem Verlassen des letzten Feldes *Telefon* wieder zum ersten Eingabefeld *Einladungsgrund* springen. Hierzu klicken Sie das Textfeld von *Telefon* mit der rechten Maustaste an, wählen im Kontextmenü *Eigenschaften* und im Eigenschaftsfenster das Register *Ereignisse*. Klicken Sie in die Zeile „Beim Verlassen", dann auf die Schaltfläche mit den drei kleinen Punkten und wählen Code-Generator an. Zwischen die beiden Vorgabezeilen der neuen Prozedur schreiben Sie den Code:

Me.Einladungsgrund.SetFocus

und verlassen das Eigenschaftsfenster.

Zum schnelleren Suchen einer Veranstaltung werden Sie noch ein Kombinationsfeld erstellen. Klicken Sie in der Toolbox auf das Symbol Kombinationsfeld und ziehen oberhalb der Befehlsschaltflächen ein Rechteck auf. Im Dialogfenster werden Sie aufgefordert einzugeben, auf welcher Datengrundlage dieses Kombinationsfeld basieren soll. Wählen Sie die dritte Option an:

"Einen Datensatz im Formular basierend auf dem im Kombinationsfeld gewählten Wert suchen".

Als Beschriftung verwenden Sie „Veranstaltungs-Suche" und klicken auf Fertigstellen.

So müsste das Erfassungsformular im Entwurfsmodus in etwa aussehen:

Kapitel 4

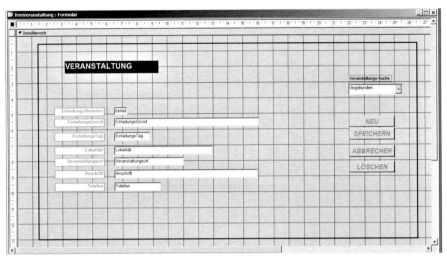

Abbildung 4- 57

Speichern Sie das Formular. Probieren Sie die Funktion des Formulars einmal aus. Gehen Sie dazu in den Ansichtsmodus durch klicken in das Symbol ganz links außen des Access-Symbolmenüs. Erfassen Sie einmal fiktive Daten einer Veranstaltung. Wenn Sie alle Daten erfasst haben, betätigen Sie die Befehlsschaltfläche *Speichern*. Später können Sie auch die Schaltfläche *Löschen* ausprobieren und diese fiktiven Daten sind wieder verschwunden.

Einladungen

Jetzt verbleibt Ihnen noch ein Erfassungsformular zu erstellen, mit dem Sie aus dem gesamten Adressbestand diejenigen aussuchen, die Sie zu Ihrem geplanten Fest einladen wollen.

Für dieses Erfassungsformular benötigen Sie als Datenbasis die Tabelle *tblAdressdaten*. Dieses Formular verwenden Sie dann außerdem um nach einer evtl. Zusage ebenfalls wieder eine Kennziffer zu setzen.

Formulare

Kapitel 4

Für einen Teilaufgabenbereich benötigen Sie allerdings verschiedene Abfragen, die Sie aber erst im nächsten Kapitel kennenlernen werden. Eine Fertigstellung des Formulars werden Sie dann im übernächsten Kapitel durchführen.

Zunächst werden Sie das bisher Erlernte noch einmal anzuwenden versuchen.

In der Access-Arbeitsfläche wählen Sie das Objekt *Formulare* an. Kopieren Sie dann das Musterformular und fügen es unter dem Namen *frmEinladungen/Zusagen* wieder ein.

Im Eigenschaftsfenster des Formulars im Register *Alle* geben Sie den Titel in der Zeile Bezeichnung mit *Einladung und Zusagen* ein.

Als Datengrundlage erfassen Sie im Eigenschaftsfenster des Formulars die Tabelle *tblAdressdaten*.

Die Navigationsschaltflächen können Sie bis auf die Speichern-Schaltfläche alle Löschen. Löschen Sie auch den dazugehörenden Programmcode im VBA-Editor.

Da es sinnvoll ist die Daten für die Erwachsenen und Kinder zu trennen, weil für eine abendliche Feier vielleicht nur Erwachsene eingeladen werden oder aber für einen Kindergeburtstag nur Kinder, empfiehlt sich ein Registersteuerelement zur Trennung zu benutzen. Klicken Sie deshalb in der Toolbox das Symbol für das Registersteuerelement an und fügen auf dem Formular ein größeres Rechteck ein. Sie sehen dabei zwei Registerseiten. Beschriften Sie diese auch gleich, in dem Sie die erste Registerseite mit der rechten Maustaste anklicken, *Eigenschaften* wählen und im Eigenschaftsfenster auf das Register *Alle* gehen. Dort ändern Sie die Zeile *Beschriftung* in „Erwachsene" um. Klicken Sie dann auf die zweite Registerseite und ändern die Beschriftung in „Kinder" um. Sollte die Feldliste der Tabelle nicht angezeigt werden, müssen Sie diese durch einen Klick auf das Symbol *Feldliste* im Symbolmenü oben hereinholen. Ziehen Sie zunächst die Felder *FamilienName, Vorname, Einladung und Zusage* auf die Arbeitsfläche der ersten Registerseite und löschen die dazugehörenden Bezeichnungsfelder, da Sie eine tabellenartige Namensaufstellung programmieren wollen. Die soeben aufgezogenen Felder

Kapitel 4

setzen Sie in eine Reihe nebeneinander. Mit den entsprechenden Feldern für den Partner verfahren Sie ebenso und platzieren diese Felder unter die vorherigen.

Markieren Sie alle Felder, klicken mit der rechten Maustaste, wählen *Eigenschaften* aus und das Register *Format*. Als einheitliche Höhe dieser Felder nehmen Sie 0,5 cm. Evtl. richten Sie die Felder links noch einheitlich aus, so dass es wieder ein gleiches Bild gibt. Über die Namensfelder ziehen Sie jetzt aus der Toolbox ein Bezeichnungsfeld (**Aa**) auf und beschriften es mit „Gast-Name". Ein weiteres Bezeichnungsfeld aus der Toolbox ziehen Sie über die Kästchen für Einladungen und beschriften dies auch mit „Einladung". Ein weiteres ziehen Sie über die Kästchen für Zusage und beschriften dies natürlich auch mit „Zusage". Zur Kontrolle der Arbeit sollte der Bildschirm jetzt so oder ähnlich aussehen:

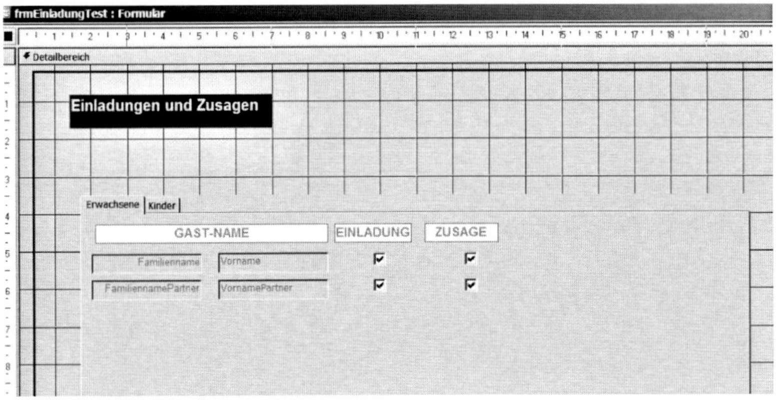

Abbildung 4-58

Bei der Verwaltung der Einladungen wollen Sie natürlich wissen, wie viele Einladungen Sie schon ausgewählt haben und wie viele Kinder sich darunter befinden. Für die spätere Zusagen-Verwaltung wollen Sie natürlich auch wissen wie viele Zusagen eingegangen sind.

Deshalb werden Sie jetzt die erfassten Einladungen und Zusagen auch zählen.

Ziehen Sie zunächst unter die Kästchen für Einladungen und Zusagen einen Summenstrich um eine Summe auch optisch schon anzudeuten. Klicken Sie in der

Formulare

Kapitel 4

Toolbox auf das Liniensymbol und ziehen die Linie über beide Rubriken. Mit einem Rechtsklick gehen Sie in das Eigenschaftsfenster und klicken auf Haarlinie und wählen eine Stärke von wenigstens 2 pt an.

Jetzt benötigen Sie noch vier Summenfelder, in die Summen später eingeblendet werden sollen. Dazu nehmen Sie Textfelder (**ab**) aus der Toolbox. Klicken Sie zunächst ein solches Textfeld in der Toolbox an und platzieren es unter die Einladungskästchen-Reihe. Über das Eigenschaftsfenster formatieren Sie die Höhe wieder mit 0,5 cm. Klicken Sie dann das Bezeichnungsfeld an und setzen im Register *Format* die Hintergrundfarbe auf Gelb und die Textfarbe auf Rot, sowie die Schriftbreite auf Fett. Im Eigenschaftsregister *Alle* geben Sie als Beschriftung *Gesamt:* ein. Klicken Sie nun das Eingabefeld mit der rechten Maustaste an und wählen im Eigenschaftsfenster in dem Register *Alle* als Name *EinladungGesamt*.

Der nächste Schritt ähnelt dem vorigen. Sie ziehen wieder ein Textfeld auf, löschen aber das dazu gehörende Bezeichnungsfeld und platzieren das Eingabefeld neben dem vorigen unter der Reihe mit den Zusagen. Im Eigenschaftsregister *Alle* geben Sie diesem Feld den Namen *ZusagenGesamt*.

Wie im ersten Schritt ziehen Sie ein drittes Textfeld auf, formatieren es wie oben, geben dem Beschriftungsfeld die Bezeichnung: „*Davon Kinder:*" Dem Textfeld geben Sie den Namen *EinladungKinder*.

Ein viertes Textfeld platzieren Sie wie im obigen zweiten Schritt, löschen wiederum das Bezeichnungsfeld und geben dem Textfeld den Namen *ZusagenKinder*. So oder ähnlich sollte Ihre Arbeit jetzt aussehen:

Kapitel 4

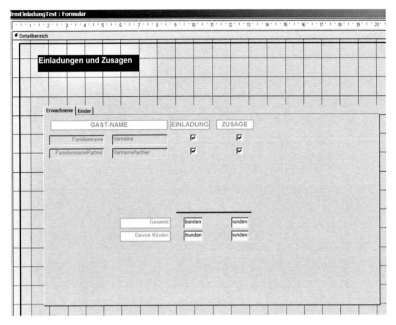

Abbildung 4-59

Das Bestreben dieses Buches ist es, Ihnen möglichst viel Handwerkszeug an die Hand zu geben, das Sie bei Ihren späteren Programmerstellungen wieder irgendwie anwenden können. Deshalb möchte ich Ihnen für die Summenermittlung der Einladungen und Zusagen eine etwas umständlichere und nicht sehr elegante Lösung vorschlagen, bei der Sie aber einiges Rüstzeug erfahren.

Sie haben für jede Adresse insgesamt 2 Einladungsmöglichkeiten, für Erwachsene, nämlich die erste Adressperson und den Partner. Beide befinden sich aber in einem Datensatz. Für die Summenermittlung benötigen Sie deswegen auch zwei Textfelder. Sie ziehen also 2 Textfelder (**ab**) aus der Toolbox auf und löschen jeweils die Bezeichnungsfelder. Die Eingabefelder müssen nicht sehr groß sein, vielleicht 0,4 cm hoch und 0,8 cm breit. Im Eigenschaftsfeld im Register *Alle* geben Sie diesen Feldern die Namen *EinlGast1*, *EinlGast2*. Sie platzieren diese in die untere linke Ecke des Formulars.

Formulare

Ebenso verfahren Sie mit den 2 Feldern für die Zusagen. Sie geben diesen Feldern die Namen *ZusGast1, ZusGast2*. Diese Felder platzieren Sie neben den vorigen Feldern am unteren Formularrand.

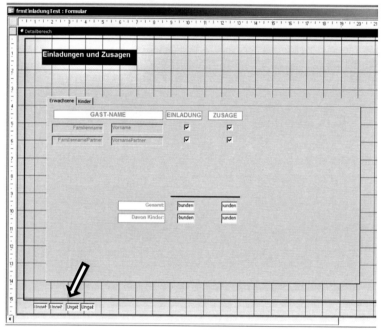

Abbildung 4-60

Markieren Sie diese Felder, klicken mit der rechten Maustaste und wählen Eigenschaften an. Im Register *Format* stellen Sie die Zeile *Sichtbar* durch einen doppelten Mausklick auf *Nein* ein. Dadurch kann man diese Felder im Entwurfsmodus sehen, im Ausführungsmodus aber nicht. Aber diese Felder sind vorhanden und man kann auf sie bei Rechenoperationen zugreifen.

Damit Sie die notwendigen Summen bekommen, müssen Sie nun ein wenig Programmcode schreiben. Access stellt eine Zählfunktion für solche Fälle zur Verfügung. Diese Funktion heißt

Kapitel 4

DCount().

Die Synthax hierfür lautet

DCount(„Tabellenfeld", „Tabelle", „Bedingung")

In der Tabelle *tblAdressdaten* sind Kennziffern für Einladungen und Zusagen enthalten. Da aus einer Familie mehrere Personen (nämlich bis zu 2 Personen) eingeladen sein können, müssen Sie alle beide Möglichkeiten sowohl für Einladungen als auch für Zusagen einzeln abfragen. Deshalb haben Sie die Felder am unteren Rand eingerichtet, die die jeweiligen Einladungen bzw. Zusagen aufnehmen können. Diese Einzelsummen werden zum Schluss addiert und in die Summenfelder unterhalb des Summenstrichs übertragen.

Diese Berechnung sollte am besten dann stattfinden, wenn das Formular erstmals geladen wird und nach jedem Speichern eines Datensatzes, sodass die Summe immer dem neuesten Stand entspricht.

Zu diesem Zweck klicken Sie im Formularentwurf mit der rechten Maustaste oben links in das kleine Quadrat, gehen in das Eigenschaftsfenster des Formulars, dort in das Register *Ereignisse* und wählen das Ereignis *Beim Anzeigen* aus. Sie machen sich dabei die Eigenschaft zu Nutzen, dass nach jedem Datensatzwechsel die Anzeige des Formulars neu aufgebaut und angezeigt wird. So wird also bei jedem Anzeigen die Rechenoperation ausgeführt. Klicken Sie in die weiße Zeile und dann auf die drei Punkte, wählen den Code-Generator an und sehen dann im Programmcode-Bereich die Prozedur-Vorgabe

Private Sub Form_Current()
End Sub

angezeigt.

Zwischen diese beiden Zeilen fügen Sie jetzt die Rechenoperationen mit der beschriebenen DCount()-Funktion ein und speichern das Ergebnis in den unsichtbaren Summenfeldern am unteren Formularrand.

Der Code sieht danach wie folgt aus:

Formulare

Kapitel 4

```
Private Sub Form_Current()
'Addition der einzelnen Einladungsmöglichkeiten eines Datensatzes
'und Abspeichern in den Textfeldern am unteren Formularrand
Me.EinlGast1 = DCount("[Einladung]", "Adressdaten", "Einladung = -1")
Me.EinlGast2 = DCount("[EinladungPartner]", "Adressdaten", "EinladungPartner = -1")
'Absummierung der einzelnen Einladungen und Abspeichern in die
'Summenspalte
Me.EinladungGesamt = Me.EinlGast1 + Me.EinlGast2
'Addition der einzelnen Zusagemöglichkeiten eines Datensatzes
'und Abspeichern in den Textfeldern am unteren Formularrand
Me.ZusGast1 = DCount("[Zusage]", "Adressdaten", "Zusage = -1")
Me.ZusGast2 = DCount("[ZusagePartner]", "Adressdaten", "ZusagePartner = -1")
'Absummierung der einzelnen Zusagen und Abspeicherung in die
'Summenspalte
Me.ZusagenGesamt = Me.ZusGast1 + Me.ZusGast2
End Sub
```

Den gleichen Code geben Sie in der Subprozedur

```
Private Sub befSpeichern_Click()
End Sub
```

ein und zwar direkt nach der Zeile mit der *DoCmd*-Anweisung.

Jetzt legen Sie noch ein Kombinationsfeld an um aus der Tabelle *tblAdressen* diejenigen Personen aussuchen zu können, die Sie einladen oder deren Zusage Sie vermerken wollen.

Aus der Toolbox ziehen Sie ein Kombinationsfeld auf den Formularentwurf auf und zwar etwas oberhalb der Schaltfläche „Speichern".

Kapitel 4

Im aufgehenden Dialogfenster

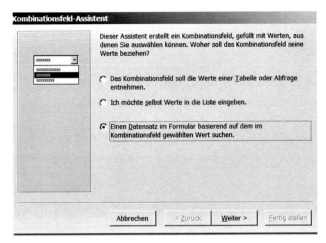

Abbildung 4- 61

nehmen Sie die dritte Option „*Einen Datensatz basierend auf dem im Kombinationsfeld gewählten Wert suchen*" aus und klicken auf Weiter. Im nächsten Fenster ziehen Sie die Tabellenfelder *ID, Nachname* und *Vorname* in das rechte Auswahlfeld und klicken danach wieder auf Weiter. Sie sehen danach, wie die Gästenamen im Kombinationsfeld angezeigt werden, wobei Sie die Vorgabe „Schlüsselspalte ausblenden" belassen. Nach einem Klick auf *Weiter* können Sie die Beschriftung des Kombinationsfeldes mit „Namen-Suche" erfassen. Ein Klick auf Fertigstellen beendet die Prozedur. Nachdem Sie das Feld mit dem Primärschlüssel mit übernommen haben, sind die Gäste-Namen nach dieser ID-Nummer auch sortiert. Allerdings ist eine alphabetische Suche der Gäste sicherlich sinnvoller. Sie klicken mit der rechten Maustaste deshalb nochmals auf das Kombinationsfeld und gehen über das Eigenschaftsfeld auf das Register *Daten*. Hier sehen Sie in der Zeile Datensatzherkunft eine Select-Anweisung, die Ihnen angibt, wie die Daten im Kombinationsfeld dargestellt werden. Sie klicken mit der linken Maustaste einmal in diese Zeile und gehen mit den Pfeiltasten an das Ende dieser Anweisung. Vor dem abschließenden Semikolon geben Sie ein Leerzeichen ein und ergänzen diese Anweisung mit „*Order by Nachname & Vorname*". Die Order-Anweisung besagt, dass die Anzeige der Namen nunmehr nach der Sortierung von Nachname und

Kapitel 4

Vorname erfolgen soll. Schließen jetzt das Eigenschaftsfenster mit einem Klick rechts oben auf „X".

Abbildung 4- 62

Formatieren Sie jetzt noch das neue Kombinationsfeld, in dem Sie mit der rechten Maustaste das Eigenschaftsfeld aufrufen und dort im Register *Format* die Höhe auf 0,6 festlegen. Klicken Sie dann in das Beschriftungsfeld und setzen die Hintergrundfarbe auf helles Gelb, die Textfarbe auf 255 (Rot), die Schriftart auf Arial, die Schriftgröße auf 10 pt und die Schriftbreite auf Fett. Schließen Sie danach das Eigenschaftsfenster und ziehen Sie zum Abschluss das Beschriftungsfeld über das Eingabefeld.

Jetzt ist die zweite Registerseite an der Reihe in der die Kinder aufgeführt werden und evtl. für Einladungen- und Zusagen-Kennzeichnung bereitstehen.

Hierzu benötigen Sie wieder ein Unterformular, da wir eine eigene Datengrundlage benötigen.

Unterformular Einladung/Zusagen für Kinder

Schließen Sie deshalb zunächst einmal das Hauptformular, wechseln auf die Access-Arbeitsfläche und wählen dort das Objekt *Formular* an und klicken auf Entwurfsansicht und Neu. Bestätigen Sie im ersten Dialogfenster Entwurfsansicht und geben als Datengrundlage die Tabelle *tblAdressKind* ein.

Vergrößern oder verkleinern Sie die Formulararbeitsfläche auf etwa 15,5 cm breit und 3 cm hoch. Schalten Sie über Ansicht im Auswahlmenü die Kopf-und Fußzeile ein.

Wenn die Feldliste nicht angezeigt wird, schalten Sie diese über das Symbolmenü ein. Ziehen Sie nun die Tabellenfelder Vorname, Nachname, GebTag, Einladung und Zusagen den Detailbereich der Formulararbeitsfläche und löschen jeweils die dazugehörenden Bezeichnungsfelder. Ordnen Sie die Textfelder nebeneinander in einer Zeile an.

Im Formularkopf ziehen Sie aus der Toolbox neue Bezeichnungsfelder (*Aa*) über den Textfeldern auf und beschriften diese im Eigenschaftsfenster im Register *Alle*, so, dass es sinnvolle Bezeichnungen für die darunter liegenden Textfelder ergeben. Formatieren Sie diese Textfelder mit einer Höhe von 0,5 cm, Hintergrundfarbe hellgelb, Schriftfarbe Rot (255), Fettschrift und verändern deren Größen jeweils so, dass sie deckungsgleich sind mit den dazugehörenden Textfeldern.

Gehen Sie jetzt noch auf Formulareigenschaften (linkes oberes Quadrat, das schwarz hinterlegt ist mit der rechten Maustaste anklicken), Eigenschaften wählen und im Register *Format* des Eigenschaftsfensters in der Zeile Standardansicht die Eigenschaft *Endlosformular* anwählen. Unmittelbar unter die Textfelder legen Sie aus der Toolbox noch eine Linie über das Formular. Schieben Sie jetzt die obere Begrenzungslinie des Formularfußes direkt an die Linie unterhalb der Textfelder heran und speichern dieses Formular unter der Bezeichnung *EinladungKinder_UF* ab

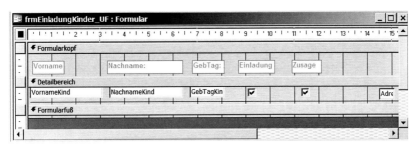

Abbildung 4- 63

Formulare   **185**

Kapitel 4

Öffnen Sie jetzt wieder das Hauptformular, gehen dort auf die 2.Registerseite und klicken in der Toolbox auf das Symbol Unterformular und ziehen auf dem Hauptformular ein Rechteck auf. Im Dialogfenster bestätigen Sie, dass Sie ein bestehendes Formular einbinden wollen und wählen aus der angezeigten Formularliste das Formular *frmEinladungKinder_UF* aus.

Jetzt müssen aber auch, analog der Zählung der Einladung und Zusagen der Erwachsenen auch die Einladungen und Zusagen der Kinder gezählt werden.

Wählen Sie auch hier, wie auf der Registerseite 1 aus der Toolbox zwei Textfelder(**ab**) aus und platzieren Sie diese unterhalb des eingefügten Unterformulars. Das Beschriftungsfeld des ersten Feldes beschriften Sie über dessen Eigenschaftsfenster im Register *Alle* mit „Einladung Kinder:", Das zweite Beschriftungsfeld soll entsprechen „Zusagen Kinder" heißen. Dem ersten Textfeld geben Sie im Eigenschaftsfenster, ebenfalls im Register *Alle* den Namen „KinderEinladung", dem anderen den Namen „KinderZusagen".

Jetzt müssen diese beiden Textfelder nur noch mit Leben erfüllt werden. Sie kennen bereits aus der Vorseite die Funktion *DCount()*. Diese wenden Sie hier wieder an und zwar insgesamt zweimal, nämlich beim Speichern eines Datensatzes und natürlich auch beim Start des Programms bzw. bei Neuaufbau durch einen Datensatzwechsel.

Schalten Sie über die Symbolleiste mit dem Symbol *Code* den VBA-Editor ein und gehen in die Subprozedur *Privat Sub Form_Current()*. Dort haben Sie bereits zwei Zählanweisung für den Gast 1 und Gast 2 eingegeben. In der nächsten Zeile geben Sie jetzt zusätzlich die Anweisung

Me.KinderEinladung = DCount("[EinladungKind]", "tblAdressKind", "EinladungKind = -1")

ein. Damit werden auch die Kindereinladungen zusammengezählt.

Auch für die Zusagen der Erwachsenen haben Sie bereits Anweisungen in diese Subprozedur eingegeben. Ergänzen Sie diese nun in der nächsten Zeile mit der Kinderanweisung

Kapitel 4

Me.KinderZusagen = DCount("[ZusageKind]", "tblAdressKind", "ZusageKind = -1")

So jetzt haben Sie die Zählung der Kinder-Einladungen und –zusagen abgeschlossen. Auf der ersten Registerseite wurden bereits Zählfelder für die Gesamteinladungen und Gesamtzusagen aufgenommen. Zu diesen Zählungen gehören aber auch die Kinder, die dann in der Zeile darunter nochmals eigens aufgeführt werden. Sie müssen also die Zählung der Gesamteinladungen und Zusagen ergänzen um die entsprechenden Ereignisse bei den Kindern.

Gehen Sie deshalb nochmals in den VBA-Editor und ergänzen in den beiden Subprozeduren jeweils diese Zählungen und zwar:

'Summierung der Erwachsenen- u.Kindereinladungen
Me.EinladungGesamt = Me.EinlGast1 + Me.EinlGast2 + Me.KinderEinladung

'Übertrag der eingeladenen Kinder
Me.EinladungKinderGesamt = Me.KinderEinladung

und

'Summierung der Zusagen für Erwachsene und Kinder im Hauptformular
Me.ZusagenGesamt = Me.ZusGast1 + Me.ZusGast2 + Me.KinderZusagen
Me.ZusagenKinderGesamt = Me.KinderZusagen

Die gesamte Subprozedur sieht also wie folgt aus:

Private Sub Form_Current()
'Addition der eingeladenen Erwachsenen
Me.EinlGast1 = DCount("[Einladung]", "tblAdressdaten", "Einladung = -1")
Me.EinlGast2 = DCount("[EinladungPartner]", "tblAdressdaten", "EinladungPartner = -1")

'Addition der eingeladenen Kinder in der Tabelle tblAdressKinder
Me.KinderEinladung = DCount("[EinladungKind]", "tblAdressKind", "EinladungKind = -1")
'Summierung der Erwachsenen- u.Kindereinladungen
Me.EinladungGesamt = Me.EinlGast1 + Me.EinlGast2 + Me.KinderEinladung

'Übertrag der eingeladenen Kinder
Me.EinladungKinderGesamt = Me.KinderEinladung

Formulare

Kapitel 4

```
'ZUSAGAGEN
'Addition der Zusagen v. Erwachsenen
Me.ZusGast1 = DCount("[Zusage]", "tblAdressdaten", "Zusage = -1")
Me.ZusGast2 = DCount("[ZusagePartner]", "tblAdressdaten", "ZusagePartner = -1")

'Addition der Zusagen von Kindern aus Tabelle tblAdressKinder
Me.KinderZusagen = DCount("[ZusageKind]", "tblAdressKind", "ZusageKind = -1")

'Summierung der Zusagen für Erwachsene und Kinder im Hauptformular
Me.ZusagenGesamt = Me.ZusGast1 + Me.ZusGast2 + Me.KinderZusagen
Me.ZusagenKinderGesamt = Me.KinderZusagen
```

End Sub

Die Subprozedur für das Speichern entspricht exakt diesem Aufbau.

Damit haben Sie das Formular soweit abgeschlossen, dass Sie probeweise Personen aufnehmen können, denen Sie eine Einladung zukommen lassen wollen. Sie können auch ein wenig experimentieren, in dem Sie einige imaginären Zusagen verwalten. Sichern Sie jedoch vorher ihr Formular unter dem Namen *frmEinladungZusagen*.

Im nächsten Kapitel lernen Sie ein neues Werkzeug kennen, nämlich die Abfragen. Mit Abfragen kann man Daten filtern oder Daten mehrerer Tabellen zusammenziehen und bearbeiten. Zur Fertigstellung dieses Formulars benötigen Sie auch verschiedene Abfragen. Deshalb wird das Formular dann in Kapitel 6 fertiggestellt.

Formular Tischerfassung

Mit diesem Formular legen Sie die Tische-Zahl fest, die Sie für die Veranstaltung benötigen. Das Formular ist ganz einfach, denn Sie haben nur zwei Tabellenfelder zu bearbeiten, nämlich die *Tischnummer* und die *Anzahl* der *Plätze* für jeden Tisch.

Kopieren Sie das Musterformular und fügen es wieder in die Objektliste Formulare ein und geben ihm den Namen *frmTisch*. Als Datenbasis erfassen Sie im Formular-

Eigenschaftsfeld im Register *Daten* in der Zeile *Datenherkunft* die Tabelle *tblTisch*. Dem Formular geben Sie den Titel „Tische".

Schalten Sie die Feldliste über das Symbolmenü ein, sofern sie nicht schon angezeigt wird. Ziehen Sie die beiden verfügbaren Felder *TischNummer* und *AnzahlPlätze* untereinander auf. Markieren Sie die beiden Bezeichnungs- und die beiden Textfelder, klicken mit der rechten Maustaste auf die Markierung, wählen das Eigenschaftsfenster. Im Register *Format* geben Sie folgende Werte ein:

Höhe:	0,5 cm
Schriftart:	Arial
Schriftgrad:	9 pt

Durch einen Klick mit der linken Maustaste in den freien Raum heben Sie diese Markierung wieder auf und markieren nur die beiden Bezeichnungsfelder. Sie gehen wieder auf Eigenschaften und formatieren diese wie folgt:

Links:	2,5 cm
Breite:	2,5 cm
Hintergrundfarbe:	hellgelb
Textfarbe:	rot (255)
Schriftbreite:	fett
Textausrichtung:	rechtsbündig

Heben Sie diese Markierung wieder auf und markieren nur das Bezeichnungsfeld AnzahlPlätze. Klicken Sie mit der rechten Maustaste in die Markierung, wählen Eigenschaften an und geben im Register *Alle* in der zweiten Zeile „Beschriftung" *Anzahl Plätze* ein.

Jetzt markieren Sie die beiden Textfelder und geben unter Eigenschaften im Register *Format* unter Breite 1,3 cm ein.

Nach Eingabe der Platzanzahl soll der Cursor wieder zurück zur Tischnummer springen. Klicken Sie deshalb dieses Textfeld mit der rechten Maustaste an und gehen Sie in das Eigenschaftsfenster und zwar auf das Register Ereignis. In der Zeile „Bei Fokusverlust" klicken Sie auf die rechte Schaltfläche um einen

Kapitel 4

Programmcode erfassen zu können. Ergänzen Sie im VBA-Editor die beiden Vorgabezeilen wie folgt:

Private Sub AnzahlPlätze_LostFocus()
Me.TischNummer.SetFocus
End Sub

Damit springt der Cursor nach diesem Feld in das erste Tabellenfeld und verschwindet nicht irgendwohin.

Fügen Sie jetzt noch ein Kombinationsfeld ein, mit dem Sie die erfassten Tische suchen und anzeigen lassen können. Wie das geht, haben Sie schon weiter oben erfahren. Wählen Sie im Dialogfenster die dritte Option aus, nämlich „einen Datensatz im Formular basierend auf dem im Kombinationsfeld gewählten Wert suchen". Geben Sie dem Kombinationsfeld den Namen „Tisch-Suche" und platzieren Sie es über den Navigationsschaltflächen.

Den Programmcode für die Schaltfläche *Speichern* sollten Sie noch ergänzen um die Aktualisierung des Kombinationsfeldes, damit ein evtl. neuer Datensatz sofort im Kombinationsfeld verfügbar ist und nicht erst beim Neuaufbau des Formulars. Klicken Sie die Speichern-Schalfläche an und gehen über deren Eigenschaftsfenster in das Register *Ereignis*. In der Zeile „Beim Klicken" wählen Sie mit der rechten Befehlsschaltfläche die bereits vorhandene Subprozedur an und schreiben unter die *DoCmd*-Anweisung:

Me.Kombinationsfeld7.Requery

wobei Ihr Kombinationsfeld u.U. eine andere Nummer besitzen kann. Nehmen Sie natürlich dann Ihre Nummer.

Sie wollen die Erfassung von Tischen mithilfe von Programmcode auf 12 Tische beschränken. Benötigen Sie für eine Veranstaltung mehr Tische, so können Sie den notwendigen Programm-Code entsprechend abändern. Die Abprüfung geschieht ab Besten nach Eingabe einer Tischnummer. Klicken Sie mit der rechten Maustaste auf das Eingabefeld *Tischnummer*, wählen *Eigenschaft*en an. Im Register *Ereignisse* klicken Sie in die Zeile „Nach Aktualisierung" und klicken ganz rechts die

Kapitel 4

Schaltfläche mit den drei Punkten an. Es öffnet sich das Code-Fenster und Sie sehen die beiden Vorgabezeilen des Ereignisses:

Private Sub TischNummer_AfterUpdate()
End Sub

Zwischen diese beiden Zeilen geben Sie jetzt die Prüfung der Anzahl der Tische ein. Zunächst deklarieren Sie eine numerische Variable *antwort*, in die das Ergebnis der Nachfrage gespeichert werden soll. Dies geschieht mit der Zeile

Dim antwort as integer

Anschließend fragen Sie ab, ob die eingegebene Tischnummer größer 12 ist. Wenn dies der Fall ist, teilen Sie dem Benutzer die Beschränkung auf 12 Tische mittels der Funktion *MsgBox* mit. Als erster Parameter der MsgBox wird der Umstand aufgeführt, dass mehr als 12 Tische nicht zulässig sind. Da es sich hierbei um eine Textmitteilung handelt, wird diese Mitteilung in Anführungszeichen gesetzt. Da es ja nur eine Mitteilung sein soll und keine Auswahlmöglichkeit für den Benutzer, genügt eine OK-Schaltfläche. Außerdem soll ein buntes Ausrufezeichen in die Mitteilung gegeben werden, damit sie gut auffällt. Hierfür setzen Sie für die MsgBox einen zweiten Parameter nach einem Komma, nämlich die Zahl 48. Aus der Zusammenstellung der MsgBox-Varianten im Anhang zu diesem Buch, können Sie entnehmen, dass die OK-Schaltfläche den Parameter „0" hat und das Ausrufezeichen den Parameter „48". Beide Parameterwerte werden bekanntlich addiert, so dass insgesamt die Zahl 48 verwendet wird. Nach einem weiteren Komma können Sie einen dritten Parameter optional erfassen, der Ihnen eine passende Überschrift für das Mitteilungskästchen liefert. Wenn Sie keinen dritten Parameter erfassen, so wird automatisch „Microsoft Access" als Überschrift eingesetzt. Erfassen Sie als dritten Parameter „Tischbegrenzung". Da es wiederum ein Text ist, muss er wieder in Anführungszeichen gesetzt werden. Das Ereignis, das die Programmfortsetzung veranlasst ist der Klick der OK-Schaltfläche durch den Benutzer. Dieses Ereignis speichern Sie in die oben deklarierte Variable „antwort". Diese MsgBox soll aber nur angezeigt werden, wenn die eingegebene Tischnummer größer als 12 ist. Wir müssen dies mit einer „If .... End if"-Bedingung abfangen, sonst würde sie ja bei jeder Eingabe erscheinen. Unser Programmcode sieht also so aus:

Formulare

Kapitel 4

```
Dim antwort As Integer
If Me.TischNummer > 12 Then
    antwort = MsgBox("Es sind nur 12 Tische zulässig!", 48, "Tischbegrenzung")
End if
```

Sie müssen jetzt auch noch abfragen, ob der Benutzer die OK-Schaltfläche auch gedrückt hat. Dies geschieht mit einer zweiten „If ... End if"-Bedingung, die Sie vor dem obigen „End if" abfragen. Das Drücken der OK-Schaltfläche können Sie mit der VBA-eingebauten Variablen *vbOK* abfragen.

Die gesamte Prozedur stellt sich jetzt wie folgt dar:

```
Private Sub TischNummer_AfterUpdate()
Dim antwort As Integer
If Me.TischNummer > 12 Then
    antwort = MsgBox("Es sind nur 12 Tische zulässig!", 48, "Tischbegrenzung")
    If vbOK Then
            Me.TischNummer.SetFocus
            Me.TischNummer = 0
    End If
End If
End Sub
```

Ist die eingegebene Tischnummer höchstens 12, dann wird die programmierte Bedingung nicht erfüllt und der Programmablauf stößt sofort auf das „End Sub" und springt aus unserer Prozedur ohne Konsequenz heraus. Die Tischnummer kann demnach erfasst werden.

Jetzt sind noch einige Ablaufverbesserungen einzubauen, die Sie in den vorherigen Formularen schon kennengelernt haben und grundsätzlich in allen Formularen eingebaut werden sollten:

a) Das Zurückspringen nach Erfassung des letzten Feldes in das Anfangsfeld.

b) Das Anspringen des ersten Eingabefeldes nach Klicken auf die NEU-Schaltfläche.

Kapitel 4

c) Die Aktualisierung des Kombinationsfeldes nach Speicherung der neuen Tischnummer (und nicht erst nach Neustart des Moduls) mit gleichzeitiger Löschung der Eingabewerte und Fokussierung auf das erste Eingabefeld

Zu a)

Klicken Sie auf das Eingabefeld „Anzahl Plätze" mit der rechten Maustaste und wählen *Eigenschaften* an. Im Register *Ereignisse* klicken Sie in die Zeile „Bei Fokusverlust", klicken danach auf die Schaltfläche mit den drei kleinen Punkten rechts und dann auch Codegenerator. Zwischen die beiden vorgegebenen Programmcode-Zeilen schreiben Sie folgende Anweisungen:

Me.TischNummer.SetFocus

Mit dieser Zeile veranlassen Sie das Programm, in das erste Eingabefeld zu springen.

Zu b)

Mit der rechten Maustaste klicken Sie auf die Schaltfläche *Neu*, wählen wiederrum Eigenschaften an. Im Register *Ereignisse* sehen Sie den Hinweis in Zeile „Beim Klicken", dass bereits eine Ereignisprozedur hierfür besteht. Wenn Sie die Schaltfläche rechts mit den drei Punkten betätigen, gelangen Sie direkt in diese Prozedur. Nach der Zeile

DoCmd.GoToRecord , , acNewRec

geben Sie diese Zeile Code ein:

Me.TischNummer.SetFocus

Zu c)

Wiederholen Sie die Arbeit zu b) mit der Schaltfläche *Speichern* und erfassen Sie nach der bereits bestehenden Programmcode-Zeile

DoCmd.DoMenuItem acFormBar, acRecordsMenu, acSaveRecord, , acMenuVer70

Formulare

Kapitel 4

die nachfolgenden Anweisungen:

Me.KombinationsfeldX.Requery
Me.TischNummer = 0
Me.AnzahlPlätze = 0
Me.TischNummer.SetFocus

In der ersten Zeile benutzen Sie die eingebaute Funktion „requery", die das Kombinationsfeld auf den aktuellsten Stand bringen soll. Der Name des Kombinationsfeldes (X steht dabei für eine von Access automatisch vergebene Zahl) wird dieser eingebauten Funktion vorangesetzt und durch einen Punkt getrennt.

Ergänzen Sie noch den VBA-Code in der Subprozedur für die Schaltfläche *Löschen* und zwar nach dem Einschalten der Warnfunktion

DoComd.Set Warnings = true

Geben Sie bitte noch eine Aktualisierung des Kombinationsfeldes ein mit der Code-Zeile:

Me.Kombinationsfeld7.requery

wobei bei Ihnen das Kombinationsfeld eine andere Nummer haben kann.

Speichern Sie das Formular nun unter dem Namen *frmTisch* ab wenn es so oder ähnlich aussieht:

Kapitel 4

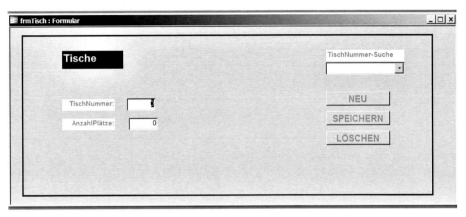

Abbildung 4-64

Formular Terminkalender

Um einen vernünftigen Terminkalender zu erstellen müssen Sie zwei Formulare entwickeln. Einmal das Hauptformular, mit dem künftig gearbeitet werden soll und ein Unterformular, in dem Sie alle Termine eines Tages auflisten und auch neue Termine eingeben oder aber auch eingetragene Termine löschen können. Dieses Unterformular wird dann in das Hauptformular integriert.

Erstellen Sie zunächst das Unterformular. Wählen Sie in der Access-Auswahlfläche das Objekt *Formulare* und dort „*Erstellt ein Formular in der Entwurfsansicht*" aus und klicken auf *Neu*. Anschließend bestätigen Sie, dass Sie das Formular in der Entwurfsansicht erstellen wollen. Als Tabelle geben Sie aus der Auswahl die bereits angelegte Tabelle *Termine* ein.

Die Formulararbeitsfläche legen Sie mit einer Breite von 20 cm und einer Höhe von 17 cm fest. Sollte der Formularkopf nicht angezeigt werden, klicken Sie im Auswahlmenü auf *Ansicht, Formularkopf/fuß*. Wenn die Tabellenfelder nicht in einem kleinen Fenster noch nicht sichtbar sind, klicken Sie im Symbolmenü auf Feldliste. Aus der Feldliste ziehen Sie jetzt das erste Tabellenfeld *datDatum* in den Formularkopf des Formulars, beginnend bei 0,35 cm mit einer Länge von 9,5 cm.

Kapitel 4

Im Eigenschaftsfenster geben Sie in dem Register *Format* eine Höhe von 0,58 cm ein. Gleichzeitig legen Sie in der Zeile *Format* als Datumsformat *Datum lang* fest. Dieses Format wird uns neben dem eigentlichen Datum auch den richtigen Wochentag mit anzeigen. Die Schrift formatieren Sie mit Arial, 12pt und fett. Als Textfarbe wählen Sie blau.

Neben diesem Datumsfeld fügen Sie ein ungebundenes Textfeld ein. Ein ungebundenes Textfeld stammt nicht aus einer Tabelle, deshalb ungebunden, sondern aus der Toolbox. Hierzu klicken Sie in der Toolbox auf das Symbol *Textfeld (***ab***)* und ziehen es ab der Position 10 etwa 7 cm breit auf. Im Eigenschaftsfeld wählen Sie als Höhe 0,62 cm, als Textfarbe Grün und als Schrift Arial 10pt und fett. Als Rahmenbreite nehmen Sie 3pt und als Spezialeffekt *schattier*t. Im Register *Alle* des Eigenschaftsfensters geben Sie dem Feld den Namen „Feiertag". In diesem Feld werden Sie nämlich immer darauf aufmerksam gemacht, ob bei Eingabe eines Datums dieser Tag auf einen Feiertag fällt.

Am linken unteren Rand des Formularkopfes legen Sie ein Bezeichnungsfeld an. Ziehen Sie aus der Toolbox ein solches Feld (**Aa**) auf die Formularfläche, platzieren es links bei 0,4 cm mit einer Breite von 1,7 und einer Höhe von 0,4. Als Hintergrundfarbe wählen Sie Rot (255) und als Textfarbe Weiß. Als Beschriftung für dieses Feld geben Sie im Register *Alle* des Eigenschaftsfeldes „Beginn" ein.

Unmittelbar daneben setzen Sie ein zweites Beschriftungsfeld und zwar linker Rand bei 2,4, mit einer Breite von 1,7 cm und einer Höhe von 0,4 cm. Als Hintergrundfarbe wählen Sie aus der Farbpalette Blau und als Schriftfarbe wieder weiß aus. Im Feld Beschriftung geben Sie „Ende" ein.

Am rechten Formularrand setzen Sie jetzt noch ein ungebundenes Textfeld ein. Dazu ziehen Sie aus der Toolbox ein Textfeld (**Ab**) auf. Fassen Sie das dazugehörende Bezeichnungsfeld am linken oberen Anfasserpunkt an und ziehen es mit gedrückter Maustaste über das Eingabefeld. Das Bezeichnungsfeld sollte dabei folgende Eigenschaften aufweisen: Links 18,596 cm, Breite 1,01 cm, Höhe 0,395 cm, Hintergrundfarbe gelb und Textfarbe Rot. Als Beschriftung erfassen Sie im Register *Alle*: „KW". Das Eingabefeld formatieren Sie über dessen

Eigenschaftsfeld mit 18,596 cm, Oben 0,698 cm, Breite 1,01, Höhe 0,49 cm. Als Name erfassen Sie im Register *Alle*: „intKW".

Zum Schluss geben Sie als Hintergrundfarbe für den Formularkopf ein dunkles grau ein. Hierzu klicken Sie mit der rechten Maustaste in das kleine Quadrat neben der Beschriftung „Formularkopf", wählen Eigenschaften an und gehen in das Register *Format*. In der Zeile Hintergrundfarbe wählen Sie aus der Farbpalette (Klick auf die drei Punkte rechts) die Farbe dunkelgrau aus (8421501) aus.

So jetzt geht es an die Gestaltung des Detailbereichs des Unterformulars. Hier benötigen Sie einige Felder aus der Tabelle *tblTermine*. Wenn die Tabellenfelder noch nicht angezeigt werden, klicken Sie in der Symbolleiste auf das Symbol *Feldliste*. Ziehen Sie dann die nachfolgenden Felder in den Detailbereich des Unterformulars und platzieren sie wie folgt:

datZeit	links 0,3 cm, oben 1,7 cm, Breite 1,889, Höhe 0,42 cm
	Textfarbe Rot (255), in der Zeile *Format* lassen Sie sich mit einem Klick auf den kleinen Pfeil rechts außen eine Auswahl anzeigen und wählen daraus „Zeit, 24 Std"
Dauer	links 2,499 cm, oben 1,999 cm, Breite1,7 cm, Höhe 0,42 cm Textfarbe Blau, in der Zeile Format wählen Sie ebenfalls „Zeit, 24 Std" aus.
txtBezeichnung	links 4,598 cm, oben 1,999 cm, Breite 9,72 cm, Höhe 0,42 cm, Hintergrundfarbe Gelb.
Auswärts	links 5,104, oben 0,799, Breite 2,54, Höhe 0,42 cm
Löschen	links 12,303 cm, oben 0,799 cm, Höhe 0,42 cm

Kapitel 4

Als letztes Feld benötigen Sie noch eine Befehlsschaltfläche um einen Datensatz, der zum Löschen gekennzeichnet ist auch tatsächlich aus der Tabelle zu entfernen. Aus der Toolbox ziehen Sie sich, bei eingeschaltetem Assistenten, eine Befehlsschaltfläche auf das Formular und platzieren es neben dem Terminbeschreibungsfeld. Im Kategorienfenster wählen Sie Datensatzoperationen aus und im Aktionenfenster *Datensatz löschen*. Mit Weiter gelangen Sie ins nächste Dialogfenster und wählen *Text* an und geben als Text „Löschbestätigung" ein. Mit einem Klick auf Weiter geben Sie der Schaltfläche den Namen *befLöschen* und klicken auf Fertigstellen. Formatieren Sie anschließend diese neue Schaltfläche wie folgt: links 16,912 cm, oben 1,999 cm, Breite 2,974 cm, Höhe 0,619 cm.

Da Sie einen Datensatz erst löschen wollen wenn er dazu markiert worden ist, müssen Sie den Programmcode des Assistenten noch ein wenig variieren. Im Eigenschaftsfenster der Befehlsschaltfläche klicken Sie im Register *Ereignisse* die Zeile *beim Klicken* an und klicken auf das kleine Feld rechts außen mit den drei Punkten. Hiermit öffnen Sie das Codefenster und es wird Ihnen der vom Assistenten geschriebene Programmcode für diese Befehlsschaltfläche angezeigt. Ergänzen Sie diesen Code durch zwei Zeilen:

```
Private Sub befLöschen_Click()
On Error GoTo Err_befLöschen_Click
If Me.Löschen = -1 Then
    DoCmd.DoMenuItem acFormBar, acEditMenu, 8, , acMenuVer70
    DoCmd.DoMenuItem acFormBar, acEditMenu, 6, , acMenuVer70
End If
Exit_befLöschen_Click:
    Exit Sub
Err_befLöschen_Click:
    MsgBox Err.Description
    Resume Exit_befLöschen_Click
End Sub
```

Sie wissen aus den vorherigen Übungen, dass ein *Ja/Nein-Feld* den Wert -1 hat, wenn es aktiviert ist, d. h., wenn es ein Häkchen besitzt. Dies machen Sie sich hier zu Nutzen. Wenn es ein Häkchen besitzt, dann haben Sie den Datensatz zur

Kapitel 4

Löschung markiert. Wenn er aber markiert ist, dann kann dieser Datensatz auch mit dem Klick auf die Befehlsschaltfläche tatsächlich gelöscht werden.

Zum optischen Trennen der einzelnen Tagestermine ziehen Sie unterhalb der platzierten Felder eine Linie auf. Aus der Toolbox wählen Sie das Symbol *Linie* und ziehen vom linken Rand des Unterformulars eine Linie bis zum rechten Rand: links 0 cm, Breite 20,1 cm, als Rahmenfarbe nehmen Sie Blau und als Rahmenbreite 2 pt. Zum Schluss ziehen Sie den Formularfuß bis knapp unter den soeben platzierten Strich, in dem Sie die obere Kante des Formularfußes mit der linken Maustaste anfassen (der Cursor verwandelt sich in ein Fadenkreuz) und ihn mit gedrückter Maustaste nach oben ziehen.

Speichern Sie dieses Unterformular nun unter dem Namen „*frmTermin_UF*" ab. Es müsste etwa wie folgt aussehen:

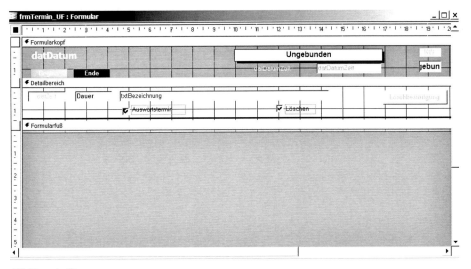

Abbildung 4- 65

Damit die oben erwähnten Feiertage angezeigt werden können müssen Sie jetzt noch einen etwas umfangreicheren Programm-Code schreiben. Sie kennen zwei unterschiedliche Arten von Feiertagen. Solche, die immer auf den gleichen Kalendertag fallen und solche, die vom Osterfest abhängig sind.

Kapitel 4

Diejenigen Feiertage, die immer auf den gleichen Tag fallen (wie z. B.. Neujahr, Valentinstag, Tag der Arbeit etc.) sind verhältnismäßig einfach zu ermitteln. Sie müssen dazu nur abfragen, welches Datum in der Terminverwaltung eingegeben ist. Um das Datum in seine einzelnen Bestandteile zerlegen zu können benutzen Sie eine in VBA eingebauten Funktion, nämlich:

DatePart(interval, date, firstDayofWeek, firstWeekofYear)

Als „interval" können Sie dabei eingeben, ob Sie aus einem Datum den Tag, den Monat oder das Jahr herausziehen wollen. Benötigen Sie z. B.. den Tag, so müssen Sie „d" eingeben für die englische Tagbezeichnung „day". Benötigen Sie den Monat, so erfassen Sie ein „m" für „month". Aus der Eingabe von „date", einem gültigen Datum, wird dann der entsprechend gewünschte Datumsteil herausgezogen. Die beiden übrigen Parameter werden vorerst nicht benötigt. Der dritte Parameter soll den ersten Tag einer Woche eingeben, wobei der erste Tag der Sonntag ist, sofern nicht ein anderer Tag als erster Tag eingegeben wird. Der vierte Parameter soll die erste Woche eines Jahres aufnehmen. Dies ist, wenn nichts anderes eingegeben wird, die Woche, in die der 1.Januar fällt.

Für die Ermittlung der feststehenden Feiertage brauchen Sie sowohl den Tag als auch den Monat. Aus diesen beiden Faktoren, können Sie dann über eine „If – End if"-Abfrage den Feiertag ausgeben. Ich verdeutliche diese Feiertagsermittlung für den Neujahrstag, der ja bekanntlich immer am 1.Januar eines Jahres ist.

If DatePart("d", CDate(datDatum)) = 1 and DatePart("m", CDate(datDatum)) = 1 Then
    Me.Feiertag = "Neujahr"
End If

Sie wissen sicherlich, dass Sie in dem Tabellenfeld „datDatum" das aktuelle bzw. das gewünschte Termindatum steht. Sie wandeln mit der in VBA eingebauten Funktion „CDate" das Datum, das in dem Tabellenfeld „datDatum" steht, in einen gültigen Datumsausdruck um. Sie fragen also ab, ob in dem Tag-Teil des Datums die 1 und ob im Monats-Teil des Datums ebenfalls die 1 steht. Wenn beides übereinstimmt, dann soll im Unterformular im ungebundenen Textfeld „Feiertag" der Name des Feiertags, nämlich im aktuellen Beispielfall „Neujahr" erscheinen.

Ebenso müssen Sie jetzt alle feststehenden Feiertage abfragen. Am besten bauen Sie diese Feiertagsermittlung so ein, dass sie immer bei einem erstmaligen Öffnen des Unterformulars oder aber bei einem Wechsel des Datensatzes (Eingabe eines anderen Datums) aufgerufen wird. Dafür müssen Sie mit einem rechten Mausklick das Eigenschaftsfenster des Formulars aufrufen:

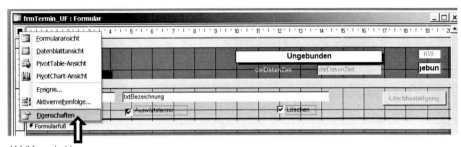

Abbildung 4- 66

Im Register *Ereignis* in der Zeile „Beim Anzeigen" klicken Sie in die Zeile und anschließend auf die Schaltfläche mit den drei kleinen Punkten und wählen im anschließenden Fenster den Code-Generator an. Im VBA-Editor werden Ihnen die beiden Code-Zeilen

Private Sub Form_Current()

End Sub

vorgegeben. Zwischen diese Zeilen geben Sie jetzt den nachfolgenden Programm-Code für alle feststehenden Feiertage ein:

Dim intTag As Integer
Me.Feiertag = " "
*'***********************************
'feststehende Feiertage
*'***********************************
   'Neujahr: Immer am Jahresanfang(am 01.01.)
   If DatePart("d", CDate(datDatum)) = 1 And _
      DatePart("m", CDate(datDatum)) = 1 Then
         Me.Feiertag = "Neujahr"
   End If
   'Heilige 3 Könige (immer am 06.01.)
   If DatePart("d", CDate(datDatum)) = 6 And _

Formulare   **201**

Kapitel 4

```
        DatePart("m", CDate(datDatum)) = 1 Then
        Me.Feiertag = "Heilige 3 Könige"
End If
'Valentinstag (immer am 14.02.)
If DatePart("d", CDate(datDatum)) = 14 And _
        DatePart("m", CDate(datDatum)) = 2 Then
        Feiertag = "Valentinstag"
End If
'Tag der Arbeit (immer am 01.05.)
If DatePart("d", CDate(datDatum)) = 1 And _
        DatePart("m", CDate(datDatum)) = 5 Then
        Me.Feiertag = "Tag der Arbeit"
End If
'Maria Himmelfahrt (immer am 15.08.):
If DatePart("d", CDate(datDatum)) = 15 And DatePart("m", CDate(datDatum)) = 8 Then
        Me.Feiertag = "Maria Himmelfahrt"
End If
'Tag der deutschen Einheit (immer am 03.10.):
If DatePart("d", CDate(datDatum)) = 3 And DatePart("m", CDate(datDatum)) = 10 Then
        Me.Feiertag = "Tag der deutschen Einheit"
End If
'Reformationstag (immer am 31.10.):
If DatePart("d", CDate(datDatum)) = 31 And DatePart("m", CDate(datDatum)) = 10 Then
        Me.Feiertag = "Reformationstag"
End If
'Allerheiligen (immer am 01.11.):
If DatePart("d", CDate(datDatum)) = 1 And DatePart("m", CDate(datDatum)) = 11 Then
        Me.Feiertag = "Allerheiligen"
End If
'Buß- und Bettag (immer am Mittwoch vor Kirchenjahr-Ende)
intTag = DatePart("w", DateSerial(DatePart("yyyy", CDate(datDatum)), 11, 1), vbMonday)
If intTag < 3 Then
        intTag = intTag + 7
End If
If DatePart("d", CDate(datDatum)) = 25 - intTag And DatePart("m", CDate(datDatum)) = 11 Then
        Me.Feiertag = "Buß- und Bettag"
End If
'Heiligabend (immer am 24.12.)
If DatePart("d", CDate(datDatum)) = 24 And DatePart("m", CDate(datDatum)) = 12 Then
        Me.Feiertag = "Heiligabend"
End If
'1. Weihnachtsfeiertag (immer am 25.12.)
If DatePart("d", CDate(datDatum)) = 25 And DatePart("m", CDate(datDatum)) = 12 Then
        Me.Feiertag = "1. Weihnachtsfeiertag"
```

```
End If
' 2. Weihnachtsfeiertag (immer am 26.12.)
If DatePart("d", CDate(datDatum)) = 26 And DatePart("m", CDate(datDatum)) = 12 Then
    Me.Feiertag = "2. Weihnachtsfeiertag"
End If
'Silvester (immer am 31.12.)
If DatePart("d", CDate(datDatum)) = 31 And DatePart("m", CDate(datDatum)) = 12 Then
    Me.Feiertag = "Silvester"
End If
```

Deklarieren Sie zunächst eine Integer-Variable, in die Sie die Ziffer für einen Wochentag speichern können, dies geschieht mit

Dim intTag as Integer

Da der Buß- und Bettag immer auf den letzten Mittwoch eines Kirchenjahres fällt, ist eine komplizierte Berechnung notwendig. Übernehmen Sie zunächst einmal den Programm-Code hierfür. Eine nähere Erläuterung kommt dann noch später.

Sie haben also alle feststehenden Feiertage erfasst. Verbleiben also noch die vom Ostersonntag abhängigen Feiertage. Hierzu gibt es eine von einem belgischen Mathematiker erstellte Formel, die Sie in einer *Allgemeinen Funktion* in das Projekt einbauen.

Es würde im Rahmen dieses Buches zu weit führen, diese fertige Funktion zu erläutern. Nehmen Sie sie als funktionsfähig einmal hin. Damit sie von anderen Programmen auch noch genutzt werden kann, binden Sie sie nicht in unser derzeitiges Formular ein, sondern wählen auf der Access-Arbeitsfläche das Objekt *Module* an. Klicken Sie hier auf *Neu*. Es wird Ihnen eine Kopfzeile bereits vorgegeben, nämlich

Option Compare Database

Ergänzen Sie in einer zweiten Zeile

Option Explicit

und geben nachfolgenden Code ein. Achten Sie darauf keine Eingabefehler zu machen, sonst kann die Funktion nicht einwandfrei arbeiten.

Kapitel 4

'Beschreibung: Berechnet den Ostersonntag eines Jahres
Public Function CalcEasterDate(_
ByVal intYear As Integer) As Date

'Aus dem Buch "Astronomical Formulare for Calculators" des Belgiers Jean Meeus (erschienen 1982 im Willmann-Bell-Verlag, Richmond, Virginia) entnommen. Nach den Angaben dort soll sie im Jahr 1876 entstanden 'und in Butcher's "Ecclesiastical Calendar" veröffentlicht worden sein.

'Die Berechnungsmethode kommt ohne tabellarische Fallunterscheidungen aus und gilt (im Gegensatz zur Gausschen Osterberechnung) ohne Ausnahmen für alle Jahre des Gregorianischen Kalenders (d.h. ab dem Jahr 1583) und den julianischen Kalender '(Ab dem Jahr 1 bis 1582)

```
Dim intA As Integer
Dim intB As Integer
Dim intC As Integer
Dim intD As Integer
Dim intE As Integer
Dim intF As Integer
Dim intG As Integer
Dim intH As Integer
Dim intI As Integer
Dim intK As Integer
Dim intL As Integer
Dim intM As Integer
Dim intN As Integer
Dim intP As Integer

Select Case intYear
        Case Is > 1582
        'Gregorianisch
        intA = intYear Mod 19
        intB = Int(intYear / 100)
        intC = intYear Mod 100
        intD = Int(intB / 4)
        intE = intB Mod 4
        intF = Int((intB + 8) / 25)
        intG = Int((intB - intF + 1) / 3)
        intH = (19 * intA + intB - intD - intG + 15) Mod 30
        intI = Int(intC / 4)
        intK = intC Mod 4
        intL = (32 + 2 * intE + 2 * intI - intH - intK) Mod 7
        intM = Int((intA + 11 * intH + 22 * intL) / 451)
        intN = Int((intH + intL - 7 * intM + 114) / 31)
        intP = (intH + intL - 7 * intM + 114) Mod 31
```

```
          CalcEasterDate = DateSerial(intYear, intN, intP + 1)

          Case Else
          ' Julianisch
          intA = (19 * (intYear Mod 19) + 15) Mod 30
          intB = (2 * (intYear Mod 4) + 4 * (intYear Mod 7) - _
          intA + 34) Mod 7
          CalcEasterDate = DateSerial(intYear, Int((intA + intB + 114) / 31), _
          (intA + intB + 114) Mod 31 + 1)

     End Select
     End Function
```

Speichern Sie diese Funktion unter dem Modul-Namen „modDateTime" ab.

Jetzt ergänzen Sie die Prozedur mit den feststehenden Feiertagen im Unterformular mit dem nachfolgenden Code für die variablen Feiertage. Benutzen Sie dabei einige Datumsfunktionen, nämlich *DateAdd* mit folgender Syntax:

DateAdd(interval, number, date)

Der Parameter „interval" bestimmt wie in der vorhergehenden Datumsfunktion *DatePart* den Datumsteil, den Sie benötigen, also „d" für Tag, „m" für Monat und „yyyy" für Jahr. Da Sie in der Feiertagsprozedur immer mit Tagen nach oder vor dem Ostersonntag rechnen, benötigen Sie natürlich den Parameter „d".

Der Parameter „number" ist ein numerischer Ausdruck, der die Anzahl der Tage vorgibt, die zum Datum des Ostersonntags hinzuaddiert oder subtrahiert werden müssen.

Der Parameter „date" gibt an, von welchem Datum aus Sie rechnen wollen. Das Rechendatum ist im vorliegenden Fall der Ostersonntag, den Sie in der Variablen „datOstersonntag" festhalten. Die Funktion *calcEasterDay* im allgemeinen Modul berechnet zunächst das Datum des Ostersonntags und speichert es in der Variablen *datOstersonntag*.

```
'*******************************************
' variable oder von Ostern abhängige Feiertage
' bei denen zunächst der Ostersonntag mit der
```

Kapitel 4

```
' Funktion "calcEastserDate" berechnet werden muss
' *************************************************
'Zugriff auf die Funktion CALCEASTERDATE
datOstersonntag = CalcEasterDate(Int(DatePart("yyyy"), _
CDate(datDatum))))

'Rosenmontag: 48 Tage vor Ostersonntag

If CDate(datDatum) = DateAdd("d", datOstersonntag, -48) Then
    Me.Feiertag = "Rosenmontag"
End If

'Aschermittwoch (immer der 7.Mittwoch vor Ostern, 46 Tage vor Ostersonntag)

If CDate(datDatum) = DateAdd("d", datOstersonntag, -46) Then
    Me.Feiertag = "Aschermittwoch"
End If

'Karfreitag (immer der Freitag vor Ostern), 2 Tage vor Ostersonntag

If CDate(datDatum) = DateAdd("d",datOstersonntag, -2) Then
    Me.Feiertag = "Karfreitag"
End If

'Ostersonntag

If datDatum = CDate(datOstersonntag) Then
    Me.Feiertag = "Ostersonntag"
End If
 ´ Ostermontag
If CDate(datDatum) = DateAdd("d",datOstersonntag, 1) Then
    Me.Feiertag = "Ostermontag"
End If

'Weißer Sonntag (immer 7 Tage nach Ostersonntag

If CDate(datDatum) = DateAdd("d", datOstersonntag, 7) Then
    Me.Feiertag = "Weißer Sonntag"
End If

'Christi Himmelfahrt (immer 39 Tage nach Ostern)

If CDate(datDatum) = DateAdd("d", datOstersonntag, 39) Then
    Me.Feiertag = "Christi Himmelfahrt"
End If
```

Kapitel 4

'Muttertag (er wird jeweils am zweiten Sonntag im Mai gefeiert. Sollte der Muttertag auf den
'Pfingstsonntag fallen, so ist der Muttertag einen Sonntag früher

```
intTag = DatePart("w", DateSerial(DatePart("yyyy", CDate(datDatum)), 5, 1), vbMonday)
intTag = (8 - intTag) + 7

If DateAdd("d", datOstersonntag, 49) = DateSerial(DatePart("yyyy", CDate(datDatum)), 5, intTag)
Then
    intTag = intTag - 7
End If
If CDate(datDatum) = DateSerial(DatePart("yyyy", _   CDate(datDatum)), 5, intTag) Then
    Me.Feiertag = "Muttertag"
End If
```

'Pfingstsonntag (49 Tage nach Ostersonntag)

```
If CDate(datDatum) = DateAdd("d",datOstersonntag, 49) Then
    Me.Feiertag = "Pfingstsonntag"
End If
```

'Pfingstmontag (50 Tage nach Ostersonntag)
```
If CDate(datDatum) = DateAdd("d",datOstersonntag, 50) Then
    Me.Feiertag = "Pfingstmontag"
End If
```

'Fronleichnam (gefeiert am 2. Donnerstag nach Pfingsten (= 60 Tage nach Ostersonntag)
```
If CDate(datDatum) = DateAdd("d",datOstersonntag, 60) Then
    Me.Feiertag = "Fronleichnam"
End If
```

'Adventssonntage:
'beginnend am 4. Sonntag vor Weihnachten (zugleich Beginn des Kirchenjahres).

```
intTag = DatePart("w", DateSerial(DatePart("yyyy",CDate(datDatum)), 11, 27), vbMonday)
intTag = (8 - intTag)

If  CDate(datDatum)  =  DateAdd("d",  DateSerial(DatePart("yyyy",  CDate(datDatum)), 11, 26),
intTag) Then
    Me.Feiertag = "1. Advent"
End If

If CDate(datDatum) = DateAdd("d", DateSerial(DatePart("yyyy", CDate(datDatum)), 11, 26),intTag
+ 7) Then
    Me.Feiertag = "2. Advent"
```

Formulare

Kapitel 4

End If

If CDate(datDatum) = DateAdd("d", DateSerial(DatePart("yyyy", CDate(datDatum)), 11, 26),intTag + 14) Then
    Me.Feiertag = "3. Advent"
End If

If CDate(datDatum) = DateAdd("d", DateSerial(DatePart("yyyy", CDate(datDatum)), 11, 26),
    Me.Feiertag = "4. Advent"
End If

Wenn Sie einmal eine Hilfe bei einer eingebauten Funktion benötigen, so können Sie die Access-Hilfe jederzeit aufrufen und erfahren dort genau die Syntax einer Funktion und auch jeweils einige einschlägige Beispiele. Sie brauchen hierzu lediglich den Cursor in einen Funktionstext stellen, z. B.. in *DateAdd* und die F1-Taste drücken. Zum Beenden der Hilfe klicken Sie oben rechts in dem angezeigten Hilfefenster auf das X-Symbol.

So jetzt haben Sie diese Prozedur vervollständigt. Bei jedem Datumswechsel im Unterformular wird nunmehr ein evtl. Feiertag angezeigt. Wenn kein Feiertag ansteht, wird das entsprechende Formularfeld geleert.

Jetzt müssen Sie noch die Kalenderwoche ermitteln, damit diese im Formular noch ermittelt werden kann. Auch hier bedienen Sie sich wieder der Funktion DatePart(), allerdings mit dem Parameter „ww" für Woche. Am besten ist es, wenn Sie die Berechnung vor der Feiertagsberechnung durchführen. Gehen Sie deshalb in die obige Subprozedur und lassen die Funktion nach der Variablendeklaration ausführen.

intKW = DatePart(„ww", forms!Terminkalender.MsCal)

Nehmen Sie dabei Bezug auf das Datum des Kalendersteuerelements MSCal im Hauptformular *Terminkalender*. Immer wenn ein neues Datum aufgerufen wird ergibt sich ein neuer Bildschirmaufbau. Mit diesem Bildschirmaufbau ermitteln Sie die Kalenderwoche.

Speichern Sie das fertige Unterformular unter *frmTermin_UF* ab.

Jetzt müssen Sie das Hauptformular für die Terminverwaltung entwickeln.

In diesem Formular möchten Sie nicht nur eine normale Tageseingabe in einem Feld eingeben, sondern sollen mit einem Tool von VBA, *dem Kalendersteuerelement*, arbeiten und durch ein einfaches Klicken auf den gewünschten Tag, Termine eingeben und aufrufen. Wie bereits in der Planung festgelegt, sollen auch einmalige Erinnerungen für den entsprechenden Termintag erfasst und angezeigt werden. Wählen Sie in der Access-Auswahlfläche das Objekt *Formulare* und dort „*Erstellt ein Formular in der Entwurfsansicht*" aus. Klicken Sie auf *Neu,* weil ein neues Formular erstellt wird. Anschließend bestätigen Sie, dass das Formular in der Entwurfsansicht erstellt werden soll. Eine Tabelle oder Abfrage brauchen Sie vorerst nicht, deshalb können Sie das Feld am unteren Rand des Fensters leer belassen. Nach einer Bestätigung mit OK wird die neue Formularfläche angezeigt. Vergrößern Sie dieses Formular wie in Abbildung 4-10 gezeigt, in dem Sie zunächst auf den unteren grauen Begrenzungsrand mit der Maus gehen. Der Mauscursor verwandelt sich in einen Doppelpfeil. Ziehen Sie den grauen Rand nach unten bis zur 18 am linken Lineal. Nun ziehen Sie den rechten grauen Rand des Formulars bis zur 33 am oberen Lineal. Anschließend ziehen Sie auch das graue Formularfeld entsprechend nach unten und außen.

In der Toolbox klicken Sie auf das letzte Steuerelement mit den gekreuzten Hammer und Meißel (*weitere Steuerelemente*) und wählen aus dem aufgehenden Fenster das Steuerelement *Calendar-Control X.0* , bzw. *Kalendersteuerelement X* aus. Je nach Access-Version steht für „X" eine Zahl wie 9 oder 10 oder z. B.. für die Access-Version 2003 die 11.0. Nach der Auswahl sehen Sie neben dem Cursor einen kleinen Hammer. Dies bedeutet, dass Sie nun ein Kalendersteuerelement aufziehen können. Gehen Sie mit dem Cursor zur Position 1 des oberen Lineals und zu Position 4 des linken Lineals und ziehen mit gedrückter Maustaste ein Rechteck auf, etwa bis zu den Positionen 10,5 am oberen und linken Lineal. Nach dem Loslassen der linken Maustaste wird automatisch das Kalendersteuerelement aufgebaut. Das Kalendersteuerelement erhält automatisch den Namen *MsCal.*

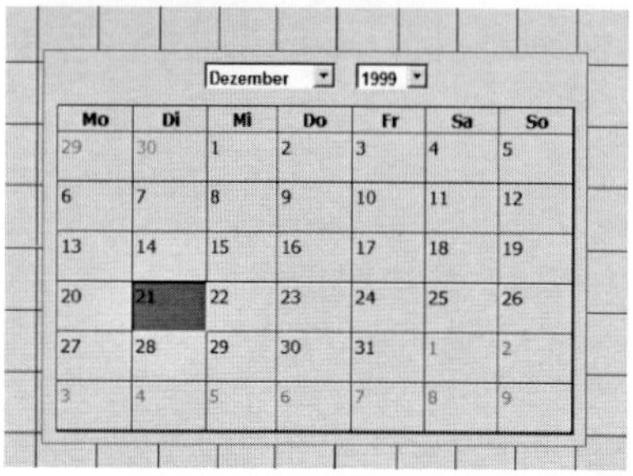

Kapitel 4

Abbildung 4-67

In diesem Kalendersteuerelement, können Sie sowohl einen bestimmten Monat, ein bestimmtes Jahr oder natürlich auch einen bestimmten Tag auswählen. Den Monat wählen Sie, in dem Sie auf den kleinen Pfeil rechts neben der vorgegebenen Monatsbezeichnung klicken und im aufgehenden Fenster durch einen Klick auf den gewünschten Monat auswählen. Mit dem Jahr verhält es sich ebenso. Die Auswahl eines Tages brauche ich sicherlich nicht zu erläutern. Hier genügt ein Klick auf den Kalender selbst.

Hinweis!

Das Kalendersteuerelement wird von Microsoft nur noch bis Access 2007 unterstützt und zwar dort auch nur zusammen mit dem Service-Pack 1. Ab Access 2010 ist es nicht mehr vorhanden. Allerdings kann man es in der 32-Bit-Version noch nachbilden. Für die 64-Bit-Version kann es nicht mehr eingesetzt werden. Für die 32-Bit-Version suchen Sie in Ihrer alten Office-Installation im Installationsverzeichnis – meist: C:\Programme\Microsoft Office\Office12 - die Dateien MSCAL.OCX, MSCAL.DEP, MSCAL.HLP und MSCAL.CNT und kopieren diese in das Installationsverzeichnis Ihres neuen Office 2010 – meist: C:\Programme\Micorsoft Office\Office14. Wählen Sie anschließend im Startmenü die Eingabeaufforderung an und wechseln in das Installationsverzeichnis Ihres Office 2010. Geben Sie in der Eingabeaufforderung den Befehl

regsvr32 mscal.ocx

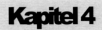

ein. Sie erhalten danach ein Meldungsfenster, mit der Bestätigung, dass mscal.ocx erfolgreich registriert ist. Bestätigen Sie diese Meldung mit OK und schließen Sie die Eingabeaufforderung. Danach können Sie auch hier das Kalendersteuerelement noch benutzen. Sie können aber auch unter

www.add-in-world.com/katalog/access-kalender/

ein fertiges Kalendermodul kostenlos herunterladen, das auch Access 2010 in allen Versionen unterstützt. Nach diesem kurzen Ausflug wieder zurück zu unserem Formular.

Unterhalb dieses Kalendersteuerelements müssen Sie jetzt noch ein ungebundenes Textfeld einbauen, in dem später angezeigt wird, wenn für den Tag etwas Besonderes vorliegt, ohne dass ein solches Vorliegen mit einem bestimmten Termin etwas zu tun hat, z. B., Erinnerung an einen Geburtstag o. ä. Aus der

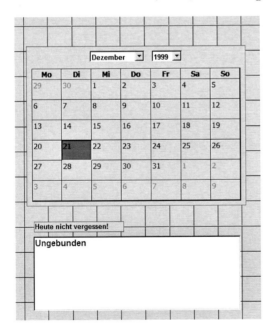

Abbildung 4- 68

Formulare

Kapitel 4

Toolbox ziehen Sie ein Textfeld auf, etwa linker Rand bei 1,4 cm, eine Breite von 8,5 cm und eine Höhe von 2,9 cm. Im Register *Alle* geben Sie dem Textfeld den Namen „memErinnerung". Das dazugehörende Beschriftungsfeld fassen Sie am linken oberen Anfasser mit der Maus an und verschieben es über das eigentliche Textfeld, beginnen ebenfalls wieder mit dem linken Rand bei 1,4 cm. Dem Beschriftungsfeld geben Sie eine Breite von 3,7 cm und eine Höhe von 0,4 cm. Als Hintergrundfarbe wählen Sie, wie üblich den Farbton hellgelb aus und als Textfarbe Rot. Als Schrift wählen Sie Arial und eine Schriftgröße von 8 pt und fett. Damit in diesem Feld kein Eintrag direkt vorgenommen werden kann – die Erfassung der Einträge wollen wir in einem eigenen Formular erledigen – müssen Sie im Register *Daten* die Zeile *Gesperrt* auf *Ja* setzen. Der Nutzer kann zwar mit dem Cursor in dieses Feld hineingehen, er kann aber keinerlei Veränderungen vornehmen. Im Register *Alle* des Eigenschaftsfensters wählen Sie jetzt noch als Beschriftung für dieses Feld „*Heute nicht vergessen!*".

Jetzt müssen Sie noch das vorhin erstellte Unterformular einbauen, damit die Termine auch angezeigt werden können.

Aus der Toolbox wählen Sie das Icon „Unterformular" an, das ist das viertletzte und ziehen mit der Maus auf der rechten Seite neben dem Kalendersteuerelement ein Rechteck auf, das wie folgt formatiert wird: Links 12,3 cm, Oben 0,099 cm, Breite 21,079 cm, Höhe 17,5 cm. Der Assistent öffnet ein Fenster. Dort legen Sie mit einem Klick fest, dass Sie für das Unterformular ein bereits bestehendes Formular verwenden wollen. Im Auswahlfenster werden alle vorhandenen Formulare angezeigt und Sie entscheiden sich für das Formular *frmTermin_UF*, das Sie weiter oben für diesen Zweck bereits entworfen haben. Mit einem Klick auf *Weiter* geben Sie einen Namen für dieses Unterformular an. Belassen Sie die Vorgabe und klicken auf *Fertigstellen*. Das Formular ist nunmehr als Unterformular eingefügt.

Jetzt müssen Sie dem Hauptformular aber noch ein wenig Programmcode spendieren, damit auch die für den Tag richtigen Werte angezeigt werden. Sie erinnern sich, dass bei jedem Datensatzwechsel das Formular neu aufgebaut wird. Diese Tatsache machen Sie sich jetzt zu nutzen, in dem Sie festlegen, dass beim Öffnen des Formulars das heutige Datum automatisch vorgegeben und dass

Kapitel 4

außerdem auch das Erinnerungsfeld immer mit dem Inhalt des Tabellenfeldes *txtErinnerung* bestückt werden soll.

Sie benötigen dafür eine Ereignisprozedur, nämlich *Beim Laden des Formulars*. Klicken Sie das Formular ganz oben links mit der rechten Maustaste an, wählen dann Eigenschaften aus, gehen zum Register *Ereignis* und klicken in die Zeile *Beim Laden*. Anschließend wählen Sie durch Klick auf die drei Pünktchen rechts außen den VBA-Editor an und sehen dann die Vorgabe-Zeilen

Private Sub Form_Load()

End Sub

Sicher ist Ihnen noch bekannt, dass das Kalendersteuerelement den Namen *MsCal* hat. Jedes Steuerelement besitzt auch die Eigenschaft *Wert* als Bestimmung seines Inhaltes. Der englische Begriff für Wert ist *value*. Sie können damit jedem Steuerelement einen bestimmten Wert zuweisen, wenn Sie den Namen des Steuerelementes ansprechen und mit einem „." getrennt den englischen Begriff für Wert anhängen und dann ein „=" als Zuweisung erfassen. Dem Kalendersteuerelement wollen Sie nun bei Formularöffnung immer das jeweils aktuelle Datum zuweisen. Für das aktuelle Datum, also heute, hat Access eine eingebaute, feststehende Funktion, nämlich „***Now***". Now heißt auf Deutsch „Jetzt" und beinhaltet sowohl das heutige Datum als auch die aktuelle Uhrzeit und wird von der Systemzeit des Computers abgeleitet. Von diesem Datum benötigen Sie allerdings nur das Datum und zwar in kurzer Form. Im englischen heißt das kurze Datum „Short Day". Damit das Datum auch im richtigen Format für diese Zwecke ermittelt werden kann, benötigen Sie noch die eingebaute Funktion „*Format$*".

Zwischen die beiden obigen Prozedur-Zeilen schreiben Sie also nun den ersten Ausdruck mit der Zuweisung des aktuellen Datums an das Kalendersteuerelement wie folgt:

Me.MsCal.Value = Format$(Now, "Short Date")

Kapitel 4

Damit auch das Unterformular das gleiche Datum erhält, wenn Sie das Formular öffnen, müssen Sie diesem ebenfalls das heutige Datum zuweisen. Dies geschieht mit einer VBA-Funktion namens *„requery"*. Sie sagen damit, dass das Unterformular sofort mit dem Datum des Kalendersteuerelements aktualisiert werden soll. Die Anweisung lautet:

Me.frmTermin_UF.Requery

Speichern Sie dieses aktuelle Datum noch einmal in einer zusätzlichen Variablen, die Sie *„ErfassDatum"* nennen. Schreiben Sie eine weitere Zeile Code:

ErfassDatum = Me.MsCal

Nach den obigen Ausführungen weisen Sie dieser neuen Variablen einen Wert zu, und zwar den Wert des Kalendersteuerelements. Bei einer solchen Zuweisung müsste normalerweise der jeweilige Variablenname getrennt mit einem Punkt und der Eigenschaft „Value" aufgeführt werden. Da Access aber standardmäßig immer die Value-Eigenschaft vorgibt, wenn keine andere Eigenschaft angesprochen ist, können Sie sich den Zusatz „Value" sparen.

Sie wollen gleichzeitig auch das Erinnerungsfeld aktualisieren und zwar wollen Sie dabei das soeben gewählte Datum verwenden und in der Tabelle *tblErinnerung* nachschlagen. Dazu benutzen Sie eine Funktion, die Sie schon in anderen Formularen kennengelernt haben, nämlich die *DlookUp-Funktion*. An die Syntax können Sie sich sicher noch erinnern, wenn nicht, dann noch einmal ein kurzer Hinweis:

Dlookup („Tabellenfeld", „Tabelle", „Suchkriterium")

Das benötigte Tabellenfeld ist in diesem Falle das Feld *txtErinnerung* in der Tabelle *tblErinnerung*. Das Suchkriterium lautet, dass das Schlüsselfeld der Tabelle, nämlich „datErinnerung" übereinstimmt mit unserem aktuellen Tag.

Der Wert des Tabellenfeldes soll in das ungebundene Textfeld *memErinnerung* geschrieben und angezeigt werden. Also lautet die Anweisung komplett:

```
memErinnerung = DLookup("txtErinnerung", "tblErinnerung", "cdate([datErinnerung]) = '" & _
ErfassDatum & "'")
```

Kapitel 4

Achten Sie bei der Syntax unbedingt darauf, dass alle Kriterien in Anführungszeichen stehen. Beim Suchkriterium benötigen Sie allerdings zweimal das Anführungszeichen. Einmal muss die gesamte Anweisung, wie eben gesagt, in Anführungszeichen stehen, andererseits benötigen Sie auch noch ein Leerzeichen am Schluss der Anweisung, das auch in einem Anführungszeichen oben und unten ausgedrückt wird. Damit es hier zu keiner Kollision kommt, nehmen Sie zunächst das doppelte Anführungszeichen für die Einrahmung des 1. Teils des Suchkriteriums, also nach dem „=". Dann fahren Sie mit dem einfachen Anführungszeichen fort um den 2. Teil des Suchkriteriums, nämlich die neu geschaffene Variable *ErfassDatum* und ganz zum Ende der Funktion auch noch das Leerzeichen mit zwei doppelten Anführungszeichen anzuhängen.

Damit wäre die Sub-Prozedur für das Öffnen des Formulars abgeschlossen. Sicher werden Sie bemerkt haben, dass aber nicht nur beim Öffnen des Formulars eine solche Aktualisierung erfolgen muss, sondern z. B.. auch wenn Sie einen anderen Tag, einen anderen Monat oder aber ein anderes Jahr im Kalendersteuerelement anklicken.

Jedes Mal, wenn Sie im Kalendersteuerelement einen anderen Tag anklicken, muss diese Prozedur ebenfalls ausgeführt werden. Rufen Sie deshalb über die Symbolleiste das Code-Fenster auf und geben folgenden Programmcode ein:

```
Private Sub MsCal_Click()
Me.frmTermin_UF.Requery
ErfassDatum = Me.MsCal
memErinnerung = DLookup("txtErinnerung", "tblErinnerung", "cdate([datErinnerung]) = '" & _
ErfassDatum & "'")
End Sub
```

Wenn Sie im Kalendersteuerelement einen anderen Monat oder auch ein anderes Jahr auswählen, müssen Sie auch im Unterformular eine Gleichschaltung auf das entsprechende Jahr bzw. Monat herbeiführen. Sie wenden dabei für beide Änderungen die zwei nachfolgenden *Requery*-Prozeduren an und schreiben den Programmcode weiter:

```
Private Sub MsCal_NewMonth()
    Me.frmTermin_UF.Requery
End Sub
```

Formulare

Kapitel 4

Private Sub MsCal_NewYear()
    Me.frmTermin_UF.Requery
End Sub

Zum Schließen des Formulars müssen Sie noch eine Schließen-Schaltfläche programmieren. Ziehen Sie aus der Toolbox eine Befehlsschaltfläche herein und geben dem Assistenten eine *Formularoperation* und ein *Formular schließen* vor. Geben Sie der Schaltfläche im Eigenschaftsfenster im Register *Alle* den Namen *btnDone* und als Tastenbeschriftung erfassen Sie ENDE. Die Beschriftung wählen Sie im Register *Format* dabei mit 12 pt, extra fett und kursiv, die Textfarbe mit Rot.

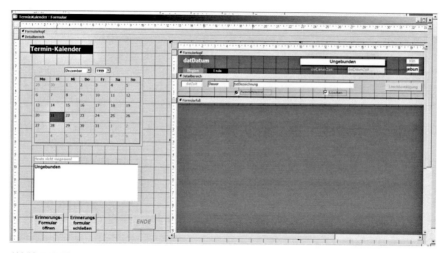

Abbildung 4-69

Zum Abschluss der Terminverwaltung schaffen Sie jetzt noch eine Möglichkeit, neben den Terminen auch noch die evtl. Erinnerung für ein bestimmtes Ereignis erfassen zu können, das dann am entsprechenden Kalendertag auch angezeigt wird.

Verlassen Sie deshalb kurz das Terminverwaltungsprogramm durch eine Speicherung und geben ihm den Namen *frmTerminkalender*.

Kapitel 4

Erinnerungs-Verwaltung

Auf der Access-Arbeitsfläche wählen Sie in der Objekt-Spalte *Formular* aus. Kopieren Sie dann das erstellte Musterformular und fügen es unter dem Namen *frmErinnerung* ab.

Als Datengrundlage geben Sie über einen Rechtsklick für die Formulareigenschaften im Eigenschaftsfenster in dem Register Daten die notwendige Tabelle *tblErinnerung* ein.

Ändern Sie durch Anklicken der Titelzeile im Register *Alle* die Beschriftung in „Erfassung Merkpunkte".

Wenn die Tabellenfelder noch nicht angezeigt werden, klicken Sie in der Symbolleiste auf Feldliste und ziehen die Tabellenfelder *datErinnerung* und *txtErinnerung* auf die Arbeitsfläche. Markieren Sie die beiden Beschriftungsfelder, rufen mit einem Rechtsklick das Eigenschaftsfenster auf, wählen das Register *Format* und geben nachfolgende Werte ein:

Links:	1,099
Breite:	1,905
Höhe:	0,501
Hintergrundfarbe:	hellgelb (8454143)
Textfarbe:	rot (255)
Schriftart:	Arial
Schriftgrad:	8 pt
Schriftbreite:	fett
Textausrichtung:	rechtsbündig

Das erste Textfeld datErinnerung formatieren Sie folgendermaßen:

Links:	4,099
Breite:	2,196
Höhe:	0,501
Schriftart:	Arial
Schriftgrad:	8 pt
Format:	Datum, kurz

Formulare

Kapitel 4

Das andere Textfeld txtErinnerung erhält die nachfolgenden Daten:

Links:	4,099
Breite:	5,921
Höhe:	2,095
Schriftart:	Arial
Schriftgrad:	8 pt

Damit haben Sie genügend Platz geschaffen um auch längere Eintragungen vornehmen zu können. Überprüfen Sie noch, ob die Erfassungsreihenfolge stimmt. Hierzu gehen Sie über die Menüauswahl zu *Ansicht, Aktivierungsreihenfolge*. Vergleichen Sie die Abfolge der Felder im Reihenfolgefenster und auf dem Formular. Sie erkennen, dass die Reihenfolge identisch und keine Korrektur notwendig ist.

Jetzt erstellen Sie noch ein Kombinationsfeld um später evtl. gespeicherte Daten schneller wiederzufinden. Aus der Toolbox ziehen Sie ein Kombinationsfeld auf und wählen im Assistentenfenster die dritte Variante an: „*einen Datensatz im Formular basierend auf dem im Kombinationsfeld gewählten Wert suchen*". Nach einem Klick auf Weiter nehmen Sie dann in die Auswahl der Felder das Datumsfeld *datErinnerung* und klicken auf Weiter. Das nachfolgende Fenster bedarf keiner weiteren Erläuterung und kann mit Weiter verlassen werden. Im nächsten Dialogfenster wählen Sie als Beschriftung „Daten" und klicken auf Fertigstellen. Klicken Sie mit der rechten Maustaste auf das Beschriftungsfeld „Daten", fassen es am linken oberen Anfasser mit der Maus an und ziehen es über das Textfeld.

Kapitel 4

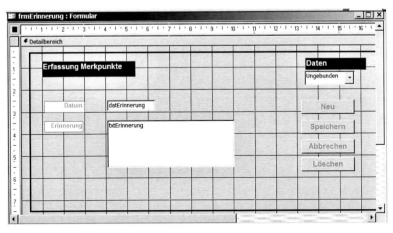

Abbildung 4-70

Speichern Sie dieses Formular unter dem Namen *frmErinnerung* ab.

Jetzt gehen Sie wieder zurück zu dem vorhergehenden Formular und ergänzen dies noch durch eine Befehlsschaltfläche zum Öffnen des soeben erstellten Formulars *frmErinnerung*.

Rufen Sie das Formular *Terminkalender* auf, holen aus der Toolbox eine Befehlsschaltfläche und platzieren sie unterhalb des Erinnerungsfeldes. Linker Rand bei 1,6 cm, Breite ca. 2,5 cm und Höhe ca. 1,5 cm. Der Assistent fragt wieder ab, was mit der Schaltfläche gemacht werden soll. Wählen Sie dabei *Formularoperationen* und *Formular öffnen* an. Nach einem Klick auf Weiter wählen Sie aus der Liste aller Formulare das Formular *frmErinnerung* aus. Nach einem Klick auf *Weiter* erfassen Sie den Schaltflächentext mit „Erinnerungsformular Öffnen" und klicken auf Weiter, geben der Schaltfläche den Namen *befErinnerungÖffnen* und klicken auf Fertigstellen. Über das Eigenschaftsfenster geben Sie dem Schaltflächentext noch eine grüne Farbe.

Platzieren Sie daneben eine weitere Befehlsschaltfläche mit den gleichen Maßen, lediglich linker Rand bei 4,5 cm. Im Dialogfenster wählen Sie wieder *Formularoperationen* aus und anschließend *Formular schließen*. Als Schaltflächentext geben Sie „Er-

Formulare

Kapitel 4

innerungsformular schließen" ein, bestätigen Ihre Eingaben mit Weiter und geben der Schaltfläche den Namen *befErinnerungSchliessen* und klicken auf Fertigstellen. Als Textfarbe für diese Schaltfläche nehmen Sie wieder Grün.

Da Sie zum Zeitpunkt des Schließens des Erinnerungsformulars insgesamt zwei Formulare geöffnet haben, nämlich den Terminkalender und dieses Erinnerungsformular, sollten Sie den VBA-Programmcode für diese Schließen-Schaltfläche dahin gehend ergänzen, als Sie dem Schließbefehl exakt angeben, welches Formular geschlossen werden soll. Klicken Sie deshalb die Schließen-Schaltfläche mit der rechten Maustaste an, öffnen das Eigenschaftsfenster, gehen auf das Register Ereignis und klicken in die Zeile „Beim Klicken", anschließend auf die rechte Schaltfläche mit den drei Punkten und gelangen im VBA-Editor in die Schließen Prozedur. Ergänzen Sie dort den Code wie folgt:

```
Private Sub befErinnerungSchliessen_Click()
On Error GoTo Err_befErinnerungSchliessen_Click
    Dim stDocName As String
    Dim stLinkCriteria As String
    stDocName = "frmErinnerung"
    DoCmd.Close acDefault, stDocName
```

Der restliche Programmcode dieser Prozedur erfährt keine Änderung.

Jetzt können Sie also in der Terminverwaltung jederzeit das Erinnerungsformular öffnen und auch wieder schließen.

Zum Schluss benötigen Sie auch noch eine Schaltfläche zum Schließen des Terminkalenders.

Ziehen Sie aus der Toolbox eine weitere Befehlsschaltfläche auf, wählen im Dialogfenster Formularoperationen aus und anschließend *Formular schließen*. Geben Sie dieser Schaltfläche den Namen *btnDone*. Hier brauchen Sie keine Ergänzung des vom Assistenten geschriebenen Programmcodes vornehmen, da zu diesem Schließen-Zeitpunkt nur noch dieses Formular geöffnet ist.

Speichern Sie nun das Formular wieder ab.

Kapitel 4

Haushaltsbuch

Die erste Arbeit besteht darin ein Erfassungsformular zu erstellen, mit dem Sie die einzelnen Konten zur Verbuchung von Einnahmen und Ausgaben festlegen können. Danach wird auch das eigentliche Buchungsprogramm erstellt.

Buchungskonten

Die Erfassung der notwendigen Buchungskonten geschieht normalerweise nur einmalig oder, wenn man die Aufzeichnungen verfeinern möchte, nur sporadisch. Das Erfassungsformular wird also nicht ständig benötigt.

Auf der Access-Arbeitsfläche wählen Sie die Objekt-Spalte *Formular* aus. Kopieren Sie dann das früher angefertigte Musterformular und fügen es unter dem Namen *frmBuchungskonten* ab. Als Datengrundlage geben Sie über einen Rechtsklick für die Formulareigenschaften im Eigenschaftsfenster in dem Register Daten die notwendige Tabelle *tblBuchungskonto* ein. Ändern Sie durch Anklicken der Titelzeile im Register *Alle* die Beschriftung in „Buchungs-Konten". Wenn die Tabellenfelder noch nicht angezeigt werden, klicken Sie in der Symbolleiste auf Feldliste und ziehen die Tabellenfelder *KtoNr* und *KontoBezeichnung* auf die Formularfläche.

Für das dritte Tabellenfeld *BuchungsArt* werden Sie eine Optionsgruppe erstellen, aus der der Benutzer später für jedes Buchungskonto eine Buchungsart durch Anklicken auswählen kann. In der Toolbox klicken Sie auf das Symbol *Optionsgruppe* (dies ist das kleine Quadrat mit der Buchstabenfolge *XYZ* oben) und zeichnen mit gedrückter linker Maustaste unterhalb des Eingabefeldes *Kontobezeichnung* ein kleines Rechteck etwa in der Breite von 3,8 cm und einer Höhe von 2,5 cm. Der Assistent fragt nunmehr die Beschriftung der einzelnen Optionsfelder ab. In die erste Zeile schreiben Sie „Einnahmen" und gehen mit der TAB-Taste in die nächste Zeile und erfassen „Ausgaben" und in die dritte Zeile schreiben Sie „Finanzkonto".

Formulare

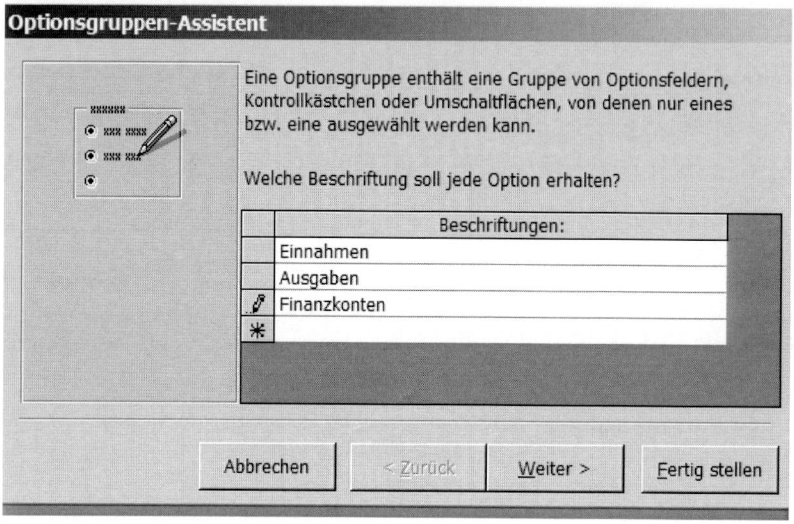

Kapitel 4

Abbildung 4-71

Nach einem Klick auf Weiter fragt der Assistent, ob Sie eine Standardvorgabe für diese Optionsgruppe wünschen. Dies muss nicht sein, erleichterst aber die spätere Arbeit ein wenig. Da die meisten Konten die Sie vermutlich benötigen Ausgabe-Konten sind, erfassen Sie als Standardvorgabe demnach *Ausgaben*. Mit einem Klick auf Weiter zeigt Ihnen der Assistent jetzt die Optionsfelder mit den zugeordneten Zahlenwerten an. So erhalten die Einnahmen-Konten die Kennziffer 1, die Ausgabenkonten die Kennziffer 2 und die Finanzkonten die Kennziffer 3. Mit diesen Zahlenwerten können Sie dann später z. B.. notwendige Verzweigungen vornehmen. Mit einem Klick auf *Weiter* kommen Sie zum nächsten Dialogfenster. Hier erfolgt die Frage was mit dem ausgewählten Optionsfeld passieren soll, ob es z. B.. zwischengespeichert oder ob es in ein Tabellenfeld geschrieben werden soll. In der Tabelle *tblBuchungskonten* haben Sie ein Feld *BuchungsArt* aufgenommen. In dieses Feld soll auch der Wert der Optionsgruppe gespeichert werden. Klicken Sie also die Zeile „*Den Wert hier speichern*" an und wählen mit einem Klick auf das kleine Dreieck rechts aus den Tabellenfeldern das Feld *BuchungsArt* aus

Kapitel 4

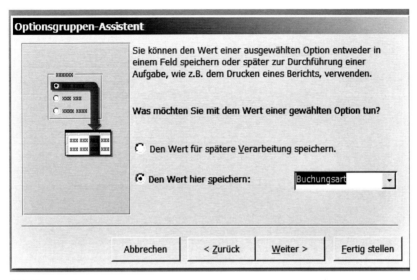

Abbildung 4-72

Klicken Sie bitte wieder auf *Weiter* und es öffnet sich eine Gestaltungsauswahl für das Optionsfeld. Belassen Sie diesmal die Vorgabe auf dem runden Optionsfeld (sie können natürlich auch das kleine Quadrat auswählen, wenn Sie es für schöner empfinden) und klicken noch „schattiert" an. Wenn Sie den vom Assistenten vorgegebenen Namen dieser Optionsgruppe belassen wollen (dieser heißt: RahmenXX, wobei für XX eine Zahl steht) dann klicken Sie auf Fertigstellen, ansonsten auf *Weiter*, geben dann einen einprägsamen Namen ein und klicken dann erst auf Fertigstellen.

Auf dem Formularentwurf sehen Sie nun die programmierte Optionsgruppe und sehen auch, dass der Assistent ein kleines Beschriftungsfeld eingefügt hat. Dieses Beschriftungsfeld (RahmenXX) besitzt, wie der Rahmen selbst auch, ein kleines schwarzes Quadrat oben links. Mit dem Mauszeiger fassen Sie dieses Quadrat an und ziehen es mit gedrückter Maustaste nach links als künftiges Beschriftungsfeld dieser Optionsgruppe.

Kapitel 4

Markieren Sie die drei Beschriftungsfelder, rufen mit einem Rechtsklick das Eigenschaftsfenster auf, wählen das Register *Format* und geben nachfolgende Werte ein:

Links:	1,099
Breite:	1,905
Höhe:	0,501
Hintergrundfarbe:	hellgelb (8454143)
Textfarbe:	rot (255)
Schriftart:	Arial
Schriftgrad:	8 pt
Schriftbreite:	fett
Textausrichtung:	rechtsbündig

Wenn die Optionsgruppe verlassen wird, soll die Eingabemarke wieder zum Feld *KtoNr* springen. Klicken Sie deshalb den Rahmen mit der rechten Maustaste an, wählen Eigenschaften aus, und klicken im Register *Ereignis*, die Zeile „Beim Verlassen" an. Mit einem weiteren Klick auf die drei Punkte rechts und der Auswahl *Code-Generator* kommen Sie in den VBA-Editor. Den vorgegebenen Code ergänzen Sie wie nachstehend:

Private Sub Rahmen22_Exit(Cancel As Integer)
Me.KtoNr.SetFocus
End Sub

Es wäre sicherlich auch clever, wenn Sie beim Verlassen der Kontenauswahl-Option noch abprüfen würden, ob die Auswahl der Kontenart auch mit den von Ihnen festgelegten Nummernkreisen übereinstimmt. Sie erinnern sich noch, dass Sie als Nummernkreis für die Finanzkonten die Konten von 1000 bis 1999, für die Einnahmekonten die Nummern 2000 bis 2999 und für die Ausgaben die Nummern 3000 bis 3999 vorgesehen hatten.

Vor der Zeile „Me.KtoNr.SetFocus" geben Sie deshalb eine Überprüfungsroutine ein. Für eine solche Überprüfung haben Sie schon mehrmals eine sogen. „*If – then – Else*-Anweisung" benutzt, d.h., sie fragen ab, ob es sich um eine Kontonummer im Bereich zwischen 1000 und 1999 handelt und gleichzeitig eine andere Option als 3 (für Finanzkonten) gewählt wurde. Da Sie insgesamt drei solcher

Kapitel 4

Abprüfungen haben, werden Sie die zweite Variation für die Kontengruppe zwischen 2000 und 3000 und der Option 1 mit einer „*elseIf*"-Anweisung anbinden, ebenso natürlich die Kontengruppe zwischen 3000 und 3999 mit der Option 2. Trifft dabei zu, dass die Kontonummer nicht zur gewählten Optionskennziffer passt, geben Sie dem Nutzer einen Hinweis durch eine *MsgBox* und veranlassen, dass der Cursor wieder in die Optionsgruppe springt um dort die richtige Kennziffer eingeben zu können. Als letzte Anweisung, das ist dann die „else"-Anweisung, die immer dann zutreffen soll, wenn Buchungskreis und Optionskennziffer zusammenpassen, veranlassen Sie den bereits als Programmcode erfassten Rücksprung zur Kontonummer. Der komplette Programmcode hierfür sieht wie folgt aus:

```
If (Me.KtoNr >= 1000 And Me.KtoNr < 2000) And Me.Rahmen22 <> 3 Then
    MsgBox ("Kontonummer passt nicht zum Kontenkreis FINANZKONTEN!")
    Me.Rahmen22.SetFocus
ElseIf (Me.KtoNr >= 2000 And Me.KtoNr < 3000) And Me.Rahmen22 <> 1 Then
    MsgBox ("Kontonummer passt nicht zum Kontenkreis EINNAHMEN!")
    Me.Rahmen22.SetFocus
ElseIf (Me.KtoNr >= 3000 And Me.KtoNr < 4000) And Me.Rahmen22 <> 2 Then
    MsgBox ("Kontonummer passt nicht zum Kontenkreis AUSGABEN!")
    Me.Rahmen22.SetFocus
Else
    Me.KtoNr.SetFocus
End If
```

Sie können auch noch einen Schritt weitergehen und dem Nutzer anhand seiner Kontonummern-Eingabe sofort die richtige Optionskennziffer vorgeben. Dies geschieht beim Verlassen des Eingabefeldes für die Kontonummer. Klicken Sie mit der rechten Maustaste auf das Eingabefeld *Kontonummer*, klicken dann auf Eigenschaften. Im Register *Ereignis* klicken Sie in den weißen Teil der Zeile „Beim Verlassen", wählen mit den drei Punkten rechts den Code-Generator an und schreiben in die beiden vorgegebenen Codezeilen wieder eine „If – ElseIf"-Anweisung wie folgt:

```
If Me.KtoNr >= 1000 And Me.KtoNr < 2000 Then
    ´Finanzkonten
    Me.Rahmen22 = 3
```

Formulare

Kapitel 4

```
ElseIf Me.KtoNr >= 2000 And Me.KtoNr < 3000 Then
   'Einnahmen
   Me.Rahmen22 = 1

Else
   'es bleibt nur die Kennziffer für Ausgaben übrig
   Me.Rahmen22 = 2
End If
```

Zum Schluss erstellen Sie noch eine komfortable Kontensuche mit Hilfe eines Kombinationsfeldes. In der Toolbox klicken Sie das Symbol Kombinationsfeld an und ziehen auf dem Formularentwurf ein kleines Rechteck auf. Im aufgehenden Fenster nehmen Sie die dritte Option „*Einen Datensatz basierend auf dem im Kombinationsfeld gewählten Wert suchen*" aus und klicken auf Weiter. Im nächsten Fenster ziehen Sie die Tabellenfelder *KtoNr* und *KontoBezeichnung* in das rechte Auswahlfeld und klicken danach wieder auf *Weiter*. Sie sehen nun wie Kontonummer und Kontobezeichnung im Kombinationsfeld angezeigt werden. Nach einem Klick auf *Weiter* können Sie die Beschriftung des Kombinationsfeldes mit „Konto-Suche" erfassen. Ein Klick auf Fertigstellen beendet die Prozedur. Nachdem Sie das Feld mit dem Primärschlüssel mit übernommen haben, sind die Konten nach den Nummern sortiert. Formatieren Sie jetzt noch das neue Kombinationsfeld, in dem Sie mit der rechten Maustaste das Eigenschaftsfeld aufrufen und dort im Register *Format* die Höhe auf 0,6 festlegen. Klicken Sie dann in das Beschriftungsfeld und setzen die Hintergrundfarbe auf helles Gelb, die Textfarbe auf 255 (Rot), die Schriftart auf Arial, die Schriftgröße auf 10 pt und die Schriftbreite auf Fett. Schließen Sie danach das Eigenschaftsfenster und ziehen Sie zum Abschluss das Beschriftungsfeld über das Eingabefeld. Jetzt müsste das Formular wie folgt aussehen:

Kapitel 4

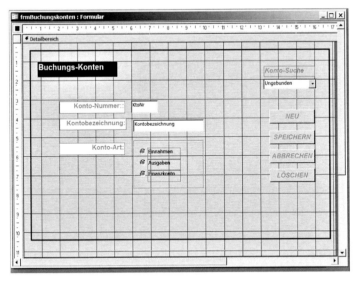

Abbildung 4-73

Speichern Sie dieses Formular ab.

Verbuchungsformular

Zur Komplettierung des Haushaltsbuches benötigen Sie noch ein Eingabeformular für die Erfassung der laufenden Einnahmen und Ausgaben.

Auf der Access-Arbeitsfläche wählen Sie die Objekt-Spalte *Formular* aus. Kopieren Sie dann das früher angefertigte Musterformular und fügen es unter dem Namen *frmVerbuchung* ein.

Als Datengrundlage geben Sie über einen Rechtsklick für die Formulareigenschaften im Eigenschaftsfenster in dem Register *Daten* die notwendige Tabelle *tblVerbuchung* ein.

Ändern Sie durch Anklicken der Titelzeile im Register *Alle* die Beschriftung in „Erfassung Einnahmen und Ausgaben".

Kapitel 4

Vergrößern Sie diese Formularfläche etwa auf die Breite von 29 cm und eine Höhe von 16 cm.

Wenn die Tabellenfelder noch nicht angezeigt werden, klicken Sie in der Symbolleiste auf *Feldliste* und ziehen untereinander die Tabellenfelder *BelegNr, BuchDat, Bemerkung* und *Betrag* auf die Formularfläche. Lassen Sie dabei vor dem Feld BelegNr ein wenig Platz, damit noch ein Kombinationsfeld und eine Optionsgruppe eingefügt werden können.

Als nächstes entwickeln Sie ein Kombinationsfeld aus dem ein Finanzkonto (Bank, Festgeld oder Bar) ausgewählt werden kann, d.h. ein Konto, das eine Kontonummer zwischen 1000 und 1999 besitzt.

In der Toolbox klicken Sie das Symbol für ein Kombinationsfeld an und ziehen auf der Formularfläche das Feld auf. Der Assistent fragt nun, was dieses Kombinationsfeld machen soll. Entscheiden Sie sich für die erste Option, da es Daten aus einer Tabelle oder Abfrage entnehmen soll. Nach einem Klick auf *Weiter* können Sie eine Datenbasis festlegen. In dem Optionsfeld *Anzeigen* klicken Sie die Schaltfläche *Tabellen* an und wählen aus dem obigen Fenster die Tabelle *tblBuchungskonten* aus. Im nächsten Fenster ziehen Sie die benötigten Abfragefelder nach rechts und zwar benötigen Sie die Felder *KtoNr* und *Kontobezeichnung*. Nach einem Klick auf Weiter legen Sie als Sortierungsmerkmal *KtoNr* fest. Im nächsten Dialogfenster wird Ihnen angezeigt, was das Kombinationsfeld später anzeigen wird. Entfernen Sie das Häkchen aus der Zeile „Schlüsselspalte ausblenden", damit neben der Kontobezeichnung auch die Konto-Nummer angezeigt wird. Das Feld *KtoNr* können Sie dabei etwas verkleinern, in dem Sie in der Überschriftszeile mit der linken Maustaste den Trennungsstrich anklicken und mit gedrückter Maustaste etwas nach links verschieben, so dass die Kontonummer gerade noch gut lesbar ist. Nach einem Klick auf Weiter haben Sie die Auswahlmöglichkeit, ein Feld in der Datenbank abzuspeichern. Entscheiden Sie sich für das Feld *KtoNr* und klicken auf Weiter. Jetzt wählen Sie die Option „Wert speichern im Feld:" an und geben das Tabellenfeld *Gegenkonto* an. Darin soll also der spätere Auswahlwert gespeichert werden. Nach einem nochmaligen Klick auf *Weiter* werden Sie gefragt, welche Beschriftung das Kombinationsfeld erhalten soll. Hier geben Sie „Finanzkonto:" ein und klicken auf Fertigstellen.

Kapitel 4

So wie sich das Kombinationsfeld darstellt werden aber alle gespeicherten Konten angezeigt. Es muss deshalb noch ein Filter gesetzt werden. Klicken Sie den Textfeldteil des Kombinationsfeldes mit der rechten Maustaste an und gehen in das Eigenschaftsfenster. Im Register *Daten* sehen Sie eine Zeile *Datensatzherkunft* mit einer Select-Anweisung. Diese Anweisung sorgt dafür dass Konten aus der Tabelle *tblBuchungskonten* angezeigt werden. Klicken Sie mit der linken Maustaste in diese Select-Anweisung und gehen mit der Pfeiltaste rechts bis zur Sortieranweisung, die mit „Order By" beginnt. Vor dem „Order" klicken Sie mit der linken Maustaste kurz hinein und ergänzen diese Anweisung mit einer einschränkenden „Where-Klausel" wie folgt:

WHERE Ktonr >= 1000 And KtoNr <2000

Damit haben Sie die Suche nach Kontonummern eingeschränkt und es werden nur noch Konten angezeigt, die die Nummern zwischen 1000 und 1999 tragen. Gehen Sie noch in das Register Alle und geben in der ersten Zeile als Name „cmbFinanzkonto" ein.

Zwischen diesem Kombinationsfeld und dem bereits platzierten Feld BelegNummer, wird als Nächstes eine Optionsgruppe positioniert, in der festgelegt wird, ob Sie eine Einnahme- oder Ausgabebuchung durchführen wollen. Ferner werden noch zwei Optionsfelder für interne Einnahmen und Ausgaben benötigt.

Klicken Sie in der Toolbox das Symbol für eine Optionsgruppe an

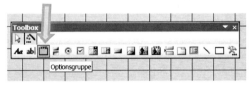

Abbildung 4-74

und ziehen auf der Formularfläche ein kleines Quadrat auf (etwa 4 x 4 cm). Der Assistent fragt nun ab, welche Optionsfelder benötigt werden. In die erste Zeile geben Sie **Einnahmen** ein und drücken die TAB-Taste. Damit wird die zweite

Formulare

Kapitel 4

Zeile freigegeben. Als zweites Optionsfeld geben Sie dann *Ausgaben*, als drittes *Einnahmen intern* und als letztes Optionsfeld *Ausgaben intern* ein.

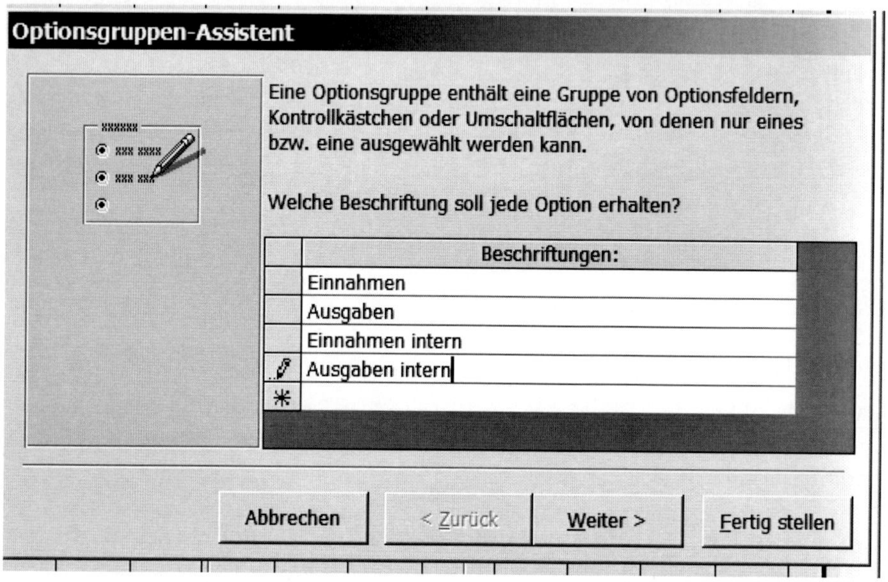

Abbildung 4-75

Nach einem Klick auf *Weiter* können Sie vorgeben, welches Optionsfeld als Standard vorgegeben werden soll, wenn eine Buchung erfasst wird. Da es sich bei den meisten Buchungen um Ausgaben handeln wird, wählen Sie mit dem kleinen Pfeil rechts das Optionsfeld Ausgaben. Mit *Weiter* wird in einem neuen Fenster angezeigt, wie die Optionsgruppe künftig beschriftet ist und welcher Wert jedem einzelnen Optionsfeld zugeordnet wurde. So wurde dem Optionsfeld Einnahmen der Wert 1, den Ausgaben der Wert 2 usw. zugeordnet. Wenn in dem Programmmodul Konsequenzen aus dieser Auswahl getroffen werden müssen, dann kann mit diesem Wert entsprechend weitergearbeitet werden, was Sie später dann auch tun werden. Nach einem Klick auf *Weiter* muss festgelegt werden, ob und ggf. wo dieser Optionswert in der Tabelle gespeichert werden soll. Klicken Sie die Auswahl 2 „*Den Wert speichern*" an und wählen in der Zeile, über dem kleinen Pfeil rechts außen, das Tabellenfeld *BuchungsArt* an und klicken auf Weiter.

Kapitel 4

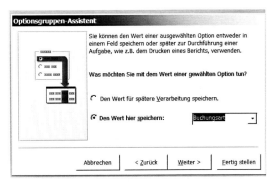

Abbildung 4-76

Jetzt wird noch festgelegt, wie das Optionsfeld optisch dargestellt werden soll

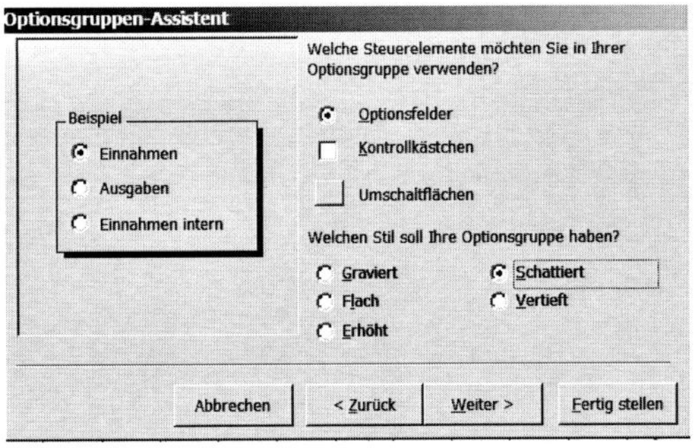

Abbildung 4-77

Entscheiden Sie sich hier für das runde Steuerelement und als Stil der Optionsgruppe *schattiert*. Nach einem Klick auf Weiter geben Sie der Optionsgruppe den Namen *optBuchungsArt* und klicken auf Fertigstellen. Damit ist die Optionsgruppe fertiggestellt.

Das nächste Tabellenfeld *BelegNr* soll automatisch hochgezählt werden. Aus diesem Grund lassen Sie in diesem Feld eine Eingabe nicht zu. Damit eine manuelle Eingabe verhindert aber die hochgezählte Belegnummer angezeigt wird, klicken Sie den Textfeldteil mit der rechten Maustaste an, wählen Eigenschaften an und im Register *Daten* des Eigenschaftsfenster klicken Sie doppelt in die Zeile *Aktiviert*, so

Formulare

Kapitel 4

dass die Vorgabe *Ja* durch ein *Nein* ersetzt wird. Als nächstes ist eine Kontonummer zu erfassen, auf das die Einnahme oder Ausgabe verbucht werden soll. Da Sie mehrere Konten angelegt haben, müssen Sie eine Auswahlmöglichkeit schaffen. Zur Realisierung der Auswahlmöglichkeit gibt es mehrere Alternativen. Anders als oben bei den Finanzkonten, soll der Benutzer diesmal über ein normales Kombinationsfeld ein Konto auswählen können. Nach der Eingabe der Kontonummer prüfen Sie dann ab, ob das ausgewählte Konto für die gewählte Buchungsart überhaupt zulässig ist. Wenn dies nicht der Fall sein sollte, weisen Sie den Benutzer darauf hin und springen wieder zur Eingabe zurück. Das Eingabefeld für die Kontonummer kann also erst dann verlassen werden, wenn ein zu dem vorher bestimmten Buchungskreis gehörendes Konto ausgewählt wurde. Aus der Toolbox ziehen Sie ein Kombinationsfeld auf die Formular-Arbeitsfläche und zwar unter das Textfeld der Buchungsnummer. Als Datenbasis nehmen Sie die Tabelle *tbl/Buchungskonten*. Der Assistent fragt nach, was mit diesem Kombinationsfeld geschehen soll. Sie entscheiden sich für die erste Option „Das Kombinationsfeld soll Werte einer Tabelle entnehmen".

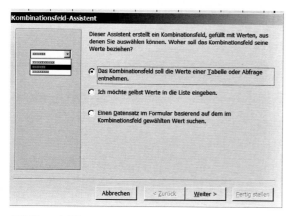

Abbildung 4-78

Nach einem Klick auf Weiter können Sie aus den Tabellen und Abfragen die entsprechende Tabelle auswählen

Kapitel 4

Abbildung 4-79

Nach nochmaligem Klick auf Weiter werden die Tabellenfelder ausgewählt, die im Kombinationsfeld angezeigt werden sollen. Sie wählen die Felder *KontoNr* und *Kontobezeichnung* mit dem kleinen Pfeil nach rechts „ > „ aus, klicken auf Weiter und wählen dann das Tabellenfeld *KontoNr* als aufsteigende Sortierung aus.

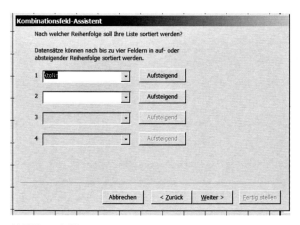

Abbildung 4-80

Nach *Weiter* gelangen Sie in das nächste Dialogfenster. Hier entfernen Sie das Häkchen bei „Schlüsselspalte ausblenden", weil Sie die Kontonummer mit anzeigen

Formulare 233

Kapitel 4

wollen. Mit Weiter kommen Sie ins nächste Fenster. Dort belassen Sie die Vorgabe und klicken nochmals auf Weiter. Jetzt können Sie festlegen, ob der Wert zwischengespeichert oder in einem Tabellenfeld gespeichert werden soll. Entscheiden Sie sich für die Option der Speicherung und wählen in der weißen Zeile durch Anklicken des kleinen Pfeils rechts das Tabellenfeld Kontonummer aus.

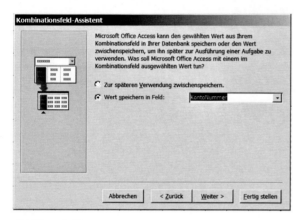

Abbildung 4-81

Mit *Weiter* kommen Sie zur Festlegung der Beschriftung dieses Kombinationsfeldes. Hier geben wir „Konto-Nummer:" ein und klicken auf Fertigstellen.

Bei den drei bereits platzierten Tabellenfeldern ändern Sie die Beschriftungsfelder in „*Buchungs-Datum:*", „*Text:*" und „*Betrag:*", indem Sie über das Eigenschaftsfeld im Register *Alle* in der Zeile Beschriftung die entsprechenden Texte eingeben.

Formatieren Sie jetzt noch die Eingabesteuerelemente. Zunächst ziehen Sie um die Beschriftungsfelder mit gedrückter linker Maustaste ein Rechteck auf, so dass alle Beschriftungsfelder markiert sind. Klicken Sie in die markierten Felder mit der rechten Maustaste, rufen das Eigenschaftsfenster auf und geben im Register *Format* folgende Werte ein:

Links: 2 cm
Breite: 3 cm
Höhe: 0,6 cm

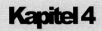

Hintergrundfarbe: hellgelb (8454143)
Textfarbe: rot (255)
Schriftart: Arial
Schriftgrad: 8 pt
Schriftbreite: fett
Textausrichtung: rechtsbündig

Formatieren Sie nun die Textfelder. Klicken Sie einmal kurz in den leeren Raum des Formulars um die Markierung der Beschriftungsfelder aufzuheben. Markieren Sie jetzt die Textfelder und zwar zunächst nur die Felder BelegNr bis Betrag, klicken mit der rechten Maustaste, rufen *Eigenschaften* auf und gehen ins Register *Format* und geben folgende Werte ein.

Links: 6 cm
Breite: 2 cm
Höhe: 0,6 cm
Schriftart: Arial
Schriftgrad: 8 pt

Markieren Sie jetzt die 4 Beschriftungsfelder der Optionsgruppe und geben über das Eigenschaftsfenster im Register *Format* als Linker Rand 6,7 cm, als Breite 3,3 cm und als Höhe 0,6 cm.

Zum Schluss markieren Sie noch das Textfeld für das Gegenkonto und geben die gleichen Werte ein wie für die anderen Tabellenfelder.

Kontrollieren Sie jetzt noch die Aktivierungsreihenfolge der Steuerelemente. Über *Ansicht*, *Aktivierungsreihenfolge* wird Ihnen die derzeitige Reihenfolge angezeigt. Sie müsste folgendermaßen lauten: cmbFinanzkonto (oder evtl. anderer Name für das erste Kombinationsfeld), optBuchungsart, BelegNr, Kombinationsfeldxxx (Kombinationsfeld für Kontonummer), BuchDat, Bemerkung und Betrag.

Sollte die Reihenfolge anders lauten, so können Sie das entsprechende Steuerelement im Kästchen links von der Beschreibung anklicken und mit gedrückter Maustaste in die richtige Reihenfolge verschieben. Wenn Sie dort die Maustaste loslassen fügt sich das Steuerelement dort ein. Vergessen Sie nicht die Reihenfolge-Anzeige wieder zu schließen.

Kapitel 4

Nach Eingabe eines Betrages soll das Programm sofort erkennen, ob dieser Betrag eine Einnahme oder eine Ausgabe ist. Ebenso natürlich, ob eine interne Einnahme- oder Ausgabebuchung vorliegt. Wenn es sich um eine Ausgabe handelt, dann soll ein Minusbetrag angezeigt und gespeichert werden. Außerdem soll der Cursor nach Eingabe des letzten Steuerelements, nämlich dem Betrag, wieder an den Eingabe-Anfang zum Gegenkonto springen. Für beide Ereignisse benötigen Sie ein wenig Programmcode.

Klicken Sie das Textfeld *Betrag* mit der rechten Maustaste an, wählen Eigenschaften und dort das Register *Ereignis*. Klicken Sie in die Zeile „Beim Verlassen", wählen rechts außen mit den drei Punkten Code-Generator an. Es werden Ihnen zwei Prozedurzeilen vorgegeben

Private Sub Betrag_Exit(Cancel As Integer)

End Sub

Mit einer *If....Then....Endif*-Bedingung fragen Sie zunächst ab, ob Sie in der Optionsgruppe eine Ausgabe oder eine interne Ausgabe vorgewählt haben. Sie erinnern sich sicher noch, dass die Option *Ausgabe* den Wert 2 und die Option *interne Ausgabe* den Wert 4 besaß. Dies machen Sie sich jetzt zu nutzen, in dem Sie den Wert 2 bzw. 4 abfragen und den eingegebenen Betrag in diesem Fall mit einem Minuszeichen versehen.

If (optBuchungsart = 2 Or optBuchungsart = 4) And Me.Betrag <> 0 Then
    Me.Betrag = (Me.Betrag * (-1))
End If

Immer wenn es sich um eine Ausgabe handelt wird der Betrag mit (-1) multipliziert und ist demnach sofort ein Minusbetrag.

Nach dieser Abprüfung springen Sie dann zurück zum Gegenkonto mit dem Programmcode

Me.cmbFinanzkonto.SetFocus

Statt cmbFinanzkonto kann bei Ihnen auch Kombinationsfeldxx stehen.

Kapitel 4

Kombinationsfeld zur Buchungssatz-Suche

Um schnell an eine bereits erfasste Buchung zu gelangen, werden Sie noch ein Kombinationsfeld entwickeln, das Ihnen einen ausgewählten Buchungssatz im Formular anzeigt. Verfahren Sie genau so, wie beim Kombinationsfeld im Formular *frmBuchungskonto*. Beschriften Sie dieses Kombinationsfeld mit „Buchungs-Suche".

Vergessen Sie bitte nicht, nach jeder Speicherung einer erfassten Buchung, dieses Kombinationsfeld zu aktualisieren, damit auch der letzte Buchungssatz dort schon angezeigt wird. Der gesamte Code müsste demnach lauten:

```
Private Sub befSpeichern_Click()
On Error GoTo Err_befSpeichern_Click
    DoCmd.DoMenuItem acFormBar, acRecordsMenu, acSaveRecord, , acMenuVer70
    Me.Kombinationsfeld122.Requery
Exit_befSpeichern_Click:
    Exit Sub
Err_befSpeichern_Click:
    MsgBox Err.Description
    Resume Exit_befSpeichern_Click
End Sub
```

Aktualisieren Sie das Kombinationsfeld auch beim Löschen eines Buchungssatzes, so dass der Code bei dieser Befehlsschaltfläche folgendermaßen lauten müsste:

```
Private Sub befLöschen_Click()
On Error GoTo Err_befLöschen_Click
Dim antwort As Integer
antwort = MsgBox("Soll Datensatz wirklich gelöscht werden?", 52, _ "Löschung??")
If antwort = vbYes Then
    DoCmd.DoMenuItem acFormBar, acEditMenu, 8, , acMenuVer70
    DoCmd.DoMenuItem acFormBar, acEditMenu, 6, , acMenuVer70
    Me.Kombinationsfeld122.Requery
Else
    antwort = MsgBox ("Datensatz wurde nicht gelöscht!", 48, "Adressverwaltung")
End If
Exit_befLöschen_Click:
    Exit Sub
Err_befLöschen_Click:
    MsgBox Err.Description
```

Formulare

Kapitel 4

Resume Exit_befLöschen_Click
End Sub

Zur Überprüfung Ihrer Programmierkenntnisse sollten Sie die richtige Konteneingabe für jede Buchungsart nicht mit Abfragen erledigen, sondern Sie sollten dem Nutzer alle angelegten Konten über das Kombinationsfeld anzeigen und nach seiner Auswahl überprüfen, ob das angewählte Konto auch für diese Buchungsart vorgesehen ist. Diese Überprüfung geschieht am besten nach der Kontenauswahl, d.h. bei dem Ereignis „After Update". Mit der rechten Maustaste klicken Sie auf das Kombinationsfeld für die Kontenauswahl und wählen Eigenschaften. Im Register *Ereignis* klicken Sie in die Zeile „*nach Aktualisierung*" und zwar in den weißen Zeilenbereich und anschließend auf die Schaltfläche mit den drei Punkten rechts. Wählen Sie dann Code-Generator an und Sie sehen im VBA-Editor die beiden Vorgabezeilen

Private Sub Kombinationsfeld116_AfterUpdate()

End Sub

Wie Sie wissen, kann das Kombinationsfeld bei Ihnen eine andere Ziffernkombination haben. Ergänzen Sie den Code zunächst mit der Deklaration einer Variablen *antw* und zwar mit

Dim antw as string

Überprüfen Sie als erstes, ob das ausgewählte Konto ein Einnahmen-Konto sein soll. Ein Einnahmekonto muss immer dann eingegeben werden, wenn wir die Buchungsart = 1 gewählt haben. Sie wissen sicher noch aus der Programm-Planung, dass den Einnahmen-Konten der Nummernbereich von 2000 bis 2999 zugewiesen wurde.

Fragen Sie also ab, wenn die Buchungsart = 1 gewählt wurde, ob das Konto im zugewiesenen Bereich liegt. Wenn dies nicht der Fall ist, weisen Sie den Nutzer darauf hin, in welchem Bereich ein Einnahmenkonto zu liegen hat und setzen den Fokus wieder auf das Kombinationsfeld zurück. Wenn es aber im richtigen Bereich

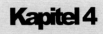

liegt, wird diese if...then..-Anweisung nicht aktiv, sodass mit der Buchung fortgefahren werden kann.

Diese Anweisung lautet also wie folgt:

```
'Kontoüberprüfung für Einnahmen
If Me.optBuchungsart = 1 And (Kombinationsfeld116 < 2000 Or _
Kombinationsfeld116 > 2999) Then
    antw = MsgBox("Bei Einnahmen nur Konten zwischen 2000 und 2999 möglich", 48, _
    "Kontoauswahl")
    Me.Kombinationsfeld116.SetFocus
End If
```

Achten Sie darauf, dass die zweite Bedingung (die mit And... beginnt) unbedingt in Klammern gesetzt werden muss, weil beide Argumente gleichzeitig zutreffen müssen. Ein Einnahmenkonto liegt nämlich dann nicht vor, wenn es eine Nummer unter 2000 oder aber eine Nummer über 2999 trägt. Für den Ausgabebereich werden Sie ebenfalls mit einer if-then-Anweisung die Kontonummern überprüfen. Als Anweisung geben Sie folgendes ein:

```
'Kontoüberprüfung für Ausgaben
If Me.optBuchungsart = 2 And (Kombinationsfeld116 < 3000 Or _
Kombinationsfeld116 > 3999) Then
    antw = MsgBox("Bei Ausgaben nur Konten zwischen 3000 und 3999 möglich", 48, _
    "Kontoauswahl")
    Me.Kombinationsfeld116.SetFocus
End If
```

Sie können jetzt noch die Kontonummern abprüfen für die internen Einnahmen und Ausgaben. Hierbei handelt es sich z. B.. um Bankeinzahlungen oder Bankabhebungen oder Einzahlungen auf ein Sparbuch. Sie merken, bei diesen Buchungen werden nur Finanzkonten überprüft. Also dürfen Sie nur eine Kontenauswahl zulassen, die im Bereich der Finanzkonten liegt, also im Bereich von 1000 bis 1999. Allerdings muss darauf geachtet werden, dass nicht die gleiche Kontonummer eingegeben wird, die Sie oben im Gegenkonto bereits ausgewählt haben, denn eine Buchung von einem Konto auf das gleiche Konto macht keinen Sinn. Deshalb müsste die richtige Anweisung wie folgt lauten:

'Kontoüberprüfung für interne Einnahmen und interne Ausgaben

Formulare

Kapitel 4

```
If (Me.optBuchungsart = 3 Or Me.optBuchungsart=4) And (Kombinationsfeld116<1000 Or _
Kombinationsfeld116 > 1999 Or Kombinationsfeld116 = cmbFinanzkonto) Then
   antw = MsgBox("Kontenbereich muss zwischen 1000 und 1999 liegen!", 48, _
"Kontoauswahl")
   Me.Kombinationsfeld116.SetFocus
End If
```

Beachten Sie hier, dass Sie in der If-Anweisung zunächst zwei Bedingungen bezüglich der Buchungsart abzudecken haben, die gemeinsam die weitere Bedingung zu erfüllen haben (nämlich Buchungsart 3 oder 4). Diese Bedingung muss insgesamt in einer runden Klammer stehen. Sie haben dann eine weitere zusammengesetzte Bedingung zu prüfen, nämlich einmal den Kontenbereich, wie in den beiden anderen Anweisungen, aber dann noch zusätzlich, dass die Kontonummer anders lauten muss als die Nummer des Gegenkontos, weil Sie hier im gleichen Kontenkreis, nämlich der Finanzkonten operieren.

Eine kleine Verbesserung des Programms können Sie noch einbauen, nämlich, dass immer wenn Sie das Programm beginnen und bei jedem Datensatzwechsel, das aktuelle Datum als Buchungsdatum vorgegeben wird. Bei einer zeitnahen Erfassung der Einnahmen und Ausgaben hilft das ungemein, weil Sie dann kein neues Datum einzugeben brauchen.

Wenn Sie bei der Erfassung von Einnahmen oder Ausgaben zum Tabellenfeld BuchDat kommen lösen Sie automatisch das Ereignis „beim Hingehen" aus. Wenn Sie also zu diesem Tabellenfeld „hingehen" geben Sie das heutige Datum mit der Funktion *Date* vor. Allerdings macht das nur Sinn, wenn noch kein Datum eingetragen ist. Denn nehmen wir beispielsweise an, Sie wollen einen bereits bestehenden Datensatz abändern, weil Sie z. B.. eine falsche Eingabe gemacht haben, dann ist diese Buchung unter einem bestimmten Datum erfasst. Würden Sie jetzt bei dem Ereignis „beim Hingehen" ohne weiteres das heutige Datum vorgeben, würde das ursprüngliche Datum überschrieben, was nicht sein darf. Also müssen Sie abfragen, ob das Feld *BuchDat* leer ist, wenn ja - und nur dann - dürfen Sie das heutige Datum vorgeben.

Kapitel 4

Klicken Sie mit der rechten Maustaste auf das Textfeld von *BuchDat*, wählen Eigenschaften an und auf der Registerseite *Ereignis* gehen Sie in die Zeile „Beim Hingehen", klicken in den weißen Zeilenbereich, dann auf die Schaltfläche mit den drei Punkten, wählen Code-Generator aus und ergänzen die beiden Vorgabenzeilen wie folgt:

```
Private Sub BuchDat_Enter()
'wenn bisher kein Datum erfasst ist
If IsNull(Me.BuchDat) Then
    Me.BuchDat = Date
End If
End Sub
```

So jetzt funktioniert das Formular. Sie könnten also Einnahmen und Ausgaben schon erfassen.

Sie sollten aber noch ein Schmankerl draufsetzen und die jeweiligen Summen der betroffenen Konten noch anzeigen, d.h. sowohl der Bestand des Gegenkontos als auch des angewählten Kontos sollten dargestellt werden und zwar vor der neu zu erfassenden Buchung. Aus der Toolbox ziehen Sie zwei Textfelder auf die Formularfläche und zwar ein Textfeld neben dem Tabellenfeld für das Gegenkonto und ein weiteres neben dem Kombinationsfeld für die Kontonummer. Die beiden Bezeichnungsfelder ziehen Sie dabei über die entsprechenden Textfelder. Über das Eigenschaftsfenster im Register *Alle* geben Sie für diese Bezeichnungsfelder die Beschriftung mit „Bestand:" vor. Dem ersten Textfeld geben Sie im gleichen Register den Namen „mBestand", dem zweiten den Namen „mKontobestand". Die Werte beider Felder sollen vom Nutzer nicht verändert werden können. Deshalb werden Sie die Eigenschaft beider Textfelder im Register *Daten* des Eigenschaftsfenster auf „Aktiviert = Nein" setzen.

Funktion DSum()

Access und VBA stellen Ihnen für die Absummierung von Datensätzen eine Funktion zur Verfügung und zwar „DSum". Als Parameter erwartet diese Funktion einmal das Tabellenfeld (Betrag), das aufsummiert werden soll, zum anderen die Tabelle (*tblVerbuchung*), zu der dieses Feld gehört und eine Bedingung, von welchen Konten die Summe gezogen werden soll (Gegenkonto). Das

Kapitel 4

Tabellenfeld Gegenkonto soll dabei dem Wert des Kombinationsfeldes für unseren Finanzkontenbereich entsprechen. Im Fall des ersten Summenfeldes, soll die Summe der erfassten Beträge ermittelt werden, bei denen das im Kombinationsfeld für das Gegenkonto ausgewählte Konto involviert ist. Alle Parameter stehen in Anführungszeichen und sind durch Kommata getrennt. Soweit Tabellenfelder angesprochen werden, setzen Sie diese in eckige Klammern.

Den Programmcode geben Sie ein in dem Sie das Textfeld mit der rechten Maustaste anklicken, Eigenschaften wählen, im Register *Ereignis* in den weißen Teil der Zeile „Beim Verlassen" klicken, mit dem Klick auf die Schaltfläche mit den drei Punkten den Codegenerator anwählen und die beiden Vorgabezeilen ergänzen, so dass die Anweisung lautet:

```
Private Sub cmbFinanzkonto_Exit(Cancel As Integer)
mBestand = DSum("Betrag", "tblVerbuchung", "[Gegenkonto] =" & cmbFinanzkonto)
End Sub
```

Für die Kontonummer gehen Sie ebenso vor. Die Anweisung lautet dafür

```
Private Sub mKontobestand_Exit(Cancel As Integer)
mKontobestand = DSum("[Betrag]", "tblVerbuchung", "[KontoNummer] = " & _
Kombinationsfeld116)
End Sub
```

Das Formular ist nun fertig. Speichern Sie das Formular nunmehr unter dem Namen *frmVerbuchung* ab, wenn es wie folgt aussieht:

Kapitel 4

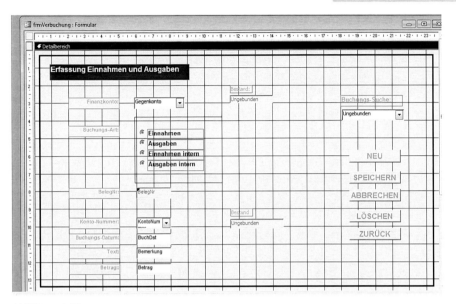

Abbildung 4-82

Koch- und Backrezepte-Erfassung

In der Programmplanung wurde festgehalten, die Rezepte nach verschiedenen Kategorien zu sortieren. Außerdem sollten die Mengeneingaben automatisiert werden. Auch die Nährwerte sollten in einem eigenen Modul erfasst werden. Bevor Sie das eigentliche Erfassungsprogramm für die Rezepte erstellen, müssen Sie sich erst der zusätzlichen Programmmodule annehmen.

Kategorien-Erfassung

Auf der Access-Arbeitsfläche wählen Sie die Objekt-Spalte *Formular* aus. Kopieren Sie dann das früher angefertigte Musterformular und fügen es unter dem Namen *frmRezeptKategorien* ab.

Als Datengrundlage geben Sie über einen Rechtsklick für die Formulareigenschaften im Eigenschaftsfenster in dem Register *Daten* die notwendige Tabelle *tblRezeptKategorie* ein. Ändern Sie durch Anklicken der Titelzeile im Register *Alle* die

Kapitel 4

Beschriftung in „Rezept-Kategorien". Wenn die Tabellenfelder noch nicht angezeigt werden, klicken Sie in der Symbolleiste auf *Feldliste* und ziehen untereinander die Tabellenfelder *KategorienNr* und *KategorieBezeichnung* auf die Formularfläche. Lassen Sie dabei vor dem Feld *KategorieBezeichnung* ein wenig Platz, damit noch eine Optionsgruppe eingefügt werden kann.

Für das Feld *RezeptMenge* konstruieren Sie eine Optionsgruppe mit drei Auswahlkriterien. Bei der Erfassung einer Rezept-Kategorie muss der Anwender einer der drei Optionen anklicken. Jede Option hat einen bestimmten Wert, den Sie dann automatisch dem Tabellenfeld *RezeptMenge* zuweisen.

Klicken Sie in der Toolbox (prüfen Sie ob der Assistent eingeschaltet ist!) das Symbol Optionsgruppe an und ziehen auf der Formularfläche unterhalb dem Textfeld für *KategorieNr* ein kleines Rechteck auf.

Abbildung 4-83

Der Rahmen sollte etwa 3 cm breit und ca. 2 cm hoch sein. Im Assistentenfenster müssen Sie jetzt die Beschriftung des ersten Optionsfeldes eingeben. Bei den meisten Rezepten wird die Anzahl der Personen für die das Gekochte reichen soll als Mengenangabe erforderlich sein. Deshalb wählen Sie als Beschriftung für die erste Optionsgruppe „Personen". Mit der TAB-Taste kommen Sie zur Beschriftung der zweiten Zeile. Hier erfassen Sie „Stück". Dies wird überwiegend bei Kuchenrezepten benötigt. Mit der TAB-Taste kommen Sie dann zur dritten Option und hier erfassen Sie „Portionen" als Mengenangabe.

Kapitel 4

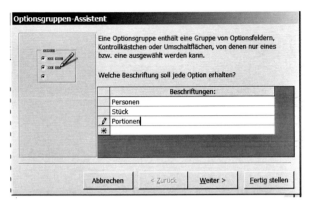

Abbildung 4-84

Mit einem Klick auf Weiter öffnet sich ein weiteres Dialogfenster. Hier können Sie den Vorschlag des Assistenten belassen, nämlich die erste Option als Standardauswahl zu übernehmen.

Bei einem neuerlichen Klick auf Weiter, sehen Sie, dass den einzelnen Optionen jeweils ein Zahlenwert zugeordnet wurde. Dem Vorschlag, dass die Optionen den Wert 1 bis 3 erhalten, können Sie zustimmen. Eine Änderung auf andere Zahlenwerte ist natürlich auch möglich. Mit Weiter kommen Sie zur Frage, was nun mit dem Optionswert geschehen soll. Sie müssen diesen Wert in das Tabellenfeld *RezeptMenge* übernehmen. Deshalb wählen Sie „*Den Wert hier speichern:*" in dem Sie den kleinen Kreis links von diesem Text anklicken, so dass dieser schwarz ausgefüllt ist. Ferner klicken Sie auf den kleinen Pfeil rechts und die möglichen Tabellenfelder werden angezeigt. Übernehmen Sie mit einem Klick das Feld *RezeptMenge* und klicken wieder auf Weiter. Jetzt können Sie noch die Ansicht der Optionsgruppe festlegen. Entscheiden Sie, ob Sie kleine rechteckige Kästchen, oder kleine Kreise bevorzugen. Umschaltflächen eignen sich hier nicht, da solche Schaltflächen immer dann eingesetzt werden, wenn nur zwei Optionen benötigt werden. Wählen Sie außerdem noch an, dass der Rahmen unseres Optionsfeldes schattiert dargestellt werden soll. Im linken Fensterteil können Sie jeweils sehen, wie die Optionsgruppe später im Formular aussehen wird. Experimentieren Sie ruhig ein wenig mit den gebotenen Möglichkeiten. Nach einem Klick auf *Weiter* können Sie noch einen aussagekräftigen Namen für die Optionsgruppe vergeben

Kapitel 4

oder Sie belassen einfach den Vorschlag des Assistenten. Klicken Sie nun auf *Fertigstellen* und die Optionsgruppe ist einsatzbereit. Ziehen Sie von der Toolbox noch ein Bezeichnungsfeld (**Aa**) herüber um der Optionsgruppe noch einen aussagekräftigen Namen zu geben. Als Text geben Sie im Eigenschaftsfeld im Register *Alle* die Bezeichnung „Mengenangabe nach:" ein.

Jetzt müssen die Eingabefelder noch formatiert werden. Markieren Sie hierzu zunächst alle Bezeichnungsfelder und setzen den linken Rand auf 1,2 die Höhe auf 0,5 cm, die Breite mit 3,7 sowie die Hintergrundfarbe – wie sonst auch – auf Hellgelb, die Textfarbe auf Rot, die Schriftart auf Arial, die Schriftgröße belassen Sie bei 8 pt. Die Schriftbreite geben Sie als fett ein und die Ausrichtung auf rechtsbündig.

Anschließend formatieren Sie auch die Textfelder. Markieren Sie diese und legen als linken Rand die 5,7 fest. Die Höhe gleichen wir mit 0,5 den Bezeichnungsfeldern an.

Zur besseren Suche bereits gespeicherter Kategorien bauen Sie noch ein Kombinationsfeld ein, so wie Sie es auch in den vorherigen Formularen bereits getan haben. Eine Einzelschritt-Beschreibung kann ich mir sicherlich ersparen. Wenn Sie es trotzdem nicht genau wissen, dann blättern Sie einfach ein paar Seiten zurück. Beim Kombinationsfeld-Assistenten nehmen Sie bitte die 3. Variation: „*Einen Datensatz im Formular basierend auf dem im Kombinationsfeld gewählten Wert suchen*" aus. Als Anzeigefelder nehmen Sie dann die Felder *KategorienNr* und *KategorieBezeichnung*. Als Beschriftung wählen Sie „Kategorien-Suche:".

Das Kombinationsfeld soll die KategorieBezeichnung in alphabetischer Reihenfolge anzeigen. Um dies zu bewerkstelligen klicken Sie mit der rechten Maustaste in das Textfeld des Kombinationsfeldes, wählen Eigenschaften und im Register *Daten* gehen Sie in die Zeile *Datensatzherkunft*. Dort ist vom Assistenten bereits eine Select-Anweisung vorgegeben. Klicken Sie einmal mit der linken Maustaste in diese Anweisung und gehen mit den Pfeiltasten nach rechts bis zum Strichpunkt, der diese Select-Anweisung abschließt. Vor diesem Strichpunkt geben Sie ein Leerzeichen ein und ergänzen dann diese Anweisung mit folgendem Text:

Kapitel 4

Order by KategorieBezeichnung

Diese Anweisung „Order by" veranlasst eine Sortierung, der Parameter *KategorieBezeichnung* gibt an, welches Feld sortiert werden soll. Schließen Sie das Eigenschaftsfenster und ziehen Sie danach das Bezeichnungsfeld dieses Kombinationsfeldes über das Textfeld. Zum Schluss sollten Sie nach der Eingabe der Kategorie-Bezeichnung den Cursor zurückspringen lassen auf die Optionsgruppe. Klicken Sie deshalb das Textfeld mit der rechten Maustaste an, gehen auf Eigenschaften, dann auf das Register *Ereignis,* wählen die Zeile „Beim Verlassen", klicken auf die Befehlsschaltfläche mit den drei Punkten am rechten Zeilenende und wählen Code-Generator an. Zwischen die beiden vorgegebenen Prozedurzeilen des Editors fügen Sie den Befehl

Me.RahmenX.SetFocus

ein. Das X steht für irgendeine Zahl, die der Assistent früher vorgegeben hat, falls Sie vorhin diese Optionsgruppe nicht umbenannt haben. Dann müssen Sie natürlich den von Ihnen vergebenen Namen einsetzen. Für die Kategorie-Nummer hatten Sie bei der Tabellenerstellung als Datentyp den *Auto-Wert* gewählt. Da dieser vom Benutzer nicht einzugeben ist, können Sie das Feld noch deaktivieren. Klicken Sie es mit der rechten Maustaste an, wählen Eigenschaften und in dessen Register *Daten* klicken Sie doppelt in die Zeile „Aktiviert", so dass dort ein NEIN erscheint. Das neue Formular sollte danach so etwa aussehen:

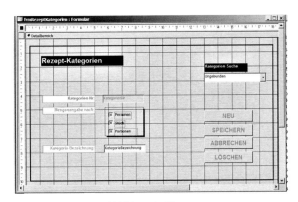

Abbildung 4-85

Formulare 247

Kapitel 4

Speichern Sie das Ganze unter dem Namen *frmRezeptKategorien* ab.

Mengen-Erfassung

Auf der Access-Arbeitsfläche wählen Sie die Objekt-Spalte *Formular* aus. Kopieren Sie dann das Musterformular und fügen es unter dem Namen *frmRezeptMenge* ein. Als Datengrundlage geben Sie über einen Rechtsklick für die Formulareigenschaften im Eigenschaftsfenster in dem Register *Daten* die notwendige Tabelle *tblRezeptMenge* ein. Ändern Sie durch Anklicken der Titelzeile im Register *Alle* die Beschriftung in „Mengen-Bezeichnungen". Wenn die Tabellenfelder noch nicht angezeigt werden, klicken Sie in der Symbolleiste auf *Feldliste* und ziehen untereinander die Tabellenfelder *MengeID* und *MengenBezeichnung* und *MengeKZ* auf die Formularfläche.

Formatieren Sie jetzt die Eingabefelder. Markieren Sie hierzu zunächst alle Bezeichnungsfelder und setzen im Eigenschaftsfenster im Register *Format* den linken Rand auf 1,2 die Höhe auf 0,5 cm, die Breite auf 3,7 sowie die Hintergrundfarbe – wie sonst auch – auf Hellgelb, die Textfarbe auf Rot, die Schriftart auf Arial, die Schriftgröße belassen Sie bei 8 pt. Die Schriftbreite stellen Sie auf fett ein und die Ausrichtung auf rechtsbündig. Anschließend formatieren Sie auch die Textfelder. Markieren Sie diese und legen als linken Rand die 5,7 fest. Die Höhe gleichen Sie mit 0,5 den Bezeichnungsfeldern an.

Zur besseren Suche bereits gespeicherter Kategorien fügen Sie noch ein Kombinationsfeld ein, so wie Sie es auch in den vorherigen Formularen bereits getan haben. Eine Einzelschritt-Beschreibung kann ich mir sicherlich ersparen. Wenn Sie es trotzdem nicht genau wissen, dann blättern Sie einfach ein paar Seiten zurück. Beim Kombinationsfeld-Assistenten nehmen Sie bitte die 3. Variation: „Einen Datensatz im Formular basierend auf dem im Kombinationsfeld gewählten Wert suchen" aus. Als Anzeigefelder nehmen Sie dann die Felder *MengeID* und *MengenBezeichnung*. Das Kombinationsfeld soll die Mengenbezeichnung in alphabetischer Reihenfolge anzeigen. Um dies zu bewerkstelligen klicken Sie mit der rechten Maustaste in das Textfeld des Kombinationsfeldes, wählen Eigenschaften und im Register *Daten* gehen Sie in die Zeile *Datensatzherkunft*. Dort ist vom Assistenten bereits eine Select-Anweisung vorgegeben. Klicken Sie einmal

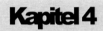

mit der linken Maustaste in diese Anweisung und gehen mit den Pfeiltasten nach rechts bis zum Strichpunkt, der diese Select-Anweisung abschließt. Vor diesem Strichpunkt geben Sie ein Leerzeichen ein und ergänzen dann diese Anweisung mit folgendem Text:

Order by MengenBezeichnung

Diese Anweisung *Order by* veranlasst eine Sortierung. Der Parameter *MengenBezeichnung* gibt an, welches Feld sortiert werden soll. Das Bezeichnungsfeld beschriften Sie mit „Mengen-Suche:" Ziehen Sie danach das Bezeichnungsfeld dieses Kombinationsfeldes über das Textfeld. Jetzt veranlassen Sie noch, dass nach Eingabe der Mengenabkürzung wieder zur Mengenbezeichnung zurückgesprungen wird. Klicken Sie dazu mit der rechten Maustaste auf das Textfeld *MengeKZ*, gehen ins Eigenschaftsfenster und in das Register *Ereignis*. In der Zeile „Beim Verlassen" klicken Sie auf die Schaltfläche mit den drei Punkten und ergänzen im Editor die bereits vorgegebenen Prozedurzeilen, so dass die Prozedur vollständig lautet:

Private Sub MengeKZ_Exit(Cancel As Integer)
Me.Mengenbezeichnung.SetFocus
End Sub

Für das Tabellenfeld MengeID wurde bei der Tabellenerstellung *AutoWert* als Datentyp gewählt. Da dieser vom Benutzer nicht einzugeben ist, können Sie das Feld deaktivieren. Klicken Sie es mit der rechten Maustaste an, wählen Eigenschaften und in dessen Register *Daten* klicken Sie doppelt in die Zeile „Aktiviert", so dass dort ein NEIN erscheint.

Das Formular müsste so wie in Abbildung 4-86 aussehen. Speichern Sie das fertige Formular nun unter dem Namen *frmRezeptMenge* ab.

Kapitel 4

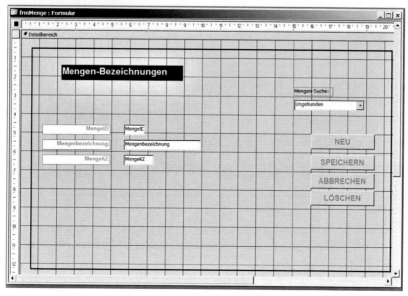

Abbildung 4-86

Gehen Sie danach in den Ansichtsmodus und erfassen Sie probeweise einige Mengen wie z. B..:

Mengenbezeichnung	**MengeKZ**
Teelöffel	TL
Kilogramm	kg
Prise	Pr
Gramm	g

Nährwert-Erfassung

In der Access-Arbeitsfläche wählen Sie Formulare und „*erstellt ein Formular in der Entwurfsansicht*" an und klicken auf *Neu*. Im nachfolgenden Fenster bestätigen Sie wieder die Arbeit in der Entwurfsansicht und geben als zu bearbeitenden Tabelle

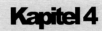

tblRezeptNährwert an. Mit einem Klick auf *Weiter* kommen Sie auf die neue Formularentwurfsfläche.

Vergrößern Sie diese Arbeitsfläche etwa auf die Breite von 6 cm und eine Höhe von 5 cm. Nachdem Sie dieses Formular in ein anderes Formular einbinden wollen, ziehen Sie hier keinen Rahmen auf und brauchen auch kein Titelfenster.

Wenn die Tabellenfelder noch nicht angezeigt werden, klicken Sie in der Symbolleiste auf Feldliste und ziehen die Tabellenfelder *NährwertID, RezeptNr, Kalorien, Eiweiß, Fett* und *Kohlehydrat* jeweils untereinander auf die Formularfläche.

Markieren Sie zunächst die Tabellenfelder NährwertID und RezeptNr und zwar beide Feldteile. Über das Eigenschaftsfenster im Register Format stellen Sie die Eigenschaft *Sichtbar* auf Nein, denn diese beiden Felder müssen zwar als Verbindungsfelder vorhanden sein, werden aber später im Hauptformular nicht angezeigt. Verkleinern Sie diese Felder auf ein Minimum und ziehen Sie diese ganz nach unten. Markieren Sie die Bezeichnungsfelder der anderen Tabellenfelder und geben die folgenden Werte über das Eigenschaftsfenster im Register Format ein:

Links	*0,3 cm*
Breite	*2,2 cm*
Höhe	*0,4 cm*
Hintergrundfarbe	*hellgelb*
Textfarbe	*rot*
Schriftart	*Arial*
Schriftbreite	*fett*
Textausrichtung	*rechtsbündig*

Jetzt fehlen lediglich noch die Größenangaben für die einzelnen Nährwertsparten. Dem werden Sie jedoch ganz schnell Abhilfe schaffen. Aus der Toolbox ziehen Sie für jede Sparte ein kleines ungebundenes Bezeichnungsfeld (**Aa**) neben das entsprechende Textfeld der Spartengröße. Als Bezeichnungstext geben Sie im ersten Feld „kcal", in den anderen Feldern jeweils „g" ein. Die jeweiligen Werte für „Von Oben" holen Sie sich von den davor befindlichen Textfeldern.

Formatieren Sie diese Bezeichnungsfelder wie folgt:

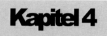

Breite 0,6 cm
Höhe 0,423 cm

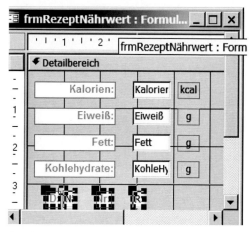

Abbildung 4-87

Bei den Formulareigenschaften setzen sie Datensatzmarkierer, Bildlaufleisten, Navigationsschaltflächen und Trennlinien auf NEIN.

Speichern Sie dieses Modul unter dem Namen *frmRezeptNährwert* ab.

Zutaten-Erfassung

In der Access-Arbeitsfläche wählen Sie Formulare und „erstellt ein *Formular in der Entwurfsansicht*" an und klicken auf *Neu*. Im nachfolgenden Fenster bestätigen Sie wieder die Arbeit in der Entwurfsansicht und geben als zu bearbeitenden Tabelle *tblRezeptZutaten* an. Mit einem Klick auf *Weiter* kommen Sie auf die neue Formularentwurfsfläche.

Vergrößern Sie diese Arbeitsfläche etwa auf die Breite von 11,5 cm und eine Höhe von 2 cm. Nachdem Sie dieses Formular in ein anderes Formular einbinden wollen, ziehen Sie hier keinen Rahmen auf und brauchen auch kein Titelfenster.

Wenn die Tabellenfelder noch nicht angezeigt werden, klicken Sie in der Symbolleiste auf Feldliste und ziehen die Tabellenfelder *Anzahl, ZutatGrösse* und *ZutatBezeichnung* auf die Formularfläche.

Die Zutaten für ein Rezept sollen später im Endlosmodus im Hauptformular erscheinen, d.h. nicht jede Zutat wird einzeln am Bildschirm erscheinen, wie Sie das in den sonstigen Erfassungsformularen sehen, sondern alle Zutaten eines bestimmten Rezeptes werden gemeinsam, also endlos (weil auch unterschiedliche Anzahl von Zutaten), dargestellt. Um dies zu gewährleisten müssen Sie dieses Formular in ein Endlosformular umwandeln. Klicken Sie ganz oben links das kleine Quadrat mit der rechten Maustaste an, wählen das Eigenschaftsfenster für dieses Formular. Im Register *Format* klicken Sie einmal in den weißen Teil der Zeile *Standardansicht*. Über einen Klick auf den kleinen Pfeil am rechten Rand dieser Zeile können Sie dann die Eigenschaft *Endlosformular* anwählen

Im Detailbereich der Formulararbeitsfläche sollen die Bezeichnungsfelder der Datenbasis nicht für jede einzelne Zutat angezeigt werden, sondern über allen Zutaten stehen. Sie müssen diese Bezeichnungsfelder aus dem Detailbereich des Formulars herausnehmen und in den Formularkopf verlagern. Da dieser im Normalfall auf der Arbeitsfläche nicht angezeigt wird, müssen Sie ihn zunächst sichtbar machen. Klicken Sie in der Menüzeile auf *Ansicht* und im aufklappenden Kontextmenü auf *Formularkopf/Fuß*. Jetzt wird sowohl der Formularkopf als auch der Formularfuß angezeigt.

Schneiden Sie jetzt die Bezeichnungsfelder vom Detailbereich aus und fügen diese nacheinander in den Formularkopf ein. Klicken Sie dazu z. B.. das Bezeichnungsfeld *Anzahl* mit der rechten Maustaste an und wählen *Ausschneiden*. Zeigen Sie dann mit dem Cursor in den Formularkopf, klicken wieder mit der rechten Maustaste und wählen *Einfügen* an. Damit ist das Bezeichnungsfeld in den Formularkopf verschoben.

Formulare

Kapitel 4

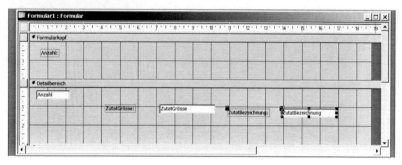

Abbildung 4-88

Mit dem Bezeichnungsfeld *ZutatGrösse* verfahren Sie ebenso. Aufpassen müssen Sie allerdings, da Access das zweite Bezeichnungsfeld direkt auf das erste aufsetzt. Das zweite ist jedoch noch markiert so dass Sie mit dem Cursor auf das Feld zeigen können bis der Cursor sich in eine schwarze Hand verwandelt. Klicken Sie dann auf das Feld und ziehen Sie es mit gedrückter linker Maustaste nach rechts. Verfahren Sie mit dem dritten Bezeichnungsfeld ebenso.

Formatieren Sie die Bezeichnungsfelder und zwar legen Sie den linken Rand des Feldes *Anzahl* auf 0,199 cm, die Höhe auf 0,5 cm und die Breite auf 1,1 cm.

Das Feld ZutatGrösse setzen Sie auf einen linken Rand von 1,799, die Höhe ebenfalls 0,5 cm und die Breite 1,9 cm. Außerdem verändern Sie die Beschriftung im Register *Alle* von ZutatGrösse auf Menge.

Das dritte Bezeichnungsfeld setzen Sie mit dem linken Rand auf 4,1 cm, die Höhe legen Sie mit 0,5 fest und die Breite mit 1,2 cm, die Beschriftung ändern Sie in „Bezeichnung".

Jetzt wenden Sie sich den Textfeldern im Detailbereich zu.

Das Feld *Anzahl* verschieben Sie jetzt nach links, so dass es unter dem Bezeichnungsfeld angeordnet ist. Linker Rand 0,199, Höhe 0,5 cm, Oben 0 cm, Breite 1,1 cm. Das Feld *ZutatGrösse* formatieren Sie so: Linker Rand 1,799 cm, Höhe 0,5 cm, Breite 1,99 cm. Hier sollen Sie aber auf die erfassten

Mengenbezeichnungen zugreifen und nicht jede Zutat-Größe einzeln eingeben müssen. Deshalb wandeln Sie dieses Textfeld in ein Kombinationsfeld um. Markieren Sie das Textfeld und klicken im Auswahlmenü auf *Formatieren* und wählen im Kontextmenü die Zeile „Ändern zu" an. Sie erhalten eine Auswahl von möglichen Änderungsmöglichkeiten. Entscheiden Sie sich für *Kombinationsfeld*. Sie sehen sofort, dass das Textfeld in ein Kombinationsfeld umgewandelt ist. Was fehlt ist allerdings noch die richtige Datenbasis. Dies korrigieren Sie mit einer SQL-Anweisung. Klicken Sie auf das neue Kombinationsfeld mit der rechten Maustaste, wählen Eigenschaften an und gehen in das Register *Daten*. In der Zeile Datensatzherkunft geben Sie folgende Sql-Anweisung ein:

SELECT tblRezeptMenge.MengeID, tblRezeptMenge.MengeKZ, tblRezeptMenge.Mengenbezeichnung FROM tblRezeptMenge ORDER BY _ [Mengenbezeichnung];

Diese Anweisung besagt, dass Sie aus der Tabelle *tblRezeptMenge* die Felder *MengeID*, *MengeKZ* und *Mengenbezeichnung* auslesen wollen und zwar sortiert nach dem Feld *Mengenbezeichnung*.

Das letzte Textfeld platzieren Sie ebenfalls unter dem dazugehörenden Bezeichnungsfeld: Linker Rand 4,199 cm, Oben 0 cm, Höhe 0,5 cm und Breite 3 cm.

Sie erinnern sich noch, dass Sie die Zutaten mit einem Auto-Wert „ZutatID" eindeutig indizieren. Platzieren Sie deshalb aus der Feldliste das Tabellenfeld *ZutatID* in das Formular und zwar in den Formularkopf, neben dem Bezeichnungsfeld *Bezeichnung*. Markieren Sie dieses Feld mit der rechten Maustaste, wählen Eigenschaften an. Im Register *Format* gehen Sie in die Zeile *Sichtbar* und klicken in den weißen Teil doppelt. Dadurch wird die Vorgabe JA in NEIN umgewandelt. Damit bleibt dieses Feld im Ansichtsmodus unsichtbar, es ist aber vorhanden um bei jeder neu erfassten Zutat den Auto-Wert entsprechend hochzuzählen.

Nächster Schritt ist die Ausschaltung der Navigationsflächen. Klicken Sie mit der rechten Maustaste in das linke obere dunkle Quadrat neben dem Horizontal-Lineal, wählen im Kontextmenü *Eigenschaften* aus, gehen danach in das Register

Kapitel 4

Format des Eigenschaftsfensters, klicken dort in den weißen Teil der Zeile *Bildlaufleisten* und wählen nach einem Klick auf den kleinen Pfeil rechts „Nur vertikal" aus. Danach klicken Sie doppelt in die Zeile *Navigationsschaltflächen*, so dass die Vorgabe Ja in ein Nein umgewandelt wird.

Zum Schluss müssen Sie das Endlosformular noch ein wenig ausrichten. Gehen Sie mit dem Cursor auf den oberen Rand der Zeile Detailbereich. Der Cursor verwandelt sich dabei in ein Fadenkreuz. Bei gedrückter linker Maustaste können Sie jetzt den Detailbereich nach oben schieben, und zwar so weit, als die Bezeichnungsfelder gerade noch gut lesbar bleiben. Damit die spätere Zutatenreihe zwischen jeder einzelnen Zutat optisch besser getrennt ist, fügen Sie unter die Textfelder noch eine Trennlinie ein. In der Toolbox klicken Sie das Symbol für *Linie* an und setzen den Cursor dann im Detailbereich links an und ziehen die Linie mit gedrückter linker Maustaste bis kurz hinter das Textfeld *Zutatbezeichnung*. Um sicherzustellen, dass es auch eine gerade Linie ist, gehen Sie in das Eigenschaftsfenster dieser Linie und kontrollieren Sie im Register *Format* die Höhe. Hat die Höhe den Wert 0, dann ist die Linie gerade, hat Sie einen anderen Wert, dann ändern Sie diesen in den Wert 0. Jetzt ziehen Sie auch den Formularfuß-Bereich nach oben. Verfahren Sie dabei wie beim Detailbereich beschrieben und zwar bis zur eben gezogenen Begrenzungslinie. Unterhalb des Formularfußes sehen Sie evtl. noch eine hellgraue Fläche. Fassen Sie das Ende dieses Bereichs mit der linken Maustaste an und ziehen Sie bei gedrückter Maustaste diese Fläche direkt an den Formularfuß heran. Jetzt können Sie noch den unteren Rahmen ebenfalls nach oben ziehen, so dass unser fertiges Unterformular folgendermaßen aussehen müsste:

Abbildung 4-89

Kapitel 4

Speichern Sie das Unterformular unter dem Namen *frmRezeptZutaten* ab.

Rezepte-Erfassung

In der Programmplanung wurde festgelegt, das Programm möglichst flexibel zu gestalten. Sie haben deshalb Erfassungsprogramme für *Kategorien* und *Mengenbezeichnungen*, *Nährwerte* und *Zutaten* bereits erstellt. Bei dem eigentlichen Rezeptsammlungs-Programm werden Sie die letztgenannten Module als sogen. Unterformulare einbauen.

Das Hauptformular der Rezeptverwaltung erstellen Sie, wie die übrigen Formulare, im Entwurfsmodus auf.

Auf der Access-Arbeitsfläche wählen Sie die Objekt-Spalte *Formular* aus. Kopieren Sie dann das Musterformular und fügen es unter dem Namen *frmRezepte* ab.

Als Datengrundlage geben Sie über einen Rechtsklick für die Formulareigenschaften im Eigenschaftsfenster in dem Register *Daten* die notwendige Tabelle *tblRezepte* ein.

Vergrößern Sie die Arbeitsfläche etwa auf die Breite von 32,5 cm und eine Höhe von 15,5 cm.

Register-Steuerelement

Da bei manchen Rezepten viele Zutaten benötigt werden und manchmal auch sehr ausführliche Zubereitungshinweise zu speichern sind, schlage ich vor, dass die Erfassung der Daten auf verschiedene Seiten aufgeteilt wird. Sie haben dies bei der Adressverwaltung schon einmal praktiziert, nämlich mit Hilfe eines Register-Steuerelementes.

Aus der Toolbox ziehen Sie ein Register-Steuerelement auf die Formularfläche auf. Linker Rand bei 3,5 cm, rechter Rand bei 27 cm und unterer Rand bei ca. 16 cm. Wie Sie sicher noch wissen sind dabei immer zwei Registerblätter bereits vorgegeben. Da Sie aber insgesamt fünf Register benötigen, müssen Sie noch drei

Formulare

Kapitel 4

weitere hinzufügen. Hierfür klicken Sie den Rahmen des Register-Steuerelements mit der rechten Maustaste an und klicken auf den Befehl „Seite einfügen".

Klicken Sie mit der rechten Maustaste auf die erste Fahne des Register-Steuerelements, wählen Eigenschaften an und ändern die Textvorgabe im Register *Alle* der Zeile Namen in „REZEPT". Verfahren Sie mit der zweiten Fahne ebenso und ändern den Namen in ZUTATEN. Der dritten Fahne geben Sie den Namen ZUBEREITUNG, der vierten SONSTIGES und der fünften ABBILDUNG.

Tabellenfelder aufziehen

Wenn die Tabellenfelder noch nicht angezeigt werden, klicken Sie in der Symbolleiste auf Feldliste und ziehen auf der ersten Registerseite untereinander die Tabellenfelder *RezeptNr* und *Bezeichnung* auf. Bei der Eingabe einer Kategorie wird dem Nutzer eine Auswahl der möglichen Kategorien angeboten.

Dies können Sie am einfachsten durch ein Kombinations- oder Listenfeld bewerkstelligen. Entscheiden Sie sich für ein Kombinationsfeld (Sie können später dies auch durch ein Listenfeld ersetzen, wenn Ihnen die Eingabe besser gefallen sollte). Klicken Sie in der Toolbox auf das Symbol für Kombinationsfeld und ziehen sie auf der Formularfläche ein kleines Rechteck auf. Platzieren Sie es unterhalb dem Feld *RezeptNr*. Im Dialogfenster wählen Sie die erste Option „… soll Werte einer Tabelle entnehmen",

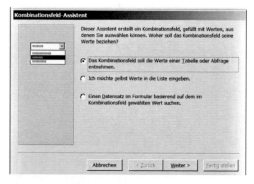

Abbildung 4-90

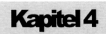

Nach einem Klick auf *Weiter* werden Sie gefragt aus welcher Tabelle die Werte übernommen werden sollen. Blättern Sie in dem Listenfeld bis zur Tabelle *tblRezeptKategorien*. Markieren Sie diese Tabelle mit einem Klick.

Abbildung 4-91

Mit Weiter kommen Sie in das nächste Fenster. Mit einem Klick auf „>" übernehmen sie die beiden Felder *KatergorieNr* und *KategorieBezeichnung* in die rechte Spalte und klicken auf Weiter.

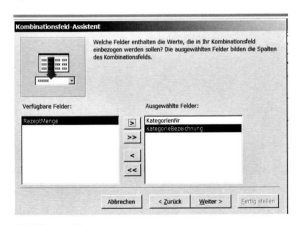

Abbildung 4-92

Formulare **259**

Kapitel 4

Im nächsten Fenster wählen Sie das Feld *KategorieBezeichnung* als aufsteigend sortiert an und klicken wieder auf Weiter.

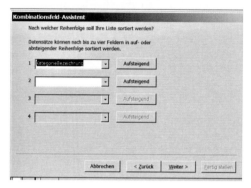

Abbildung 4- 93

Im nächsten Fenster können Sie die Breite des Kombinationsfeldes einstellen. Dies können Sie zunächst unverändert übernehmen, da Sie die Größe später noch nachträglich eingeben können. Mit einem Klick auf die Weiter-Taste werden Ihnen die im Kombinationsfeld verfügbaren Felder angezeigt. Dies können Sie ohne Änderung übernehmen. Im letzten Fenster, das Sie nach Weiter erreichen, legen Sie fest in welches Tabellenfeld der Tabelle *tblRezepte* der Wert des Kombinationsfeldes gespeichert werden soll. Das ist natürlich das Feld *Kategorie*. Wählen Sie es an und klicken wieder auf Weiter.

Abbildung 4- 94

Im nächsten Fenster ist es möglich, eine Beschriftung für das Kombinationsfeld einzugeben. Erfassen Sie hier: „Kategorien-Nr.:"

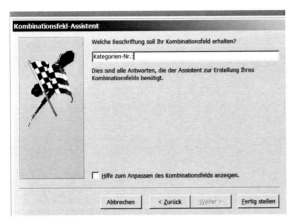

Abbildung 4-95

Schieben Sie nun das neue Kombinationsfeld zwischen die beiden vorher aufgezogen Tabellenfelder *RezeptNr* und *Bezeichnung*.

Das Kombinationsfeld zeigt bei der Anwahl die Kategoriebezeichnung an, die in der Tabelle *tblKategorie* gespeichert ist. Bei der weiteren Verarbeitung wird dieses Kombinationsfeld automatisch geschlossen und es wird nur der Wert angezeigt, der auch in die Tabelle *tblRezepte* übernommen wird und das ist die KategorienNr. Damit auch die Bezeichnung weiter ersichtlich ist, müssen Sie jetzt aus der Toolbox noch ein Textfeld (**ab**) aufziehen und platzieren es direkt neben dem Kombinationsfeld. Im Eigenschaftsfenster geben Sie diesem Feld den Namen *KategorieName*. Das dazugehörige Bezeichnungsfeld benötigen Sie nicht, deshalb markieren und löschen Sie es.

Die Tabelle *tblKategorie* muss Ihnen noch einen anderen Wert liefern, den Sie im Erfassungsprogramm für die Rezepte benötigen, nämlich ob die Rezeptmenge für Personen, Portionen oder für eine bestimmte Anzahl von Stücken ausgelegt ist. Da Sie über das soeben fertiggestellte Kombinationsfeld den Datensatz für die im Rezept benötigte Kategorie im Zugriff haben, werden Sie auch gleich diesen Wert

Kapitel 4

festlegen. Da in der Kategorientabelle aber ein numerischer Wert festgehalten wird, müssen Sie diesen noch in einen Text umsetzen. Ziehen Sie sich aus der Toolbox ein weiteres Textfeld auf und geben ihm im Eigenschaftsfenster den Namen „PortionenNummer". Platzieren Sie dieses Feld ganz unten rechts am Ende des Registerrahmens. Das dazugehörende Bezeichnungsfeld wird gelöscht, weil es keine Bedeutung hat. Mit dem später zu erstellenden Programm-Code werden Sie diesem Feld den entsprechenden Wert der Kategorientabelle zuweisen. Da das Feld lediglich zur Zwischenspeicherung benötigt wird müssen Sie es auch nicht anzeigen. Im Eigenschaftsfenster im Register *Format* ändern Sie den Wert in der Zeile „Sichtbar" von Ja in Nein.

Jetzt formatieren Sie die Steuerelemente noch.

Markieren Sie zunächst einmal alle Felder und klicken Sie mit der rechten Maustaste in die Markierung, gehen über das Eigenschaftsfenster in das Registerblatt *Format* und geben als Höhe 0,7 cm ein. Lösen Sie dann die Markierung wieder auf.

Als Nächstes markieren Sie alle Bezeichnungsfelder, gehen ebenfalls wieder in das Eigenschaftsfenster und geben im Registerblatt *Format* den linken Rand mit 6 cm, die Breite mit 3 cm, die Hintergrundfarbe mit hellgelb, die Textfarbe mit rot, die Schrift mit Arial 10 pt und fett ein. Lösen Sie dann die Markierung auf und markieren nur das Feld RezeptNr. Im Eigenschaftsfenster im Registerblatt *Format* erfassen Sie jetzt in der Position *Oben* den Wert 7,9 cm. Das Feld *Bezeichnung* erhält den Wert 11,4 cm und das Feld *Menge* den Wert von 13,7 cm.

Das Feld *RezeptNr* ist, wie Sie wissen, ein Auto-Wert-Feld, das vom Nutzer nicht auszufüllen ist. Klicken Sie das Textfeld kurz an und ändern im Eigenschaftsfenster im Registerblatt *Daten* die Zeile *Aktiviert* von *JA* auf *NEIN*.

Geben Sie dem ersten Registerblatt noch eine Überschrift. Hierzu klicken Sie in der Toolbox das Symbol für Bezeichnungsfeld (**Aa**) an und ziehen auf der Formularfläche ein kleines Rechteck auf. Als Überschrift erfassen Sie „Rezepte". Markieren Sie das Feld und formatieren es wie folgt:

Kapitel 4

Linker Rand 4,8 cm, Oben 5,2 cm, Breite 3,3 cm, Höhe 0,7 cm, Hintergrundfarbe Blau, Textfarbe Weiß, Schriftart Arial, 12 pt., fett und kursiv.

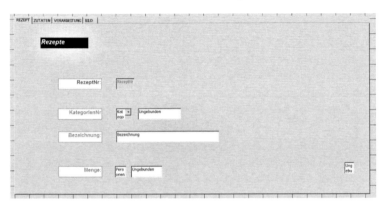

Abbildung 4-96

Auf der zweiten Registerseite soll das vorhin entwickelte Unterformular für die Zutatenerfassung eingefügt werden. Klicken Sie deshalb in der Toolbox auf das Icon für Unterformular und ziehen Sie mit gedrückter linker Maustaste ein Rechteck auf, linker oberer Rand bei 6 cm, rechter Rand bei 19 cm, der untere linke Rand bei 15 cm. Sie werden gefragt, ob Sie ein bereits bestehendes Formular verwenden wollen, was Sie bestätigen. Geben Sie den Namen des Unterformulars ein.

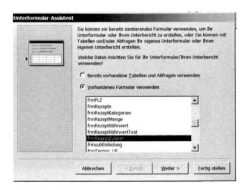

Abbildung 4-97

Formulare

Kapitel 4

Da das Register-Steuerelement immer auf der Seite stehen bleibt, die gerade in Bearbeitung ist, sollten Sie eine Befehlsschaltfläche einbauen, die Sie immer wieder auf die erste Seite zurückführt. Da Ihnen in diesem Fall der Schaltflächen-Assistent nicht weiter helfen kann, weil er keine geeigneten Code-Beispiele hat, schalten Sie ihn zuerst einmal aus. Wählen Sie dann aus der Toolbox das Symbol *Befehlsschaltfläche* an und ziehen mit der Maus ein kleines Rechteck neben dem Unterformular auf. Auf dem Registerblatt *Alle* des Eigenschaftsfensters geben Sie der Schaltfläche den Namen „befZutatenFertig" und als Beschriftung „FERTIG" ein. Im Registerblatt *Format* geben Sie als linken Rand 22,3 cm, als Breite 3 cm und als Höhe 1 cm an. Ferner stellen Sie die Schriftfarbe auf Rot (255), die Schrift auf Arial in der Größe 10 pt. und als Schriftgrad Fett ein. Beschriften Sie auch diese Registerseite mit einem Titel. Geben Sie hierfür ZUTATEN ein. Die Formatierung nehmen Sie entsprechend den Werten auf der Registerseite 1 vor.

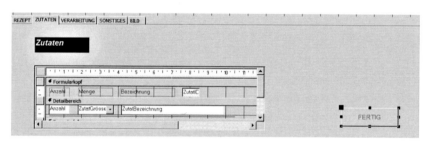

Abbildung 4-98

Auf der dritten Registerseite werden Sie das Memofeld *Zubereitung* aus der Tabelle einfügen. Linker oberer Rand bei 4 cm, rechter Rand bei 22 cm und unterer linker Rand bei 15,5 cm. Auch hier benötigen Sie eine Befehlsschaltfläche zur Rückkehr auf die erste Registerseite. Verfahren Sie dabei wie oben. Achten Sie darauf, dass der Assistent ausgeschaltet ist. Wählen Sie dann aus der Toolbox das Symbol *Befehlsschaltfläche* an und ziehen mit der Maus ein kleines Rechteck neben dem Memofeld auf. Auf dem Registerblatt *Alle* des Eigenschaftsfensters geben Sie der Schaltfläche den Namen „befZubereitungFertig" und als Beschriftung „FERTIG" ein. Im Registerblatt *Format* geben Sie als linken Rand 23,5 cm, als Breite 3 cm und

als Höhe 1 cm an. Ferner stellen Sie die Schriftfarbe auf Rot (255), die Schrift auf Arial in der Größe 10 pt. Und als Schriftgrad Fett ein.

Dieser Seite geben Sie als Überschrift „Zubereitung". Formatieren Sie wie die Überschriften der Vorseiten.

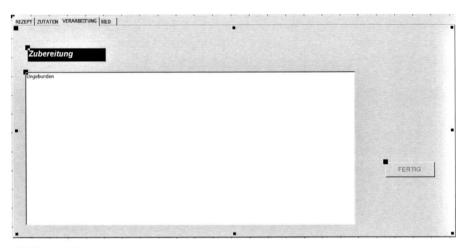

Abbildung 4-99

Auf der vierten Registerseite ziehen Sie die Tabellenfelder *ErstelltVon*, *GesammeltAus*, *ZubereitungsZeit* und *WarteZeit* jeweils untereinander auf. Platzieren Sie diese möglichst weit links auf dem Registerblatt. Formatieren Sie die Bezeichnungsfelder wie folgt:

Links	2,1 cm
Breite	2,8 cm
Höhe	0,423 cm
Hintergrundfarbe	hellgelb
Textfarbe	rot
Schriftart	Arial, 8 pt, fett
Ausrichtung	rechtsbündig

Den dazugehörenden Textfeldern geben Sie folgende Eigenschaften:

Formulare **265**

Kapitel 4

Links	*5,5 cm*
Höhe	*0,423 cm*
Breite	*4,6 cm für die ersten beiden Felder*
	1,0 cm für die beiden letzten Felder

Auf der rechten Hälfte dieses Registerblattes fügen Sie das erstellte Unterformular *frmRezepteNährwerte* ein. Als korrespondierende Felder wählen Sie dabei das Feld *RezeptNr* der Tabelle *tblRezepte* und das Feld *RezeptNr* der Tabelle *tblRezeptNährwert*. Über diesem Unterformular ziehen Sie aus der Toolbox ein Bezeichnungsfeld (**Aa**) auf mit der Beschriftung „Nährwerte", weiße Schrift auf blauem Hintergrund.

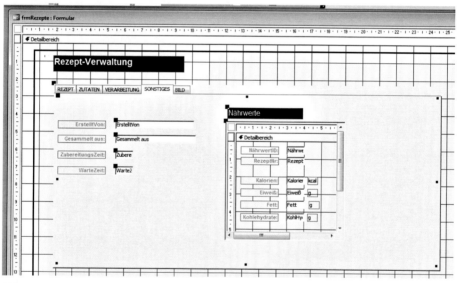

Abbildung 4-100

Da Sie auch die Möglichkeit einer bildlichen Darstellung des Rezeptes vorgesehen haben, gehen Sie zur fünften Registerseite. Klicken Sie in der Toolbox das Steuerelement „gebundenes Objektfeld" an und ziehen auf der Formularfläche ein Rechteck auf. Platzieren Sie den linken oberen Rand bei 4,5, den rechten Rand bei 15 cm, den linken unteren Rand bei 15,5 cm. Im Eigenschaftsfenster geben Sie diesem Steuerelement im Register *Alle* den Namen „Bild". Rechts neben dem

Rahmen für das Bild ziehen Sie aus der Toolbox noch zwei Textfelder auf die Formularfläche. Im Eigenschaftsfenster des ersten Textfeldes tragen Sie im Register *Alle* als Name „BildPfad" ein. Beim zweiten Textfeld den Namen „BildDatei". In diese Felder muss der Nutzer später den kompletten Pfad der Datei angeben, in der sich die Bilder befinden. Im zweiten Feld muss der Nutzer den kompletten Dateinamen erfassen und zwar einschl. der Dateiendung (*.jpg, *.wma etc.).

Außerdem benötigen Sie noch zwei Schaltflächen. Da Sie für diese beiden den Schaltflächen-Assistenten nicht brauchen, schalten Sie ihn mit einem Klick auf das Symbol aus. Jetzt ziehen Sie eine Schaltfläche unterhalb der beiden Textfelder auf und geben dieser im Eigenschaftsfenster den Namen „befAnzeigen". Als Beschriftung geben Sie „ANZEIGEN" ein.

Die zweite Schaltfläche benennen Sie „befAbbildungFertig" und als Beschriftung wählen Sie „FERTIG".

Formatieren Sie beide Schaltflächen im Eigenschaftsfenster im Registerblatt *Format*: linker Rand bei 19,5 cm, Breite 3 cm, Höhe 1 cm, Textfarbe Rot (255), Schrift Arial 10 pt und fett.

Das Gerüst des Erfassungsformulars ist damit geschaffen, jetzt müssen Sie es noch zum Leben erwecken und den notwendigen VBA-Code schreiben.

Wechseln Sie auf die erste Register-Seite des Formulars.

Als erstes ordnen Sie die Aktivierungsreihenfolge der einzelnen Felder. Klicken Sie in das Auswahlmenü unter *Ansicht*, *Aktivierungs-Reihenfolge* und ziehen Sie, wenn nötig, die Felder in die richtige Reihenfolge.

Für das Feld *RezeptNr* haben Sie bei der Tabellenerstellung als Daten-Typ den *Auto-Wert* eingegeben. Dies bedeutet, dass dieser Wert vom Programm automatisch hochgezählt wird und vom Nutzer nicht abänderbar sein darf. Klicken Sie in das dazugehörende Textfeld mit der rechten Maustaste, öffnen Sie das

Kapitel 4

Eigenschaftsfenster und ändern im Register *Daten* in der Zeile Aktiviert den Vorgabewert Ja in Nein um.

Nach der Kategorienauswahl haben Sie ein Textfeld angelegt, das die Kategorie-Art mit ihrem Namen anzeigen soll. Dieses Textfeld befüllen Sie sofort nach der Auswahl der Kategorie. Ein Klick mit der rechten Maustaste auf das Kombinationsfeld öffnet das Eigenschaftsfenster und führt Sie hier weiter. Im Register *Ereignis* in der Zeile „nach Aktualisierung" klicken Sie auf die Schaltfläche rechts mit den drei Punkten, rufen den Code-Generator auf und schreiben zwischen die beiden Vorgabezeilen den notwendigen Programm-Code. Wir verwenden dabei wieder die VBA-Prozedur Dlookup. Der Code heißt:

**Me.KategorieName = DLookup("KategorieBezeichnung", "tblRezeptKategorie",_
"KategorienNr = " Forms!frmRezepte!Kombinationsfeld41)**

wobei Sie die Nummer des Kombinationsfeldes Ihres Steuerelementes eintragen.

Auch bei der Rezept-Menge haben Sie ein Textfeld zur Anzeige des Klartextes der Menge erstellt. Auch hier müssen Sie die Bezeichnung der Menge eintragen. Bestücken Sie zunächst das kleine Hilfsfeld „PortionenNummer", das Sie ganz rechts unten platziert hatten und zwar ebenfalls mit einer Dlookup-Funktion. Gehen Sie in das Eigenschaftsfenster des Mengen-Textfeldes auf das Register *Ereignis* und klicken auf die Zeile „nach Aktualisierung", gehen dann in den Code-Generator und erfassen folgende Prozedurzeile:

**Me.PortionenNummer =DLookup("RezeptMenge", "tblRezeptKategorie",
"KategorienNr _ =" & Forms!frmRezepte!Kombinationsfeld41)**

Für den Namen des Kombinationsfeldes gilt auch hier das vorher Gesagte.

Nachdem Sie damit den Wert zwischengespeichert haben, können Sie ihn für die Bezeichnung auswerten. Möglich wäre dabei eine *IF-Then-ElseIf-Anweisung* oder aber auch die etwas elegantere Möglichkeit mit einer *Select-Case-Anweisung*. Beides führt natürlich zum gleichen Ergebnis.

Select-Case-Anweisung.

Kapitel 4

Mit der Case-Anweisung fragen Sie den Inhalt des Hilfsfeldes *PortionenNummer* ab. Sie erinnern sich sicher noch, dass Sie im Formular *frmKategorien* eine Optionsgruppe gebildet haben, bei der die einzelnen Optionen einen Zahlenwert besitzen. In aktuellen Fall die Zahlen 1 bis 3. Sie können daher jetzt diese Zahlenwerte jeweils mit einem davorgestellten *Case* abfragen und die Bezeichnung in das Textfeld schreiben lassen. Der Code wird eingeleitet mit der Anweisung „*Select Case PortionenNummer*" (zu Deutsch etwa „Wähle aus dem Feld PortionenNummer) und schließt ab mit einem „*End Select*" (zu Deutsch etwa „Ende der Auswahl). Dazwischen kommen die Bedingungen, wenn dieses Feld z. B.. den Wert 1 besitzt, dann schreibe in das Textfeld „Personen" usw.

Der vollständige Code müsste wie folgt lauten:

```
Select Case PortionenNummer
Case 1
    Me.PortionenBezeichnung = "Personen"
Case 2
    Me.PortionenBezeichnung = "Stück"
Case 3
    Me.PortionenBezeichnung = "Portionen"
End Select
```

Sie haben noch eine weitere Anweisung in diese Prozedur einzufügen, nämlich die, dass der Cursor anschließend wieder zum Kategorien-Kombinationsfeld zurückspringen soll. Eine solche Anweisung haben Sie jetzt schon öfter geschrieben und Sie wissen sicher, dass diese

Me.Kombinationsfeld46.SetFocus

heißen muss, wobei auch hier die Nummer des Kombinationsfeldes bei Ihnen anders lauten wird.

Damit ist die erste Registerseite fertig. Auf der zweiten Seite haben Sie keinen Code einzugeben, da auf dieser Seite das selbstständige Unterformular eingeblendet wird.

Kapitel 4

Auch auf der dritten Registerseite benötigen Sie keinen Programmcode, weil hier nur ein einziges Memofeld vorhanden ist.

Schwieriger wird es allerdings wieder auf der vierten Seite, denn hier wollen Sie eine Abbildung der rezeptierten Speise anzeigen. Bilder der Speisen sollten, wenn sie hier eingebunden werden, als Grafikdateien (*.jpg, *.wma etc.) in einem gesonderten Unterverzeichnis des Projektes gespeichert werden. Die Bilder entstehen entweder durch Scannen von Abbildungen, die Sie in Zeitschriften oder Büchern gefunden haben, oder aber sie stammen von Ihrer Digitalkamera. Bei beiden Möglichkeiten ist es einfach, diese Bilder im richtigen Format abzuspeichern. Geben Sie dabei diesen Bildern einen einprägsamen Namen. Sie sparen sich dann erhebliche Sucharbeit.

Diese Bilder werden in der Rezept-Tabelle nicht direkt gespeichert. Das würde zu viel Speicherplatz kosten. Vielmehr werden Sie einen entsprechenden Verweis auf den Pfad und den Dateinamen speichern.

Sie haben im Vorfeld eine Tabelle mit *Allgemeinen Daten* angelegt. Dort haben Sie auch den Pfad für evtl. Rezeptbilder gespeichert. Sie müssen deshalb jetzt nicht mehr den kompletten Pfad der Bilder-Datei bei jedem Rezept eingeben, sondern Sie füllen das Feld Bildpfad mit der *Dlookup*-Funktion. Allerdings werden Sie nur dann den in der Tabelle *tblAllgemein* gespeicherten Wert übertragen, wenn bei einem Rezept noch kein Pfad vorher eingegeben wurde.

Klicken Sie mit der rechten Maustaste das Feld *BildPfad* an damit Sie ins Eigenschaftsfenster gelangen. Im Register *Ereignis* klicken Sie in die Zeile „Beim Hingehen" und öffnen mit einem Klick auf die Schaltfläche mit den drei Punkten den Editor und ergänzen zwischen den beiden Vorgabezeilen die Prozedur mit den nachfolgenden Programmzeilen:

```
If IsNull(Me.Bildpfad) Then
    Me.Bildpfad = DLookup("RezeptBilderPfad", "tblAllgemein")
End If
```

Wenn also in dem Feld Bildpfad noch kein Wert eingegeben wurde, wird der in der Tabelle *tblAllgemein* festgehaltene Wert übernommen, ansonsten bleibt der bereits erfasste Wert bestehen.

In das Feld *BildDatei* muss dann der vollständige Name des zu übernehmenden Bildes incl. Extension eingegeben werden. Damit das Bild auch auf dem Bildschirm angezeigt werden kann, benötigen Sie eine Subprozedur, die Sie im Editor möglichst am Anfang nach der Zeile „Option Compare Database" einfügen. Übernehmen Sie die nachfolgenden Zeilen:

```
Private Sub BildAnzeigen()
On Error GoTo BildAnzeigen_Err
Dim strBildPfad As String
strBildPfad = Nz(Me!Bildpfad & Me.BildDatei, "")
If Dir(strBildPfad) = "" Then
    strBildPfad = ""
End If
BildAnzeigen_Exit:
Me.Abbildung.Picture = strBildPfad
Exit Sub
BildAnzeigen_Err:
MsgBox "Das Bild konnte nicht gefunden werden" _
    & vbCrLf & "Fehler-Nr: " & Err.Number _
    & vbCrLf & "Fehler-Beschreibung: " & Err.Description
strBildPfad = ""
Resume BildAnzeigen_Exit
End Sub
```

Fehlerbehandlung

Die erste Zeile des Prozedur-Codes eröffnet eine Fehlerbehandlungsroutine und stellt sicher, dass bei einem evtl. auftretenden Fehler während des Prozedurablaufs nicht das ganze Programm abstürzt. Eine Fehlerbehandlungsroutine ist keine **Sub**- oder **Functions**-Prozedur, sondern ein durch eine Zeilenmarke (hier: *GoTo BildAnzeigen_Err*) oder Zeilennummer gekennzeichneter Code-Bereich.

Fehlerbehandlungsroutinen verwenden den Wert in der **Number**-Eigenschaft des **Err**-Objekts, um die Fehlerursache zu bestimmen. Die Fehlerbehandlungsroutine

Kapitel 4

sollte die wichtigen Eigenschaftswerte des **Err**-Objekts überprüfen oder speichern, bevor ein anderer Fehler auftreten kann oder bevor eine Prozedur, die einen Fehler auslösen kann, aufgerufen wird. Die Werte in den Eigenschaften des **Err**-Objekts geben nur den zuletzt aufgetretenen Fehler wieder. Die Fehlermeldung für **Err.Number** ist in **Err.Description** enthalten.

Sollte also ein Fehler auftreten, dann soll der Programmablauf zu einer bestimmten Zeile der Prozedur (*BildAnzeigen_Err*) umgeleitet und dort weiterverarbeitet werden.

Pfad für Bilddateien

In einer Variablen (*strBildPfad*) werden Sie den kompletten Pfad der Bilder-Datei und den Namen des anzuzeigenden Bildes aus der Eingabe im Formular zusammensetzen. Dazu müssen Sie diese Variable erst initialisieren. Dies geschieht, wie Ihnen bekannt ist, mit dem DIM-Befehl.

In diese Variable speichern Sie also jetzt zuerst den Pfad und dann den Bilddatei-Namen. Weil Sie nicht wissen, ob für das aktuelle Rezept bereits ein Pfad und ein Bildname existiert, müssen Sie auch damit rechnen, dass die Felder BildPfad und BildDatei den Wert 0 haben. Das würde auch zu einem Programmabsturz führen. Sie müssen also sicherstellen, dass zumindest ein Leerstring in der Variablen gespeichert wird. Bei einem Leerstring kann zwar kein Bild angezeigt werden, aber die Stringvariable *strBildPfad* hat einen richtigen Wert, nämlich einen String, und keine 0. Um dies sicherzustellen gibt es die in Access eingebaute

NZ() - Funktion

Im ersten Teil dieser Funktion werden der Pfad und der Name des Bildes zusammengesetzt und der Variablen *strBildPfad* übergeben. Nach dem Komma wird die Alternative entwickelt. Sollte der soeben gebildete Wert 0 sein, weil weder ein Pfad noch ein Bildnamen eingegeben ist dann wird statt einer 0 ein Leerstring übergeben.

Benutzen Sie jetzt noch eine weitere Funktion, nämlich die

Kapitel 4

Dir()-Funktion

Diese Funktion gibt eine Zeichenfolge (**String**) zurück, die den Namen einer Datei, eines Verzeichnisses oder eines Ordners darstellt, der mit einem bestimmten Suchmuster, einem Dateiattribut oder mit der angegebenen Datenträger- bzw. Laufwerksbezeichnung übereinstimmt. Eine Null-Zeichenfolge ("") wird zurückgegeben, wenn der Pfad aus *Bildpfad* nicht gefunden werden kann.

D. h., wenn bei der Suche nach einem Bild im Suchstring kein Bildpfad und kein Bildname für das Rezeptbild vorhanden sind, wird ein Leerstring zurückgegeben.

Der Ausdruck „Bildanzeigen_Exit" soll den nächsten Programmschritt auffangen, nämlich das Bild entsprechend dem Pfad und Dateinamen anzuzeigen. Vergessen Sie nach diesem Ausdruck nicht den Doppelpunkt. Der Doppelpunkt zeigt an, dass nach dieser Zeile eine Anweisung erfolgt. Wenn die Variable *strBildpfad* einen richtigen Wert besitzt – also evtl. auch einen Leerstring – dann kann mit der nächsten Zeile das Bild in dem von Ihnen auf der 5.Registerseite aufgezogenem Objektfeld „Abbildung" angezeigt werden. Danach soll die Prozedur mit dem Befehl „Exit Sub" verlassen werden.

Die restlichen Prozedurzeilen betreffen die Fehlerbehandlung. Sie werden ebenfalls mit einem Ausdruck „Bildanzeigen_Err:" eingeleitet, zu der gesprungen wird, wenn irgendein Fehler beim Prozedurablauf auftaucht. In einer MsgBox würde dann der Nutzer darauf aufmerksam gemacht werden, dass kein Bild gefunden wurde und die entsprechende Fehlernummer und Fehlerbeschreibung angezeigt. Die dabei verwendete Funktion *vbCrLf* ruft jeweils eine Zeilenschaltung in der MsgBox auf.

Nachdem ein Fehler von einer Fehlerbehandlungsroutine in einer beliebigen Prozedur verarbeitet wurde, setzt das Programm die Ausführung in der aktuellen Prozedur an der Stelle fort, die durch die **Resume**-Anweisung angegeben ist. In unserem Fall wird die Prozedur mit der Befehlszeile „End Sub" beendet.

Kapitel 4

Sie haben jetzt also eine Subprozedur erstellt, die das zum Rezept gehörende Bild anzeigen kann. Jetzt müssen Sie das Programm nur noch veranlassen, dass diese Subprozedur aufgerufen wird.

Sie hatten beim Erstellen des Formulars auf der fünften Registerseite eine Schaltfläche ANZEIGEN erstellt. Diese Schaltfläche werden Sie jetzt aktivieren. Klicken Sie mit der rechten Maustaste auf die Schaltfläche und öffnen das Eigenschaftsfenster. Im Register *Ereignis* klicken Sie in die Zeile „Beim Klicken" und rufen über Code-Generator den Editor auf. Zwischen die beiden Vorgabezeilen schreiben Sie jetzt einfach

BildAnzeigen

Damit wird die Subprozedur aufgerufen und das Bild angezeigt.

Wenn für ein erfasstes Rezept bereits ein Bildpfad gespeichert ist und Sie das Rezept aufrufen, dann soll auch das dazu gehörende Bild angezeigt werden. Außerdem sollte auch beim Programmaufruf bzw. beim Datensatzwechsel die Bezeichnung für die Rezeptmenge vorhanden sein und es soll immer die erste Registerseite des Formulars erscheinen.

Klicken Sie auf die Schaltfläche ganz oben links mit der rechten Maustaste, so dass Sie das Eigenschaftsfenster für das Formular erreichen. Gehen Sie auf das Register *Ereignis* und klicken in die Zeile „Beim Anzeigen", dann auf die Schaltfläche mit den drei Punkten, wählen Code-Generator an und geben die nachfolgenden Code-Zeilen ein, die Sie ja schon aus den einzelnen Schritten in diesem Formular kennen. Damit werden diese Prozeduren alle beim Start bzw. bei einem Datensatzwechsel ausgeführt:

```
Private Sub Form_Current()
'
' Bei einem neuen Datensatz oder bei Programmstart
' immer 1. Registerseite anzeigen
'
Me.RegisterStr2.Value = 0
'
' falls ein Bild für den Datensatz gespeichert ist,
```

Kapitel 4

```
' soll es angezeigt werden
'
BildAnzeigen
'
' Beschreibung für Rezeptmenge vorgeben
'
If Me.PersonenZahl > 0 Then
    Me.PortionenNummer = DLookup("RezeptMenge", "tblRezeptKategorie", "KategorienNr =" & Forms!frmRezepte!Kombinationsfeld41)
    Select Case PortionenNummer
    Case 1
        Me.PortionenBezeichnung = "Personen"
    Case 2
        Me.PortionenBezeichnung = "Stück"
    Case 3
        Me.PortionenBezeichnung = "Portionen"
    End Select
End If
End Sub
```

Wenn Sie das Formular in der Praxis einsetzen werden Sie sicherlich feststellen, dass Sie ab und zu neue Kategorien und Rezeptmengen benötigen. Damit Sie dann nicht immer die Rezepteingabe abbrechen und in die Stammdatenmodule *Kategorien* und *Menge* wechseln müssen, werden Sie noch Schaltflächen einbauen, mit denen Sie jederzeit bei laufender Rezepterfassung solche neuen Stammdaten erfassen können. Auf der ersten Registerseite erfassen Sie ja die Rezept-Kategorien. Sinnvoll wird es deshalb sein auf dieser Seite die Schaltflächen zum Aufruf und zum Schließen des Formulars *frmRezeptKategorien* zu platzieren.

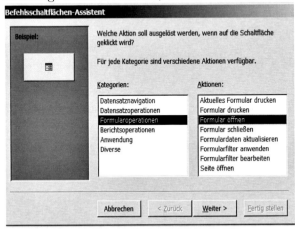

Abbildung 4-101

Achten Sie zunächst darauf, dass der Assistent der Toolbox eingeschaltet ist, denn jetzt benötigen Sie ihn wieder. Markieren Sie in der

Formulare   **275**

Kapitel 4

Toolbox das Symbol für *Befehlsschaltfläche* und ziehen Sie im rechten Bereich der Registerseite 1 eine Schalfläche auf. Im ersten Dialogfeld des Schaltflächenassistenten wählen Sie im Fenster Kategorien die Zeile „Formularoperationen" aus. Im Fenster Aktionen klicken Sie auf die Option „Formular öffnen".

Im nächsten Dialogfeld entscheiden Sie sich für das Formular *frmRezeptKategorien*, das Sie mit dieser Schaltfläche öffnen wollen.

Abbildung 4- 102

Im dritten Dialogfenster entscheiden Sie sich für die zweite Option „Das Formular öffnen und alle Datensätze anzeigen".

Kapitel 4

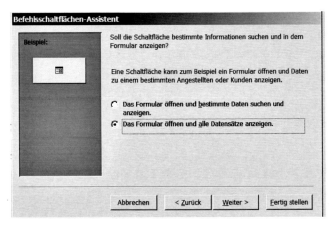

Abbildung 4-103

Im nächsten Dialogfenster nehmen Sie die erste Option zur Beschriftung dieser neuen Schaltfläche und geben als Text ein „Kategorien NEU".

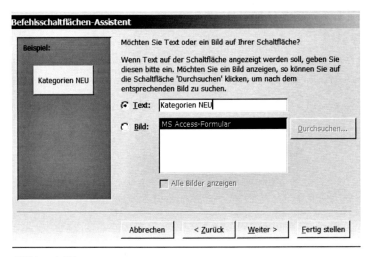

Abbildung 4-104

Im letzten Dialogfeld geben Sie den Namen der Befehlsschaltfläche ein, z. B.. *befKategorienÖffnen* und klicken auf Fertigstellen.

Formulare

Kapitel 4

Legen Sie jetzt noch eine weitere Befehlsschaltfläche zum Schließen dieses Kategorien-Fomulars an. Verfahren Sie wie oben, lediglich wählen Sie aus dem 1.Dialogfenster die Aktion „Formular schließen" aus und geben der Schaltfläche einen eindeutigen Namen wie z. B.. *befKategorienSchließen*.

Wenn Sie im laufenden Betrieb das Stammdatenformular *frmRezeptKategorien* wieder schließen wollen müssen Sie beachten, dass zu diesem Zeitpunkt zwei Formulare offen sind. Normalerweise wird mit dem einfachen Schließen-Befehl das zuletzt geöffnete Formular zuerst geschlossen. Aber verlassen können Sie sich darauf nicht. Wenn Sie sich den VBA-Code zur Schließen-Schalfläche anschauern, können Sie sofort erkennen warum. In dem entscheidenden „DoCmd.Close"-Befehl hat der Assistent keinen Formularnamen hinzugefügt. Wenn Sie sich im Gegensatz den Programmcode für die Öffnen-Schaltfläche anschauen, so wird der Name des zu öffnenden Formulars über die Variable *stDocName* explizit vorgegeben.

Besser ist es deshalb, das zu schließende Formular auch im Schließen-Befehl namentlich vorzugeben. Gehen Sie mit dem Cursor an das Ende des Befehls DoCmd.Close und ergänzen ihn wie folgt:

DoCmd.Close acForm, "frmRezeptKategorien"

acForm ist eine Access-Konstante, die dem Close-Befehl mitteilt, dass es sich um das Schließen eines Formulars handelt. Nach dem trennenden Komma wird dann der Name des zu schließenden Formulars in Anführungszeichen gesetzt hinzugefügt. Dadurch ist das zu schließende Formular exakt bezeichnet, so dass das Hauptformular weiterhin sicher geöffnet bleibt.

Damit können Sie bei Bedarf eine neue Rezept-Kategorie erfassen, in dem Sie das Stammdatenformular öffnen, die neue Kategorie eingeben und das Stammdatenformular wieder schließen.

Auf der zweiten Registerseite verfahren Sie mit den Schaltflächen ebenso, wählen im zweiten Dialogfenster allerdings das Formular *frmRezeptMenge* aus und geben den Schaltflächen die Namen „befMengeÖffnen" bzw. „befMengeSchließen".

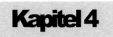

Ergänzen Sie auch hier den Programm-Code der Schließen-Schaltfläche mit der Access-Konstanten und dem Formularnamen „frmRezeptMenge".

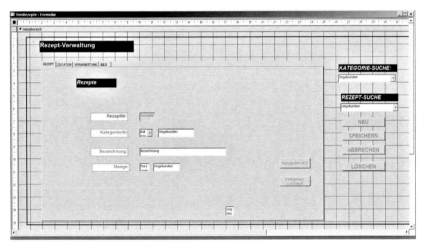

Abbildung 4-105

Speichern Sie das Formular nun unter dem Namen *frmRezepte* ab.

Mit dem probeweisen Eingeben von Daten warten Sie bitte noch ab, bis wir das nächste Formular mit den Allgemeinen Daten des Nutzers fertiggestellt haben, da Sie bei den Rezepten den Datenpfad für die Bilder benötigen, den Sie erst in diesem Modul festlegen.

Allgemeine Daten

Auf der Access-Arbeitsfläche wählen Sie in der Objekt-Spalte *Formular* aus. Kopieren Sie dann das erstellte Musterformular und fügen es unter dem Namen *frmAllgemeinDaten* ab.

Als Datengrundlage geben Sie über einen Rechtsklick für die Formulareigenschaften im Eigenschaftsfenster in dem Register Daten die notwendige Tabelle *tblAllgemein* ein.

Kapitel 4

Passen Sie die Formularfläche auf ein Maß von ca. 30 cm Breite und 13,5 cm Höhe an.

Ändern Sie durch Anklicken der Titelzeile im Register *Alle* die Beschriftung in „Allgemeine Daten".

Wenn die Feldliste der Tabelle nicht angezeigt wird, öffnen Sie diese im Hauptmenü mit einem Klick. Ziehen Sie jetzt alle Felder auf die Formular-Arbeitsfläche und zwar in zwei Spalten, entsprechend der Abbildung.

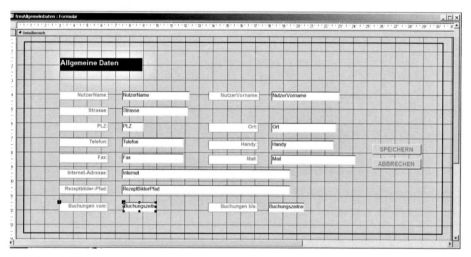

Abbildung 4- 106

Formatieren Sie zunächst die Spalte links. Markieren Sie die Bezeichnungsfelder, rufen das Eigenschaftsfenster auf und im Register Format geben Sie ein: Links 3 cm, Breite 3,5 cm, Höhe 0,6 cm, Hintergrundfarbe Hellgelb, Textfarbe Rot, Schriftart Arial, 10 pt und fett, Textausrichtung rechtsbündig.

Markieren Sie jetzt die dazugehörenden Textfelder und formatieren wie folgt: Links 7,5 cm, Breite 4,9 cm, Höhe 0,6 cm, Schriftart Arial, 10 pt.

Kapitel 4

Markieren Sie die Bezeichnungsfelder der zweiten Spalte und erfassen folgende Formatierungskriterien: Links 13,7 cm, Breite 3,5 cm, Höhe 0,6 cm, Hintergrundfarbe wieder Hellgelb, Schriftfarbe Rot, Schriftart Arial, 10 pt., fett und rechtsbündig.

Die dazugehörenden Textfelder werden markiert und formatiert: Links 22,5 cm, Breite 4,8 cm, Höhe 0,6 cm, Schriftart Arial, 10 pt.

Ändern Sie jetzt die Breite einzelner Text-Felder nachträglich manuell und zwar: PLZ auf 1,9 cm, Telefon und Fax jeweils auf 4,4 cm, Internet, den Datenpfad auf 12 cm und den BuchungszeitraumBis au 2,3 cm.

Den Textfeldern der zweiten Spalte geben Sie folgende Breitenwerte: Ort 4,6 cm, Handy 4,4 cm, Mail 6 cm und dem BuchungszeitraumBis 2,3 cm.

Nachdem in diesem Programm nur ein einziger Datensatz verarbeitet werden muss, benötigen Sie nur die beiden Navigations-Schaltflächen für Speichern und Abbrechen. Löschen Sie deshalb die übrigen Schaltflächen, sowohl im VBA-Editor als auch auf der Formularfläche.

Gehen Sie anschließend in den Ansichtsmodus und erfassen Ihre eigenen Daten. Beim Datenpfad geben Sie den Datenpfad ein, in dem Sie z. Zt. auch Arbeiten, und zwar mit Laufwerksbuchstaben und Unterverzeichnissen, z. B..:

C:\Heimanwendung\RezeptBilder

Vergessen Sie dabei bitte nicht das letzte Zeichen „\", dies ist ganz wichtig, da später an dieses Zeichen der Dateiname des entsprechenden Bildes angehängt werden muss.

Speichern Sie das Formular unter dem Namen *frmAllgemeinDaten* ab. In einem späteren Kapitel wird noch ein Unterformular entwickelt um eine Löschauswahl von verschiedenen Tabellen einzubinden.

Kapitel 4

Buchverwaltung

Für die Buchverwaltung benötigen Sie insgesamt 4 verschiedene Formulare, wobei sich die Formulare für Kategorien, Verlag und Autoren sehr ähnlich sind und sich lediglich durch die Tabellen unterscheiden, die die Datengrundlagen für diese Formulare beinhalten.

Formular BuchKategorien

Auf der Access-Arbeitsfläche wählen Sie in der Objekt-Spalte *Formular* aus. Kopieren Sie dann das erstellte Musterformular und fügen es unter dem Namen *frmBuchKategorien* ab. Als Datengrundlage geben Sie über einen Rechtsklick für die Formulareigenschaften im Eigenschaftsfenster in dem Register Daten die notwendige Tabelle *tblBuchKategorie* ein.

Ändern Sie die Formularfläche etwa auf die Breite von 19,0 cm und eine Höhe von 8 cm. Ändern Sie durch Anklicken der Titelzeile im Register *Alle* die Beschriftung in „Buch-Kategorien".

Wenn die Feldliste der Tabelle nicht angezeigt wird, öffnen Sie diese im Hauptmenü mit einem Klick. Ziehen Sie jetzt die beiden Tabellen-Felder auf die Formular-Arbeitsfläche.

Markieren Sie beide Tabellenfelder und rufen das Eigenschaftsfenster auf. Im Register *Format* legen Sie als Höhe für alle Steuerelemente 0,5 cm fest. Lösen Sie die Markierung durch einen Klick mit der linken Maustaste in den freien Raum auf. Markieren Sie jetzt das Bezeichnungsfeld *KategorieID*, rufen wiederrum das Eigenschaftsfenster auf und gehen auf das Register *Alle*. In der Zeile Beschriftung geben Sie ein. „Kategorie-Nr.:" (allerdings ohne die Anführungszeichen). Heben Sie die Markierung wieder auf.

Markieren Sie jetzt beide Bezeichnungsfelder in dem Sie mit gedrückter linker Maustaste ein Rechteck über diese beiden Bezeichnungsfelder ziehen. Klicken Sie mit der rechten Maustaste in diese Markierung und rufen das Eigenschaftsfenster auf. Im Register *Format* stellen Sie den linken Rand auf 2,2 cm, die Breite auf 2,5

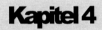

cm, die Hintergrundfarbe auf Hellgelb, die Schriftfarbe auf Rot, die Schrift auf Arial, die Schriftgröße auf 10 pt und fett und die Textausrichtung auf rechtsbündig.

Markieren Sie jetzt das Textfeld zu *KategorieID* und stellen im Eigenschaftsfenster im Register *Format* die Breite auf 0,9 cm ein. Im Register Daten klicken Sie in den weißen Bereich der Zeile *Aktiviert*, so dass aus der Vorgabe JA ein NEIN wird. Hier ist nämlich keine Eingabe erforderlich, da durch den Felddatentyp *Autowert* dieser Index automatisch hochgezählt wird.

Wie in den bisherigen Formularen benötigen Sie noch eine Möglichkeit eine bestimmte Kategorie schnell anwählen zu können. Benutzen Sie hierfür aus der Toolbox ein Kombinationsfeld. Klicken Sie das Symbol für Kombinationsfeld auf der Toolbox an und ziehen anschließend mit gedrückter linker Maustaste das Feld über den Navigationsschaltflächen auf. Legen Sie danach die 3.Option der Assistentennachfrage an „Ein Datensatz im Formular basierend auf dem im Kombinationsfeld gewählten Wert suchen" an. Nach dem Weiterschalten Klicken Sie auf „>>", so dass beide verfügbaren Felder ausgewählt sind. Das nächste Nachfragefenster können Sie gleich mit Weiter übergehen und geben Sie dann als Beschriftung „Kategorien-Suche" ein und klicken auf FERTIGSTELLEN. Ziehen Sie nun das Bezeichnungsfeld dieses Kombinationsfeldes mit dem linken oberen Anfasser über das Textfeld, gehen ins Eigenschaftsfenster und ändern im Register *Format* den linken Rand auf 15 cm, die Höhe auf 0,5 cm, die Breite auf 3,3 cm, die Schriftfarbe auf Rot, die Schrift mit Arial, 10 pt, fett und kursiv an.

Markieren Sie jetzt das Textfeld und ändern die Eigenschaften wie folgt: Im Register Format stellen Sie den linken Rand auf 15 cm, die Höhe auf 0,5 cm, die Breite auf 3,3 cm ein.

Damit das Kombinationsfeld sofort nach einer Neueingabe einer Kategorie auf den aktuellen Stand gebracht wird, müssen Sie noch eine Zeile Code schreiben. Ansonsten würde erst bei einem Neustart des Formulars auch das Kombinationsfeld aktualisiert werden. Am besten geschieht dies im Programmcode der Schaltfläche SPEICHERN und der Schaltfläche LÖSCHEN. Klicken Sie mit der rechten Maustaste auf diese Schaltfläche und gehen zum Eigenschaftsfenster. Im Register *Ereignis* sehen Sie das in der Zeile „Beim Klicken"

Formulare

Kapitel 4

bereits eine Ereignisprozedur vorhanden ist. Klicken Sie einmal in diese Zeile und danach rechts außen auf die Schaltfläche mit den drei kleinen Punkten. Sie gelangen damit direkt in den VBA-Editor und der Cursor steht genau im Programmcode für diese Schaltfläche. Direkt nach der Zeile, die mit „DoCmd….." beginnt schreiben Sie eine zusätzliche Anweisung

me.Kombinationsfeld(XX).Requery

wobei (XX) für eine Zahl steht, die Sie über das Eigenschaftsfenster im Register *Alle* aus dem Namen entnehmen können. Verfahren Sie mit der Schaltfläche Löschen ebenso. Die im Musterformular enthaltene Befehlsschaltfläche ABBRECHEN können Sie sowohl auf der Formularfläche als auch im VBA-Editor löschen, da sie bei zwei Tabellenfeldern sicherlich nicht unbedingt notwendig ist. Sie können sie allerdings auch belassen. Sie schadet auch nicht. Zum Schluss benötigen Sie noch ein wenig Programmcode und zwar soll der Cursor bei einem neuen Datensatz nach dem Klicken auf die Schaltfläche NEU direkt in das Feld *Kategorie* springen. Klicken Sie hierzu mit der rechten Maustaste auf die Schaltfläche NEU, gehen zum Eigenschaftsfenster und zwar in das Register *Ereignis* und klicken in die weiße Zeile von „Beim Klicken" und danach auf die Schaltfläche rechts außen mit den drei kleinen Punkten. Es öffnet sich der VBA-Editor. Nach der Code-Zeile

DoCmd.GoToRecord , , acNewRec

erfassen Sie folgenden Code, der den Nutzer dann direkt in das Eingabefeld Kategorie führt:

Me.Kategorie.SetFocus

Kapitel 4

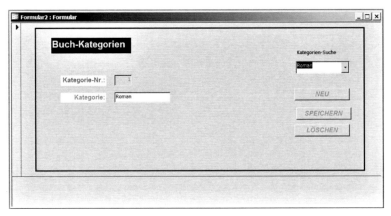

Abbildung 4-107

Speichern Sie das Formular unter dem Namen *frmBuchKategorie* ab.

Formular Buchverlage

Auf der Access-Arbeitsfläche wählen Sie in der Objekt-Spalte *Formular* aus. Kopieren Sie dann das erstellte Musterformular und fügen es unter dem Namen *frmBuchVerlage* ab. Als Datengrundlage geben Sie über einen Rechtsklick für die Formulareigenschaften im Eigenschaftsfenster in dem Register Daten die notwendige Tabelle *tblBuchVerlage* ein. Ändern Sie durch Anklicken der Titelzeile im Register *Alle* die Beschriftung in „Buch-Verlage".

Wenn die Feldliste der Tabelle nicht angezeigt wird, öffnen Sie diese im Hauptmenü mit einem Klick. Ziehen Sie jetzt die beiden Felder auf die Formular-Arbeitsfläche.

Gehen Sie bei Formatierung der Bezeichnungs- und Textfelder, sowie bei allen übrigen Schritten so vor, wie Sie es im Vorprogramm bereits durchgeführt haben. Das neue Formular müsste dann etwa so aussehen:

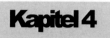

Kapitel 4

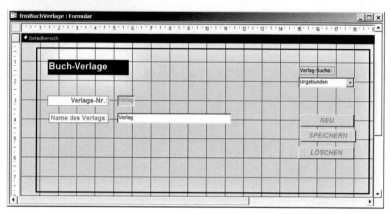

Abbildung 4- 108

Speichern Sie das Formular unter dem Namen *frmBuchVerlage* ab.

Formular Buch-Autoren

Sicher haben Sie jetzt keine Schwierigkeiten, dieses Formular ohne weitere Erklärungen einzurichten. Gehen Sie genauso vor, wie beim Formular *frmBuchKategorien*. Als Datengrundlage nehmen Sie lediglich die Tabelle *tblBuchAutoren*. So sollte das Formular dann aussehen:

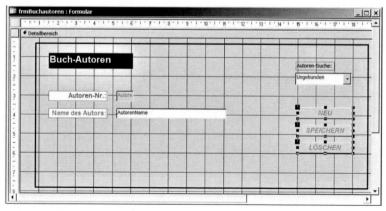

Abbildung 4- 109

Kapitel 4

Formular Buchverwaltung

Jetzt verbleibt und noch das Hauptformular zu erstellen, die eigentliche Buchverwaltung.

Auf der Access-Arbeitsfläche wählen Sie in der Objekt-Spalte *Formular* aus. Kopieren Sie dann das erstellte Musterformular und fügen es unter dem Namen *frmAllgemeinDaten* ab. Als Datengrundlage geben Sie über einen Rechtsklick für die Formulareigenschaften im Eigenschaftsfenster in dem Register Daten die notwendige Tabelle *tblBuchVerwaltung* ein. Ändern Sie durch Anklicken der Titelzeile im Register *Alle* die Beschriftung in „Bücher-Verwaltung".

Die Formularfläche stellen Sie etwa auf die Breite von 37 cm und eine Höhe von 15,5 cm ein. Wenn die Feldliste der Tabelle nicht angezeigt wird, öffnen Sie diese aus dem Symbolmenü. Platzieren Sie aus der Feldliste die Tabellen-Felder *Titel*, und *Untertitel auf der linken Hälfte des Formulars und die Felder, Erscheinungsjahr, Standort, Bemerkungen* und *ISBN* auf der rechten Hälfte der Formular-Arbeitsfläche. Eine bestimmte Ordnung benötigen Sie zunächst einmal nicht, das wird später nachgeholt.

Als nächstes erstellen Sie einige Kombinationsfelder und zwar zur Auswahl von Autor, Co-Autor, Buchkategorie und Buchverlag. Die Erstellung aller vier Kombinationsfelder laufen nach demselben Schrittschema ab. Platzieren Sie diese nacheinander unterhalb des Feldes Untertitel auf der linken Formularhälfte. Klicken Sie in der Toolbox auf das Symbol *Kombinationsfeld* und ziehen Sie auf der Formulararbeitsfläche im freien Raum ein entsprechendes Feld auf. Achten Sie darauf, dass der Assistent eingeschaltet ist. Wählen Sie im nächsten Dialogfenster die erste Option aus „*Das Kombinationsfeld soll die Wert einer Tabelle entnehmen*".

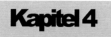

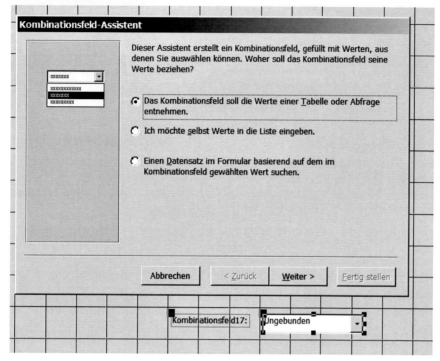

Abbildung 4-110

Nach einem Klick auf Weiter kommen Sie zur Auswahl der diesem Kombinationsfeld zuzuordnenden Tabelle. Wählen Sie die Tabelle *tblBuchautoren* aus und klicken auf Weiter.

Kapitel 4

Abbildung 4-111

Im nächsten Fenster übernehmen Sie beide Tabellenfelder, AutorenID und AutorenName (>>)

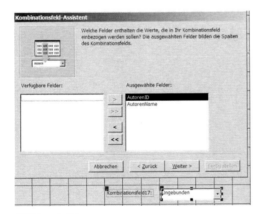

Abbildung 4-112

und klicken wiederrum auf Weiter. Wählen Sie danach eine aufsteigende Sortierung des Feldes AutorenName, in dem Sie den kleinen Pfeil in der ersten weißen Zeile

Formulare

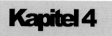

anklicken und aus der Feldliste das Feld *AutorenName* auswählen. Klicken Sie dann wieder auf Weiter.

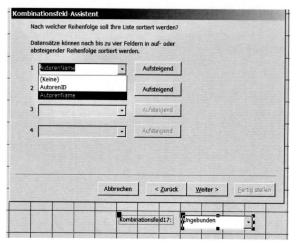

Abbildung 4- 113

Im nächsten Fenster zeigt Ihnen der Assistent, wie das das Kombinationsfeld später Daten anzeigt. Belassen Sie den Haken in der Zeile „Schlüsselspalte ausblenden" bei.

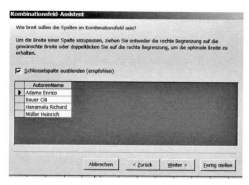

Abbildung 4- 114

In der Haupttabelle *tblBuchVerwaltung* haben Sie ein Feld AutorenID aufgenommen. In dieses Feld wollen Sie natürlich den aus dem Kombinationsfeld ausgewählten Autor speichern und zwar nur das Feld *AutorenID*, das sich aus der Tabelle *tblBuchautoren* ergibt. Klicken Sie im nächsten Fenster also an, dass das Feld gespeichert werden soll. Mit dem kleinen Pfeil rufen Sie die Feldliste der Haupttabelle auf und klicken Sie auf das Feld AutorenID.

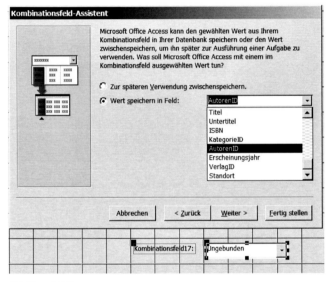

Abbildung 4-115

Mit Weiter kommen Sie dann zum nächsten Fenster und geben dort die Bezeichnung dieses Kombinationsfeldes ein z. B.. „Autor:" und betätigen danach die Taste Fertigstellen.

Für das Kombinationsfeld Co-Autor gehen Sie die vorherigen Schritte noch einmal komplett durch. Wählen Sie auch hier die Tabelle *tblBuchautor* als Grundlage, als Speicherfeld CoAutorID und als Bezeichnung „Co-Autor:".

Kapitel 4

Verfahren Sie mit den anderen Kombinationsfeldern ebenso, verwenden Sie bei der Buchkategorie die Tabelle *tblBuchkategorie*, das Feld *KategorieID* als Speicherort für die getroffene Auswahl und als Bezeichnung „Kategorie:".

Beim Kombinationsfeld für die Auswahl des Verlages, nehmen Sie die Tabelle *tblBuchVerlag* als Grundlage, als Speicherort der Auswahl das Feld *VerlagID* und als Bezeichnung „Verlag:".

Nächster Schritt ist die Anordnung der Felder auf dem Formular. Versuchen Sie die Reihenfolge herzustellen, wie sie in Abbildung 4-116 dargestellt wird.

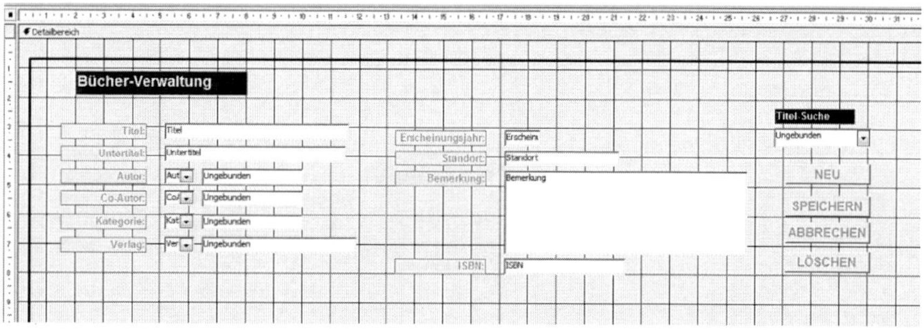

Abbildung 4-116

Jetzt werden die Felder formatiert. Markieren Sie zunächst die Felder der linken Spalte, in dem Sie mit der Maustaste ein Rechteck über diesen Feldern aufziehen, klicken Sie dann mit der rechten Maustaste in diese Markierung, rufen das Eigenschaftsfenster auf und stellen im Register *Format* die Höhe auf 0,5 cm ein. Markieren Sie jetzt die Felder der rechten Spalte mit Ausnahme des Bemerkungsfeldes. Hierzu drücken Sie die Shift-Taste und klicken nacheinander auf die Felder Erscheinungsjahr, Standort und ISBN und rufen wiederrum das Eigenschaftsfenster auf und wählen auch hier eine Höhe von 0,5 cm. Verfahren Sie danach mit dem Bezeichnungsfeld des Memofeldes Bemerkung ebenso. Das Textfeld zum Memofeld bleibt außen vor. Markieren Sie die Bezeichnungsfelder der linken Spalte, gehen ins Eigenschaftsfenster ins Register *Format* und erfassen folgende Werte: Links 1,5 cm, Breite 3 cm, Hintergrundfarbe hellgelb, Textfarbe Rot Schriftart Arial, Schriftgröße 10 pt und fett und Textausrichtung rechtsbündig.

Kapitel 4

Markieren Sie anschließend die Textfelder der linken Spalte und rufen wieder das Eigenschaftsfenster auf und gehen in das Register *Format*. Wählen Sie dort den linken Rand mit 5,2 cm an und heben die Markierung durch einen Klick in den freien Raum wieder auf.

Jetzt müssen Sie den Textfeldern von *Titel* und *Untertitel* noch einen größeres Volumen geben und die anschließenden Kombinationsfelder verkleinern, da diese ja nur die Autowerte der Tabellen aufnehmen müssen. Markieren Sie die Textfelder von *Titel* und *Untertitel* und gehen über das Eigenschaftsfeld in das Register *Format*. Geben Sie als Breite 6,4 cm ein. Markieren Sie dann die Kombinationsfelder und geben diesen eine Breite von 1 cm.

Jetzt ist auch noch die rechte Spalte zu formatieren. Markieren Sie auch hier zunächst die Bezeichnungsfelder und gehen Sie über das Eigenschaftsfenster in das Register *Format*. Wählen Sie dort als linken Rand 12,6 cm, als Breite 3,2 cm, als Hintergrundfarbe hellgelb, als Textfarbe Rot, als Schrift Arial in 10 pt und fett, sowie als Textausrichtung rechtsbündig an.

Geben Sie nunmehr den Textfeldern der rechten Spalte einen einheitlichen linken Rand vor in dem Sie diese markieren und im Formatregister des Eigenschaftsfenster den linken Rand mit 16,5 cm angeben.

Jetzt können Sie den einzelnen Textfelder der rechten Spalte noch individuelle Werte zuweisen, z. B.. dem Feld Erscheinungsjahr eine Breite von 1,2 cm, da hierin nur eine vierstellige Jahreszahl aufgenommen werden muss. Dem Bemerkungsfeld geben Sie eine Breite von 8,5 cm und eine Höhe von 2,8 cm.

Bei der ISBN-Nummer müssen Sie eine ausführlichere Formatierung vornehmen, da diese weltweit einheitlich geregelt ist. Klicken Sie dazu das Textfeld mit der rechten Maustaste an und gehen in das Eigenschaftsfenster ins Register *Daten*. In der Zeile *Eingabeformat* klicken Sie die Schaltfläche mit den drei Punkten an und wählen aus den Formatierungsvorschlägen das ISBN-Format aus und klicken auf Weiter.

Formulare

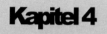

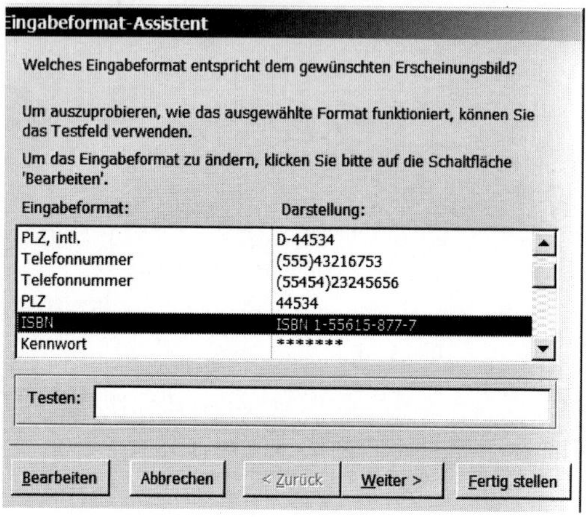

Abbildung 4- 117

Das nächste Fenster können Sie mit *Weiter* überspringen um dann im übernächsten Fenster die erste Option auswählen „Mit den Symbolen im folgenden Eingabeformat speichern" und klicken Sie dann auf Fertigstellen.

Jetzt bringen Sie noch alle Felder in die richtige Aktivierungsreihenfolge. Klicken Sie auf Ansicht und dann auf Aktivierungsreihenfolge und vergleichen Sie die dort angegebene Ablauffolge mit Ihrem Formularbild. Verändern Sie evtl. die Reihenfolge in dem Sie ein Feld, das nicht in der richtigen Reihenfolge aufgeführt links anklicken und mit gedrückter linker Maustaste an die richtige Reihenfolgeposition verschieben.

Für den Autor, Co-Autor, für die Kategorie und für den Verlag haben Sie bisher nur Steuerelemente für die entsprechende ID-Nummer erstellt. Damit auch die entsprechenden Bezeichnungen sichtbar gemacht werden können, müssen Sie jeweils hinter diesen Steuerelementen ein Textfeld (**ab**) aus der Toolbox hinzufügen. Das dazugehörende Bezeichnungsfeld kann jeweils gelöscht werden. Geben Sie diesen Textfeldern die Namen *BezAutor, BezCoAutor, BezKategorie* und formatieren sie mit einer Höhe von 0,5 cm und einer Breite von 3,5 cm, das Feld *BezVerlag* mit 5,4 cm Breite und ebenfalls eine Höhe von 0,5 cm und verschieben Sie diese so, dass sie von der Positionierung sich dem ID-Feld angleichen.

Kapitel 4

Die Aktualisierung dieser Felder soll sinnvollerweise dann erfolgen, wenn das jeweilige Kombinationsfeld aktualisiert wird. Klicken Sie mit der rechten Maustaste auf das Kombinationsfeld für den Autor, gehen in Eigenschaften und dort ins Register *Ereignis*. Klicken Sie in die weiße Zeile „Nach Aktualisierung" und danach auf die Schaltfläche mit den drei Punkten rechts außen. Wählen Sie dann Code-Generator an. Zwischen die beiden Vorgabe-Zeilen

Private Sub Kombinationsfeld17_AfterUpdate()

End Sub

geben Sie dann den neuen Programmcode ein. Benutzen Sie die Ihnen bereits bekannte Funktion *Dlookup* um diese Felder mit den richtigen Bezeichnungen zu füllen.

Me.BezAutor = DLookup("AutorenName", "tblBuchAutoren", "AutorenID = " & _
Me.Kombinationsfeld17)

Wobei bei Ihnen das Kombinationsfeld eine andere Nummer haben kann. Verfahren Sie mit dem Co-Autor ebenso, lassen Sie aber den aktualisierten Wert in das Feld „Me.BuchCoAutor =" laufen. Auch die beiden anderen Felder Kategorie und Verlag werden auf die gleiche Weise aktualisiert. Hier lauten die Dlookup-Anweisungen:

Me.BezKategorie = DLookup("Kategorie", "tblBuchKategorie", "KategorieID = " & _
Me.cmbKategorie)

Me.BezVerlag = DLookup("Verlag", "tblBuchVerlage", "VerlagID = " & _
Me.Kombinationsfeld11)

Das Erfassungsformular sollte nun etwa wie folgt aussehen:

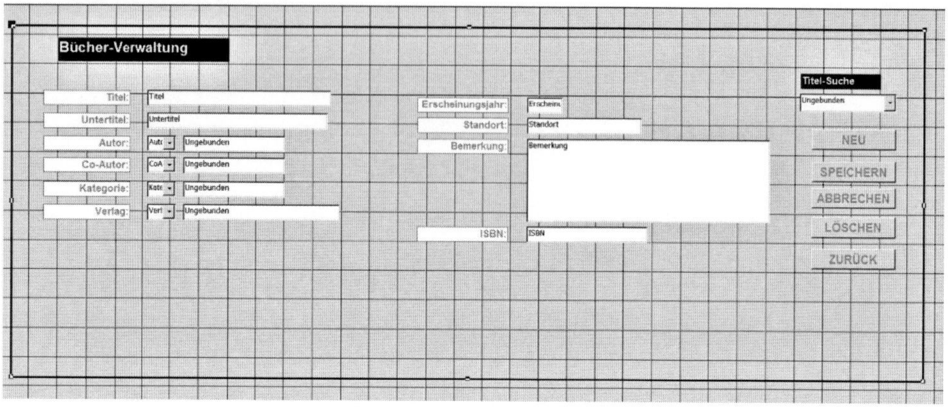

Kapitel 4

Abbildung 4-118

Speichern Sie das Formular unter dem Namen *frmBuchVerwaltung* ab.

In der Praxis werden Sie jedoch schnell bemerken, dass Ihnen bei der Erfassung eines Buches im Kombinationsfeld ein Autor oder eine bestimmte bisher noch nicht angelegte Kategorie oder aber auch ein Verlag fehlt. Damit Sie dann nicht das Erfassungsprogramm verlassen müssen um diese Daten in den dortigen Programmen eingeben zu können, bietet es sich an, im Buchverwaltungs-Modul auch gleich diese Programme aufrufen zu können.

Sie werden nunmehr noch drei Schaltflächen für Autoren (für Co-Autor wird das gleiche Erfassungsprogramm wie für den Autor genutzt), Kategorien und Verlage einfügen. Damit Sie die so aufgerufenen Programme auch wieder im Buchverwaltungsprogramm schließen können, benötigen Sie auch noch drei Schließen-Schaltflächen. Klicken Sie in der Toolbox auf das Symbol *Befehlsschaltfläche* und ziehen Sie auf dem Formular ein kleines Rechteck auf, das die Befehlsschaltfläche darstellen soll. Der Assistent fragt nun, was Sie mit dieser Schaltfläche bewirken wollen. Wählen Sie in der Rubrik Kategorien „Formularoperationen" aus und in der Rubrik Aktionen „Formular öffnen" aus.

Kapitel 4

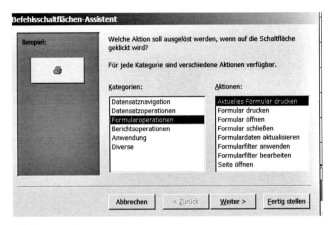

Abbildung 4-119

Nach einem Klick auf Weiter werden alle bestehenden Formulare angezeigt. Wählen Sie das infrage kommende Formular aus, z. B.. *frmBuchAutoren*, *frmBuchKategorien* oder *frmBuchVerlage*. Mit Weiter kommen Sie zur nächsten Frage, nämlich ob bestimmte Daten dabei gesucht oder ob alle Daten angezeigt werden sollen. Nehmen Sie die zweite Option, alle Daten anzeigen. Mit Weiter kommen Sie zum nächsten Fenster in dem Sie festlegen, ob die Schaltfläche mit einem Bild oder einem Text versehen werden soll. Wählen Sie hier Text und geben ein „Autor NEU" bzw. „KategorieNEU" bzw. „Verlag NEU". Mit Weiter kommen Sie in das letzte Abfragefenster und geben der Schaltfläche ihren Namen, z. B.. „befAutor", „befKategorie" und „befVerlag". Klicken Sie „Fertigstellen" an und die Schaltflächen sind einsatzbereit.

Jetzt sind noch die Schließen-Schaltflächen hinzuzufügen. Gehen Sie dabei genauso vor wie bei den Öffnen-Schaltflächen, nur wählen Sie bei den Aktionen „Formular Schließen" an und geben der Schaltfläche den Namen „Autor schließen", „Kategorie schließen" bzw. „Verlag schließen" an.

Die Schließen-Schaltflächen schließen jeweils das zuletzt geöffnete Formular. Ich schlage Ihnen allerdings vor, den durch den Assistenten erzeugten Programm-Code etwas zu verfeinern um jegliche Kollisionsmöglichkeit beim Schließen eines

Formulare

Kapitel 4

Formulars zu beseitigen. Wählen Sie in der Symbolleiste das Symbol für Code an und gehen im Editor auf den nachfolgenden Prozedur-Text:

```
Private Sub befAutorSchliessen_Click()
On Error GoTo Err_befAutorSchliessen_Click

    DoCmd.Close acForm, "frmBuchAutoren", acSaveYes

Exit_befAutorSchliessen_Click:
    Exit Sub

Err_befAutorSchliessen_Click:
    MsgBox Err.Description
    Resume Exit_befAutorSchliessen_Click

End Sub
```

Ergänzen Sie den Programmcode um die rot kenntlich gemachten Worte. Es handelt sich zunächst um eine Access-Konstante, die angibt, dass es sich bei dem zu schließenden Objekt um ein Formular handelt und zwar um das Formular *frmBuchAutor*. Die weitere Access-Konstante gibt an, dass die soeben in diesem Formular erfassten Daten beim Schließen zu speichern sind.

Verfahren Sie bei den übrigen Schließen-Schaltflächen ebenso, verwenden Sie dabei aber stets die richtigen Formular-Namen.

Um ein Buch möglichst schnell zu finden werden Sie jetzt noch ein Suchfeld einbauen und zwar, wie in den anderen Formularen auch mittels eines Kombinationsfeldes.

Klicken Sie in der Toolbox auf das Symbol *Kombinationsfeld* und ziehen auf dem Formular über den Navigationsschaltflächen ein Textfeld auf. Da Sie ein gesuchtes Buch anzeigen lassen wollen, wählen Sie die dritte Option der Assistentennachfrage und klicken auf Weiter. Ziehen Sie dann die beiden Tabellenfelder *BuchID* und *Titel* mit „>" in die rechte Spalte „Ausgewählte Felder" und klicken auf Weiter. Die nächste Nachfrage können Sie mit der Weiter-Schaltfläche übergehen, da die Anzeige wie dargestellt in Ordnung ist. Im nächsten

Kapitel 4

Nachfragefenster geben Sie als Beschriftung „Titel-Suche" ein und klicken auf Fertigstellen.

Ziehen Sie das Bezeichnungsfeld über das Textfeld in dem Sie den linken oberen Anfasser mit der linken Maustaste anklicken und mit gedrückter Maustaste über das Bezeichnungsfeld ziehen. Formatieren Sie dieses Bezeichnungsfeld im Eigenschaftsfenster: Höhe 0,5 cm, Breite 2,8 cm, Hintergrundfarbe blau, Textfarbe Weiß, Schrift Arial, 10 pt fett.

In der Tabelle tblBuchverwaltung haben Sie für den Autor, den Coautor, die Kategorie und den Verlag jeweils nur die ID-Nummer der einzelnen Tabellen gespeichert. Sie müssen jetzt noch dafür sorgen, dass bei Aufruf des Formulars bzw. bei Anwahl eines bestimmten gespeicherten Buches neben den ID-Nummern im jeweiligen Kombinationsfeld auch die dazu gehörenden Namen angezeigt werden. Dies geschieht am besten immer, wenn ein Datensatzwechsel vorgenommen, oder das Formular erstmals aufgerufen wird. Das ist natürlich ein Formular-Ereignis, das eintritt „Beim Anzeigen". Klicken Sie ganz oben links mit der rechten Maustaste in das kleine graue Quadrat und rufen das Eigenschaftsfenster des Formulars auf. In dem Register Ereignis klicken Sie in die Zeile „Beim Anzeigen", dann auf die kleine Schaltfläche rechts außen, wählen Code-Generator an und fügen zwischen die beiden Vorgabezeilen

```
Private Sub Form_Current()
End Sub
```

folgenden Prozedur-Code ein:

```
'Löschen der Textfelder
Me.BezAutor = " "
Me.BezCoAutor = " "
Me.BezKategorie = " "
Me.BezVerlag = " "

'Bestücken der Kombinationsfelder mit den Inhalten der Tabelle
Me.Kombinationsfeld17 = AutorenID
Me.Kombinationsfeld23 = CoAutorenID
Me.cmbKategorie = KategorieID
```

Formulare

Kapitel 4

```
Me.Kombinationsfeld11 = VerlagID

'Nachschlagen der entsprechenden Namen
If Not IsNull(Me.Kombinationsfeld17) Then
    Me.BezAutor = DLookup("AutorenName", "tblBuchAutoren", "AutorenID = " & Me.Kombinationsfeld17)
End If
If Not IsNull(Me.Kombinationsfeld23) Then
    Me.BezCoAutor = DLookup("AutorenName", "tblBuchAutoren", "AutorenID = " & Me.Kombinationsfeld23)
End If
If Not IsNull(Me.cmbKategorie) Then
    Me.BezKategorie = DLookup("Kategorie", "tblBuchKategorie", "KategorieID = " & Me.cmbKategorie)
End If
If Not IsNull(Me.Kombinationsfeld11) Then
    Me.BezVerlag = DLookup("Verlag", "tblBuchVerlage", "VerlagID = " & Me.Kombinationsfeld11)
End If
```

Zunächst werden bei einem Datensatzwechsel die Textfelder der Namen gelöscht, damit nicht die Werte des vorhergehenden Buches angezeigt werden. Danach bestücken Sie die Kombinationsfelder *Autor*, *CoAutor*, *Kategorie* und *Verlag* mit den in der Tabelle *tblBuchverwaltung* gespeicherten Werten. Anschließend verwenden Sie die Ihnen bereits bekannte Funktion Dlookup() um die in den einzelnen Kombinationsfeldern gespeicherten Werte in den dazu gehörenden Tabellen *tblBuchAutoren*, *tblBuchKategorie*, *tblBuchverlage* nachzuschlagen und die Suchergebnisse in die Textfelder einzutragen.

Speichern Sie das Programm nun ab unter dem Namen *frmBuchVerwaltung* und schließen es.

Wenn Sie keine Buchausleihe in dieses Formular integrieren wollen, ist das Formular nun fertig. Wenn Sie die Ausleihe aber mit integrieren wollen, müssen Sie zunächst ein zusätzliches Unterformular erstellen, das Sie dann in das Hauptformular einbauen müssen.

Sie erinnern sich sicherlich noch, dass Sie auch für die Musikmedien eine Ausleihe erstellen wollten. Dies wurde allerdings bei Erstellung der Musikverwaltung zurückgestellt. Sie werden zunächst diese Ausleihe fertigstellen. Das Ausleihen von Musikdatenträgern und Bücher werden jeweils mit einem Unterformular bewerkstelligt, das in das jeweilige Hauptformular eingebaut wird, aber mit einem eigenen Datenbestand arbeitet.

Unterformular MusikAusleihe

Beginnen Sie zunächst mit dem Unterformular für die Musikausleihe.

In der Access-Arbeitsfläche klicken Sie auf das Objekt *Formulare*. Es öffnet sich ein Dialogfenster, in dem die bisher erstellten Formulare aufgeführt sind. Die beiden obersten Zeilen dieser Liste dienen der Anwahl des Formular-Erstellungsassistenten bzw. der Anwahl der Formularerstellung im Entwurfsmodus. Wählen Sie den Entwurfsmodus aus und bestätigen mit NEU, weil Sie ein neues Formular erstellen wollen. Im nächsten Dialogfenster bestätigen Sie nochmals die Entwurfsansicht und wählen im unteren Teil die für dieses Formular benötigte Datengrundlage (das ist die Tabelle *tblMusikAusleihe*) aus. Lassen Sie sich die Feldliste anzeigen, wenn sie nicht bereits am Bildschirm zu sehen ist.

Das Formular sollte in der Breite etwa 11,5 cm und in der Höhe etwa 3 cm betragen. Stellen Sie diese Formulargröße zunächst einmal ein. Zunächst wird nur der Detailbereich des Formulars angezeigt. Sie benötigen aber auch Feldüberschriften, die – weil Sie nicht bei jeder einzelnen Ausleihe angedruckt werden sollen, sondern nur einmalig – zwingend im Formularkopf zu hinterlegen sind.

Klicken Sie deshalb im Auswahlmenü auf *Ansicht* und im aufgehenden Kontextmenü auf *Formularkopf/fuß*, so dass diese beiden Formularteile sichtbar werden.

Aus der Feldliste ziehen Sie das Tabellenfelder *AusleiheAm*, in den Detailbereich. Markieren Sie das dazugehörende Bezeichnungsfeld, klicken mit der rechten Maustaste in die Markierung und klicken auf *Ausschneiden*. Klicken Sie danach mit der rechten Maustaste in den Formularkopf und wählen *Einfügen*. Damit wurde das Bezeichnungsfeld in den Formularkopf verschoben. Platzieren Sie es danach am linken Rand etwa bei 0,3 cm. Verfahren Sie mit dem Tabellenfeld

Kapitel 4

NameDesAusleihenden ebenso und verschieben das dazugehörende Bezeichnungsfeld in den Formularkopf, wobei der linke Rand etwa bei 3,0 cm liegt. Gleiches praktizieren Sie mit den beiden übrigen Tabellenfeldern, wobei das Bezeichnungsfeld von *ZurückAm* einen linken Rand von 7,8 cm und das Bezeichnungsfeld von *LöschKZ* einen linken Rand von 10,3 cm erhält. Markieren Sie nun alle Bezeichnungsfelder, in dem Sie mit gedrückter linker Maustaste ein Rechteck im Formularkopf aufziehen das alle Bezeichnungsfelder einschließt. Mit einem rechten Mausklick in die Markierung rufen Sie *Eigenschaften* auf und im Register *Format* stellen Sie die Hintergrundfarbe auf Hellgelb, die Textfarbe auf Rot, die Schriftart mit Arial in der Größe 8 pt und fett ein. Die Höhe aller Bezeichnungsfelder – mit Ausnahme von LöschKZ stellen Sie auf 0,5 cm und den Abstand von oben auf 0,2 cm ein. Die Höhe des Bezeichnungsfeldes für LöschKZ wird mit 0,7 cm und die Breite von 1,0 cm festgelegt. Die Textfelder ordnen Sie im Detailbereich unter die Bezeichnungsfelder an, damit die Überschriften auf die Textfelder eindeutig hinweisen können.

Ziehen Sie unter die Textfelder noch eine Trennlinie. Klicken Sie hierzu in der Toolbox auf das Linien-Symbol und klicken dann direkt unterhalb des Textfeldes *AusleiheAm* und ziehen mit gedrückter linker Maustaste die Linie bis zum LöschKZ durch. Da die Linie noch markiert ist, können Sie im Eigenschaftsfenster (rechter Mausklick, Eigenschaften anwählen und auf das Register Format klicken) überprüfen, ob sie auch gerade ist. Sie muss eine Höhe von 0 cm aufweisen. Wenn dies nicht der Fall sein sollte, so ändern Sie den Wert in der Zeile Höhe auf 0 cm ab.

Da bei mehreren Ausleihen nicht für jeden Verleih ein eigenes Bildschirmblatt erscheinen soll, ist im Eigenschaftsfenster des Formulars die Ansichtsart noch zu ändern. Klicken Sie mit der rechten Maustaste in das oberste linke Quadrat, wählen Eigenschaften für das Formular an und wechseln in das Register Format. Gehen Sie in die Zeile Standardansicht, klicken kurz in den weißen Zeilenbereich und anschließend auf die kleine Schaltfläche ganz rechts in der Zeile. Im Kontextmenü gehen Sie dann auf Endlosformular. Ziehen Sie den Formularfuß noch nach oben und zwar direkt unterhalb der Trennlinie im Detailbereich. Fassen Sie hierzu mit der linken Maustaste den oberen Rand des Formularfußes an und ziehen ihn mit

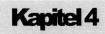

gedrückter Maustaste nach oben. Das Formular müsste jetzt so aussehen wie in Abbildung 4-120. Speichern Sie das Formular unter dem Namen *frmMusikAusleihe_UF* ab.

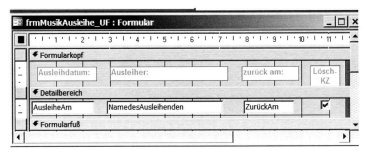

Abbildung 4- 120

Öffnen Sie jetzt das Hauptformular *frmMusikErfassung* im Entwurfsmodus. In der Toolbox klicken Sie auf das Symbol Unterformular und ziehen unterhalb der bisherigen Eingabefelder für Speicherort bzw. MedienNr, etwa vom linken Rand (1,4 cm) bis ca. 13,5 cm des oberen Lineals und mit einer Höhe bis 2,5 cm des linken Lineals ein Rechteck auf.

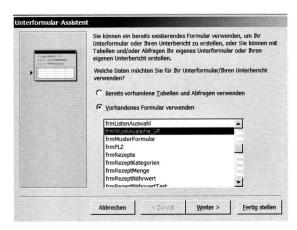

Abbildung 4- 121

Formulare 303

Kapitel 4

Wählen Sie danach die zweite Option der Nachfrage „Vorhandenes Formular verwenden", suchen dann das soeben erstellte Formular „frmBuchAusleihe_UF" und klicken auf *Weiter*.

Die nächste Nachfrage des Assistenten können Sie übergehen und klicken auf Fertigstellen.

Jetzt ist das Unterformular in das Hauptformular eingefügt. Markieren Sie mit einem Klick noch den eingeblendeten Namen des Unterformulars und drücken danach die Entf-Taste.

Klicken Sie in der Toolbox auf das Rechteck und ziehen einen Rahmen auf, der etwas größer ist als das angezeigte Unterformular, beginnend bei einem linken Rand von 1,2 cm und einer Breite von 16,2 cm. Über das Eigenschaftsfenster können Sie im Register *Format* die Rahmenfarbe mit Grün anwählen.

Zum Schluss ziehen Sie aus der Toolbox noch eine Befehlsschaltfläche auf und zwar zwischen dem rechten Rand des Unterformulars und dem soeben erstellten grünen Rand. Achten Sie bitte darauf, dass diesmal der Befehlsschaltflächen-Assistent ausgeschaltet ist, weil Sie den Programmcode selbst erstellen müssen.

Geben Sie dieser Schaltfläche im Eigenschaftsfenster im Register *Alle* den Namen *befLöschDatensatz*. Im Register *Alle* geben Sie in der Zeile Beschriftung „Löschen markierter Datensatz" ein. Im Register *Ereignis* klicken Sie in die Zeile „Beim Klicken" und wählen über die kleine Schaltfläche rechts außen den Code-Generator an und schreiben Sie zwischen die beiden Vorgabezeilen folgenden Programmcode:

```
Private Sub befLöschDatensatz_Click()
   Dim stDocName As String
   DoCmd.SetWarnings False
   stDocName = "abfrBuchAusleiheLöschen"
   DoCmd.OpenQuery stDocName, acNormal, acEdit
   DoCmd.OpenQuery stDocName, acNormal, acEdit
   DoCmd.SetWarnings True
End Sub
```

Zunächst wird eine String-Variable *stDocName* deklariert. Danach schalten Sie mit *DoCmd.SetWarnings False* Access-Meldungen für eine Datensatzlöschung aus, geben dann der soeben deklarierten Variablen den Namen der Löschabfrage für einen einzelnen Datensatz. Diese Löschabfrage haben Sie allerdings bis jetzt noch nicht erstellt. Sie werden dies im nächsten Kapitel aber nachholen. Bis dahin können Sie diese Schaltfläche aber noch nicht nutzen. Die nächsten beiden Code-Zeilen kommen Ihnen sicherlich bekannt vor. Sie sind in jeder bisherigen Löschen-Taste der Formulare enthalten. Die erste Zeile markiert einen Datensatz und mit der zweiten wird dieser markierte Datensatz gelöscht. Nicht vergessen werden darf die Wiedereinschaltung der unterdrückten Access-Meldungen.

Wenn Sie also später für ein ausgeliehenes und wieder zurückgebrachtes Buch ein Lösch-Kennzeichen setzen und diese Löschtaste betätigen, wird eine Löschabfrage aufgerufen und dieser Datensatz gelöscht.

Das fertige Formular sieht etwa so aus:

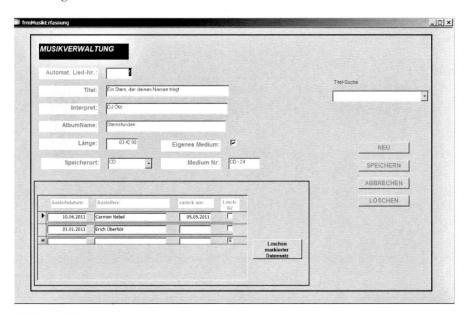

Abbildung 4-122

Formulare

Kapitel 4

Unterformular BuchAusleihe

Sie haben bereits ein Unterformular für die Musikausleihe erstellt und auch soeben in das Hauptformular integriert. Die Tabellenfelder der beiden Tabellen *tblBuchausleihe* und *tblMusikAusleihe* für die Medien sind von ihrem Aufbau her identisch. So können Sie sich einen Neuaufbau des Unterformulars sparen. Sie werden das bereits fertige Unterformular *frmMusikAusleihe_UF* kopieren und lediglich die Datengrundlage ändern.

Gehen Sie in der Access-Arbeitsfläche auf das Objekt *Formular*, klicken mit der rechten Maustaste das Formular *frmMusikAusleihe_UF* an, klicken dann auf *Kopieren* und anschließend auf *Einfügen*. Geben Sie diesem eingefügten Formular den Namen „frmBuchAusleihe_UF".

Öffnen Sie dieses Formular nunmehr im Entwurfsmodus. Klicken Sie dann in das obere linke Quadrat mit der rechten Maustaste um die Eigenschaften dieses Formulars zu erreichen. Gehen Sie in das Register *Daten* und ändern den Inhalt der Zeile *Datenherkunft* in „tblBuchAusleihe" ab. Weitere Änderungen sind nicht erforderlich.

Speichern Sie dieses Unterformular und rufen das Hauptformular *frmBuchVerwaltung* wieder auf.

In der Toolbox klicken Sie auf das Symbol Unterformular und ziehen unterhalb der bisherigen Eingabefelder für Verlag, etwa vom linkenRand (1,5 cm) bis ca. 14 cm des oberen Lineals und mit einer Höhe bis 13,5 des linken Lineals ein Rechteck auf.

Wählen Sie danach die zweite Option der Nachfrage „Vorhandenes Formular verwenden", suchen dann das soeben erstellte Formular „frmBuchAusleihe_UF"

Kapitel 4

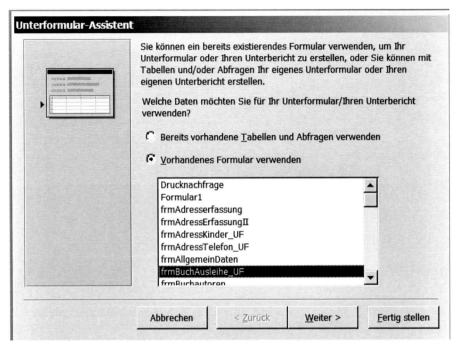

Abbildung 4-123

und klicken auf Weiter. Die nächste Nachfrage des Assistenten können Sie übergehen und klicken auf Fertigstellen.

Jetzt ist das Unterformular in das Hauptformular eingefügt. Markieren Sie mit einem Klick noch den eingeblendeten Namen des Unterformulars und drücken danach die Entf-Taste.

Klicken Sie in der Toolbox auf das Rechteck und ziehen einen Rahmen auf, der etwas größer ist als das angezeigte Unterformular, beginnend bei einem linken Rand von 1,2 cm und einer Breite von 16,2 cm. Über das Eigenschaftsfenster können Sie im Register *Format* die Rahmenfarbe ebenfalls mit Grün anwählen.

Zum Schluss ziehen Sie aus der Toolbox noch eine Befehlsschaltfläche auf und zwar zwischen den rechten Rand des Unterformulars und dem soeben erstellten

Kapitel 4

grünen Rand. Achten Sie bitte darauf, dass diesmal der Befehlsschaltflächen-Assistent ausgeschaltet ist, weil Sie den Programmcode selbst erstellen müssen.

Geben Sie dieser Schaltfläche im Eigenschaftsfenster im Register *Alle* den Namen *befLöschDatensatz*. Im Register *Alle* geben Sie in der Zeile Beschriftung „Löschen markierter Datensatz" ein. Im Register *Ereignis* klicken Sie in die Zeile „Beim Klicken" und wählen über die kleine Schaltfläche rechts außen den Code-Generator an und schreiben Sie zwischen die beiden Vorgabezeilen folgenden Programmcode:

```
Private Sub befLöschDatensatz_Click()
   Dim stDocName As String
   DoCmd.SetWarnings False
   stDocName = "abfrBuchAusleiheLöschen"
   DoCmd.OpenQuery stDocName, acNormal, acEdit
   DoCmd.OpenQuery stDocName, acNormal, acEdit
   DoCmd.SetWarnings True
End Sub
```

Zunächst wir eine String-Variable stDocName deklariert. Danach schalten Sie mit DoCmd.SetWarnings False Access-Meldungen für eine Datensatzlöschung aus, geben dann der soeben deklarierten Variablen den Namen der Löschabfrage für einen einzelnen Datensatz.

Diese Löschabfrage haben Sie allerdings bis jetzt noch nicht erstellt. Sie werden dies im nächsten Kapitel aber nachholen. Bis dahin können Sie diese Schaltfläche aber noch nicht nutzen. Die nächsten beiden Code-Zeilen kommen Ihnen sicherlich bekannt vor. Sie sind in jeder bisherigen Löschen-Taste der Formulare enthalten. Die erste Zeile markiert einen Datensatz und mit der zweiten wird dieser markierte Datensatz gelöscht. Nicht vergessen werden darf die Wiedereinschaltung der unterdrückten Access-Meldungen.

Wenn Sie also später für ein ausgeliehenes und wieder zurückgebrachtes Buch ein Lösch-Kennzeichen setzen und diese Löschtaste betätigen, wird eine Löschabfrage aufgerufen und dieser Datensatz gelöscht.

Das fertige Formular sieht etwa so aus:

Kapitel 4

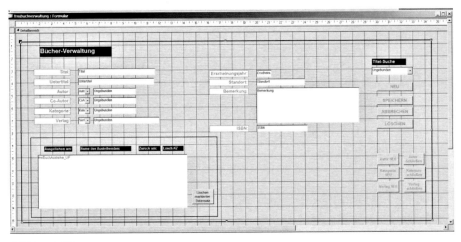

Abbildung 4-124

Speichern Sie es ab.

Adressweitergabe an Word

In der Programmplanung wurde noch vorgesehen, dass Sie eine im Adressen-Erfassungsmodul aktivierte Adresse an das Textverarbeitungsprogramm Word weitergegeben werden, kann um z. B.. eine dort vorformulierte Einladung mit der Adresse des Gastes und der Anrede zu komplettieren.

Öffnen Sie das Formular *frmAdressErfassung* im Entwurfsmodus. Unterhalb der letzten Befehlsschaltfläche fügen Sie eine neue Schaltfläche hinzu. Schalten Sie dazu in der Toolbox den Assistenten aus. Ziehen Sie die Schaltfläche auf dem Formular auf und geben ihr im Eigenschaftsfenster im Register Alle den Namen „AdressToWord" und in der Zeile Beschriftung tragen Sie „An Word" ein. Formatieren Sie diese Schaltfläche wie die anderen, geben ihr aber als Textfarbe ein Dunkelgrün, um sie etwas von den übrigen abzuheben.

Kapitel 4

Im Eigenschaftsfenster im Register Ereignis gehen Sie in die Zeile „Beim Klicken" und von hier über Codegenerator in den VBA-Editor. Zwischen die beiden Vorgabezeilen müssen Sie jetzt den Programm-Code schreiben, der entweder ein bereits in Word geöffnetes Dokument aufruft und mit den beiden Tabellenfelder AdressName und BriefAnrede bestückt. Wenn kein Dokument geöffnet ist, muss es ein solches öffnen. Geben Sie zunächst einmal den nachfolgenden Programmcode ein. Anschließend gebe ich Ihnen einige Erläuterungen hierzu.

```
Private Sub AdressToWord_Click()
Dim Word As Object

Set Word = GetObject(, "word.application")
If Not Word Is Nothing Then
   Word.Visible = True
   'Öffnen des Word-Dokuments: Einladung
   Word.documents.Open     filename:=Application.CurrentProject.path    & "\Einladung.docx"
    'zur ersten Textmarke gehen
   Word.ActiveDocument.bookmarks("AdressName").Select
   'erste Textmarke mit Inhalt bestücken
   Word.Selection.Text = Me!AdressName
   'zur zweiten Textmarke gehen
   Word.ActiveDocument.bookmarks("BriefAnrede").Select
   'zweite Textmarke mit Inhalt bestücken
   Word.Selection.Text = Me!BriefAnrede

End If
End Sub
```

Zunächst ist eine Objektvariable zu deklarieren mit der Sie anschließend in einem anderen Objekt – dem Textverarbeitungsprogramm Word – weiterarbeiten können. Mit der Anweisung *Set Word* rufen Sie das Textprogramm Word auf. Mit *GetObject* greifen Sie auf ein Dokument zu. Die Syntax für diesen Befehl lautet

GetObject([*pathname*] [, *class*])

Die Angabe des Pfades (pathname) ist nicht zwingend. Sie sollten zunächst der Einfachheit halber das Word-Dokument *Einladung.doc* im gleichen Verzeichnis wie

Ihr Programmier-Objekt speichern. Wenn das Dokument im gleichen Verzeichnis gespeichert ist, brauchen Sie keine Pfadangabe zu machen. Allerdings müssen Sie statt des Pfadparameters ein Komma eingeben, denn der nächste Parameter ist unbedingt notwendig. Die Angabe der Klasse des zu öffnenden Objektes ist zwingend. Der Klassenname für ein Word-Dokument ist „*WordApplication*". Mit der folgenden „If-Abfrage" können Sie feststellen, ob Word geöffnet werden kann. Wenn ja, dann soll Word angezeigt werden.

Wenn eine Öffnung von Word möglich war, dann soll auch das Formular Einladung.doc bzw. Einladung.docx (für Word 2010) angesprochen werden und zwar in dem Pfad des aktuellen Access-Projektes und mit dem Namen des Word-Dokumentes. In das Word-Dokument sollen nunmehr die beiden Felder *AdressName* und *Briefanrede* übertragen werden, und zwar in die dort vorgesehenen Formularfelder mit gleichen Namen.

Mit *Word.ActiveDocument.bookmarks("AdressName").Select* wird das Formularfeld AdressName im Word-Dokument angesprungen und mit *Word.Selection.Text = Me!AdressName* wird das Formularfeld mit Inhalt bestückt. Ebenso wird mit dem zweiten Formularfeld verfahren.

Damit Sie auf Die VBA-Routinen in Word zugreifen können müssen Sie aber einen Verweis von Access aus setzen. Öffnen Sie den VBA-Editor über das Symbol Code und suchen im Kontextmenü den Eintrag *Verweise*. Suchen Sie im aufgehenden Fenster den Eintrag „*Microsoft Word XX.X Word Libary*". XX.X steht dabei für die Word-Version, die Sie besitzen. Z.B. Word 2003 hat die 12.0, Word 2010 die 14.0. Bestätigen Sie Ihre Auswahl mit OK und schließen den Editor wieder.

Formulare

Kapitel 4

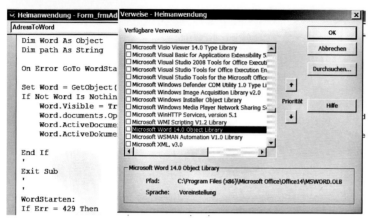

Abbildung 4- 125

Jetzt wechseln Sie zum Textverarbeitungsprogramm Word und öffnen dort ein neues Dokument. Gestalten Sie dort zunächst einen Briefkopf mit Ihren persönlichen Daten, etwa in dieser Form:

Abbildung 4- 126

Jetzt fügen Sie an der Stelle, an der die Adresse des Gastes erscheinen soll ein Formularfeld ein. Über den Menüpunkt Entwicklertools kommen Sie zum Symbol für Formularsteuerelement Textfeld (**ab**). Standardmäßig ist in Word 2007 und 2010 dieser Menüpunkt nicht aktiviert. Wie Sie ihn aktivieren, können Sie aus Ihrem Word-Handbuch entnehmen.

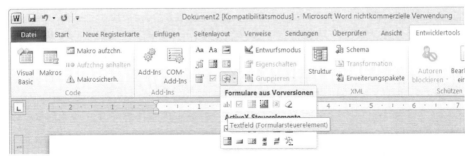

Abbildung 4- 127

Klicken Sie doppelt auf dieses Steuerelement. Damit wird es unterhalb Ihrer Absenderangabe eingefügt. Sie sehen es als grau unterlegtes Feld mit 5 kleinen Kreisen. Klicken Sie dieses eingefügte Textfeld mit der rechten Maustaste an und gehen auf Eigenschaften.

Tragen Sie unter Textmarke den Namen des Textfeldes mit „AdressName" ein. Erfassen Sie jetzt einen Betreff für den Brief, z. B.. „Einladung zu unserer Silberhochzeit". Anschließend sollte eine Anrede erfolgen. Fügen Sie hierzu wieder ein Textfeld ein und benennen die Textmarke mit dem zweiten zu übernehmenden Feld „BriefAnrede".

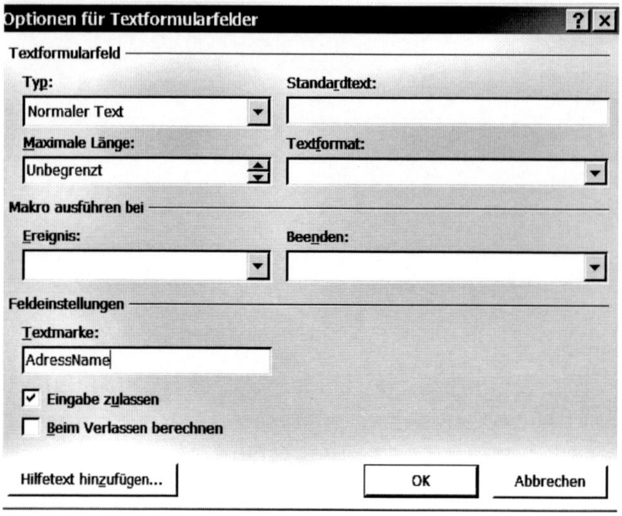

Kapitel 4

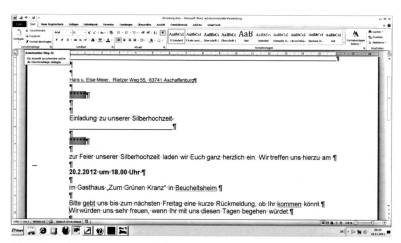

Abbildung 4- 128

Jetzt können Sie mit dem Einladungstext fortfahren. Er könnte wie in Abbildung 4-129 aussehen.

Abbildung 4- 129

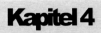

Speichern Sie das Dokument als *Einladung.doc* bzw. *Einladung.docx* in das Verzeichnis, in dem Sie auch Ihr Programm bearbeiten. Gehen Sie jetzt wieder zurück zu Access und zum Adresserfassungs-Programm. Wechseln Sie in den Ansichtsmodus, rufen irgend eine Adresse auf und drücken den Button „An Word".

¶
Hans·u.·Else·Meier,··Rietzer·Weg·55,··63741·Aschaffenburg¶
¶
Dr.Hans·u.·Brigitte·Hofmann¶
Kugelberg·122¶
¶
63373·Goldbach¶
¶
¶
Einladung·zu·unserer·Silberhochzeit
¶
¶
Sehr·geehrter·Herr·Huthmann,¶
Sehr·geehrte·Frau·Huthmann,¶
¶
zur·Feier·unserer·Silberhochzeit·laden·wir·Euch·ganz
¶
20.2.2012·um·18.00·Uhr·¶

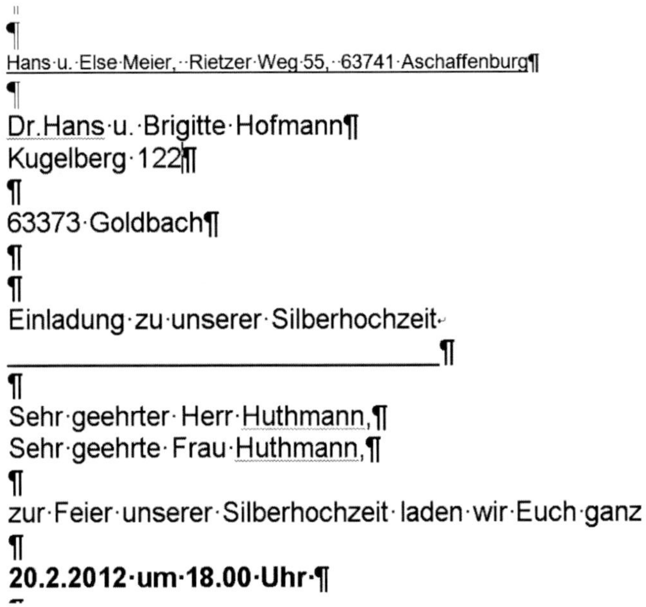

Abbildung 4- 130

Wenn Sie jetzt zum Word-Dokument zurückgehen, sehen Sie, dass die beiden Tabellenfelder AdressName und Briefanrede in die Einladung hineingeschrieben wurden. Die Einladung kann nun in Word ausgedruckt werden. Sie können dann sofort die nächste Adresse nachschicken. Die Textmarken in Word werden dann überschrieben.

Speichern Sie jetzt das Formular frmAdressErfassung wieder ab

Kapitel 5

ABFRAGEN

Wenn für die Auswertung von Daten nur bestimmte Datensätze einer Tabelle oder aber Daten verschiedener Tabellen benötigt werden, kann man die notwendigen Daten mit Hilfe einer SQL-Anweisung ermitteln oder aber noch einfacher über sogen. Abfragen zusammentragen. Die Abfragen generieren ihrerseits SQL-Anweisungen.

Wir unterscheiden dabei mehrere Abfragearten. Die wichtigsten, mit denen Sie ständig konfrontiert werden, sind:

Auswahlabfragen,

Anfügeabfragen,

Löschabfragen,

Aktualisierungsabfragen

Wir wollen jetzt einige Abfragen erstellen um ein wenig Gefühl für diese Art der Datensammlung und -Sortierung zu erhalten.

Auswahlabfragen

Mit dieser Art suchen Sie aus dem Datenbestand einer oder mehrere Tabellen eine bestimmte durch Kriterien bestimmte Auswahl an Daten heraus, die Sie für eine weitere Bearbeitung benötigen, z. B.. für die Erstellung eines Berichtes o.ä.

Abfrage Telefon-Liste

Die erste Abfrage, die Sie erstellen, ist die Datenzusammenstellung für eine Telefonliste. Mit dem Adressen-Erfassungsformular aus Kapitel 4 haben Sie Adressen erfasst, die u.a. auch verschiedene Telefonnummern beinhalten. Diese Telefonnummern haben Sie in die Tabelle *tblAdressTelefon* ausgelagert. Sie haben dabei durch eine Kennziffer festgelegt, welche Telefonnummern in eine Telefonliste

Kapitel 5

aufgenommen werden sollen. Diese Telefonnummern filtern Sie jetzt aus und verbinden die notwendigen Adressdaten mit dieser Auswahl.

Dieses Aussortieren der in Frage kommenden Datensätze geschieht durch eine Auswahlabfrage. Bei den ersten Abfragen zeige ich Ihnen die einzelnen Schritte etwas ausführlicher, später können wir dies dann mit größeren Schritten besprechen, da die Grundarbeit immer wieder gleich ist.

In Access-Arbeitsfläche klicken Sie auf das Objekt *Abfragen*, danach auf „*Erstellt eine neue Abfrage in der Entwurfsansicht*" und auf *Neu*.

Abbildung 5-1

Im sich öffnenden neuen Fenster klicken Sie nochmals *Entwurfsansicht* an und bestätigen diese Eingabe mit *OK*.

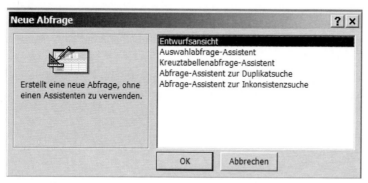

Abbildung 5-2

Kapitel 5

Es öffnet sich das Abfragefenster und Sie müssen nunmehr die Tabellen zuordnen, mit deren Daten Sie arbeiten wollen. In diesem Fall sind das die Tabelle *tblAdressdaten* und die *Tabelle tblAdressTelefon*.

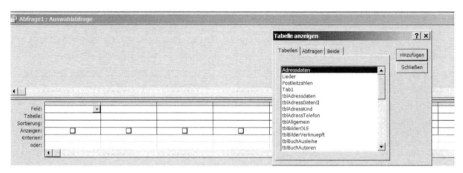

Abbildung 5- 3

Markieren Sie in dem kleineren Fenster in der Mitte die beiden Tabellen, klicken dann auf *Hinzufügen* und schließen dieses Fenster. Daraufhin erscheinen die beiden Tabellen im oberen Fenster der Abfrage-Arbeitsfläche.

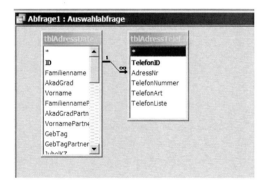

Abbildung 5- 4

Wenn Sie wollen können Sie sich etwas mehr Platz schaffen damit Sie die einzelnen Felder der Tabellen besser einsehen können. Dies muss nicht sein, verbessert aber die Übersichtlichkeit. Siehe Abbildung 5-5.

Abfragen

Kapitel 5

Gehen Sie mit dem Cursor auf die unterste Begrenzungslinie des Abfragefensters (grauer Pfeil mit schwarzem Rand). Der Cursor verändert sich dabei zu einem Doppelpfeil. Mit gedrückter linker Maustaste ziehen Sie diese Linie etwas nach unten und lassen die Maustaste wieder los. Anschließend führen Sie den Cursor auf die Trennlinie zwischen dem oberen Teil unseres Abfragefensters (mit der Tabellenstruktur) und dem unteren Teil (hellgrauer Pfeil). Der Cursor verändert sich dabei zu einem Kreuz. Klicken Sie mit der linken Maustaste und ziehen diese Linie ebenfalls etwas nach unten und zwar soweit, dass der untere Abfrageteil noch genügend Platz im Arbeitsfenster hat. Jetzt können Sie auch oben links die Tabellenfenster an der unteren Querlinie anklicken (dunkelgrauer Pfeil) – dabei erscheint jeweils ein Doppelpfeil - und diese ebenfalls nach unten ziehen, so dass mehr Tabellenfelder sichtbar werden.

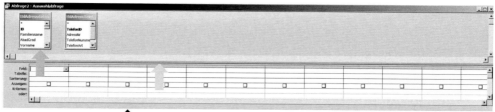

Abbildung 5- 5

Für die Telefonliste benötigen Sie aus der Tabelle *tblAdressdaten* die Felder *Familiennamen, Vorname, FamilienNamePartner, VornamePartner, AlphaSort*. Aus der Tabelle *tblAdressTelefon* holen Sie die Felder *TelefonListe, TelefonNummer* und *TelefonArt*. Um diese Felder in die Abfrage einzubinden werden sie jeweils doppelt angeklickt. Sie sehen, dass das angeklickte Feld in die Abfrage im unteren Teil aufgenommen wird.

Sie können im unteren Teil dieser Abfrage das gewählte Tabellenfeld sowie die Datenherkunft, nämlich aus der entsprechenden Tabelle erkennen. Ferner ist eine Zeile vorgesehen, mit der man die Sortierung der Abfrage (aufsteigend oder absteigend) festlegen kann. In der vierten Zeile wird festgelegt, ob das Tabellenfeld

Kapitel 5

in der Abfrage auch angezeigt werden soll. Es könnte z. B.: auch nur für eine Berechnung innerhalb der Abfrage dienen, dann müsste es nicht unbedingt angezeigt werden. Ist das Häkchen gesetzt, wird es später auch angezeigt. In unserem Fall belassen Sie jeweils die Vorgaben des Assistenten zur Anzeige. In der fünften Zeile werden die Filterkriterien erfasst. Sie haben das Tabellenfeld *Telefonliste* als Filter kreiert und wollen alle Telefonnummern aufgelistet haben, bei denen das Feld bei der Erfassung als wahr gekennzeichnet wurde. Geben Sie deshalb als Kriterium *–1* oder *wahr* ein. Beachten Sie bitte, dass die Programmiersprache bei Abfragen deutsch ist, obwohl ansonsten immer englische Begriffe verwendet werden.

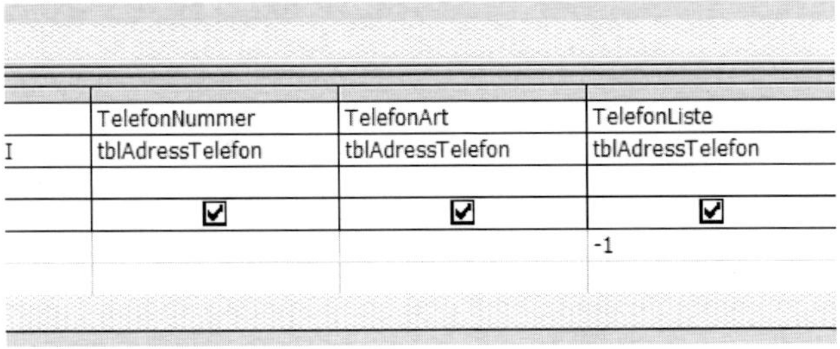

TelefonNummer	TelefonArt	TelefonListe
tblAdressTelefon	tblAdressTelefon	tblAdressTelefon
☑	☑	☑
		-1

Abbildung 5- 6

Da die Namen der Personen verschieden ausfallen können, wenn z. B.. der Partner einen anderen Familiennamen besitzt, werden Sie in diese Abfrage die Zusammensetzung des Familiennamens sofort vornehmen. Wir schaffen deshalb in der Abfrage ein berechnendes Feld in dem Sie den Cursor in eine leere Spalte setzen. Es erscheint dabei ein kleiner nach unten gerichteter schwarzer Pfeil. Wenn Sie jetzt in dieses Feld klicken wird es zunächst schwarz unterlegt.

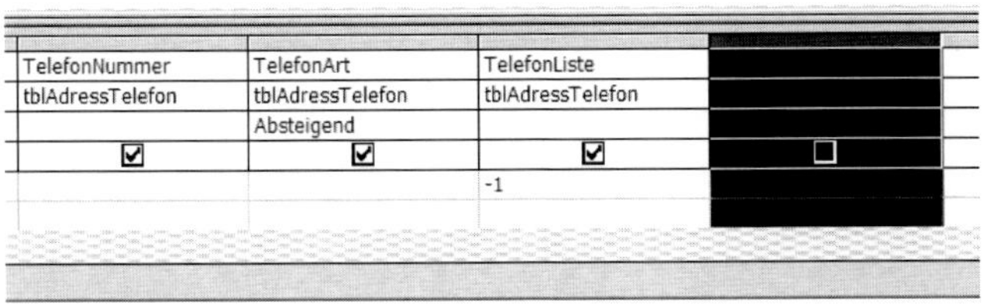

TelefonNummer	TelefonArt	TelefonListe	
tblAdressTelefon	tblAdressTelefon	tblAdressTelefon	
	Absteigend		
☑	☑	☑	☐
		-1	

Abbildung 5- 7

Abfragen

Kapitel 5

In der ersten Zeile geben Sie dieser Spalte einen Feld-Namen und zwar *AdressName*. Nach dieser Bezeichnung machen Sie bitte einen Doppelpunkt.

Danach wird die Formel eingegeben, mit der Sie z. B.. neben dem Familienname des einen Partners auch den Familienname des zweiten Partners aufnehmen, sofern diese beiden Namen nicht identisch sind. Dies geschieht mit der eingebauten Funktion:

Wenn -- dann - ansonsten

Wenn das Feld *FamiliennamePartner* <> dem Feld *Familienname* ist **dann** soll der Familienname und der Familienname des Partners getrennt durch ein Komma angezeigt werden

ansonsten wird nur der Familienname angezeigt.

Dabei werden die gesamte Bedingung in runden Klammern und die Feldbezeichnungen in eckigen Klammern gesetzt. Die einzelnen Anweisungen werden durch einen „ ; " getrennt. Zur Verbindung von Zeichenketten gibt es neben dem Ihnen bereits bekannten Zeichen „&" auch noch das Zeichen „+", das immer dann verwendet wird, wenn eine Zeichenkettenverbindung nicht fest vorausgesagt werden kann. Im vorliegenden Fall steht nicht fest, ob ein Partnername tatsächlich vorhanden ist. Deshalb verbinden Sie den Namen und den Namen des Partners besser mit einem „+", ebenso das Trennzeichen „/" zwischen den beiden evtl. unterschiedlichen Namen. Hingegen ist das trennende Komma zwischen den Namen und dem Vornamen immer einzufügen, auch wenn kein Partnername vorhanden ist, so dass wir dies wieder mit dem Zeichen „&" verbinden.

Die gesamte Bedingung für das berechnende Feld *AdressName* lautet dann:

Wenn([FamiliennamePartner] <> [Familienname]; [Familienname] + „ / " + [FamiliennamePartner] & ", ";[Familienname] & ",")

Kapitel 5

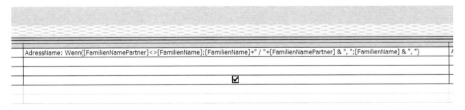

Abbildung 5-8

Für den Vornamen müssen Sie eine ähnliche Formulierung wählen, denn wenn ein Partner erfasst ist, soll auch dessen Vorname mit in die Liste aufgenommen werden. Das hierzu notwendige Berechnungsfeld legen Sie in einer freien Spalte an und benennen es *AdressVorname*. Nach dieser Feldbezeichnung und dem obligatorischen Doppelpunkt schreiben Sie folgende Berechnung:

Wenn([VornamePartner];[Vorname] & „ u. " & [VornamePartner];[Vorname])

Im Feld BerichtVorname soll also der Vorname und der Vorname des Partners angezeigt werden, sofern ein Partner-Vorname besteht, ansonsten nur der Vorname. Hier fragen Sie ab, ob ein Partner-Vorname vorhanden ist, wenn ja, dann können die beiden mit einem „&" verbunden werden.

Zur Kontrolle können Sie nun in den Ansichtsmodus umschalten

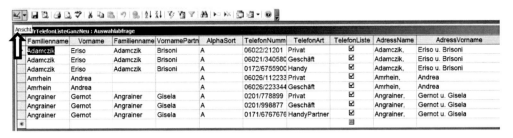

Abbildung 5-9

und sehen die generierte Abfrage mit allen Telefonnummern, denen Sie das KZ für die Aufnahme in die Telefonliste zugeteilt haben. Sie können hier auch das Ergebnis der berechnenden Felder ersehen. Mit dieser Abfrage wurde automatisch

Abfragen

Kapitel 5

eine sogen. SQL-Anweisung erstellt, die die Datenzusammenstellung vornimmt. Diese können Sie einsehen, wenn Sie im Menü Ansicht und dann SQL-Ansicht anklicken.

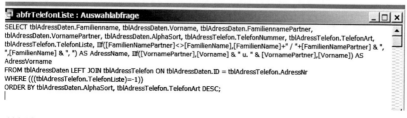

Abbildung 5-10

Speichern Sie die Abfrage nun und geben ihr den Namen *abfrTelefonliste*.

Abfrage Adress-Liste

Auch für eine Adressliste benötigen Sie nur eine bestimmte Anzahl von Personen, nämlich nur diejenigen für die Sie bei der Erfassung der Stammdaten das Kennzeichen für *Adressliste* auf wahr (-1) gesetzt haben. Die notwendigen Daten lassen Sie wieder durch eine Auswahl-Abfrage zusammenstellen.

Sie haben sich schon große Mühe gemacht, die Abfrage für die Telefonliste zu erstellen. Wenn Sie neben der Adresse auch die Telefonnummern in die Liste übernehmen wollen, so können Sie die Abfrage für die Telefonliste als Grundlage nehmen und nur entsprechend erweitern.

Wählen Sie in der Arbeitsoberfläche das Objekt *Abfragen* aus, markieren die Abfrage *abfrTelefonListe* mit der rechten Maustaste, klicken auf *Kopieren*. Klicken Sie dann mit der rechten Maustaste in den freien Raum der Access-Arbeitsfläche und wählen *Einfügen* an. Geben Sie dieser Kopie den Namen *abfrAdressListe*. Fügen Sie aus der Adresstabelle das Feld AdressListe ein. In diesem Feld *Adressliste* wird als Auswahlkriterium in der Zeile *Kriterien* „ -1 „ angegeben. Dies ist die Kennziffer, die bestimmt, ob eine erfasste Adresse in die Adressliste aufgenommen werden

Kapitel 5

soll. Löschen Sie dafür das Kriterium bei *TelefonListe*. Im Feld *AlphaSort* dürfte die Sortierung aufsteigend noch vorgegeben sein. Wenn nicht, dann klicken Sie in der Zeile *Sortierung* auf den kleinen Pfeil rechts und wählen *aufsteigend*.

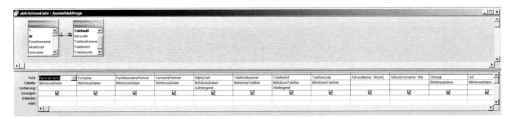

Abbildung 5-11

Wenn Sie einmal kurz in den Ansichtsmodus umschalten, können Sie das Ergebnis der Abfrage sofort sehen, nämlich alle Adressen, die die Kennziffer „-1" im Auswahlfeld führen. Schalten Sie wieder um in den Entwurfsmodus. (Abbildung 5-12).

Fügen Sie jetzt noch weitere notwendige Felder aus der Tabelle *tblAdressdaten* hinzu und zwar die Felder Strasse, LKZ, PLZ und Ort. Damit Sie später bei der Berichtserstellung nicht die Wohnortzeile aus den Bestandteilen LKZ, PLZ und Ort zusammenbauen müssen, erledigen Sie diese Arbeit gleich hier in der Abfrage. Klicken Sie ein freies Abfragefeld an und geben in die erste Zeile den Namen eines neuen Abfragefeldes ein und zwar „Anschrift:". Vergessen Sie dabei den Doppelpunkt nicht. Ergänzen Sie danach diese Eingabe mit der Zusammensetzung der notwendigen Felder:

Anschrift: LKZ & „ " & PLZ & „ " & Ort

Abbildung 5-12

Abfragen 325

Kapitel 5

Damit kann im Bericht diese Zeile ohne weitere Arbeit aufgenommen werden und beinhaltet die Ortsangabe einschl. der LKZ und PLZ. Speichern Sie diese Abfrage ab.

Abfrage Tischbelegung

Für die Verteilung der eingeladenen Gäste einer Veranstaltung auf die einzelnen Tische benötigen Sie eine gezielte Datenauswahl derjenigen Gäste, die ihr Kommen zugesagt haben. Die Prozedur ist ähnlich der vorherigen Abfrage. Wählen Sie *Abfragen*, dann *Erstellt eine Abfrage in der Entwurfsansicht* und klicken auf *NEU*. Im erscheinenden Fenster bestätigen Sie die Entwurfsansicht und klicken auf *OK*. Das Abfragefenster öffnet sich und Sie wählen als Tabelle *tblGast* mit Klick auf *Hinzufügen* und schließen das Tabellen-Auswahlfenster. Sie benötigen für die Datenfilterung das Tabellenfeld *GastName*, das Feld *TischNummer* und natürlich das Selektierkriterium *Zusage*, denn nur die Gäste, die ihre Teilnahme zugesagt haben, brauchen Sie den Tischen zuordnen.

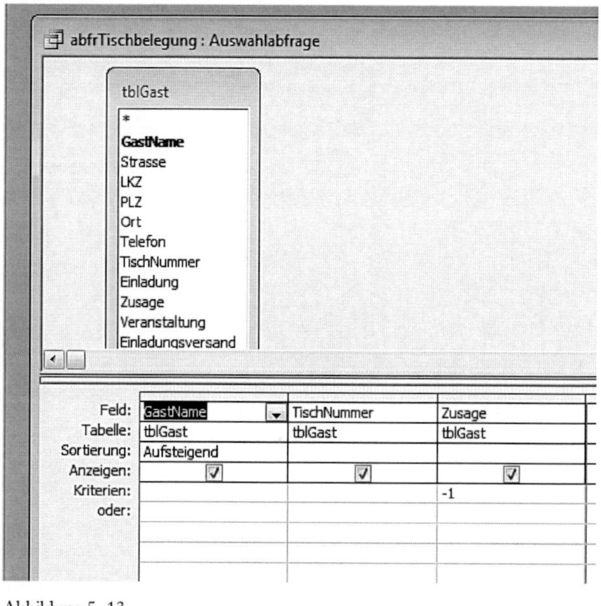

Abbildung 5-13

Kapitel 5

Die Gäste sollen in alphabetischer Reihenfolge aus dieser Abfrage hervorgehen, deshalb werden Sie in der dritten Zeile in der Spalte *GastName* eine aufsteigende Sortierung vermerken.

In der Spalte *Zusage* erfassen Sie in der Zeile für Kriterien wieder das „Wahr"-Kennziffer, nämlich -1.

Wenn Sie in den Ansichtsmodus wechseln, sehen Sie, wie sich die Abfrage auf die Gastdaten auswirkt.

Speichern Sie diese Abfrage unter dem Namen „*abfrTischbelegung*" ab.

SQL-Code

Jede Abfrage löst ein sogen. SQL-Statement aus, d.h. einen bestimmten Programmcode, der automatisch generiert wird. Wenn Sie diesen Programmcode einsehen wollen, können Sie dies wie folgt tun:

Klicken Sie auf in der Objektansicht auf Abfrage und dann auf *Entwurf*. Es öffnet sich das Abfragefenster. Jetzt klicken Sie in der Menüleiste auf *Ansicht* und dann auf SQL-*Ansicht*. Es erscheint jetzt der Programmcode, der in diesem Fall ganz einfach aussieht:

SELECT tblGast.GastName, tblGast.TischNummer, tblGast.Zusage FROM tblGast WHERE (((tblGast.Zusage)= -1)) ORDER BY tblGast.GastName;

Löschabfrage.

Mit einer Löschabfrage können Sie entweder eine ganze Tabelle löschen, d.h. von Daten befreien oder aber auch nur bestimmte Felder. Wir wollen zunächst eine Löschabfrage erstellen, die Daten einer ganzen Tabelle löscht. Sie brauchen eine solche Abfrage zum Leeren unserer Tabelle *tblGast*, damit bei Änderungen von Einladungen und Zusagen zu einer Feier die neuen Daten nicht einfach angehängt werden und damit ein vollkommen falsches Bild ergeben, sondern dass die Tabelle

Kapitel 5

zuerst bereinigt wird und dann alle Personen mit dem Einladungs- oder Zusagen-Kennzeichen neu aufgenommen werden können.

Löschabfrage für ganze Tabelle

Auf der Access-Grundfläche wählen Sie *Abfragen* an. Danach erstellen Sie eine Abfrage in der Entwurfsansicht und klicken auf *Neu*.

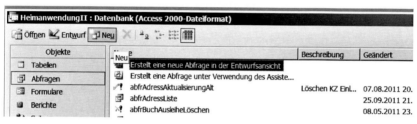

Abbildung 5-14

Es erscheint danach ein neues Fenster. Dort wählen Sie *Entwurfsansicht* an und bestätigen mit *OK*. Es wird nun das Auswahlabfrage-Fenster eingeblendet und in der Mitte befindet sich ein weiteres Fenster zur Auswahl der benötigten Tabellen oder anderen Abfragen. Sie benötigen jetzt nur eine einzige Tabelle, nämlich die Tabelle *tblGast*, die Sie ja löschen, d.h. von allen Datensätzen befreien wollen. Wählen Sie im Verzeichnis die *tblGast* aus und klicken auf *Hinzufügen*. Da Sie keine weitere Tabelle benötigen, schließen Sie das Tabellen-Auswahlfenster.

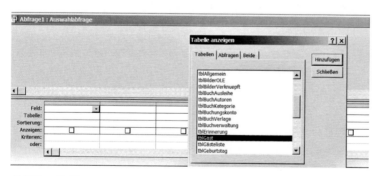

Abbildung 5-15

Kapitel 5

Nachdem Sie den kompletten Tabelleninhalt löschen wollen, müssen Sie nicht einzelne in Frage kommende Felder auswählen, sondern die gesamte Tabelle einfügen. Hierzu klicken Sie ganz oben die ausgewählte Tabelle in der Zeile mit dem „*" doppelt an. Damit wird die Tabelle ins Abfragefenster übertragen.

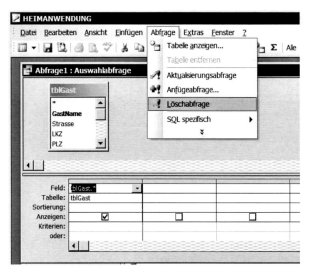

Abbildung 5-16

Jetzt müssen Sie der Abfrage nur noch mitteilen, dass es sich um eine Löschabfrage handeln soll.

In der Menüleiste wählen Sie *Abfragen* und im aufklappenden Kontextmenü *Löschabfragen* an. Damit ist die Löschabfrage fertig und Sie speichern sie unter dem Namen *abfrEinladungLöschen* ab.

Wenn Sie die Löschabfrage einmal doppelt anklicken, wird sie sofort ausgeführt. Probieren Sie es einmal aus. Es erscheint ein Hinweisfenster, dass Sie eine Tabelle löschen wollen. Bestätigen Sie die Frage mit JA, damit ist der Tabelleninhalt gelöscht.

Kapitel 5

Löschabfrage für Termin-Druck-Datei

Zum Ausdruck der Termine in der Terminverwaltung haben Sie eine eigene Tabelle *tblTermindruck* erstellt. Damit bei jedem periodischen Ausdruck immer die aktuellsten Daten in diese Tabelle eingespeist werden, sind die alten Daten zunächst zu löschen. Sie erstellen hierfür eine neue Abfrage. Datengrundlage hierfür ist die Tabelle *tblTerminDruck*. Auch hierbei ist die komplette Tabelle zu löschen, damit später nur die relevanten Daten in der Druckdatei übertragen werden können. Klicken Sie also wieder die Tabelle in der Zeile mit dem „*" doppelt an, sodass sie mit allen Federn übernommen wird. Stellen Sie jetzt über die Menüleiste unter *Abfragen* im Kontextmenü *Löschabfrage* ein und speichern Sie diese Abfrage unter dem Namen *abfrTerminDruck* ab.

Löschabfrage für einzelne Datensätze

Die Tabelle *tblTermine* muss von Zeit zu Zeit von alten Daten befreit werden. Allerdings darf die Tabelle nicht ganz gelöscht werden, sondern nur die Datensätze, die vor einem bestimmten Datum, noch in einem Erfassungsformular einzugebendem Datum liegen. Hierfür erstellen Sie eine Löschabfrage.

Auf der Arbeitsfläche wählen Sie das Objekt *Abfragen*. Erstellen Sie diese Abfrage im Entwurfsmodus und klicken auf *Neu*. Wählen Sie als Datei die Tabelle *tblTermine* und fügen Sie der Abfrage hinzu. Übernehmen Sie alle Tabellenfelder **einzeln** durch Doppelklicken in das Abfragefenster, denn bei dieser Löschung benötigen Sie ein Kriterium, nämlich ein bestimmtes Datum. Kriterien können Sie aber nur in einem Tabellenfeld eingeben, nicht also, wenn die Tabelle im Ganzen in der Abfrage steht. In der Zeile Kriterium der 1.Spalte *datDatum* schreiben Sie die nachfolgende Löschbedingung

< forms!frmAllgemeindaten_UF1!Ergebnis

hinein. Im Formular *frmAllgemeindaten_UF1* werden Sie später das Datum erfassen, das Sie hier als Vergleichsdatum benötigen. Deshalb beziehen Sie sich bei dem Kriterium der Abfrage auf dieses Datum. Speichern Sie diese Abfrage unter dem Namen *abfrLöschungTermindaten* ab.

Kapitel 5

Löschabfragen für Buchungsdaten

Wenn Sie das Haushaltsbuch führen, sammeln sich im Laufe eines Jahres auch erhebliche Daten an, die im darauffolgenden Jahr nicht mehr vonnöten sind. Deshalb sollte, nachdem die erfassten Werte zu Papier gebracht sind, die Tabelle auch geleert werden können. Auch bei dieser Löschabfrage wird ein Datum erwartet, bis zu dem die Daten gelöscht werden können. Dieses Datum werden Sie dann in dem Formular *Allgemeine Daten* eingeben können.

Auf der Access-Grundfläche wählen Sie *Abfragen* an. Danach erstellen Sie eine Abfrage in der *Entwurfsansicht* und klicken auf *Neu*.

Es erscheint danach ein neues Fenster. Dort wählen Sie *Entwurfsansicht* an und bestätigen mit *OK*. Es wird nun das Auswahlabfrage-Fenster eingeblendet und in der Mitte befindet sich das Fenster zur Auswahl der benötigten Tabellen oder anderen Abfragen.

Verwenden Sie als Grundlagentabelle die Tabelle *tblVerbuchung*. Übernehmen Sie alle Tabellenfelder einzeln durch Doppelklicken in das Abfragefenster, denn auch bei dieser Löschung benötigen Sie ein bestimmtes Datum als Kriterium. In der Zeile Kriterium der 2.Spalte *BuchDa*t schreiben Sie die Löschbedingung

< forms!frmAllgemeindaten_UF1!Ergebnis

hinein. Speichern Sie diese Abfrage unter den Namen *abfrLöschungBuchungsdaten* ab.

Löschung Musikausleihe

Im Formular Musikverwaltung haben Sie die Datensätze für zurückgegebene Datenträger bereits für das Löschen vorgemerkt. Sie besitzen also ein Löschkennzeichen. Die Löschabfrage ist deshalb sehr schnell erstellt.

Auf der Access-Grundfläche wählen Sie *Abfragen* an. Danach erstellen Sie eine Abfrage in der *Entwurfsansicht* und klicken auf *Neu*.

Kapitel 5

Im darauf erscheinenden Fenster wählen Sie *Entwurfsansicht* an und bestätigen mit OK. Das Auswahlabfrage-Fenster wird eingeblendet und in der Mitte befindet sich das Fenster zur Auswahl der benötigten Tabellen oder anderen Abfragen.

Sie benötigen nur eine einzige Tabelle, nämlich die Tabelle *tblMusikAusleihe*, aus der ein oder mehrere Einzel-Datensätze gelöscht werden sollen. Schließen Sie das Tabellen-Auswahlfenster.

Sie wählen alle Felder der Tabelle für die Abfrage aus in dem Sie jedes Feld doppelt anklicken.

Im Erfassungsformular haben Sie denjenigen Datensatz, der gelöscht werden soll markiert, in dem Sie dem Feld „LöschKZ" den Wert „- 1" zugewiesen haben. Dies machen Sie sich bei der Abfrage zu Nutzen. In der Zeile Kriterien geben Sie in der Spalte LöschKZ eine „- 1" ein. Alle Datensätze, die diesen Wert aufweisen, sollen mit dieser Abfrage gelöscht werden.

Teilen Sie der Abfrage nur noch mit, dass es sich um eine Löschabfrage handelt. In der Menüleiste wählen Sie dazu *Abfragen* und im aufklappenden Kontextmenü *Löschabfragen* an. Damit ist die Löschabfrage fertig und Sie speichern sie unter dem Namen *abfrMusikAusleiheLöschen* ab.

Löschung Buchausleihe

Da Sie für die spätere Buchverwaltung nochmals eine solche Löschabfrage benötigen, können Sie gleich eine zweite Abfrage erstellen. Verwenden Sie dazu statt der Tabelle *tblMusikAusleihe* die Tabelle *tblBuchAusleihe*. Speichern Sie diese Abfrage dann unter dem Namen *abfrBuchAusleiheLöschen* ab.

Abfrage Einladungsanzeige

Im vorigen Kapitel haben Sie ein Formular zur Verwaltung von Einladungen und Zusagen für eine Familienfeier erstellt. Dazu haben Sie die verschiedenen Einladungs- und Zusagefelder der Tabelle *tblAdressdaten* verwendet. Sie wollten noch eine Übersicht über bisher erfasste Gäste in das Erfassungsformular einbauen. Dazu müssen die Adressdaten dergestalt gefiltert werden, dass nur noch die Personen der Tabelle angezeigt werden, die das Kennzeichen für *Einladung* tragen.

Schwierig ist in diesem Fall nur die Tatsache, dass Sie neben den möglichen zwei Erwachsenen aus der Tabelle *tblAdressdaten* auch die Kinder der dort erfassten Personen verwalten und zwar in einer anderen Tabelle. Es kann sein, dass zu einem Fest beispielsweise von einer Familie beide Personen eingeladen sind, für ein anderes Fest aber z. B.: nur Kinder oder nur Erwachsene oder nur Männer für eine Männerparty bzw. nur Frauen für einen Kaffeeklatsch etc.

Die notwendigen Daten werden mit den Abfragen aus der Tabelle *tblAdressdaten* bzw. der Tabelle *tblAdressKinder* herausgefiltert und in der Tabelle *tblGast* gespeichert werden.

Fügen Sie also Daten aus der Tabelle *tblAdressdaten* und der Tabelle *tblAdressKinder* in die Tabelle *tblGast* ein, nämlich all jene Datensätze, die in der Kennziffer Einladung ein Häkchen tragen. Diese Abfrage ist demnach eine sogen. Anfüge-Abfrage.

Anfüge-Abfragen

Die Prozedur ist zunächst ähnlich der vorherigen Abfrage. Wählen Sie *Abfragen*, dann *Erstellt eine Abfrage in der Entwurfsansicht* und klicken auf *Neu*. Im erscheinenden Fenster bestätigen Sie die Entwurfsansicht und klicken auf OK. Das Abfragefenster öffnet sich und Sie wählen Tabelle *tblAdressdaten*, denn die Daten der erwachsenen Eingeladenen aus dieser Datei müssen in die Tabelle *tblGast* übertragen werden. Übernehmen Sie die Tabelle mit Klick auf Hinzufügen und schließen das Tabellen-Auswahlfenster.

Kapitel 5

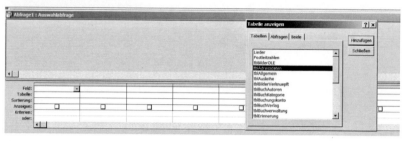

Abbildung 5- 17

Da u.U. nur eine der beiden Personen eingeladen wird, müssen Sie nun die Daten der ersten Person übertragen. Damit Sie einen besseren Überblick über die Daten haben, verändern Sie die Arbeitsfläche. Klicken Sie auf die unterste Begrenzungslinie des Abfragefensters (schwarz umrandeter Pfeil). Der Cursor verändert sich in einen Doppelpfeil. Mit gedrückter linker Maustaste ziehen Sie dies Linie nach unten.

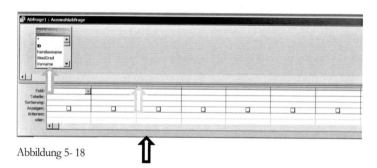

Abbildung 5- 18

Jetzt klicken Sie auf die erste Linie unterhalb der Navigationsleiste (hellgrau/weißer Pfeil). Der Cursor verwandelt sich dabei in ein Fadenkreuz. Mit gedrückter linker Maustaste können Sie damit die Feldspalten auch nach unten ziehen.

Mit einem Mausklick auf die unterste Rahmenzeile der Tabelle (dunkelgrau/weißer Pfeil) vergrößern Sie mit gedrückter linker Maustaste den Tabellenbereich nach unten.

Die Arbeitsfläche sieht danach so aus:

Kapitel 5

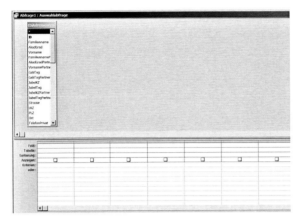

Abbildung 5-19

Für die Bestückung der Tabelle *tblGast* benötigen Sie aus der Tabelle *tblAdressen* zunächst den FamilienName und den Vornamen der ersten erwachsenen Person.

Wie Sie aus der Tabellenerstellung wissen, haben Sie in der Tabelle *tblGast* keine getrennten Felder für Nachname und Vorname. Sie müssen deshalb die beiden Felder in ein einziges Feld in der Abfrage zusammenführen.

Hier müssen Sie, ähnlich wie bei den Telefonnummern in der Abfrage für die Telefonliste, ein berechnendes Feld einfügen, in dem Sie aus den getrennten Familienname und Vornamen ein zusammengesetztes Feld erstellen.

Klicken Sie in das erste leere Feld der neuen Abfrage und geben in die erste Zeile ein: *GastName* und danach einen Doppelpunkt ein. Nach diesem Doppelpunkt geben Sie jetzt die Anweisung ein, wie der GastName zusammengesetzt werden soll und zwar

[FamilienName] & „ " & [Vorname]

Als weitere Felder übernehmen Sie – jeweils durch Doppelklick auf das entsprechende Tabellenfeld: *LKZ, PLZ und Ort*, sowie das Feld *Einladung*.

Kapitel 5

Wenn Sie einmal sehen wollen, was diese Abfrage bewirkt, gehen Sie von der Entwurfsansicht in die Datenblattansicht:

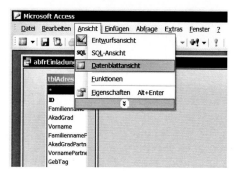

Abbildung 5- 20

Klicken Sie auf das Ansichtssymbol oder wählen aus dem kleinen Pfeil daneben die *Datenblattansicht* aus. Sie sehen alle Adressdaten der Tabelle *tblAdressdaten*, allerdings nur die vorher in der Abfrage definierten Felder. Sie haben damit also eine Feldauswahl getroffen. Mit einem nochmaligen Klick auf das Ansichtssymbol oder nach Drücken der Pfeiltaste und der Auswahl Entwurfsansicht kommen Sie wieder zurück auf die Abfragefläche.

Das Anliegen war es allerdings, nur diejenigen Datensätze in die Tabelle *tblGast* zu übertragen, für die die Kennziffer einer ausgesprochenen Einladung gesetzt ist. Wenn Sie im Erfassungsformular die Einladungs-Kennziffer für diese Person gesetzt haben, so hat diese Kennziffer in der Tabelle *tblAdressdaten* den Wert (-1).

Sie schränken die Datensatzauswahl nunmehr ein, in dem Sie eine Bedingung setzen. In der Zeile Kriterien unterhalb der Spalte *Einladung* schreiben Sie einfach -1.

Wenn Sie nochmals die Datenblattansicht anwählen, sehen Sie, dass nur noch einige wenige Datensätze ausgewählt sind, nämlich nur diejenigen, die das Kriterium -1 im Feld *Einladung* tragen.

Kapitel 5

Sie haben damit eine Datensatzauswahl getroffen. Jetzt müssen diese Datensätze nur noch in die Tabelle *tblGast* übertragen werden. Dazu klicken Sie in der Menüleiste auf *Abfrage* und dann auf *Anfügeabfrage*.

Es erscheint ein weiteres Fenster

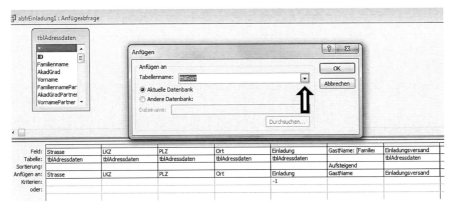

Abbildung 5- 21

In dem Eingabefeld Tabellenname wählen Sie nach dem Drücken der kleinen Pfeiltaste rechts die Tabelle aus, in die Sie die Abfragedaten einfügen wollen, dies ist in diesem Fall die Tabelle *tblGast*. Nach Bestätigung mit OK wird in dem Arbeitsblatt eine neue Zeile eingefügt, nämlich die Zeile „Anfügen an". Soweit die Feldbezeichnung beider Tabellen übereinstimmen, werden sie schon vorgegeben. In diesem Falle sind das die Felder Strasse, LKZ, PLZ Ort. Die übrigen Felder sind in der empfangenden Tabelle anders benannt und müssen nun manuell vorgegeben werden.

Klicken sie in die leere Zeile *Anfügen* an in der Spalte GastName, es erscheint ein kleiner Pfeil. Wenn Sie diesen anklicken werden Ihnen Tabellenfelder der Tabelle *tblGast* vorgegeben und Sie können auswählen, wohin diese Namenszusammensetzung gespeichert werden soll. Klicken Sie auf das Feld *GastName*, so dass es in das Arbeitsblatt übernommen wird.

Abfragen

Kapitel 5

Das Feld Einladung übertragen Sie ebenfalls in die Tabelle *tblGast* und zwar in das Feld *Einladung*.

Zum Schluss sorgen sie noch dafür, dass die Daten alphabetisch sortiert übertragen werden. Dazu wählen Sie in der Zeile *Sortierung* das Feld GastName an und wählen nach dem Drücken des kleinen Pfeils *Aufsteigend* an.

Ein erneuter Blick in die Datenblattansicht zeigt, dass die ausgewählten Datensätze jetzt automatisch sortiert sind.

Speichern Sie jetzt die Abfrage unter dem Namen *abfrEinladung1* ab.

Für die zweite Person, nämlich den Partner, erstellen Sie eine neue Abfrage. Die Vorgehensweise entspricht den Schritten aus der vorherigen Abfrage. Den *Gastnamen* setzen Sie aber aus den Dateifeldern *FamilienNamePartner* und *VornamePartner* zusammen. Statt des Feldes *Einladung* nehmen Sie das Feld *EinladungPartner*. Die übrigen Felder bleiben. Die Einfügefelder für die Tabelle *tblGast* verändern sich dabei nicht. Vergessen Sie auch die Sortierung nicht und speichern diese Abfrage unter dem Namen *abfrEinladung2* ab.

Für die Kinder erstellen Sie ebenfalls eigene Abfrage und setzen den GastNamen aus den Feldern *NachnameKind* und *VornameKind* zusammen. Das Kennziffernfeld lautet demnach *EinladungKind*, das in die Spalte *Einladung* der Tabelle *tblGast zu speichern ist*. Vergessen Sie auch hier die Sortierung nicht. Die Einfügefelder für die Tabelle *tblGast* verändern sich hier ebenfalls nicht. Speichern Sie diese Abfragen unter den Namen *abfrEinladung3* ab.

Abfrage Zusagen

Wenn Sie diese Einladungsabfragen abgeschlossen haben, können Sie drei ähnliche Abfragen erstellen für die Zusagen. Auch hier müssen Sie die einzelnen in Frage kommenden Personen abfragen, ob eine Zusage erfolgt ist. Verwenden Sie bei diesen Abfragen neben den Feldern *Einladung, EinladungPartner, EinladungKind* zusätzlich die Felder *Zusage, ZusagePartner, ZusageKind*. Vergessen Sie auch hier nicht, als Kriterium das jeweilige Zusagefeld mit -1 ebenso wie das Einladungsfeld mit -1 zu kennzeichnen. Die einzelnen Abfragen speichern Sie unter den Namen abfrZusage1 – abfrZusage3.

Wenn die endgültige Gästeliste übernommen ist, sollten Sie noch daran denken, dass in der Tabelle *tblAdressdaten* noch immer die Kennziffern für die Einladungen und Zusagen gesetzt sind. Für eine künftige Feier sollten diese aber leer sein, damit eine andere Gästezusammensetzung möglich wird. Dies werden Sie etwas weiter unten mit einer Aktualisierungsabfrage bewerkstelligen.

Abfragen für Termindruck und Erinnerungen

Um die erfassten Termine und die gespeicherten Erinnerungs-Daten zusammen ausdrucken zu können, werden die erforderlichen Daten in einer Drucktabelle zusammengeführt. Dabei können Tage dabei sein, bei denen nur Termine anstehen, ebenso aber auch Tage, bei denen nur Erinnerungsdaten anfallen, es können aber auch Tage sein, bei denen beides in Frage kommt. Sie sollten deshalb beide Datenblöcke in die Drucktabelle einspeisen.

Wählen Sie *Abfragen*, dann *Erstellt eine Abfrage in der Entwurfsansicht* und klicken auf *Neu*. Im erscheinenden Dialogfenster bestätigen Sie die *Entwurfsansicht* und klicken auf OK. Das Abfragefenster öffnet sich und Sie wählen die Tabelle *tblTermine*, denn die Daten dieser Datei müssen in die Tabelle *tblTerminDruck* übertragen werden. Übernehmen Sie die Tabelle *tblTermine* mit Klick auf Hinzufügen und schließen das Tabellen-Auswahlfenster.

Klicken Sie im Tabellenfeld jeweils doppelt auf die Felder *datDatum, datZeit, Dauer, Auswärts* und *txtBezeichnung*, so dass diese Felder in die Abfrage eingefügt werden. Klicken Sie anschließend in der Menüleiste auf *Abfrage* und dann auf *Anfügeabfrage*.

In dem Eingabefeld *Tabellenname* wählen Sie nach dem Drücken der kleinen Pfeiltaste rechts die Tabelle aus, in die Sie diese Abfragedaten einfügen wollen. Dies ist in diesem Fall die Tabelle *tblTerminDruck*. Nach Bestätigung mit OK wird in dem Arbeitsblatt eine neue Zeile eingefügt, nämlich die Zeile „Anfügen an". Soweit die Feldbezeichnung beider Tabellen übereinstimmen, werden sie schon

Kapitel 5

vorgegeben. In diesem Falle müssen Sie lediglich im Feld *datDatum* ein korrespondierendes Feld in der Tabelle *tblTerminDruck* auswählen, nämlich das Feld *TagesDatum*. Alle übrigen Felder behalten ihren Namen.

Speichern Sie diese Abfrage unter dem Namen *abfrTerminDruck* ab.

Für die Erinnerungen verfahren Sie ebenso. Wählen Sie für diese Abfrage die Tabelle *tblErinnerung*. Hieraus benötigen Sie lediglich die Felder *datDatum* und *txtErinnerung*. Klicken Sie diese doppelt an, wählen wieder Anfügeabfrage in der Menüleiste und geben im Dialogfenster die Tabelle *tblTerminDruck* als aufnehmende Tabelle ein. Ändern Sie auch hier das aufnehmende Feld von *datDatum* in *Tagesdatum* um und speichern diese Abfrage unter der Bezeichnung *abfrErinnerungsDruck* ab.

Aktualisierungs-Abfrage

Sie haben ein Fest abgeschlossen. In der Tabelle tblAdressDaten sind aber immer noch die Kennzeichen für Einladung gesetzt, ebenso die Kennzeichnung für die Zusagen. Diese Kennzeichen müssen zurückgesetzt werden, da bei der nächsten Feierlichkeit vielleicht eine andere Gästezusammensetzung gewünscht wird. Sie müssen also das entsprechende Kennzeichen von -1 nach 0 zurücksetzen. Dies geschieht mit Hilfe einer Aktualisierungsabfrage. Sie aktualisieren demnach ein Tabellenfeld von einem vorhandenen Wert zu einem neuen Wert.

Auf der Access-Arbeitsfläche wählen Sie das Objekt *Abfrage* an, wählen danach „Erstellt eine Abfrage in der Entwurfsansicht" und bestätigen mit *Neu*, weil eine neue Abfrage zu erstellen ist. Im nächsten Fenster bestätigen Sie Ihre Absicht, eine Abfrage in der Entwurfsansicht erstellen zu wollen mit OK.

Es zeigt sich das schon bekannte Abfragefenster und Sie fügen der Abfrage die Tabelle *tblAdressdaten* hinzu und schließen das Tabellenfenster. Das Abfragefenster ziehen Sie wieder etwas nach unten, damit Sie die Tabelle Adressdaten vergrößern können.

Kapitel 5

Sie wollen alle Einladungsfelder zurücksetzen. Deshalb klicken Sie im Tabellenfeld jeweils doppelt auf die Felder *Einladung* und *EinladungPartner*.

Die Zusagefelder sollen ebenfalls zurückgesetzt werden. Zu diesem Zweck klicken Sie auch die Felder *Zusage* und *ZusagePartner*, doppelt an, so dass diese in das Abfragefenster übernommen werden.

Um die Abfrage entsprechend einzurichten, klicken Sie in der Menüleiste auf *Abfragen* und dann auf *Aktualisierungsabfrage*. In dem Abfrageentwurf wird eine neue Zeile „Aktualisierung:" eingefügt. In dieser Zeile müssen Sie für jedes gewählte Feld eingeben, mit welchem Wert es aktualisiert werden soll. Sie haben früher bereits gelernt, dass ein Ja/Nein-Feld, wie die Einladungs- und Zusagefelder, den Wert -1 besitzen, wenn sie auf Ja bzw. Wahr gesetzt sind. Im Umkehrschluss müssen sie deshalb auf 0 gesetzt werden, damit sie wieder in den Ursprungszustand zurückversetzt sind.

Sie geben deshalb in der Zeile Aktualisieren jeweils für die Felder *Einladung, EinladungPartner, Zusage* und *ZusagePartner* eine 0 ein.

Schließen die Abfrage und geben ihr den Namen: *abfrEinladungZusageKZLöschen*.

Um auch bei den Kindern die Kennziffern zurückzusetzen, erstellen Sie eine weitere Abfrage. Verfahren Sie dabei genau wie bei der vorherigen. Ändern Sie lediglich die Tabelle in *tblAdressKinder* und geben als Aktualisierungskriterium die Felder *EinladungKind* und *ZusageKind* ein. Auch hier bekommen diese beiden letzten Felder in der Zeile *Aktualisierung* die Werte 0. Schließen Sie auch diese Abfrage und speichern Sie unter dem Namen *abfrEinladungZusageKZKindLöschen* ab.

Abfrage Geburtstagsliste

Sie haben jetzt schon einige Routine in der Erstellung von Abfragen gewonnen. Mit einer weiteren Abfrage werden diese Kenntnisse noch intensiviert.

Sie hatten vorgeplant, eine Geburtstags- und Jubiläumsliste zu erstellen. Hierfür benötigen Sie die Daten aus der Tabelle *tblAdressdaten*, gefiltert aber nach dem

Kapitel 5

Kriterium, ob die Adresse in die Geburtstagsliste einfließen soll. Das Feld zum Filtern war das Feld *GeburtstagsListe*.

Die Geburtstags- u. Gedenktage-Daten sollen aus der Tabelle *tblAdressdaten* in die Tabelle *tblGeburtstag* übertragen werden. Aus der Tabelle *tblAdressdaten* können Sie maximal 2 Geburtstage und die Gedenktage und aus der Tabelle *tblAdressKind* beliebig viele Daten überführen. Wenn Sie alle Daten einfügen wollen, benötigen Sie insgesamt 6 Abfragen, wenn Sie die Kinder nicht mit berücksichtigen wollen, nur 5 Abfragen. Die Entscheidung liegt bei Ihnen, wieweit Ihre spätere Liste in die Tiefe gehen soll.

Diese Daten werden mit Hilfe von sogen. Anfügeabfragen zusammengestellt. Erstellen Sie nun die erste Abfrage in der Entwurfsansicht. Als Tabelle wählen Sie die Tabelle *tblAdressDaten*. Aus dieser Tabelle nehmen Sie durch einen jeweiligen Doppelklick die Felder *FamilienName, Vorname, GebTag* und *GeburtstagsListe* in das Abfragefenster.

Bei der Erfassung der Adressdaten haben Sie festgelegt, ob ein Datensatz in die Geburtstagsliste übernommen werden soll, in dem Sie im Feld *Geburtstagliste* ein Häkchen gesetzt haben. Das Feld *Geburtstagsliste* ist ein sogen. Ja/Nein-Feld. Wenn dort ein Häkchen gesetzt ist, so bedeutet dies ein JA bzw. wahr. In der Tabelle selbst wird dies mit einem „-1" gekennzeichnet. Da Sie nur solche Datensätze übertragen wollen, die in der Erfassung der Adressdaten auch für die Geburtstagsliste gekennzeichnet wurden, müssen Sie im Feld *Geburtstagsliste* der Abfrage als Kriterium eine „-1" einsetzen oder das Wörtchen „wahr" (jeweils ohne Anführungszeichen) schreiben.

Außerdem sollen nur solche Datensätze herausgefiltert werden, in denen das Feld Geburtsdatum nicht leer ist. In der Spalte *GebTag* schreiben Sie als Kriterium deshalb „>0" (ebenfalls wieder ohne Anführungszeichen).

Die gefilterten Datensätze sollen später beim Ausdrucken auch gleich nach Geburtsdatum sortiert werden. Auch wollen Sie das jeweilige Alter ermitteln. Um dies bewerkstelligen zu können, legen Sie die zusätzlichen Felder in der Abfrage an, in denen Sie das Geburtsdatum in seinen Einzelteile (Tag, Monat, Jahr) zerlegen.

Mit dem Cursor gehen Sie dazu in die nächste freie Spalte und zwar in die oberste graue Umrandungszone der Spalte. Dabei verwandelt sich der Cursor in einen kleinen schwarzen, nach unten zeigenden, Pfeil. Ein Klick mit der linken Maustaste, markiert diese Spalte nun und unterlegt sie mit schwarzer Farbe.

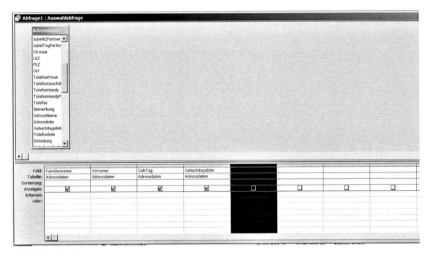

Abbildung 5- 22

In die soeben markierte Spalte werden Sie zunächst das maßgebende Tagesdatum aus dem Geburtstag ermitteln. Dafür stellt Access eine sehr nützliche Funktion zur Verfügung, nämlich

DatTeil(„Tag/Monat/Jahr"; Berechnungsfeld)

wobei der Tag durch „d", der Monat durch „m" und das Jahr mit „yyy" dargestellt wird. Wenn Sie also aus dem Feld *GebTag* der Datei *tblAdressdaten* den **Tag** extrahieren wollen, so lautet die Funktion

DatTeil(„d";AdressDaten.GebTag)

Kapitel 5

Geben Sie diese Funktion jetzt in die erste Zeile der markierten Spalte ein. Dabei vergibt der Abfrageassistent gleichzeitig einen Feldnamen, da dieses neue Feld bisher noch keine Feldbezeichnung besitzt, z. B..: *Ausdr1*. Nach einem „:" erscheint dann die Formel, mit der Sie den Tag ermitteln. Sie können natürlich auch selbst einen plausiblen Feldnamen mit einem Doppelpunkt eingeben und dann die Funktion anschließen, z. B..: *TagExtrakt: DatTeil(„d";AdressDaten.GebTag)* .

Markieren Sie eine weitere Spalte und geben die gleiche Formel ein, lediglich tauschen Sie das „d" gegen ein „m" für Monat aus. Die Spalte erhält damit den Namen *Ausdr2* oder geben Sie dieser Spalte einen eigenen plausiblen Namen, z. B..: *MonatExtrakt*: o.ä.

Ebenso verfahren Sie mit der nächsten Spalte und geben als Formel

DatTeil(„yyy"; Adressdaten.GebTag)

ein, sodass das Feld mit Ausdr3 oder auch z. B.. *JahrExtrakt* bezeichnet, später das Geburtsjahr enthält.

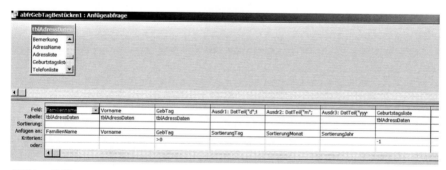

Abbildung 5-23

Wenn Sie überprüfen wollen, ob diese Abfrage auch funktioniert, wechseln Sie von der Entwurfs- zur Datenblattansicht. Wenn Sie schon Daten erfasst haben, sehen Sie die herausgefilterten Daten inkl. der zerlegten Daten des entsprechenden Geburtstages (Abbildung 5-24).

Kapitel 5

Die somit gefilterten Daten werden in die Tabelle *tblGeburtstag* überführt. Dort werden sie dann mit den Daten der übrigen Personen, die Sie anschließend noch ermitteln müssen gesammelt. Um dies zu bewerkstelligen, müssen Sie aus der Abfrage eine sogen. Anfügeabfrage machen.

Familienname	Vorname	GebTag	Ausdr1	Ausdr2	Ausdr3
Neugierig	Peter	10.07.1936	10	7	1936
Maier	Helmut	22.09.1940	22	9	1940
Friese	Wilhelm	01.06.1940	1	6	1940
Steigerwald	Jürgen	18.08.1936	18	8	1936
Helmerich	Bert	24.03.1935	24	3	1935
Nuriso	Hannelore	13.02.1942	13	2	1942
Siebert	Hans	20.11.1938	20	11	1938
Nuriso	Pietro	04.03.1937	4	3	1937
Risserlein	Fritz	02.05.1935	2	5	1935
Löffler	Manfred	25.11.1940	25	11	1940
Bayerlein	Friedbert	03.03.1940	3	3	1940
Breitenbach	Franz	19.08.1939	19	8	1939
Finza	Frank	11.02.1944	11	2	1944
Miesepeter	Hans-Peter	30.10.1938	30	10	1938

Abbildung 5- 24

Hierzu klicken Sie in der Menüleiste auf Abfrage und anschließend auf Anfügeabfrage. Sie werden in einem neuen Fenster nach der Tabelle gefragt, in die diese Daten übertragen werden sollen. Wählen Sie die Tabelle *tblGeburtstag* aus und schließen das Auswahlfenster wieder. In der Abfrage erscheint eine neue Zeile, nämlich „Anfügen an". Die ersten drei Felder sind bereits ausgefüllt und zeigen Ihnen in welche Felder der Tabelle *tblGeburtstag* sie übertragen werden, da die Feldnamen in der Tabelle *tblAdressDaten* und in der Tabelle *tblGeburtstag* gleich lauten. Für die Felder Ausdr1, Ausdr2, Ausdr3, bzw. Ihre selbst vergebenen Feldnamen, geben Sie die empfangenden Feldnamen in der Tabelle *tblGeburtstag* ein. Klicken Sie in die Zeile „Anfügen an". Es erscheint ein kleiner Pfeil rechts. Ein Klick auf diesen Pfeil gibt Ihnen die Feldnamen der Tabelle *tblGeburtstag* vor und Sie können auswählen, wohin Sie die Daten speichern wollen. Im vorliegenden

Kapitel 5

Falle also den Tag in das Feld *SortierungTag*, den Monat in das Feld *SortierungMonat* und das Jahr in das Feld *SortierungJahr*.

Jetzt speichern Sie diese Abfrage ab und geben ihr dabei den Namen *abfrGebTagBestücken1*.

Nun erstellen Sie eine weitere Abfrage, allerdings mit den Daten der Partner. Wählen Sie aus der Adresstabelle die Felder *FamilienNamePartner, VornamePartner, GebTagPartner* und *GeburtstagsListe* aus. Die Spalten für die Aufsplittung des Geburtstages erstellen Sie wie oben ausgeführt, nur nehmen Sie für die Funktion das Feld *GebTagPartner*.

Auch hier funktionieren Sie die Abfrage in eine Anfügeabfrage um. Allerdings müssen Sie jetzt die Anfügefelder in der Tabelle *tblGeburtstag* abändern und zwar in *FamilienName, Vorname, GebTag,* weil nur diese Felder in der Tabelle existieren. Für die Aufteilungsfelder nehmen Sie die gleichen Namen wie vorher.

Zur Datenfilterung müssen Sie in der Spalte Kriterien beim Feld *Geburtstagsliste* eine „-1" eingeben, da nur diejenigen Personen eingefügt werden sollen, die Sie bei der Erfassung entsprechend gekennzeichnet haben. Ein weiters Filterkriterium ist das Feld *GebTagPartner,* denn es sollen nur solche Daten eingefügt werden, bei denen auch ein Datum in diesem Feld steht. In der Spalte Kriterium muss also hier ein „>0" eingegeben werden.

Die Abfrage speichern Sie unter dem Namen *abfrGebTagBestückung2* ab.

Als nächstes sollten Sie noch die Jubiläums- und Gedenktage ermitteln. Beginnen Sie zunächst mit den Todesgedenktagen. Auch hierzu dient wieder eine Abfrage. Wählen Sie in der Access-Arbeitsfläche das Objekt Abfragen an, und zwar eine Abfrageerstellung in der Entwurfsansicht. Als Grundlagentabelle dient wieder die Tabelle *tblAdressdaten*. Hieraus wählen Sie zunächst die Felder *FamilienName, Vorname, VornamePartner, JubKZ, JubelTag* und *Geburtstagsliste* aus. Die Felder für die Datumsaufpaltung werden wie in den vorherigen Abfragen eingefügt, allerdings ändern Sie die Splitbedingung dergestalt ab, dass Sie statt *GebTag* den *JubTag* heranziehen, denn es soll ja die Datumssplittung aus diesem Tag erfolgen. .

Kapitel 5

Zur Datenfilterung müssen Sie in der Spalte Kriterien beim Feld *Geburtstagsliste* wieder eine „-1" eingeben, da nur diejenigen Personen eingefügt werden sollen, die Sie bei der Erfassung entsprechend gekennzeichnet haben. Ein weiters Filterkriterium ist das Feld *JubelTag,* denn es sollen nur solche Daten eingefügt werden, bei denen auch ein Datum in diesem Feld steht. In der Spalte Kriterium muss also hier ein „>0" eingegeben werden. Da Sie hier alle Daten außer den Hochzeitstagen erfassen wollen, geben Sie in dem Feld JubKZ ein weiteres Filterkriterium ein, nämlich „<> HO", und zwar soll HO als Text gekennzeichnet werden, sodass das Ungleichzeichen ohne Anführungszeichen und HO in Anführungszeichen erfasst wird. Damit ist gewährleistet, dass nur solche Datensätze herausgefiltert werden, die ein JubKZ, ein Jubiläums- oder Gedenktag besitzen und kein Hochzeitstag ist.

Auch diese Abfrage wird wieder zur Anfügeabfrage ausgeweitet, wobei das Feld *VornamePartner* in das Feld Zusatz geleitet wird und das Feld *JubelKZ* in das Feld *JubKZ.* Die übrigen Felder kommen in die Felder wie oben bei den anderen Abfragen.

Unter dem Namen *abfrGebTagBestückung3* speichern Sie diese Abfrage.

Für den Partner erstellen Sie ebenfalls eine solche Abfrage und wählen dabei die Felder *FamilienNamePartner, VornamePartner, Vorname, JubelKZPartner, JubelTagPartner* und *Geburtstagsliste* aus. Die Datumssplittung in Tag, Monat und Jahr erfolgt wie in den Abfragen zuvor, mit der Änderung, dass Sie in der Bedingung den *JubTag* durch *JubTagPartner* ersetzen.

Die Filterkriterien entsprechen denen der vorhergehenden Abfrage.

Funktionieren Sie auch diese Abfrage in eine Anfügeabfrage um und setzen diesmal den Vornamen in das Feld Zusatz. Die übrigen Zuordnungen bleiben wie zuvor.

Speichern Sie diese Abfrage unter dem Namen *abfrGebTagBestückung4*.

Jetzt haben Sie die Gedenktage erledigt, verbleiben also noch die Hochzeitstage.

Kapitel 5

Für den Entwurf der Abfrage wählen Sie die Felder *FamilienName, Vorname, VornamePartner, JubelKZ, JubelTag* und *GeburtstagsListe* aus. Die Datensplittung erfolgt wie in den vorhergehenden Abfragen, wobei bei der Bedingung das Feld *JubelTag* herangezogen wird.

Als Filterkriterium dienen wieder die Felder *Geburtstagliste* (mit -1), das Feld *JubelKZ* mit „HO" für alle Datensätze, die einen Hochzeitstag beinhalten (diesmal mit Anführungszeichen, weil es ein Text ist) und das Feld *JubelTag*, das wieder ein Datum enthalten muss um berücksichtigt werden zu können, also „>0" ist.

Auch hier legen Sie die Abfrage als Anfügeabfrage fest, die Felder in die die gefilterten Daten in die Tabelle *tblGeburtstag* einfließen sollen, sind Ihnen zwischenzeitlich ja geläufig.

Beim Speichern nennen Sie diese Abfrage *abfrGebTagBestückung5*.

Wenn Sie auch die Kinder in Ihre Geburtstagsliste aufnehmen wollen, müssen Sie eine weitere Abfrage erstellen. Diese Abfrage ähnelt der *abfrGebTagBestückung1*, lediglich wählen Sie hierfür die Tabelle *tblAdressKind* und hieraus die Felder *NachnameKind, VornameKind* und *GebTagKind*. Dabei sind die Feldnamen der Tabelle *tblGeburtstag*, in die diese Datenfelder übertragen werden sollen, entsprechend auszuwählen.

Die Abfrage speichern Sie unter dem *abfrGebTagBestückung6* ab.

Damit Sie zu jedem Zeitpunkt eine aktuelle Geburtstagsliste erhalten, sollten Sie vor der Bestückung der notwendigen Tabelle *tblGeburtstag* diese Tabelle immer erst leeren. Dies erledigen Sie mit einer Löschabfrage.

Schauen Sie in der Abbildung 5-1 und Abbildung 5-2 nach, wie das funktioniert. Wählen Sie dabei als zu löschende Tabelle aber die Tabelle *tblGeburtstag* aus, speichern Ihren Entwurf ab und geben ihm den Namen *abfrGebTagLöschen*.

Kapitel 5

Abfrage Saldenliste

Wenn Sie ein Haushaltsbuch führen, so wollen Sie sicherlich die erfassten Beträge auch in Form einer Saldenliste zu Papier bringen. Dabei sollen pro Konto die bebuchte Summe mit der entsprechenden Konto-Bezeichnung gedruckt werden. Sie wissen sicherlich aus der Tabellenanlage, dass in der Tabelle tblKontendruck keine Kontobezeichnungen gespeichert sind. Die Daten für die Saldenliste des Haushaltsberichtes müssen deshalb aus zwei Tabellen zusammen getragen werden.

Von der Tabelle *tblKontendruck* benötigen Sie die Felder *Kontonummer* und *Betrag*. Von der Tabelle *tblBuchungskonten* wird das Feld *KontoBezeichnung* übernommen.

In der Access-Arbeitsfläche benötigen Sie das Objekt Abfrage und zwar in der Entwurfsansicht. Im nächsten Dialogfenster wählen Sie die Tabellen *tblKontendruck* und die Tabelle *tblBuchungskonto* und schließen das Tabellenauswahlfenster.

In der Saldenliste werden die einzelnen Kontenbereich zu Gruppen zusammengefasst und für jede Gruppe eine Summe ermittelt und gedruckt. Um die Gruppen-Nummer zu ermitteln führen Sie ein berechnendes Feld ein. Gehen Sie mit dem Cursor in ein freies Abfragefeld. Benennen Sie dieses Feld mit „Gruppe", in dem Sie den Namen in die Zeile Feld eingeben und ergänzen Sie den Namen mit einem Doppelpunkt.

Um die Gruppe errechnen zu können müssen Sie die Kontonummer durch 1000 teilen, da die Kontonummern vierstellig sind und die erste Ziffer der Kontonummer die Gruppennummer abgeben soll. Außerdem müssen Sie das Ergebnis mit der Access-Funktion *Abs* (= absolute Zahl) in eine Ganzzahl umwandeln. In der Zeile Feld steht also

Gruppe: Abs([KontoNummer]/1000

Die Abfrage ist mit einer Zeile Funktion ausgestattet. Wenn Sie einmal in diese Zeile klicken können Sie über die kleine Pfeiltaste rechts die einzelnen möglichen Funktionen anschauen. Dies machen Sie sich jetzt zu Nutzen. Klicken Sie in die Zeile *Funktion* der Spalte *KontoNummer* und wählen *Gruppierung* an, weil alle Konten der Gruppe zusammengefasst werden sollen. Klicken Sie in der Spalte *Betrag*

Kapitel 5

ebenfalls in die Zeile *Funktion* und wählen *Summe* aus. Damit sollen die Beträge der einzelnen Gruppenkonten addiert werden und jeweils als Summe ausgegeben werden. Auch die Spalte *Gruppe* erhält die Funktion *Gruppierung*.

Wenn Sie in den Ansichtsmodus wechseln, können Sie Ihre Auswahl ansehen.

Speichern Sie diese Abfrage unter dem Namen *abfrSuSa* ab.

Abfrage RezeptZutaten

Bei der Rezeptverwaltung haben Sie die Zutaten in einer separaten Tabelle gespeichert. Auch die Mengenangabe wurde in einer eigenen Tabelle erfasst. Wenn Sie die Zutaten irgendwo benötigen, müssen dabei gleichzeitig auch die Mengenwerte hinzugefügt werden. Dies wird in einem Unterformular der Rezeptverwaltung geschehen. Für die Erstellung dieses Unterformulars sind die Daten aus zwei Tabellen mit Hilfe einer Abfrage zusammenzuführen.

Wählen Sie hierzu auf der Access-Arbeitsfläche das Objekt *Abfragen* an und klicken auf *Neu*. Diese Abfrage erstellen Sie – wie üblich - in der Entwurfsansicht. Sie benötigen drei Tabellen, nämlich die Tabelle *tblRezepte*, die Tabelle *tblRezeptZutaten* und die Tabelle *tblRezeptMenge*.

Von der Tabelle *tblRezepte* übernehmen Sie das Feld *RezeptNr*, von der Tabelle *tblRezeptZutaten* die Felder *Anzahl* und *ZutatBezeichnung* und von der Tabelle *tblRezeptMenge* das Feld *MengeKZ*.

Speichern Sie diese Abfrage unter dem Namen *abfrRezeptZutatenMenge* ab.

Abfrage Adress-Etiketten

Wenn Sie Adressetiketten ausdrucken wollen, besteht hierzu sicherlich ein bestimmter Anlass. Es könnte sein, dass Sie z. B.. vorgedruckte Einladungen verschicken wollen und dazu die Briefumschläge mit Adressetiketten bekleben

Kapitel 5

wollen. Sie benötigen dazu naturgemäß nicht alle gespeicherten Adressen, sondern lediglich diejenigen, die zur Feier von Ihnen eingeladen werden. Sie erinnern sich noch, dass für alle eingeladenen Personen ein Kennzeichen für die Einladung gesetzt wurde. Sie können deshalb mit einer Auswahlabfrage alle Adressen zusammenstellen, die im Tabellenfeld *Einladung* die Kennziffer -1 besitzen. Wenn Sie die Adressen für einen anderen Zweck ausdrucken wollen, können Sie über das Modul *Einladung/Zusagen* diese Kennziffer für die notwendigen Adressen einfach setzen und so diese Kennziffer für Ihren anderen Zweck „missbrauchen".

Wählen Sie hierzu auf der Access-Arbeitsfläche das Objekt *Abfragen* an und klicken auf *Neu*. Diese Abfrage erstellen Sie – wie üblich - in der Entwurfsansicht. Als Datengrundlage nehmen Sie die Tabelle *tblAdressdaten*. Übernehmen Sie aus dieser Tabelle das Feld *AdressName*. In diesem Feld hatten Sie bereits bei der Aufnahme der Adressen eine Zusammenstellung von Vorname, Nachname, Strasse, PLZ und Ort vorgenommen. Als weitere Felder übernehmen Sie die Felder *Einladung* und *EinladungPartner*. Beim Feld *Einladung* geben Sie in der Zeile Kriterium die „-1" ein oder schreiben in die Zeile einfach „wahr". Bei Feld EinladungPartner gehen Sie in die Zeile „oder" und geben ebenfalls den Wert „wahr" bzw. -1 ein. Das bedeutet, dass alle Adressen ausgewählt werden, bei denen entweder im Feld *Einladung* oder im Feld *EinladungPartner* das Kennzeichen -1 gesetzt ist. Speichern Sie diese Abfrage unter dem Namen *abfrAdressEtiketten* ab.

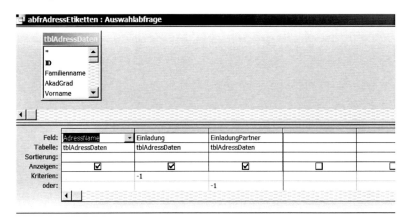

Abbildung 5- 25

Kapitel 5

Wenn Sie allerdings das Adressetikett nur für die Erstperson oder nur für den Partner benötigen, dann können Sie natürlich nicht auf dem Adressetikett beide Namen verwenden. Sie müssten dann die Abfrage dergestalt abändern, dass Sie nur den Nachnamen und den Vornamen der Erstperson oder eben nur den Nachnamen und den Vornamen des Partners anstatt dem Feld AdressName übernehmen. Allerdings dürfen Sie dann nicht vergessen, auch die Felder Strasse, PLZ und Ort mitzuübernehmen. In diesem Falle bietet es sich an, ein weiteres ungebundenes Feld in die Abfrage einzufügen, in dem Sie darin den Vornamen und den Nachnamen zusammenfassen. Die Abfrage müsste dann etwa so aussehen:

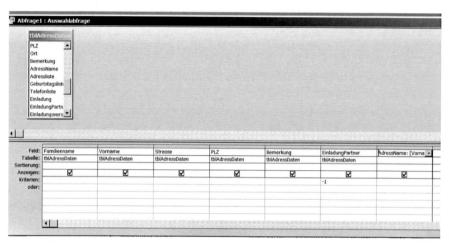

Abbildung 5-26

Kapitel 6

FORMULARE MIT ABFRAGEN

In Kapitel 4 haben Sie Formulare entwickelt, die auf einer Tabelle beruhen. In Kapitel 5 wurde erläutert, wie Abfragen erstellt werden, die bestimmte, selektierte Daten einer oder mehrerer Tabellen enthalten. Jetzt sollen mit Hilfe dieser in den Abfragen gewonnenen Daten Formulare erstellt werden.

Fertigstellung des Formulars frmEinladung/Zusagen

Sie hatten in Kapitel 4 das Formular für die Einladung- und Zusagenverwaltung noch nicht fertiggestellt, da Sie erst noch das Objekt *Abfragen* erlernen mussten. Öffnen Sie noch einmal das Erfassungsformular *frmEinladungZusagen*, um noch eine weitere Schaltfläche einzubauen, mit der die derzeitigen Einladungs- und Zusagen-Kennziffern gelöscht werden können.

Aus der Toolbox holen Sie sich eine neue Schaltfläche und wählen im aufgehenden Dialog-Fenster die Option *Diverse* aus und klicken auf *Weiter*. Im nächsten Fenster wählen Sie die in Kapitel 5 erstellte Abfrage *abfrAdressAktualisierung* aus und kommen mit einem Klick auf *Weiter* zum nächsten Fenster. Geben Sie der neuen Schaltfläche eine Bezeichnung z. B.. „Einladungen löschen". Mit *Weiter* gelangen Sie ins nächste Fenster und geben als Schaltflächen-Name „befAktualisieren" ein und klicken auf Fertigstellen.

Formatieren Sie diese Schaltfläche: Oben: 9,6 cm, Links: 23 cm, Breite 3 cm, Höhe 1,2 cm, Textfarbe: rot (255), Schriftart Arial 10 pt und fett und kursiv.

Schließen Sie das Eigenschaftsfenster und speichern das Formular ab.

Unterformular Gasteinladungen

Sie haben in Kapitel 4 ein Formular für eine einfache Verwaltung von Einladungen und Zusagen geschaffen, das Sie soeben um eine Schaltfläche erweitert haben.

Kapitel 6

Sicherlich wäre es schön, wenn Sie z. B.. während der Erfassung der Einladungen einmal schnell überprüfen könnten, wen Sie bisher schon ausgewählt haben ohne über das Kombinationsfeld jede einzelne Adresse abrufen zu müssen.

Diese Möglichkeit werden Sie jetzt mit Hilfe eines kleinen Unterformulars bewerkstelligen, das Sie dann über eine weitere Schaltfläche im Hauptformular ein- und ausblenden können.

Sie erstellen es mit Hilfe des Formularassistenten. Das geht schnell und einfach und genügt den Ansprüchen.

Auf der Arbeitsfläche wählen Sie Formulare, dann *Erstellt ein Formular unter Verwendung des Assistenten*. Im nächsten Fenster wählen Sie *Formularassistent*. Aus dem Dateiverzeichnis nehmen Sie die Tabelle *tblGast* und klicken auf OK. Danach öffnet sich ein weiteres Fenster. Auf der linken Seite sind alle Felder der Tabelle aufgeführt. Für dieses Formular benötigen Sie lediglich das Feld *GastName*.

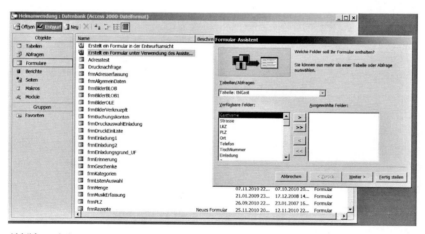

Abbildung 6-1

Markieren Sie dieses Feld und übertragen Sie dieses Feld mit einem Klick auf „>" in die Spalte „Ausgewählte Felder" und bestätigen mit *Weiter*. Im nächsten Fenster wählen Sie *tabellarisch* aus und bestätigen mit *Weiter*. Im darauffolgenden

Kapitel 6

Dialogfenster wählen Sie *Standard* aus und klicken auf *Weiter*. Als Name für das Formular legen Sie *frmSubEinladung* fest und klicken auf Fertigstellen.

Zum Schließen dieses Unterformulars müssen Sie noch eine Schaltfläche einfügen. Sie zeigen mit der Maus auf die untere Begrenzung des Formularfußes und ziehen diese mit gedrückter linker Maustaste etwa 1 cm nach unten. Bei eingeschaltetem Assistenten ziehen Sie aus der Toolbox eine Befehlsschaltfläche in den Formularfuß auf, etwa an die rechte Begrenzung der Formulararbeitsfläche. Der Befehlsschaltflächen-Assistent zeigt Ihnen ein Abfragefenster. Aus der Spalte *Kategorien* wählen Sie *Formularoperationen* aus und aus der *Aktionsspalte* wählen Sie „*Formular schließen*" aus und klicken auf Weiter. Im nächsten Fenster klicken Sie die Option *Text* an und beschriften die Schaltfläche mit „SCHLIESSEN". Nach einem Klick auf Weiter geben Sie der Schaltfläche den Namen „befSchließen". Sie können das Formular noch auf eine Breite von ca. 8,5 cm und einer Höhe von rd. 8 cm trimmen.

Abbildung 6- 2

Im Eigenschaftsfenster des Formulars (Klick mit rechter Maustaste auf den Button ganz oben links neben Lineal) legen Sie im Register *Format* in der Zeile Bildlaufleisten fest, dass nur die Bildlaufleisten in vertikaler Form angezeigt werden sollen. In der Zeile *Datensatzmarkierer* und in der Zeile *Navigationsschaltflächen* ändern

Formulare mit Abfragen

Kapitel 6

Sie die Vorgaben jeweils in NEIN um. Klicken Sie im Formularkopf das Überschriftenfeld mit der rechten Maustaste an und wählen das Eigenschaftsfenster. Im Register *Format* ändern Sie die Schriftfarbe in Blau, als Schrift geben Sie Arial, als Schriftgröße 12 pt und fett ein. Als Höhe nehmen Sie 0,6 cm an.

Speichern Sie das Unterformular unter dem Namen *frmsubEinladung* ab.

Formular Einladung/Zusagen

Öffnen Sie jetzt noch einmal das Formular *frmEinladungZusagen*. Dieses Formular wird nunmehr vervollständigt. Hierzu haben Sie soeben ein Unterformular erstellt, mit dem Sie die erfassten Einladungen am Bildschirm anzeigen können. Dieses Unterformular soll seine Datengrundlage aus der Tabelle *tblGast* beziehen. Zu diesem Zweck müssen Sie, bevor Sie das Unterformular anzeigen, die Datengrundlage schaffen. Sie erinnern sich sicherlich, dass Sie die Einladungen und Zusagen bisher in der Tabelle *AdressDaten* verwalten. Bei den Abfragen haben Sie einige Anfügeabfragen erstellt, die die entsprechenden Daten aus den Tabellen *tblAdressDaten* und *tblAdressKinder* in die Tabelle *tblGast* übertragen.

Da sich die Einladungen immer noch ändern können müssen Sie Sorge tragen, dass Daten durch versehentlich mehrmaliges Ausführen der Abfragen nicht mehrfach in die Tabelle *tblGast* geraten. Sie haben zu diesem Zweck bereits eine Löschabfrage erstellt. Wenn Sie also zunächst diese Löschabfrage arbeiten lassen und anschließend Daten in die Tabelle *tblGast* anfügen, so haben Sie immer den neuesten Stand der Einladungen. Ändert sich nämlich über das Erfassungsformular bei den Einladungen etwas, sei es dass neue Gäste aufgenommen oder bereits erfasste Personen wieder gelöscht werden, so werden diese Änderungen immer wieder in der Tabelle *tblGast* aktualisiert.

Lassen Sie sich die Toolbox anzeigen, nehmen sich eine Befehlsschaltfläche auf das Formular und platzieren sie unterhalb der Schaltfläche „Schließen". Der Assistent zeigt Ihnen das Kategorien- und das Aktionsfenster an. Entscheiden Sie sich jetzt für die Kategorie *Diverse* und für die Aktion *Abfrage ausführen* und klicken auf *Weiter*.

Kapitel 6

Im nächsten Fenster legen Sie fest, dass diese Schaltfläche die Abfrage *abfrEinladungLöschen* ausführen soll, da diese Aktion in diesem Fall als erstes ansteht, damit die zu bestückende Tabelle immer leer ist, bevor Sie neue Daten anfügen. Nach Bestätigung mit *Weiter* können Sie sich wieder für eine Beschriftung der Schaltfläche entscheiden und geben hier „Vorläufige Einladungen" ein. Im nächsten Fenster geben Sie dem Befehl einen Namen und zwar *befEinlListe* und klicken auf Fertigstellen.

Da Sie aber mit dieser Schaltfläche nicht nur den Tabelleninhalt löschen, sondern auch noch neue Daten in die Tabelle *tblGast* anfügen wollen, müssen Sie jetzt ein wenig Handarbeit durchführen.

Mit der rechten Maustaste klicken Sie die neue Schaltfläche an, gehen zum Eigenschaftsfenster in das Register *Ereignis* und sehen, dass in der Zeile *Beim Klicken* vorgemerkt ist, dass hierfür bereits eine Ereignisprozedur erstellt ist. Es handelt sich dabei um die Prozedur, die Ihnen der Assistent gerade eben programmiert hat. Klicken Sie einmal in die Zeile und sehen am rechten Rand eine Schaltfläche mit 3-Punkten. Über diese Schaltfläche kommen Sie direkt in den Programmcode und der Cursor steht unmittelbar in der Ereignisprozedur.

```
Private Sub befEinlListe_Click()
On Error GoTo Err_befEinlListe_Click
    Dim stDocName As String
    stDocName = "abfrEinladungLöschen"
    DoCmd.OpenQuery stDocName, acNormal, acEdit
Exit_befEinlListe_Click:
    Exit Sub
Err_befEinlListe_Click:
    MsgBox Err.Description
    Resume Exit_befEinlListe_Click
End Sub
```

Der Assistent hat eine Variable „stDocName" deklariert, in die jeweils der Name der Abfrage aufgenommen wird. Das können Sie jetzt zum Anlass nehmen und unter die *DoCmdQuery-Funktion* (= der Ausführungsbefehl für eine Abfrage) die weiteren 3 Abfragen einzustellen. Dies sieht dann so aus:

zunächst die Löschabfrage platzieren

Formulare mit Abfragen

Kapitel 6

```
stDocName = "abfrEinladungLöschen"
    DoCmd.OpenQuery stDocName, acNormal, acEdit
Jetzt die erste Anfügeabfrage für die 1. erwachsene Person
    stDocName = "abfrEinladung1"
    DoCmd.OpenQuery stDocName, acNormal, acEdit
Jetzt die zweite Anfügeabfrage für den Partner
    stDocName = "abfrEinladung2"
    DoCmd.OpenQuery stDocName, acNormal, acEdit
Jetzt die dritte Anfügeabfrage für die Kinder
    stDocName = "abfrEinladung3"
    DoCmd.OpenQuery stDocName, acNormal, acEdit
```

Ausschaltung Rückfragefenster

Zu bemerken ist noch, dass Access bei jeder Anfügeabfrage ein Rückfragefenster öffnet und eine Bestätigung darüber verlangt, ob die durch die Abfrage ermittelten Datensätze auch wirklich an die Datei angehängt werden sollen. Das ist natürlich lästig. Sie brauchen diese Mitteilung aber nicht und schalten sie durch einen zusätzlichen Programmcode aus. Dieser Code heißt bei Beginn der Prozedur

DoCmd.SetWarnings False

weil er Warnmeldungen ausschaltet. Am Ende der Prozedur müssen Sie allerdings diese Warnmeldungsmöglichkeit wieder einschalten, damit evtl. Fehlermeldungen in dem Programm angezeigt und nicht unterdrückt werden. Der Einschaltbefehl lautet:

DoCmd.SetWarnings True

Die Tabelle ist nun mit neuen Daten bestückt. Jetzt fehlt nur noch, dass diese Daten am Bildschirm auch angezeigt werden. In der gleichen Prozedur schreiben Sie noch ein wenig Code um das bereits mit dem Assistenten erstellte Formular *frmSubEinladung* anzuzeigen.

Unterformular aufrufen

Ein Formular wird mit dem Befehl

DoCmd.OpenForm

Kapitel 6

geöffnet. Nehmen Sie wieder die Variable *stDocName* und füllen sie mit dem Namen des anzuzeigenden Formulars. Anschließend lassen Sie sich dieses Formular öffnen und damit anzeigen. Der gesamte Befehl hierfür lautet demnach

stDocName = "frmSubEinladung"
   DoCmd.OpenForm stDocName

Die gesamte Prozedur sieht nun wie folgt aus:

Private Sub befEinlListe_Click()
On Error GoTo Err_befEinlListe_Click
   Dim stDocName As String
   DoCmd.SetWarnings False
   stDocName = "abfrEinladungLöschen"
   DoCmd.OpenQuery stDocName, acNormal, acEdit
   stDocName = "abfrEinladung1"
   DoCmd.OpenQuery stDocName, acNormal, acEdit
   stDocName = "abfrEinladung3"
   DoCmd.OpenQuery stDocName, acNormal, acEdit
   stDocName = "frmSubEinladung"
   DoCmd.OpenForm stDocName

   DoCmd.SetWarnings True
Exit_befEinlListe_Click:
   Exit Sub
Err_befEinlListe_Click:
   MsgBox Err.Description
   Resume Exit_befEinlListe_Click
End Sub

Wenn von den eingeladenen Personen die entsprechenden Zusagen eingetroffen und mit dem Formular *frmEinladungZusagen* erfasst sind, stehen die Gäste für diese Feier fest. Jetzt können Sie die Gäste in die endgültige Gästeliste übernehmen. Bedienen Sie sich zur Ermittlung dieser Daten wiederrum des Instrumentes der Abfragen und zwar wieder maximal 3 Abfragen. Da sich die Arbeitsabläufe mit den vorigen Schritten decken, kann ich dies im Telegrammstil abhandeln. Aus der Toolbox ziehen Sie eine neue Schaltfläche auf. Der Assistent zeigt Ihnen das Kategorien- und das Aktionsfenster an. Sie entscheiden sich wieder für die

Formulare mit Abfragen

Kapitel 6

Kategorie *Diverse* und für die Aktion *Abfrage ausführen* und klicken auf Weiter. Im nächsten Fenster geben Sie als erste Abfrage wieder *abfrEinladungLöschen* vor, da diese Aktion die zu bestückende Tabelle wieder leeren muss, bevor Sie neue Daten anfügen. Nach Bestätigung mit Weiter können Sie sich wieder für eine Beschriftung der Schaltfläche entscheiden und geben hier „Übernahme in Gästeliste" ein. Im nächsten Fenster geben Sie dem Befehl einen Namen, und zwar *befZusageListe* und klicken auf Fertigstellen.

Wie im vorigen Beispiel gehen Sie in den VBA-Editor und ergänzen den vorgegebenen Programmcode um die übrigen Abfragen. Vergessen Sie bitte nicht die *Set Warnings-Anweisung* vor und nach dem Ausführungscode zu setzen.

So etwa wird die erste Seite des Formulars hoffentlich aussehen.

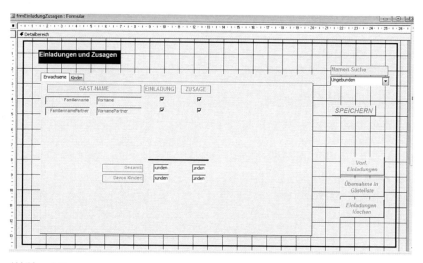

Abbildung 6-3

Die zweite Seite sollte so etwa aussehen:

Kapitel 6

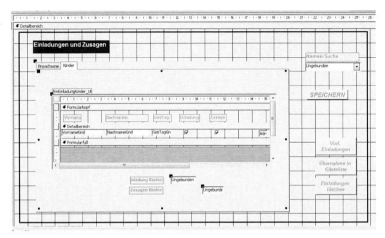

Abbildung 6- 4

Im Ansichtsmodus wird das Formular nach Aufruf des Unterformulars etwa so aussehen:

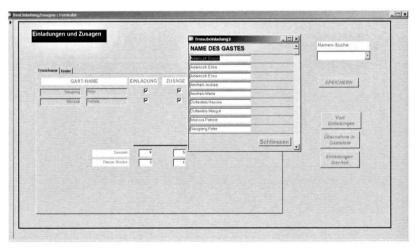

Abbildung 6- 5

Formulare mit Abfragen

Kapitel 6

Formular Tischbelegung

Mit diesem Formular wollen Sie die Gäste der Veranstaltung auf die vorhandenen Tische des Veranstaltungsraumes verteilen. Dabei soll das Programm überwachen, dass nicht mehr Personen an einen Tisch gesetzt werden als Plätze vorhanden sind. Es werden deshalb die tatsächlich vorhandenen Plätze aus dem Formular *frmTisch* mit den zugeteilten Gästen verglichen.

Sie benötigen hierzu zwei Formulare, einmal das Unterformular als Endlosformular zur namentlichen Darstellung aller Gäste, die Ihnen eine Zusage gegeben haben, und zum anderen das Hauptformular, in dem die Tische mit den dort möglichen Plätzen aufgelistet werden. Außerdem enthält das Hauptformular die jeweils vergebenen Plätze pro Tisch.

Sie erstellen zunächst das **Unterformular**. Wählen Sie in der Access-Auswahlfläche das Objekt *Formulare* und dort „*Erstellt ein Formular in der Entwurfsansicht*" aus und klicken auf *Neu*. Anschließend bestätigen Sie, dass das Formular in der Entwurfsansicht erstellt werden soll. Als Datengrundlage geben Sie in der Auswahl die Abfrage *abfrTischbelegung* ein.

Die Formular-Arbeitsfläche wird angezeigt und Sie ziehen die Ränder in der Breite auf ca. 8 cm und in der Länge auf 10 cm. Sollte die Feldliste nicht angezeigt werden, klicken Sie im Symbolmenü auf das Symbol *Feldliste* und ziehen hieraus die Felder *Gastname* und *Tischnummer* auf unser Formular. Formatieren Sie die beiden Felder auf eine Höhe von 0,423 cm. Die Breite des Namensfeldes legen Sie mit 4,9 cm fest, die Breite des Feldes TischNummer mit 1,2 cm. Klicken Sie das Namensfeld mit der rechten Maustaste an, wählen Eigenschaften und im Register *Daten* die Zeile „aktiviert". Klicken Sie in die weiße Zeile doppelt hinein, so dass sich die Vorgabe JA auf NEIN verändert. Damit wird zwar der Gastname künftig im Formular angezeigt. Es wird aber eine Änderung verhindert.

Unmittelbar unter diese Zeile ziehen Sie noch eine Linie. Hierzu holen Sie sich aus der Toolbox das Liniensymbol und ziehen es vom linken Rand zum rechten Rand des Formulars. Kontrollieren Sie danach noch, ob diese Linie auch gerade ist, in

Kapitel 6

dem Sie das Eigenschaftsfenster der Linie aufrufen und im Register *Format* die Höhe der Linie evtl. auf 0 cm nachjustieren.

Jetzt müssen Sie noch festlegen, dass dieses Formular als Endlosformular erscheint, d. h., dass nicht nur ein Gast angezeigt wird, sondern alle Gäste, die eine Teilnahme zugesagt haben. Klicken Sie im Formular deshalb mit der rechten Maustaste ganz oben links in das Quadrat,

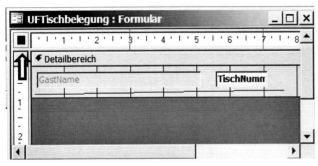

Abbildung 6-6

rufen das Eigenschaftsfenster auf und klicken im Register *Format* mit der linken Maustaste in die Zeile *Standardansicht*. Mit einem weiteren Klick auf die Schaltfläche rechts außen öffnet sich ein Kontextmenü. Wählen Sie darin „Endlosformular" an.

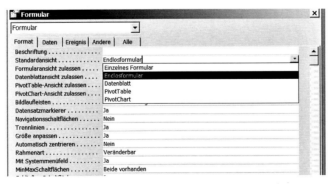

Abbildung 6-7

Formulare mit Abfragen 363

Kapitel 6

In der Zeile Navigationsschaltflächen klicken Sie bitte doppelt hinein, sodass die Vorgabe JA auf NEIN umgeschaltet wird, denn die Standardschaltflächen werden hier nicht benötigt. Speichern Sie das Unterformular unter dem Namen *UFTischbelegung ab*. Wir kommen später noch einmal auf dieses Formular zurück, um einigen verbindenden Programmcode einzufügen.

Für das Hauptformular wählen Sie in der Access-Arbeitsfläche das Objekt *Formulare* und dort „*Erstellt ein Formular in der Entwurfsansicht*" aus und klicken auf *Neu*. Anschließend wird bestätigt, dass das Formular in der Entwurfsansicht erstellt werden soll. Für das Hauptformular benötigen Sie keine Datengrundlage. Die Formular-Arbeitsfläche wird angezeigt und Sie ziehen die Ränder in der Breite auf ca. 23 cm und in der Länge auf 18 cm. Im linken Formularteil bauen Sie das soeben erstellte Unterformular *UFTischbelegung* ein. Sollte die Toolbox am Bildschirm nicht angezeigt werden, klicken Sie in dem Symbolmenü auf das Symbol *Toolbox*. Klicken sie auf das Symbol *Unterformular* (viertletztes Symbol) und ziehen im Hauptformular ein Rechteck auf, das in etwa der Größe des Unterformulars entspricht. Es öffnet sich der Unterformular-Assistent. Da Sie das Unterformular bereits fertiggestellt haben, klicken Sie in die zweite Option „Vorhandenes Formular verwenden" und wählen im Auswahlfenster das Formular *UFTischbelegung* aus. Mit einem Klick auf Weiter wird Ihnen ein neues Fenster angezeigt, das Sie aber übergehen können. Klicken Sie deshalb auf *Fertigstellen*.

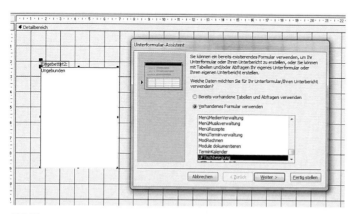

Abbildung 6-8

Kapitel 6

Damit haben Sie das Unterformular in das Hauptformular integriert. Löschen Sie jetzt noch den Namen des Unterformulars oben links.

Auf der rechten Formularhälfte werden die möglichen 12 Tische angelegt, und zwar mit einem Feld, das Ihnen die mögliche Platzanzahl angibt und mit einem weiteren Feld, das Ihnen später anzeigen soll, wie viele Plätze davon schon belegt sind. Die soll nicht mit den Dateifeldern direkt gemacht werden, sondern über dateiunabhängige Textfelder. Dies ist zwar etwas umständlicher und nicht der eleganteste Programmierweg, aber es zeigt Ihnen Gestaltungsmöglichkeiten und ist für das Erlernen der Sprachmöglichkeiten sicherlich interessant.

Hierzu ziehen Sie aus der Toolbox 12 Textfelder (*ab*) untereinander auf.

Die Bezeichnungsfelder beschriften Sie (Eigenschaften, Register Alle, Beschriftung) von oben nach unten mit Tisch 1:, Tisch 2:, …… Tisch 12:. Den Textfeldern geben Sie von oben nach unten die Namen (Eigenschaften, Register Alle, Name) Anz1, Anz2, Anz3 usw.… bis Anz12. Diese Felder sollen die Platzanzahl für jeden Tisch anzeigen.

Neben diesen Textfeldern fügen Sie 12 weitere Textfelder aus der Toolbox ein. Die hierzu gehörenden Bezeichnungsfelder können gelöscht werden, da Sie nicht benötigt werden. Diesen Textfeldern geben Sie den Namen Bel1, Bel2, Bel3 ……. Bel12. Diese Felder nehmen die Belegung der Tische auf.

Diese Felder sind nun noch zu formatieren. Dazu markieren Sie zunächst alle Felder, klicken mit der rechten Maustaste in die Markierung, rufen *Eigenschaften* auf und gehen ins Register *Format*. Dort wählen Sie eine Höhe von 0,7 cm, als Schriftart Arial und als Schriftgröße 10 pt, sowie als Schriftgrad fett an. Jetzt lösen Sie die Markierung durch einen Klick in den freien Raum auf und markieren anschließend ausschließlich die Bezeichnungsfelder. Wechseln Sie wieder in das Register Format des Eigenschaftsfensters und wählen als Hintergrundfarbe das helle Gelb und als Textfarbe Rot (255) an. Als linken Rand nehmen Sie 13,1 cm an und als Breite 1,7 cm.

Kapitel 6

Markieren Sie die erste Textspalte von Anz1 bis Anz12 und geben als linken Rand 15,5 cm an und als Breite 0,8 cm an. Mit der rechten Textspalte verfahren Sie ebenso und erfassen als linken Rand 17 cm, als Breite 0,8 cm.

Wenn die vertikalen Abstände noch nicht gleich sind, so können Sie die erste Zeile der drei Felder markieren und im Eigenschaftsfenster im Register *Format* in der Zeile „Von oben" einen Wert eingeben z. B. 3,1 cm. Wenn Sie dann die zweite oder weitere Zeile markieren, so können sie die Werte in der Zeile „Von oben" jeweils um 0,7 cm erhöhen, also der Zeile 2 den Wert 3,8 cm zuweisen usw. Fügen Sie noch zwei kleine Überschriftzeilen über den Spalten ein. Aus der Toolbox ziehen Sie hierzu zwei Bezeichnungsfelder (*Aa*) herüber. In das erste schreiben Sie „Anzahl Plätze" und in das zweite „davon belegt". Die Formateigenschaften für diese Felder legen Sie fest mit:

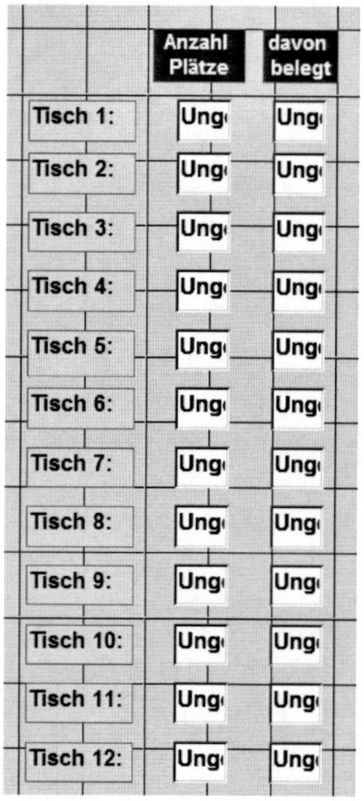

Linker Rand bei 15,1 cm bzw. bei 16,8 cm
Oben 1,9 cm,
Breite 1,4 cm
Höhe 0,785cm
Hintergrundfarbe Blau
Textfarbe Weiß
Schriftart Arial
Schriftgrad 10 pt
Schriftbreite fett
Textausrichtung zentriert

Abbildung 6- 9

Wie in früheren Formularen ziehen Sie noch einen blauen Rahmen ein, den Sie auf eine Breite von 2 pt einstellen. Außerdem ziehen Sie aus der Toolbox noch ein Bezeichnungsfeld (*Aa*) herein. Beschriften Sie es mit *Tischbelege* und formatieren es mit Hintergrundfarbe blau, Schriftfarbe Weiß, Schriftgröße 14 fett und Schriftart Arial.

Kapitel 6

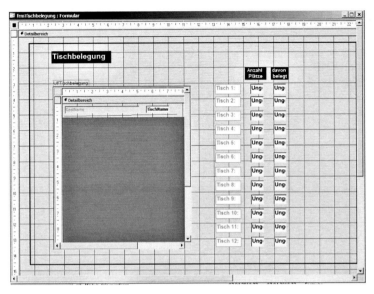

Abbildung 6-10

Jetzt müssen Sie das Formular noch mit Leben füllen. Beim jedem Aufruf des Formulars müssen die Tischzahlen ermittelt werden. Die erste Zahlenreihe, nämlich die Anzahl vorhandener Plätze an jedem Tisch können Sie mithilfe einer in Access eingebauten Funktion ermitteln, die Sie schon kennengelernt haben, und zwar die *Dlookup*-Funktion. Vielleicht erinnern Sie sich noch, welche Werte dazu benötigt werden:

Dlookup(„Tabellenfeld", „Tabelle", „Kriterium"

In diesem Fall soll das Tabellenfeld „AnzahlPlätze" der Tabelle *tblTisch* ausgelesen und in die Spalten Anz1-Anz12 eingetragen werden. Als Kriterium benötigen Sie stets die entsprechende TischNummer. Dies alles soll geschehen, wenn das Formular angezeigt.

Klicken Sie mit der rechten Maustaste in das Quadrat ganz oben links des Formulars, sodass sich das Eigenschaftsfenster des Formulars öffnen kann. Im Register *Ereignis* klicken Sie in die erste Zeile „Beim Anzeigen", klicken dann auch

Formulare mit Abfragen

Kapitel 6

die Schaltfläche rechts mit den drei Punkten, wählen im nächsten Fenster *Code-Generator* aus und sehen die beiden Prozedurzeilen.

Private Sub Form_Current()

End Sub.

Zwischen diese beiden Zeilen geben Sie den Aktualisierungs-Code ein.

Die Platzanzahl von Tisch 1 soll in der Variablen *Anz1* usw. angezeigt werden. Der Programmcode lautet demnach für das Tabellenfeld TischNummer 1:

Me.Anz1 = *DLookup("[AnzahlPlätze]", "tblTisch", "[TischNummer]=" &1)*

| Formular-Variable | Funktion | Tabellenfeld | Tabelle | Kriterium |

AnzahlPlätze und *TischNummer* sind Tabellenfelder, sie stehen deshalb in eckigen Klammern. Beim Kriterium steht das Tabellenfeld inkl. dem Zuweisungszeichen = in Anführungszeichen. Dem Tabellenfeld *TischNummer* hängen Sie dann mit dem Zeichen „&" die gesuchte Tischnummer (hier z. B.: die 1) an.

Mit den übrigen Tischen verfahren Sie ebenso, sodass die letzte Anweisung lauten muss:

Me.Anz12 = DLookup("[AnzahlPlätze]", "tblTisch", "[TischNummer]=" & 12)

Als Nächstes sollen bei Formularöffnung auch angezeigt werden, wie viele Plätze bei jedem Tisch bereits belegt sind. Auch hierfür stellt uns Access eine eingebaute Funktion zur Verfügung und zwar *Dcount()*. Die Syntax lautet:

DCount("Tabellenfeld", "Tabelle", "Kriterium")

In der Tabelle *tblGast* sind alle Gäste gespeichert, die ihre Teilnahme zugesagt haben. Hier gibt es auch ein Feld mit der Bezeichnung *TischNummer*. Mit der *DCount*-Funktion zählen Sie jetzt alle Datensätze zusammen, deren Inhalt dem anzugebenden Kriterium entspricht. Somit erhalten Sie die Anzahl der bei einem bestimmten Tisch bereits belegten Plätze. Diese Zahl speichern Sie dann in der Spalte *Bel1 bis Bel12*.

Schreiben Sie folgenden Programmcode in die Prozedur:

Me.Bel1 = DCount("TischNummer", "tblGast", "TischNummer=" & 1)

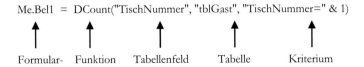

Formular-   Funktion   Tabellenfeld   Tabelle   Kriterium

TischNummer ist ein Tabellenfeld, es steht deshalb in eckigen Klammern. Beim *Kriterium* steht das Tabellenfeld inkl. dem Zuweisungszeichen = in Anführungszeichen. Dem Tabellenfeld *TischNummer* hängen Sie dann mit dem Zeichen & die gesuchte Tischnummer (hier z. B.: die 1) an.

Mit den übrigen Tischen verfahren Sie ebenso, sodass die letzte Anweisung lauten muss:

Me.Bel12 = DCount("TischNummer", "tblGast", "TischNummer=" & 12)

Jetzt werden bei jedem Öffnen des Formulars die aktuellen Werte aus den Tabellen *tblTisch* und *tblGast* in das Formular übernommen.

Sie benötigen für das Formular noch eine Schließen-Schaltfläche, die aber erst in Kapitel 7 besprochen wird. Solange schließen Sie das Formular mit der Schaltfläche X oben rechts.

Speichern Sie dieses Hauptformular unter dem Namen *frmTischbelegung*.

Bei der Erstellung des Unterformulars habe ich bereits angemerkt, dass Sie noch ein wenig Programmcode benötigen, der jetzt noch nachträglich eingefügt wird.

Öffnen Sie das Unterformular *UFTischbelegung* im Entwurfsmodus. Im Hauptformular haben Sie beim Anzeigen des Formulars die bisher bereits belegten Plätze

Formulare mit Abfragen

Kapitel 6

eines jeden Tisches addiert und angezeigt. In diesem Unterformular vergeben Sie die Plätze eines jeden Tisches. Bei jeder Vergabe eines Platzes müssen Sie, um eine Übersicht zu behalten, die vergebenen Plätze im Hauptformular entsprechend anpassen. In der Praxis sieht das so aus, dass Sie nach der Eingabe der Tischnummer bei einem Gast die vergebenen Plätze neu addieren und im Hauptformular die neue Zahl anzeigen müssen. Hierfür verwenden Sie die gleiche Prozedur wie beim Anzeigen des Hauptformulars und zwar immer dann, wenn Sie das Feld Tisch-Nummer im Unterformular verlassen.

Klicken Sie mit der rechten Maustaste in das Feld *TischNummer*, klicken auf Eigenschaften und gehen in das Register *Ereignisse*. Dort klicken Sie in die Zeile „*Beim Verlassen*" und wählen über die Schaltfläche mit den drei Punkten den Codegenerator an. Dieser gibt Ihnen zwei Prozedurzeilen vor:

Private Sub TischNummer_Exit(Cancel As Integer)

End Sub

Für die Addition verwenden Sie wiederum die Access eigene Prozedur Dcount(). Beachtet werden muss dabei, dass die Variable, die die Summe der belegten Tische aufnehmen muss (*Bel1 bis Bel12*) nicht in diesem Unterformular, sondern im Hauptformular sitzt. Sie können demnach nicht, wie bei der Verwendung im Hauptformular, „*Me.Bel1 =*" schreiben, da „Me." sich stets auf das aktuelle Formular bezieht. Das Unterformular ist zwar im Hauptformular integriert, aber beide Formulare bleiben eigenständige Objekte. Sie haben aber bereits früher erfahren, dass man auf ein anderes geöffnetes Formular nur mit einer genauen Objektbeschreibung zugreifen kann. Genau dies tun Sie jetzt und zwar mit. „*Forms!FormularName!Steuerelement*". Die Anweisung muss demnach für den Tisch 1 lauten:

Forms!frmTischbelegung.Bel1 = DCount("TischNummer", "tblGast", "TischNummer=" & 1)

Diese Anweisung wiederholen Sie jetzt für alle 12 Tische. Der Einfachheit halber kopieren Sie diese Anweisung und fügen diese eine Zeile darunter wieder ein und ändern lediglich den VariablenName und die Tischnummer am Ende. Mit dieser Anweisung haben Sie also nach jeder Platzvergabe automatisch die richtige Summe

Kapitel 6

in der Variablen im Hauptformular. Auch wenn Sie bei einem Gast die vergebene TischNummer ändern, werden die Summen beider betroffener Tische sofort aktualisiert.

Sie haben für jeden Tisch die mögliche Höchstzahl an Plätzen festgelegt. Im Eifer bei der Tischvergabe könnte es passieren, dass Sie einen Tisch überbelegen. Um dies zu verhindern, werden Sie jetzt noch eine Sicherung einbauen und zwar in der gleichen Ereignisprozedur wie die Summierung.

Sie fragen deshalb ab, ob die angezeigte Summe der belegten Plätze eines Tisches größer ist als die Anzahl der zulässigen Plätze. Da die beiden hierzu notwendigen Rechengrößen wieder im Hauptformular untergebracht sind, müssen Sie auf diese Variablen wieder mit der „Forms!"-Anweisung arbeiten. Dabei soll eine Meldung ausgegeben werden, wenn mehr Plätze vergeben sind, als möglich wären. Der Benutzer muss diese Meldung bestätigen und unser Programm soll dann die aktualisierten Zahlen wieder rückgängig machen. Für den Tisch 1 müsste die Anweisung folgendermaßen lauten:

```
If Forms!frmTischbelegung.Bel1 > Forms!frmTischbelegung.Anz1 Then
    antwort = MsgBox("Der Tisch ist bereits voll besetzt!", 48, "Tischbelegung!")
    If antwort = vbOK Then
        DoCmd.DoMenuItem acFormBar, acEditMenu, acUndo, , acMenuVer70
        Forms!frmTischbelegung.Bel1 = DCount("TischNummer", "tblGast",
"TischNummer=" & 1)
    End If
End If
```

Die in dieser Anweisung enthaltene *DoCmd*-Anweisung entspricht dem Programmcode, den Sie auch aus den ABBRECHEN-Schaltflächen bereits kennen.

Wiederholen Sie den obigen Programmcode jetzt für alle 12 Tische. Vergessen Sie aber bitte nicht, die hier benutzte Variable „antwort" als zweite Zeile unserer Prozedur zu deklarieren (*Dim antwort as Integer*) sonst zeigt das Programm später einen Ablauffehler an. Speichern Sie die neue Errungenschaft unter dem Namen *UFTischbelegung* ab und Sie können in den Ausführungsmodus umschalten und das Programmmodul ausprobieren.

Kapitel 6

Formular Glückwunsch-Erfassung

Für dieses Formular benötigen Sie eine Abfrage als Datenbasis, die im vorherigen Kapitel bereits erstellt wurde. Auf der Access-Arbeitsfläche wählen Sie in der Objekt-Spalte das Objekt *Formular* aus. Kopieren Sie dann das erstellte Musterformular und fügen es unter dem Namen *frmGlückwünsche* ab. Als Datengrundlage geben Sie über einen Rechtsklick für die Formulareigenschaften im Eigenschaftsfenster in dem Register Daten die notwendige Abfrage *abfrGlückwünsche* ein.

Ändern Sie durch Anklicken der Titelzeile im Register *Alle* die Beschriftung in „Glückwunsch-Verwaltung".

Anschließend ziehen Sie die Felder *PersNr, Name Schenker, Geschenk, Geld, Gutschein* auf die Formularfläche und zwar untereinander, möglichst neben dem linken Rand. Die JA/Nein-Felder *Karte, Geschenk, Geld* und *Gutschein* müssen Sie noch umdrehen, d.h. die Bezeichnung sollte links stehen, wie bei den übrigen Feldern und die Kästchen zum Anklicken dort, wo sonst die Textfelder stehen. Hierzu markieren Sie das jeweilige Bezeichnungsfeld und fassen dieses oben links beim großen dunklen Anfasser an und verschieben es mit gedrückter Maustaste an seine neue Koordinate. Das Feld *Geschenkbezeichnung* platzieren Sie neben dem Feld *Geschenk*, das Feld *Geldbetrag* neben dem Feld *Geld*, das Feld *GutscheinWert* neben dem Feld *Gutschein* und unmittelbar darunter das Feld *GutscheinBezeichnung*. Markieren Sie mit gedrückter linker Maustaste danach alle Abfragefelder durch das Aufziehen eines alle Felder umschließenden Rechtecks, klicken die markierten Felder mit der rechten Maustaste an, wählen im aufgehenden Fenster *Eigenschaften* an und gehen auf das Register *Format* des Eigenschaftsfensters. Klicken Sie in die Zeile *Höhe* und geben 0,5 ein. Ferner verändern Sie die *Schriftart* in Arial. Danach klicken Sie in die freie Fläche, um die Markierung aller Felder aufzuheben.

Textfelder formatieren

Markieren Sie zunächst ausschließlich die Textfelder durch Aufziehen eines Rechtecks, das nur diese Textfelder umfasst. Klicken Sie mit der rechten Maustaste in diese markierten Felder, wählen dann *Eigenschaften* und gehen im Eigenschaftsfenster auf das Register *Format*. In der Zeile Links erfassen Sie 6,5. Heben Sie die Markierung wieder auf.

Kapitel 6

Bezeichnungsfelder formatieren

Formatieren Sie die Bezeichnungsfelder der linken Spalte mit einem linken Rand von 2,1 cm und einer Breite von 1,8 cm. Für die Hintergrundfarbe verbleiben Sie beim hellgelb, der Textfarbe Rot, Schriftart Arial 9 pt. fett und rechtsbündiger Ausrichtung. Markieren Sie die anderen Bezeichnungsfelder und klicken sich, wie oben, durch bis zum Register *Format* des Eigenschaftsfensters. Stellen Sie folgende Werte ein: Links: 5,3 cm, Breite 3,7 cm. Die Hintergrundfarbe stellen Sie wieder auf Hellgelb, die Textfarbe auf Rot, Schriftart Arial 9 pt. fett und rechtsbündiger Ausrichtung.

Überprüfen Sie noch, ob die Erfassungsreihenfolge stimmt. Hierzu gehen Sie über die Menüauswahl zu *Ansicht, Aktivierungsreihenfolge*. Vergleichen Sie die Abfolge der Felder im Reihenfolgefenster und auf dem Formular. Stellen Sie die Reihenfolge so ein: *PersNr, Name Schenker, Karte, Geschenk, GeschenkBezeichnung, Geld, GeldBetrag, Gutschein, GutscheinWert, GutscheinBezeichnung*.

Weiterhin sollte der Cursor nach dem Verlassen des letzten Feldes *GutscheinBezeichnung* wieder zum ersten Eingabefeld *PersNr* springen. Hierzu klicken Sie das Textfeld von *GutscheinBezeichnung* mit der rechten Maustaste an, wählen im Kontextmenü *Eigenschaften* und im Eigenschaftsfenster das Register *Ereignisse*. Klicken Sie in die Zeile „Beim Verlassen", dann auf die Schaltfläche mit den drei kleinen Punkten und wählen Code-Generator an. Zwischen die beiden Vorgabezeilen der neuen Prozedur schreiben Sie den Code:

Me.PersNr.SetFocus

und verlassen das Eigenschaftsfenster.

Zum schnelleren Suchen eines Schenkers wird noch ein Kombinationsfeld benötigt. Klicken Sie in der Toolbox auf das Symbol Kombinationsfeld und ziehen oberhalb der Befehlsschaltflächen ein Rechteck auf. Im Dialogfenster legen Sie fest, auf welcher Datengrundlage dieses Kombinationsfeld basiert. Wählen Sie die dritte Option an, nämlich „einen Datensatz basierend auf dem im Kombinationsfeld gewählten Wert suchen". Nach einem Klick auf *Weiter* wählen Sie dann als Datengrundlage *Abfragen* und aus dem Auswahlmenü *abfrGeschenke* aus. Mit *Weiter*

Formulare mit Abfragen

Kapitel 6

gelangen Sie in den nächsten Abfragebereich und hier nehmen Sie die Felder *ID*, *FamilienName* und *Vorname*. Nach einer Bestätigung von *Weiter* lassen Sie zunächst den FamilienName und dann in der zweiten Rubrik den Vornamen aufsteigend sortieren. Nach einem Klick auf *Weiter* wird das künftige Kombinationsfeld angezeigt. Zwischen den Überschriften von ID und FamilienName stellen Sie den Cursor, sodass dieser sich zu einem Fadenkreuz wandelt. Mit gedrückter linker Maustaste können Sie die Trennungslinie etwas nach links verschieben, sodass das Anzeigefeld für das Feld *ID* etwas kleiner wird. Klicken Sie zweimal nacheinander auf Weiter und markieren dann die zweite angebotene Option „Wert speichern in Feld" und suchen im Kontextmenü nach *PersNr*. Mit einem Klick auf Weiter gelangen Sie dann in die Überschrift des Kombinationsfeldes und geben dort „Datensatz-Suche" ein. Nach einem Klick auf Fertigstellen ist das Kombinationsfeld einsatzbereit. So müsste das Erfassungsformular in etwa aussehen

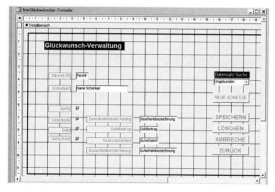

Abbildung 6-11

Zum Schluss noch eine zusätzliche Überlegung für das Glückwunsch-Formular. In der Abfrage sind alle Adressen, die Sie im Adressprogramm erfasst haben, enthalten. Über diese Namen können Sie auch in dem Erfassungsprogramm für die Glückwünsche verfügen. Es kommt aber sicherlich öfter vor, dass Geschenke oder Glückwünsche auch von anderen Personen kommen, die Sie nicht in der Adresskartei haben. Diese wollen Sie aber ebenfalls erfassen können. Sie müssen deshalb die Möglichkeit schaffen, diese Adressen kurzfristig in das Adressprogramm aufzunehmen, später, wenn sie nicht mehr gebraucht werden

Kapitel 6

aber auch wieder löschen zu können. Erstellen Sie deshalb eine zusätzliche Schaltfläche „Neue Adresse". Um den Programmieraufwand möglichst niedrig zu halten, rufen Sie mit dieser Schaltfläche das Adressprogramm auf und erfassen dort erst den neuen Schenker. Es genügen dabei ja die wesentlichen Felder wie Namen, Vornamen, Adresse. Diese neue Adresse können Sie als temporär speichern, damit sie später wieder gelöscht werden kann. Dazu hatten Sie in der Adresstabelle ja das KZ „temporäre Daten" eingeführt.

Ziehen eine Befehlsschaltfläche aus der Toolbox auf die Formularfläche und platzieren es über den anderen Schaltflächen, vielleicht mit einem etwas größeren Abstand. Im sich öffnenden Assistentenfenster wählen Sie links *Formularoperationen* und im rechten Fenster *Formular öffnen* aus.

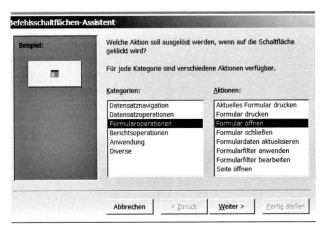

Abbildung 6-12

Anschließend werden Sie gefragt, welches Formular geöffnet werden soll. Sie wählen hierfür das Formular *frmAdresserfassung* aus und klicken auf weiter. Die vorgegebene Option im nächsten Fenster „das Formular öffnen und alle Datensätze anzeigen" können Sie übernehmen. Im nächsten Fenster wählen Sie die Option Text und geben „NEUE ADRESSE" ein. Nach einem Klick auf Weiter geben Sie als Befehlsname „befAdressFormular" ein und klicken auf

Formulare mit Abfragen   **375**

Kapitel 6

Fertigstellen. Gehen Sie noch einmal in den Programmcode dieser Schaltfläche und geben Sie vor der Zeile

DoCmd.OpenForm stDocName, , , stLinkCriteria

Noch eine zusätzliche Zeile ein und zwar:

SchliessenKZ = 1

Sie müssen später das Kombinationsfeld aktualisieren, da ansonsten die neue Adresse erst nach einem neuerlichen Formular-Aufruf verfügbar wäre.

Zum Schluss sollten Sie noch einige Feinheiten programmieren. Derzeit werden beim Programmstart die Felder *GeschenkBezeichnung, GeldBetrag, GutscheinWert* und *GutscheinBezeichnung* permanent angezeigt. Schöner wäre es, wenn beim Laden des Formulars diese Felder zunächst unterdrückt blieben und nur dann zur Anzeige kommen, wenn sie tatsächlich bei dem gewählten Schenker gebraucht werden. Dann nämlich, wenn z. B.: das Häkchen für Geld gesetzt wird, oder aber das Häkchen für Gutschein usw.

Klicken Sie also nochmals auf die Formularschaltfläche ganz oben links, wählen Eigenschaften für das Formular an und gehen ins Register *Ereignis*. Klicken Sie in die Zeile „Beim Anzeigen" und anschließend auf die Schaltfläche mit den drei Punkten und klicken auf Code-Generator. Es erscheinen die Vorgabenzeilen der neuen Ereignisprozedur. Zwischen die beiden Zeilen schreiben Sie folgenden Programm-Code:

```
Me.Geldbetrag.Visible = False
Me.Geschenkbezeichnung.Visible = False
Me.Gutscheinbezeichnung.Visible = False
Me.GutscheinWert.Visible = False

If SchliessenKZ = 1 Then
    Me.Kombinationsfeld31.Requery
    SchliessenKZ = 0
End If
```

Kapitel 6

Mit den ersten vier Zeilen greifen Sie auf die Eigenschaften der Felder zu, und zwar auf die Eigenschaft *Visible*, was so viel bedeutet wie anzeigen. Wir sagen damit, dass beim Öffnen des Formulars die Anzeigeeigenschaft auf FALSCH gesetzt wird, demnach also keine Anzeige dieser Felder erfolgen darf.

Mit den weiteren 4 Zeilen wollen Sie das Kombinationsfeld neu aufbauen, sobald eine neue Adresse eingegeben wurde, die vorher nicht in der Adressdatei gespeichert war. Beachten Sie dabei, dass bei Ihnen dieses Kombinationsfeld eine andere Nummer als 31 besitzen kann.

Jetzt müssen Sie aber auch sicherstellen, dass nach Setzen eines Kennzeichens für Geschenke, Geld und Gutschein auch die entsprechenden weiteren Felder zugeschaltet werden.

Klicken Sie mit der rechten Maustaste auf Geschenke, wählen Eigenschaften und das Register *Ereignis*, gehen in die Zeile „Nach Aktualisierung", klicken auf die Schaltfläche rechts mit den drei Punkten und klicken dann auf Code-Generator. Ergänzen Sie die beiden Vorgabezeilen, sodass folgende Ereignisprozedur entsteht:

```
Private Sub Geschenk_AfterUpdate()
If Me.Geschenk = -1 Then
    Me.Geschenkbezeichnung.Visible = True
    Me.Geschenkbezeichnung.SetFocus
Else
    Me.Geschenkbezeichnung.Visible = False
End If
End Sub
```

Mit dem Feld *Geld* verfahren Sie ebenso, so dass die Prozedur dann lautet:

```
Private Sub Geld_AfterUpdate()
If Me.Geld = -1 Then
    Me.Geldbetrag.Visible = True
    Me.Geldbetrag.SetFocus
Else
    Me.Geldbetrag.Visible = False
End If
End Sub
```

Kapitel 6

Auch das Feld *Gutschein* wird entsprechend bearbeitet, so dass auch hier folgende Prozedur stehen muss:

```
Private Sub Gutschein_AfterUpdate()
If Me.Gutschein = -1 Then
    Me.Gutscheinbezeichnung.Visible = True
    Me.GutscheinWert.Visible = True
    Me.GutscheinWert.SetFocus
Else
    Me.Gutscheinbezeichnung.Visible = False
    Me.GutscheinWert.Visible = False
End If
End Sub´
```

So oder ähnlich sollte unser Formularentwurf aussehen.

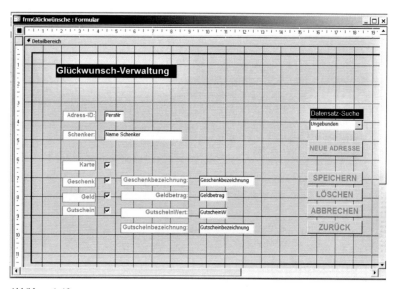

Abbildung 6-13

Speichern Sie das Formular unter dem Namen *frmGlückwünsche* ab.

Kapitel 6

Druckauswahl für Terminübersicht

Wenn Sie eine Terminliste drucken wollen, ist es notwendig die vorhandenen Daten auf einen bestimmten Zeitraum einzuschränken, da sie sonst unübersichtlich wird. Eine Druckperiode könnte z. B. ein bestimmter Tag, eine Woche oder aber auch ein Monat sein. Sie benötigen hierzu ein Formular, in dem Sie den Beginn und das Ende dieser Periode vorgeben, wobei diese beiden Daten auch auf der Liste automatisch eingetragen werden sollen. Eine solche Liste sollte sowohl am Bildschirm als Vorschau als auch auf Papier ausgedruckt werden können. Auf der Access-Arbeitsfläche wählen Sie das Objekt *Formulare* an. Erstellen Sie dieses Formular in der Entwurfsansicht. Eine Datengrundlage benötigen Sie nicht. Das Formular sollte eine Breite von 17 cm und eine Höhe von 7 cm haben. Schalten Sie in diesem Formularentwurf die Navigationsschaltflächen aus, vergessen Sie nicht den blauen Rahmen.

Ziehen Sie aus der Toolbox zwei ungebundene Textfelder auf und platzieren sie untereinander am linken Rand. Geben Sie im Eigenschaftsfenster im Register *Alle* dem ersten Feld den Namen *DatumVon*, dem zweiten den Namen *DatumBis*. In der Zeile Format stellen Sie *Datum kurz* ein und in der Zeile Eingabeformat geben Sie ebenfalls *Datum kurz* an.

Als Nächstes ziehen Sie aus der Toolbox mit dem Assistenten eine Optionsgruppe auf. Den Rahmen hierzu erstellen Sie unterhalb des letzten Feldes. Als Optionen erfassen Sie *Vorschau* und *Druck*. Die Überschriftzeile der Optionsgruppe markieren Sie und löschen sie heraus. Der Optionsgruppe geben Sie im Eigenschaftsfeld den Namen *OptionDruck*. Als Nächstes benötigen Sie noch eine Schaltfläche, mit der Sie die Vorschau oder den Druck auslösen können. Vergewissern Sie sich, dass der Assistent eingeschaltet ist und ziehen aus der Toolbox am rechten Rand eine Befehlsschaltfläche auf. Im Dialogfenster wählen Sie in der Rubrik Kategorien *Berichtsoperationen* aus und in der Rubrik Aktionen nehmen Sie die erste Alternative, *Bericht drucken*. Im nächsten Dialogfenster erfassen Sie aus der Auflistung den Bericht *rptTerminDruck*. Beschriften Sie die Schaltfläche mit einem Text, und zwar DRUCKEN. Geben Sie der Schaltfläche den Namen *befDrucken* und klicken auf Fertigstellen.

Kapitel 6

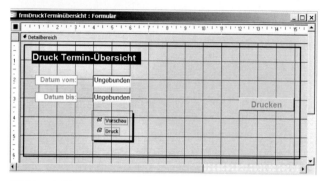

Abbildung 6-14

Damit kein Bericht ausgedruckt wird, bei dem keine Druckperiode erfasst ist, müssen Sie überprüfen, ob jeweils ein entsprechendes Datum erfasst wurde. Am besten nehmen Sie die Überprüfung vor, wenn auf die Schaltfläche Drucken geklickt wird. Markieren Sie mit der rechten Maustaste diese Schaltfläche, um in das Eigenschaftsfenster zu gelangen. Dort gehen Sie in das Register Ereignis und wählen in der Zeile „Beim Klicken" den Code-Generator an. Zwischen den beiden Vorgabezeilen stellen Sie folgenden VBA-Code ein:

```
Dim stDocName As String
Dim antw As Integer
On Error GoTo Err_befDruck_Click


'Kontrolle, ob Daten zum Ausdruck eingegeben sind
If IsNull(Me.DatumVon) Or IsNull(Me.DatumBis) Then
    antw = MsgBox("Bitte erst ein Datum eingeben!", 48, "ACHTUNG!!")
    If antw = 1 Then
        Me.DatumVon.SetFocus
    End If
    Exit Sub
End If
'
'Kontrolle, ob Datum Bis größer ist als DatumVon
If Me.DatumVon > Me.DatumBis Then
```

Kapitel 6

```
    antw = MsgBox ("Daten passen nicht zueinander - Bitte Überprüfen!", 48, "ACHTUNG!!")
    Me.DatumBis = " "
    Me.DatumVon.SetFocus
    Exit Sub
End If
```

Deklarieren Sie zunächst einmal zwei Variablen. Eine benötigen Sie um später bei der Tabellenbestückung die richtigen Abfragen aufrufen zu können, die andere wird für die MsgBox benötigt. Danach überprüfen Sie ob beide Datumsfelder einen Inhalt aufweisen, wenn nicht lassen Sie den Cursor zur Eingabe zurückspringen und verlassen Sie dann die Sub-Prozedur.

Überprüfen Sie jetzt außerdem noch, ob das Bis-Datum größer ist. Der Code sieht dabei ähnlich aus. Jetzt ist sichergestellt, dass eine vernünftige Periode eingestellt ist.

Der nächste Arbeitsschritt muss nun die Bestückung der Drucktabelle sein. Sie erinnern sich noch an die Erstellung der Abfragen hierzu in Kapitel 5. Zunächst müssen Sie die Löschabfrage starten, damit die Drucktabelle stets leer ist, bevor Sie die neuen Daten einspeisen. Anschließend wird zunächst Abfrage mit den Werten der Tabelle tblTermine (*abfrTerminDruck*) in die Drucktabelle überführt und anschließend mit der dritten Abfrage die Daten aus der Tabelle tblErinnerung mit der Abfrage *abfrTerminDruckErinnerung*. Der notwendige Programmcode dürfte Ihnen sicherlich schon geläufig sein:

```
'Tabelle bestücken mit drei Abfragen
DoCmd.SetWarnings False
' zuerst Tabelle löschen
stDocName = "abfrTerminDruckLöschen"
DoCmd.OpenQuery stDocName, acNormal, acEdit
'Bestückung mit Termindaten
stDocName = "abfrTerminDruck"
DoCmd.OpenQuery stDocName, acNormal, acEdit
'Bestückung mit Erinnerungdaten
```

Formulare mit Abfragen

Kapitel 6

```
stDocName = "abfrErinnerungsDruck"
DoCmd.OpenQuery stDocName, acNormal, acEdit
DoCmd.SetWarnings True
```

Mit diesen Abfragen wurden allerdings jetzt sämtliche bisher erfassten Daten verwendet. Sicherlich wäre es möglich gewesen, nur die relevanten Daten aus der in Frage kommenden Periode zu überführen. Allerdings wollte ich Ihnen noch zeigen, wie man eine Tabelle mit VBA-Code öffnet und wie Sie damit die dort enthaltenen Daten manipulieren können. Außerdem lernen Sie dabei auch etwas über Schleifen kennen, mit denen Sie eine Tabelle durchlaufen können, bis ein bestimmtes Kriterium erfüllt ist. Diese Programmierung ist zwar wieder etwas schwerfällig, aber für Ihren Lernerfolg geradezu prädestiniert.

Eine Eigenart von Access ist es, dass es den Inhalt von Datumsvariablen in Ziffern speichert und nicht in der Form, in der Sie diese Daten erfassen (*z.B. Datum kurz*). Wenn Sie Datumsvariablen miteinander vergleichen wollen müssen Sie diese Zahlenwerte zunächst in das englische oder amerikanische Datumsformat umwandeln. Sie können mit den erfassten Variablen zwar rechnen – das haben Sie bei verschiedenen Berichten schon getan – aber vergleichen können Sie in der deutschen Formatierung nicht. Diese Umwandlung nehmen Sie am besten schon im Erfassungsformular vor. Ziehen Sie zu diesem Zweck aus der Toolbox zwei Textfelder (ab) herüber. Platzieren Sie diese beiden Felder untereinander rechts von den bereits bestehenden Eingabefeldern für die Daten. Löschen Sie die beiden Bezeichnungsfelder, da Sie diese nicht benötigen. Geben Sie dem ersten Feld den Namen „BeginnDatum" und dem zweiten den Namen „EndeDatum". Direkt nach der Eingabe von Datum Von soll die Umwandlung erfolgen. Mit einem rechten Mausklick auf das Textfeld von Datum Von gehen Sie ins Eigenschaftsfenster. In dem Register Ereignis klicken Sie in die Zeile Nach Aktualisierung, dann auf die Befehlsschaltfläche rechts außen und gehen in den VBA-Editor. Zwischen die beiden vorgegebenen Prozedurzeilen schreiben Sie den Umwandlungscode:

BeginnDatum = Format$(CDate(Forms!frmDruckTerminübersicht!DatumVon), "\#m\.d\.yyyy\#")

Verfahren Sie mit dem anderen Textfeld entsprechend, in dem Sie das Eigenschaftsfenster des Steuerelements *Datum Bis* benutzen und geben als Umwandlungscode

EndeDatum = Format$(CDate(Forms!frmDruckTerminübersicht!DatumBis), "\#m\.d\.yyyy\#")

ein. Die Umwandlung erfolgt dabei mit der Funktion *Cdate* in einen String und mit *Format$* in das amerikanische Datumsformat mit vorangestelltem Monat, dann der Tag und dann das Jahr. Damit Access ein gültiges Datum erkennen kann, ist der Zahlenwert mit dem Zeichen # einzuklammern.

Access besitzt derzeit noch zwei unterschiedliche Methoden eine Tabelle zu öffnen. Die eine ist die sogen. DAO-Methode, die andere die ADO-Methode. Ich zeige Ihnen zunächst wie Sie mit der letztgenannten Methode vorgehen. Im Anhang sind beide Öffnungsmethoden noch einmal dargestellt. Für die erste Methode muss allerdings noch ein Verweis auf die Microsoft DAO 3.6-Bibliothek gesetzt werden, da diese nicht standardmäßig eingebunden ist. Klicken Sie dazu im VBA-Editor auf Extras --→ Verweise und wählen Sie danach im obigen Fenster diese Bibliothek aus (Abbildung 6-15).

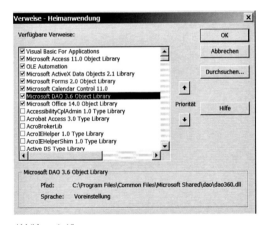

Abbildung 6-15

Hier werden Sie aber mit ADO arbeiten. Dafür ist kein Verweis erforderlich.

Kapitel 6

Um eine Tabelle öffnen zu können müssen Sie neben der Deklaration von einigen Variablen auch eine Verbindung zur Datenbank herstellen. Gehen Sie dabei schematisch wie folgt vor:

```
Dim rst As New ADODB.Recordset
Dim conn As ADODB.Connection
Set conn = CurrentProject.Connection
```

In die Variable *rst* wird ein Recordset, also die Datenfolge einer Tabelle geladen. Als Präfix für den Recordset nehmen Sie ADODB, damit Sie später unterscheiden können, welche Öffnungsart Sie gewählt haben, denn einige Methoden beider Öffnungsmechanismen haben gleiche Namen, aber teilweise mit unterschiedlichen Wirkungsweisen. In die Variable *conn* wird die Datenbankverbindung gespeichert und mit *Set conn* legen Sie fest, dass es sich bei der entsprechenden Datenbank um diejenige handelt an der Sie z.Zt. arbeiten.

Als Nächstes wird die Tabelle geöffnet mit dem Code:

```
rst.Open "tblTerminDruck", conn, adOpenKeyset, adLockOptimistic
```

wobei Sie den Befehl *Open* zum Öffnen benutzen und zwar für ein Recordset. Der Tabellenname wird dabei in Anführungszeichen gesetzt. Danach kommen die Variablen für die Datenbankverbindung, für den VBA-Befehl für das Zulassen von Datenänderungen am Recordset (adOpenKeyset). Der letzte Parameter könnte auch weggelassen werden, sofern die Datenbank nicht von mehreren Nutzern gleichzeitig bedient wird.

Die Tabelle ist also nunmehr geöffnet. Jetzt müssen alle Datensätze durchsucht und geprüft werden, ob das Datum eines jeden Datensatzes innerhalb des erfassten Zeitraums liegt. Dies geschieht mithilfe einer sogen. Schleife, durch die alle Datensätze vom Anfang (BOF genannt = **B**eginn **O**f **F**ile) bis zum Ende der Tabelle (EOF, **E**nd **O**f **F**ile) verglichen werden, ob das TagesDatum (umgewandelt in das Vergleichsformat) kleiner als das Anfangsdatum der Periode oder größer als das Enddatum der Periode ist. Sollte dies der Fall sein, liegt das Terminoatum außerhalb der von Ihnen vorgegebenen Periode, so dass Sie diesen Datensatz aus der Drucktabelle löschen können. Dies geschieht dann mit dem Befehl **Delete,** den Sie mit dem vorangestellten Objektnamen – **rst.** –benutzen. Anschließend müssen Sie zum nächsten Datensatz gehen mit dem Befehl **rst.MoveNext** und mit der Anweisung **Loop** springen Sie zum Schleifenanfang und können damit den nächsten Datensatz überprüfen und evtl. löschen. Wenn das Tabellenende erreicht ist wird die Schleife verlassen und Sie schließen die Tabelle mit *close* und setzen den Recordset wieder zurück.

Im Anhang habe ich Ihnen einige Schleifenarten zusammengestellt. Die hier benutzte Schleife „*Do until rst.EOF* → *Loop*" ist nur eine Möglichkeit, die Sie für diesen Zweck nutzen können.

Jetzt haben Sie die nicht benötigten Daten aus der Drucktabelle gelöscht und können an den eigentlichen Druck der Terminübersicht gehen. Je nachdem, welche Option Sie im Optionsfeld angeklickt haben, soll eine Vorschau auf den Bildschirm erfolgen, oder aber eine Ausgabe am Drucker erfolgen.

Die entsprechenden Druckbefehle sind Ihnen zwischenzeitlich ja schon geläufig. Ich wiederhole sie aber hier noch einmal. Vergessen Sie anschließend nicht die Fehlerbehandlung, so dass der restliche Programmcode folgendermaßen aussieht:

```
stDocName = "rptTerminDruck"
If Me.OptionDruck = 1 Then
    DoCmd.OpenReport stDocName, acPreview
Else
    DoCmd.OpenReport stDocName, acNormal
End If

Exit_befDruck_Click:
    Exit Sub

Err_befDruck_Click:
    MsgBox Err.Description
    Resume Exit_befDruck_Click
```

Kapitel 6

Die beiden Textfelder, die die umgewandelten Datums-Werte aufnehmen, können Sie nach dem Probelauf des Moduls später über das Eigenschaftsfenster im Register *Format* in der Zeile *Sichtbar* noch auf Nein stellen. Damit sind diese umgewandelten Werte im Formular vorhanden und mit ihnen kann auch gearbeitet werden, aber der Nutzer sieht sie nicht.

Zum Schluss erstellen Sie noch eine Befehlsschaltfläche ZURÜCK um in das Termin-Menü zu gelangen. Das fertige Formular sollte danach so oder ähnlich aussehen:

Abbildung 6-16

Wenn Sie wollen, können Sie natürlich auch die etwas elegantere Methode benutzen, in dem Sie die Drucktabelle nicht mit sämtlichen Termindaten bestücken und dann diejenigen löschen, die Sie für den Ausdruck nicht benötigen. Auch hierzu benutzen Sie die drei Abfragen, wie oben. Allerdings müssen Sie die Abfragen *abfrTerminDruck* und *abfrTerminDruckErinnerung* dergestalt abändern, als Sie dort eine Bedingung für die Auswahl der Daten setzen.

Sie lernen dafür eine neue Funktion kennen, die Ihnen von Access angeboten wird und zwar

Kapitel 6

Between()

Ins Deutsche übersetzt heißt Between so viel wie Zwischen. Für Ihre Programmierung bedeutet das, dass Sie alle Daten in die Druckdatei überführen, deren Datum zwischen dem *Datum von* und dem *Datum bis* des Erfassungsformulars liegen. Schließen Sie zunächst das derzeit geöffnete Formular und speichern es unter dem Namen *frmDruckTerminübersicht* ab. Öffnen Sie dann die Abfrage *abfrTerminDruck*. In der Spalte datDatum schreiben Sie nun die Auswahlbedingung in die Zeile Kriterien und zwar:

Between forms!frmDruckTerminübersicht!BeginnDatum AND
forms!DruckTerminübersicht!EndeDatum

Sie erfassen ja die relevante Druckperiode im Formular *frmDruckTerminübersicht* und haben die erfassten Daten in den nicht sichtbaren Feldern *BeginnDatum* und *EndeDatum* – umgewandelt in das amerikanische Datumsformat - gespeichert. Hierauf nehmen Sie jetzt Bezug. Schalten Sie die Abfrage nunmehr in die SQL-Ansicht (über das Access-Hauptmenü *Ansicht, SQL-Ansicht*). Der generierte Sql-Code wird Ihnen angezeigt und Sie können die von Ihnen eingefügte Bedingung in der Klausel

Where .....

sehen. Hier wird also eine Datensatzauswahl vorgenommen, bei der das Tagesdatum des Datensatzes mit den erfassten Periodendaten im Formular *frm DruckTabellenübersicht* verglichen wird. Sie erinnern sich noch, dass Sie in diesem Formular die eingegebenen beiden Datumswerte in das amerikanische Format umgewandelt haben. In der Where-Klausel wird auch auf diese beiden umgewandelten Werte in *BeginnDatum* und *EndeDatum* Bezug genommen. Allerdings sehen Sie auch, dass das Tagesdatum der Abfrage keine Formatanweisung für das amerikanische Format hat. Dies holen Sie jetzt noch nach, damit ein Vergleich überhaupt möglich wird. Ergänzen Sie diese Where-Anweisung, damit sie wie folgt aussieht:

Kapitel 6

```
WHERE (((Format([tblTermine].[datDatum],"\#m\.d\.yyyy#")) Between
[forms]![frmDruckTerminübersicht]![BeginnDatum]) And
([Forms]![frmDruckTerminübersicht]![EndeDatum])));
```

Speichern Sie die geänderte Abfrage ab. Wenn Sie diese Abfrage im Entwurfsmodus nochmals öffnen, sehen Sie, dass Ihre früher eingegebene Kriterienzeile in der Spalte datDatum gelöscht und dafür am Schluss eine neue Spalte eingefügt wurde, die nunmehr die geänderte SQL-Klausel enthält.

Verändern Sie die andere Abfrage *abfrTerminDruckErinnerung* nach dem gleichen Schema.

Ergänzung Formular Allgemeine Daten

In Kapitel 4 haben Sie ein Formular zur Erfassung allgemeiner Daten erstellt. Dort wurde bereits festgelegt, dass noch die Möglichkeit zur Löschung verschiedener Tabellen eingebaut werden soll. Es handelt sich dabei um die Tabelle tblTermine und die Tabelle tblVerbuchung. Beide Tabellen werden normalerweise am Jahresende gelöscht, da zu diesem Zeitpunkt die gespeicherten Termine abgearbeitet sind und für das neue Jahr nicht mehr benötigt werden. Ebenso beim Haushaltsbuch, das für das neue Jahr wieder bei null beginnen soll. Der Anwender soll aber insoweit frei von seiner Entscheidung sein, wann er diese Tabellen löschen will. Aus diesem Grunde sollte es möglich sein ein Datum festzulegen bis zu dem alle vorhandenen Daten zu löschen sind. Dabei gilt es zu bedenken, dass Access ein Datum zum Abgleich mit anderen Kalenderdaten ausschließlich im englischen Format verarbeiten kann. Sie haben zwar die Formatierung zur Datums-Erfassung z.B. mit dem „kurzen Datum" vorgenommen, aber zu einem Vergleich müssen Sie diese Daten in das englische Format umwandeln. Dabei ist unbedingt darauf zu achten, dass nicht nur das einzugebende Vergleichsdatum, sondern auch das in der Tabelle gespeicherte Datum entsprechend umzuwandeln ist.

Am besten erstellen Sie ein Unterformular, in dem Sie die Löschauswahl der Tabellen und das Vergleichsdatum eingeben und dabei auch das Format der

Kapitel 6

Datumsangabe ändern können. Dieses Unterformular sollten Sie dann bei Bedarf mit einer Befehlsschaltfläche vom Hauptformular aufrufen können und soll nach Eingabe des Vergleichsdatums die in Kapitel 5 entwickelten Löschroutinen aufrufen und sich anschließend selbstständig schließen.

Auf der Access-Arbeitsfläche wählen Sie das Objekt Formular an und ziehen ein Formular in der Größe von 16 cm Breite und 6 cm Höhe auf. Im Eigenschaftsfenster des neuen Formulars löschen Sie die Standard-Navigationsschaltflächen.

Ziehen Sie jetzt aus der Toolbox eine Optionsgruppe auf und erfassen als erste Option im Assistenten „Termindaten" und als zweite Option „Buchungsdaten". Als Beschriftung der Optionsgruppe geben Sie ein: „Was wollen Sie löschen?" und formatieren dieses Feld mit der Schriftart Arial in einer Größe von 9 pt und fett. Der Optionsgruppe selbst geben Sie im Eigenschaftsfenster im Register *Alle* die Bezeichnung „optLöschauswahl". Auf die einzelnen Optionen können Sie dann später mit den Werten 1 bzw. 2 zugreifen.

Zur Eingabe des Vergleichsdatums beschreiten Sie jetzt einmal einen anderen Weg. Sie erfassen jeweils getrennt den Tag, den Monat und das Jahr. Hierzu verwenden Sie drei Kombinationsfelder, die Sie jetzt neben der Optionsgruppe aufziehen. Im Assistenten geben Sie an, dass Sie selbst Daten erfassen wollen. Geben Sie dem ersten Kombinationsfeld für den Tag im Eigenschaftsfenster den Namen „cmb1" und erfassen nacheinander die Zahlen von 1 bis 31 als Inhalt des Kombinationsfeldes. Das nächste Kombinationsfeld bezeichnen Sie mit „cmb2" und erfassen als Werte die Zahlen 1 bis 12. Im dritten Kombinationsfeld mit der Bezeichnung „cmb3" können Sie jetzt die Jahreswerte 2000 – 2030 vorsehen.

Die jeweiligen Bezeichnungsfelder setzen Sie über die Eingabefelder, beschriften diese mit „TAG", „MONAT" und „JAHR", geben denen einen hellgelben Hintergrund und lassen den Text in der Farbe Rot erscheinen.

Ziehen Sie jetzt aus der Toolbox ein Bezeichnungsfeld auf(**Aa**), platzieren es über den drei Kombinationsfelder und beschriften es mit „Löschen Daten kleiner als". Formatieren Sie diesen Text ebenfalls mit Arial, 9 pt und fett.

Kapitel 6

Aus der Toolbox übertragen Sie noch ein Textfeld, das Sie oben rechts in der Ecke platzieren. Das dazugehörende Bezeichnungsfeld können Sie löschen. Es wird nicht benötigt. Im Eigenschaftsfenster geben Sie diesem Textfeld den Namen „Ergebnis". Außerdem sollten Sie im Register *Format* die Eigenschaft *Sichtbar* auf Nein stellen, da es im Formular nicht angezeigt werden soll. Das Formular sollte etwa so aussehen:

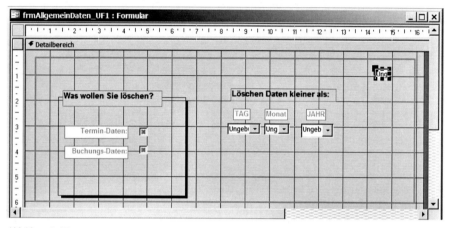

Abbildung 6-17

Der Anwender sollte bei der Zusammenstellung des Vergleichsdatums von einem zum anderen Kombinationsfeld automatisch weitergeführt werden. Hierzu müssen Sie für jedes Kombinationsfeld etwas Programmcode schreiben. Klicken Sie mit der rechten Maustaste in das erste Kombinationsfeld und wählen Eigenschaften an. Im Eigenschaftsfenster gehen Sie in das Register Ereignis und in der Zeile "Nach Aktualisierung" klicken Sie rechts den kleinen Pfeil an um in den VBA-Editor zu kommen. Dort geben Sie zwischen die beiden Vorgabezeilen ein:

```
Private Sub cmb1_AfterUpdate()
Me.cmb2.SetFocus
End Sub
```

Kapitel 6

Mit dem zweiten Kombinationsfeld verfahren Sie ebenso. Nur lautet dort die Anweisung „Me.cmb3.SetFocus".

Beim dritten Kombinationsfeld wird ebenso verfahren. Allerdings werden Sie hier eine andere, wesentlich umfangreichere Anweisung erstellen und zwar:

```
Private Sub cmb3_AfterUpdate()
Dim antw As Integer
Dim stDocName As String

Me.Ergebnis = Format$(CDate(cmb1 & "/" & cmb2 & "/" & cmb3), "\#m\/d\/yyyy\#")
If (optLöschauswahl = 1) And Not IsNull(Me.Ergebnis) Then
    antw = MsgBox("Sollen die Termindaten wirklich gelöscht werden?", 36, "Daten löschen?")
    If antw = 6 Then
        stDocName = "abfrLöschungTermindaten"
        DoCmd.SetWarnings False
        DoCmd.OpenQuery stDocName, acNormal, acEdit
        DoCmd.SetWarnings True
        MsgBox "Termin-Daten wurden gelöscht"
    End If
End If
If optLöschauswahl = 2 Then
    antw = MsgBox("Sollen die Buchungsdaten wirklich gelöscht werden?", 36, "Daten löschen?")
    If antw = 6 Then
        stDocName = "abfrLöschungBuchungsDaten"
        DoCmd.SetWarnings False
        DoCmd.OpenQuery stDocName, acNormal, acEdit
        DoCmd.SetWarnings True
        MsgBox "Buchungs-Daten wurden gelöscht"
    End If
End If
'Unterformular schließen
DoCmd.Close acForm, "frmAllgemeinDaten_UF1"
End Sub
```

Kapitel 6

Deklarieren Sie zunächst zwei Variable *antw* als Integer-Variable und s*tDocNam*e als Textvariable. Diese benötigen Sie später zur Bezeichnung der MsgBox-Antwort bzw. zum Aufruf der Löschabfrage.

Jetzt führen Sie die Werte der drei Kombinationsfelder in die Variable *Ergebnis* zusammen, die Sie im Formular als nicht sichtbar eingestellt haben.

Benutzen Sie dabei die Funktionen Format$ und CDate um einen Ausdruck in das richtige Format zu bringen, das Sie zum Vergleich mit einem anderen Datum benötigen. Während Sie diese Prozedurzeile schreiben können Sie die jeweilige Funktion kurz anklicken und mit der Taste F1 sich jeweils die näheren Erläuterungen zu diesen Funktionen anzeigen lassen. In der Funktion CDate() fassen Sie die Werte der drei Kombifelder zusammen. Setzen Sie jeweils zwischen diese einzelnen Werte mit dem Verbinder „&" ein englisches Datumstrennzeichen „/". Anschließend geben Sie auch der Funktion Format$ die entsprechenden Formatierungsgrundlagen für ein englisches Datum mit auf den Weg. Damit VBA auch erkennen kann, dass es sich um einen gültigen Datumsausdruck handelt, schließen Sie die Formatierung in „#" ein. Trennen Sie dabei die einzelnen Werte mit einem „\". Damit hat die Variable *Ergebnis* das nunmehr das Datum im richtigen Format.

Als Nächstes fragen Sie ab, welche Tabelle der Nutzer zur Löschung ausgewählt hat. Benutzen Sie dazu den Namen der Optionsgruppe optLöschauswahl mit dem entsprechenden Wert (1 für die erste Tabelle, 2 für die zweite Tabelle). Prüfen Sie gleichzeitig ab, dass ein Datumswert erfasst ist. Zur Sicherheit vor unbeabsichtigtem Löschen einer Tabelle, fragen Sie noch einmal nach, ob die entsprechende Datensätze der Tabelle auch gelöscht werden sollen und speichern den Antwortwert (JA = Wert 6 - siehe Hilfeanzeige für MsgBox). Ist eine Löschbestätigung mit Ja erfolgt, übertragen Sie den Namen der Löschabfrage in die deklarierte Variable *stDocName*, schalten die Access-eigenen Hinweise aus (diese irritieren den Nutzer nur) und rufen mit der Funktion *DoCmd.OpenQuery* die Löschabfrage auf. Anschließend weisen Sie den Nutzer mit einer weiteren MsgBox darauf hin, dass die Daten gelöscht sind und schalten die Access-Hinweise wieder ein. Verfahren Sie mit der Auswahl für die andere Tabelle nach diesem Vorbild.

Kapitel 6

Zum Schluss schließen Sie das Unterformular mit der Funktion DoCmd.Close und speichern Sie das fertige Formular unter dem Namen „*frmAllgemeinDaten_UF1*" ab..

Es wurde bereits oben erwähnt, dass zum Datumsvergleich auch das Datum in der Tabelle entsprechend nach englischem Vorbild formatiert werden muss. Dies müssen Sie jetzt noch in den beiden Abfragen nachholen.

Rufen Sie dies im Entwurfsmodus auf und schalten dann im Menü auf *Ansicht – Sql-Ansicht* um. Sie sehen die Sql-Abfrage, deren Where-Klausel folgendermaßen aussieht:

WHERE (((tblTermine.datDatum) < forms!frmAllgemeinDaten_UF1!Ergebnis));

Diese Where-Klausel soll sicherstellen, dass nur diejenigen Datensätze gelöscht werden sollen, deren Datum kleiner ist als das im Formular erfasste Vergleichsdatum. Sie sehen, dass derzeit noch kein englisches Format vorhanden ist. Ändern Sie deshalb diese Where-Klausel ab, in dem Sie das Datum der Abfrage in das englische Format umwandeln. Dies sieht dann so aus:

WHERE
((format$(tblTermine.datDatum,"\#m\/d\/yyyy\#")<forms!frmAllgemeinDaten_UF1!Ergebnis));

Wenn Sie nunmehr wieder in den Entwurfsmodus zurückschalten, sehen Sie die Veränderung der Abfrage durch Ihre Eingabe. Speichern Sie diese Abfrage ab und verfahren Sie mit der anderen Löschabfrage für die Buchungsdaten entsprechend. Rufen Sie nun noch das Hauptformular frmAllgemeineDaten auf. Dort müssen Sie eine Befehlsschaltfläche integriere, damit dieses Unterformular bei Bedarf aufgerufen werden kann. Aus der Toolbox ziehen Sie eine Befehlsschaltfläche auf. Im Assistenten wählen Sie wählen Sie dann Formularoption an und zwar das Öffnen eines Formulars und wählen im Formularverzeichnis das soeben erstellte Unterformular aus. Benennen Sie die Befehlsschaltfläche „befLöschenAltdaten" und geben als Schaltflächen-Beschriftung „Löschen Alt-Daten" ein. Formatieren Sie die Beschriftung in Arial, 12 pt., fett und Textfarbe Blau. Speichern Sie das Formular wieder ab.

Kapitel 6

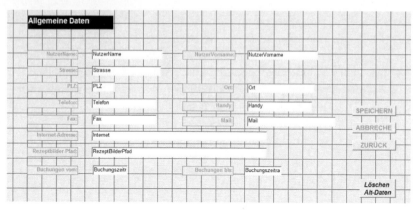

Abbildung 6-18

Kapitel 7

ERSTELLUNG VON BERICHTEN

Die mühsam erfassten Daten müssen nun zu Papier gebracht werden. Dazu müssen Sie die entsprechenden Berichte erstellen. Hierbei haben Sie wiederum zwei Möglichkeiten. Einmal können Sie einen Bericht im sogen. *Entwurfsmodus* manuell zusammenstellen und zum anderen haben Sie auch wieder einen Assistenten, der Ihnen einen Bericht mit wenigen Handgriffen automatisch kreieren kann. Beide Methoden sollen in diesem Kapitel einmal ausprobiert werden. Sie können dann später selbst entscheiden, welche der Methoden für Sie interessanter ist.

Berichte im Entwurfsmodus
Telefon-Liste

Der erste Bericht wird eine Telefonliste sein, die Sie stets mit sich führen können um alle Telefonnummern von Ihren Freunden, Bekannten und Geschäftspartnern griffbereit zu haben. Da nicht alle in der Adressdatei aufgenommenen Personen in das Telefonverzeichnis aufzunehmen sind, sondern nur diejenigen, für die Sie im Erfassungsformular auch das Telefon-Kennzeichen gesetzt haben, müssen Sie eine Datenauswahl treffen und können nicht alle aufgenommenen Personen in die Liste einfließen lassen.

Dies haben Sie im Kapitel 5 mit der Erstellung einer Abfrage (*abfrTelefonliste*) getan, d.h. Sie nehmen als Datenbasis nicht direkt die Tabelle *tblAdressdaten*, sondern diese Abfrage.

Die Telefonliste soll alphabetisch sortiert werden und jeder neue Buchstabe des Alphabets soll farblich hervorgehoben werden.

In der Access-Arbeitsfläche klicken Sie auf *Berichte*, dann auf *Erstellt einen Bericht in der Entwurfsansicht* und dann auf *Neu*.

Kapitel 7

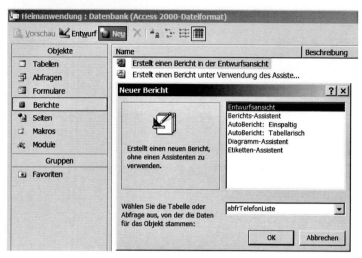

Abbildung 7- 1

Im sich öffnenden Fenster lassen Sie die Vorgabe *Entwurfsansicht* bestehen und wählen die Abfrage *abfrTelefonliste* als Datenbasis aus.

Nach Bestätigung mit OK öffnet sich die Entwurfsansicht eines Berichtes.

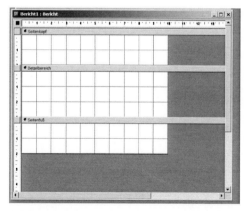

Abbildung 7- 2

Sie sehen eine Arbeitsfläche für die Berichtserstellung mit den Unterteilungen

Seitenkopf   Detailbereich   Seitenfuß

Es fehlen dabei noch die weiteren Formularteile Berichtskopf und Berichtsfuß, die Sie in der Menüleiste über *Ansicht >> Kopf- und Fußzeile* noch in die Arbeitsfläche einklinken.

Die Berichtsarbeitsfläche sieht nunmehr wie folgt aus:

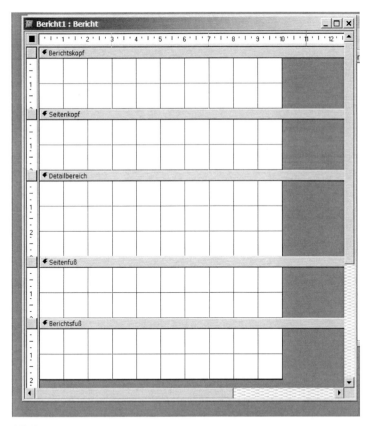

Abbildung 7-3

Berichte

Kapitel 7

Verbreitern Sie die Arbeitsfläche auf eine Breite von 16,6 cm, in dem Sie das Ende des weißen Feldteils irgendwo mit der linken Maustaste anklicken und bei gedrückter Maustaste auf die gewünschte Breite ziehen. Das Lineal am oberen Rand hilft Ihnen dabei, die richtige Breite zu erreichen. Über das Menü Datei >> *Seite einrichten*, legen Sie außerdem noch im Register *Ränder* die vier Ränder der Liste fest. Sie wählen dabei für den Rand oben, unten, rechts und links jeweils 20 mm. Sicherlich werden Sie wissen wollen, warum das so eingestellt wird. Hier die Erklärung dazu:

Sie wollen die Telefonliste auf einem DIN-A4-Blatt ausdrucken. Ein solches Blatt hat die Breite von 210 mm und die Höhe von 297 mm. Wenn Sie links und rechts jeweils einen Rand von 20 mm einplanen, bleibt Ihnen ein Beschriftungsraum von (210 – 40) = 170 mm übrig. Wenn Sie die Druckbreite auf 16,6 cm einstellen, bleiben Sie also innerhalb des möglichen Druckbereichs. Würden Sie den Druckbereich größer machen, ginge ein Teil des Berichtes auf die nächste Seite, was sicherlich nicht schön aussehen würde.

Im Berichtskopf wird eine Berichtsbezeichnung erfasst. Diese wird nur auf dem ersten Blatt ausgedruckt.

Im Seitenkopf werden Sie die Überschriften der benötigten Spalten eingeben. Wie der Name schon ausdrückt, erscheinen diese Spaltenüberschriften auf jeder gedruckten Seite.

Im Detailbereich werden alle Felder der Abfrage eingestellt, die den Telefonteilnehmer und deren Kommunikationsnummern näher bezeichnen.

Im Seitenfuß können Sie das Datum des Listendrucks und die Seitenzahl andrucken lassen oder evtl. auch den Namen des Berichterstellers.

Im Berichtsfuß wäre Platz für evtl. Summen, die Sie über den gesamten Bericht zu bilden hätten, die dann ganz am Ende der Liste angedruckt würden. In diesem Fall benötigen wir den Berichtsfuß nicht.

Kapitel 7

Im Berichtskopf platzieren Sie zunächst eine Begrenzungslinie zur Einrahmung der Berichtsüberschrift. Hierzu wählen Sie in der Toolbox das Liniensymbol. Setzen Sie den Cursor nun im linken oberen Eck des Berichtskopfes an, wobei sich der Cursor in ein kleines „+"-Zeichen mit einem Strich nach rechts unten verwandelt, ziehen Sie bei gedrückter Shift-Taste eine Linie bis zum rechten Druckrand. Über das Eigenschaftsfeld dieser Linie (Klick mit rechter Maustaste auf diese Linie und *Eigenschaften* anklicken) wählen Sie noch die Linienstärke. In der Zeile Rahmenbreite des Registers *Format* klicken Sie die rechte Schaltfläche an und wählen aus dem Kontextmenü 2 pt. aus. Steht in der Zeile Höhe nicht der Wert 0, so ändern Sie den angezeigten Wert, damit die Linie auch gerade ist. Nun werden Sie ein Bezeichnungsfeld einfügen. In der Toolbox klicken Sie auf Bezeichnungsfeld (**Aa**) und ziehen einen Rahmen, etwa 7 cm breit und 0,9 cm hoch auf, lassen die Maus los, so dass der Hintergrund des Bezeichnungsfeldes weiß erscheint. Der Cursor blinkt in diesem Feld und Sie geben den Listennamen TELEFON-LISTE ein. Mit einem Mausklick in den freien Raum ist das Bezeichnungsfeld fertiggestellt. Um die Schrift, die Breite und Höhe des Feldes zu justieren, klicken Sie mit der rechten Maustaste noch einmal das Feld kurz an, gehen auf Eigenschaften und wählen als Schrift *Arial*, als Schriftgrad nehmen Sie *20 pt.* und als Schriftbreite wählen Sie *fett*. Anschließend ziehen Sie unterhalb des Bezeichnungsfeldes noch einmal eine Linie. Als Liniendicke wählen Sie auch hier 2 pt.

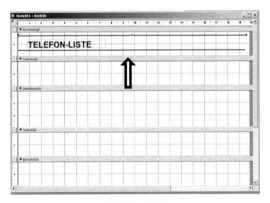

Abbildung 7- 4

Berichte

Kapitel 7

Stellen Sie jetzt den Cursor auf den oberen Anschluss der grau unterlegten Seitenkopfbegrenzung. Der Cursor verwandelt sich dabei in ein Kreuz mit Doppelpfeil, halten Sie die linke Maustaste gedrückt und schieben den Balken bis kurz vor das Bezeichnungsfeld Telefon-Liste.

Im Seitenkopf bringen Sie die Seitenüberschriften „*Name, Vorname*" und *Kommunikationsdaten* unter. Ziehen Sie zu diesem Zweck aus der Toolbox zwei Bezeichnungsfelder (**Aa**) auf die Berichtsfläche. Dem ersten Bezeichnungsfeld geben Sie eine Breite von 3,3 cm, den linken Rand geben Sie mit 0,10 cm ein, dem zweiten Bezeichnungsfeld geben Sie eine Breite von 7,1 cm und lassen den linken Rand etwa bei 8 cm beginnen. Die Höhe wird bei beiden mit 0,5 cm eingestellt. Wenn Sie den Rahmen per Hand nicht so exakt aufziehen können, macht das nichts. Ziehen Sie eben einfach zwei Rahmen in den Seitenkopf, klicken dann jeden einzelnen Rahmen nach und nach an und geben über das Eigenschaftsfenster die linke Position, die Höhe und die Breite manuell ein. Markieren Sie alle Bezeichnungsfelder und erfassen über das Eigenschaftsfenster im Register *Format* als Schriftart *Arial* in Größe *11 pt*, *fett* und *kursiv*, und Textfarbe *Blau*. Die Textfarbe können Sie über die Farbpalette wählen. Klicken Sie in der Rubrik Textfarbe des Eigenschaftsfensters im Register Format auf die drei Punkte rechts und wählen eine Palettenfarbe aus und bestätigen mit *OK*.

Zur Trennung von den späteren Daten ziehen Sie noch eine weitere Trennungslinie, wie oben, jedoch in einer Stärke von 3 pt. und färben diese über das Eigenschaftsfenster auch blau ein.

Die Telefonliste soll in alphabetischer Reihenfolge ausgegeben werden und bei Beginn eines Buchstabens, soll dieser groß angedruckt werden. Sie haben dazu das Feld *Alphasort* mit dem jeweils ersten Buchstaben des Namens in die Abfrage aufgenommen. Diesen Buchstaben sollten Sie jetzt als Gruppenkopf andrucken lassen, sobald ein Buchstabenwechsel beim Ausdruck vorkommt. Dies müsste nach der Seitenüberschrift erfolgen. Um eine Gruppierung zu erreichen klicken Sie mit der rechten Maustaste in die graue Schaltfläche links von der Beschriftung Seitenkopf. Im sich darauf öffnenden Fenster klicken Sie auf Sortieren/Gruppieren.

Kapitel 7

Abbildung 7- 5

Es erscheint ein weiteres Fenster. Geben Sie hierin bei Feld/Ausdruck das Feld *Alphasort* der Abfrage ein in dem Sie auf die Schaltfläche rechts klicken und aus den Abfragefeldern dieses Feld auswählen.

Abbildung 7- 6

Als Sortierreihenfolge wird aufsteigend vorgegeben, was Sie übernehmen können. Im unteren Fensterteil klicken Sie doppelt in den weißen Teil von Gruppenkopf, so dass ein Ja erscheint. Schließen Sie das Fenster und sehen auf der Arbeitsfläche einen weiteren grauen Balken zwischen Seitenkopf und Detailbereich mit der Bezeichnung *Alphasort – Kopfbereich*.

Diesen Balken schieben Sie etwas höher, so dass er mit der blauen Begrenzungslinie abschließt.

Kapitel 7

In die Rubrik *Alphasort – Kopfbereich* ziehen Sie jetzt aus der Feldliste das Feld *AlphaSort* und lassen es am oberen linken Rand andocken. Ändern Sie jetzt noch die Eigenschaften (im Register Format) und zwar die linke Ecke bei 0,10 cm, die Höhe des Feldes auf 0,582 cm, die Breite mit 15,799 cm, die Hintergrundfarbe in Gelb, die Schriftfarbe Rot (Nr. 255), die Schriftart Arial 16 pt und fett. Dies ergibt einen großen gelben Balken mit dem jeweiligen Anfangsbuchstaben in roter Farbe.

Den grauen Rahmen von Detailbericht fassen Sie mit der linken Maustaste am oberen Rand an und schieben ihn bis zum Beginn des gelben Rahmens des Feldes AlphaSort.

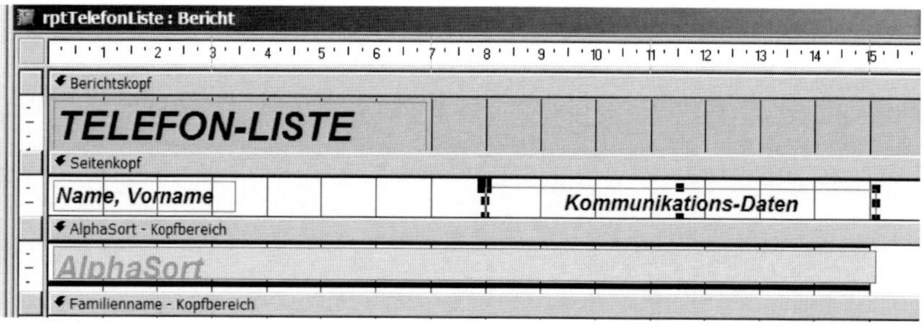

Abbildung 7-7

Der Name des Telefonteilnehmers wird ebenfalls als Gruppenkopf ausgebildet, damit im späteren Detailbereich alle Kommunikationsdaten dieses Teilnehmer hintereinander erscheinen können, der Name des Teilnehmers aber nur einmal. Würden Sie den Teilnehmernamen zusammen mit den Telefonnummern im Detailbereich unterbringen, würde der Name bei jeder Telefonnummer dieses Teilnehmers zusätzlich erscheinen. Das sieht aber nicht gut aus.

Um eine weitere Gruppierung zu erreichen klicken Sie mit der rechten Maustaste nochmals in die graue Schaltfläche links vor der Beschriftung Seitenkopf. Im sich darauf öffnenden Fenster klicken Sie wieder auf Sortieren/Gruppieren. Erfassen Sie in der nächsten freien Zeile „Familienname", belassen auch hier die

Sortierreihenfolge mit aufsteigend und geben im unteren Teil dieses Fensters als Gruppenkopf wieder „Ja" ein.

In diesen neuen Kopfbereich ziehen Sie aus der Toolbox ein ungebundenes Textfeld (**ab**) herein und löschen das dazugehörige Bezeichnungsfeld. Über das Eigenschaftsfenster geben Sie diesem Feld im Register Alle den Namen „Telefonteilnehmer", im Register Format setzen Sie den linken Rand bei 0,2 cm und geben ihm eine Breite von 6,9 und eine Höhe von 0,6 cm. In der Abfrage haben Sie zwei Felder AdressName und AdressVorname. Diese beiden Felder werden jetzt in dem soeben aufgezogenen Textfeld zusammengefasst. Das Eigenschaftsfenster dürfte noch offen sein, wenn nicht holen Sie es mit einem rechten Mausklick auf das Textfeld noch einmal auf den Bildschirm. Gehen Sie in das Register Daten. In die Zeile Steuerelementinhalt schreiben Sie:

= AdressName & „ " & AdressVorname

Damit werden die beiden Namensteile zusammengesetzt in diesem Textfeld angezeigt.

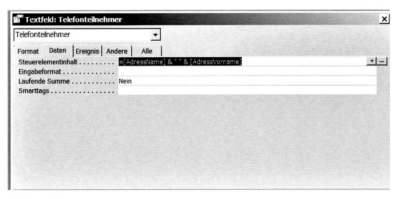

Abbildung 7- 8

Damit die Telefonnummern später vor einem Namenswechsel vom Namen etwas abgetrennt erscheinen ziehen Sie aus der Toolbox noch eine Linie auf die Formularfläche und zwar oberhalb des soeben bestückten Textfeldes. Jetzt können Sie den Namen noch etwas hervorheben. Klicken Sie nochmals mit der rechten

Berichte

Kapitel 7

Maustaste auf das Textfeld, gehen zu *Eigenschaften* und im Eigenschaftsfenster auf das Register *Format*. Stellen Sie dort die Schriftart mit Arial 12 pt fett ein.

Den grauen Balken des Detailbereichs ziehen Sie jetzt mit gedrückter linker Maustaste noch ganz nahe an den Familiennamen-Kopfbereich heran.

Im Detailbereich werden nun die weiteren Daten aus der Abfrage einsortiert.

Platzieren Sie aus der Feldliste die beiden Abfragefelder Telefonnummer und TelefonArt auf die Berichtsfläche. Die beiden dazugehörenden Bezeichnungsfelder können Sie löschen, denn Sie haben im Seitenkopf bereits die Überschriften platziert. Rufen Sie für das erste Textfeld das Eigenschaftsfenster auf und formatieren es wie folgt:

Links: 7,3 cm
Höhe: 0,4 cm
Breite: 5,4 cm
Schriftart: Arial 10 pt

Das andere Textfeld erhält folgende Formatierungswerte:

Links: 12,7 cm
Höhe: 0,4 cm
Breite: 2,2 cm
Schriftart: Arial 8 pt.

Jetzt schieben Sie den grauen Balken des Seitenfußes direkt an die beiden letzten Felder heran, damit nicht zu viel Platz zwischen den Telefonnummern vergeudet wird.

Damit Sie immer feststellen können, von wann der spätere Listendruck datiert, geben Sie im Seitenfuß das Druckdatum aus. Hierzu ziehen Sie ein Textfeld aus der Toolbox in den Seitenfuß, löschen das Bezeichnungsfeld und geben im Eigenschaftsfenster im Register *Daten* als Steuerelementinhalt die VBA-Funktion *jetzt()* ein. Diese Funktion ermittelt das jeweils aktuelle Systemdatum einschl. der Uhrzeit. Wenn Sie die Uhrzeit nicht benötigen – wie in unserem Fall -, dann gehen Sie im Eigenschaftsfenster auf das Register *Format*, klicken in der Zeile Format in den weißen Teil und wählen über die kleine Schaltfläche rechts *Datum kurz* als Formatierung aus.

Zu guter Letzt werden Sie auch noch die Seitenzahl des Berichts andrucken lassen. Mit einem weiteren Textfeld, das Sie in die rechte Ecke des Seitenfußes platzieren, ist das schnell erledigt. Hierfür gibt es ebenfalls eine eingebaute Funktion [Seite], die Sie hier anwenden. Damit Sie auch sofort wissen, wie viele Seiten unsere gesamte Liste hat, lassen Sie die Gesamtseitenzahl ebenfalls ermitteln. Im Eigenschaftsfenster im Register Daten geben Sie deshalb in der Zeile Steuerelementinhalt die Zuweisung wie folgt ein:

="SEITE " & [Seite] & " VON " & [Seiten]

Zum Schluss ziehen Sie noch den grauen Balken *Berichtsfuß* möglichst nahe an die Seitenzahl heran. Sofern unterhalb des Berichtsfußes noch eine helle Arbeitsfläche verbleibt, ziehen Sie diese an den grauen unteren Rand von Berichtsfuß heran. Die Entwurfsansicht unseres Berichts müsste nunmehr so aussehen:

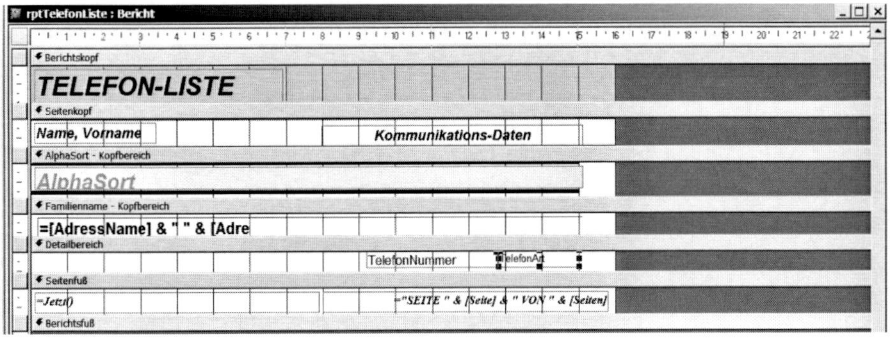

Abbildung 7- 9

Während der Erstellung der Erfassungsformulare habe ich immer wieder darauf hingewiesen, Daten probeweise zu erfassen, erstens um evtl. Fehler oder Unstimmigkeiten bei der Datenerfassung sofort zu bemerken, andererseits aber auch deshalb, um bei den jetzt zu erstellenden Berichten Daten zu haben, damit diese Berichte nicht als leeres Blatt ausgegeben werden. Sollten Sie einmal für andere Anwender etwas programmieren, dann haben Sie es nicht im Griff, ob der

Kapitel 7

Endanwender bereits Daten erfasst hat, wenn er einen Bericht zum Ausdruck aufruft. Damit auch hier kein leeres Blatt verschwendet wird, schlage ich vor, mit ein wenig Programmcode dem Anwender mitzuteilen, dass keine Daten zum Ausdruck vorhanden sind und damit den Druckauftrag abzubrechen. Klicken Sie im Berichtsentwurf ganz oben links mit der rechten Maustaste in das kleine Quadrat um die Eigenschaften des Berichts bearbeiten zu können. Gehen Sie auf das Register *Ereignis* und klicken in den weißen Teil der Zeile „Bei ohne Daten", dann auf die Schaltfläche mit den drei Punkten, rufen den Code-Generator auf und Sie sehen im VBA-Editor zwei Vorgabezeilen

Private Sub Report_NoData(Cancel As Integer)
End Sub

Wenn ein Bericht zum Ausdruck oder zur Anzeige aufgerufen wird und hierfür keine Daten vorhanden sind, zeigt das Programm eine Fehlermeldung an. Der Anwender kann damit aber kaum etwas Vernünftiges anfangen. Der Anwender sollte stattdessen eine verständliche Mitteilung erhalten. Mit der Methode „Application.**Echo**" ist es möglich die Access-interne Mitteilung auszuschalten, in dem Sie die Methode um ein „False" ergänzen. Die Anweisung lautet demnach

Application.Echo False

Allerdings dürfen Sie, bevor Sie die Anweisung verlassen, nicht vergessen, die internen Mitteilungen wieder zuzulassen, da Sie ansonsten Hinweise oder Fehlermeldungen von Access nicht mehr sehen können. Das Einschalten geschieht dann mit der Anweisung

Application.Echo True

Mit einer MsgBox-Anweisung weisen Sie anschließend den Nutzer darauf hin, dass keine Daten zur Verfügung stehen. Mit der **CancelEvent**-Methode brechen Sie die Ausführung eines Ereignisses (hier: die Druck-Ausführung) ab. Diese Methode wird mit einer „DoCmd"-Anweisung ausgelöst. Nach dem Einschalten der Access-internen Mitteilungen schließen Sie dann den Bericht mit der Anweisung

DoCmd.close

Die fertige Anweisung lautet demnach:

```
Private Sub Report_NoData(Cancel As Integer)
'Ausschalten der Access-Mitteilungen
Application.Echo False
' Eigene Mitteilung an Anwender geben, wenn keine Berichtsdaten vorhanden sind
    MsgBox "Der Bericht kann nicht angezeigt oder gedruckt " _
    & vbCrLf & "werden da er im Moment keine Daten enthält.", 16, "Achtung!"
' Druck-Ausgabe abbrechen
    DoCmd.CancelEvent
'Einschalten der Access-Mitteilungen
    Application.Echo True
 DoCmd.Close
End Sub
```

Jetzt können Sie Ihr fertiges Werk betrachten. Schalten Sie deshalb von der Entwurfsansicht in den Ansichtsmodus um

Abbildung 7-10

und können Ihren ersten Bericht bestaunen.

Kapitel 7

TELEFON-LISTE

Name, Vorname	Kommunikations-Daten	
A		
Adamczik, Eriso u. Brisoni		
	0172/6755900	Handy
	08021/340580	Geschäft
	08022/21201	Privat
Amrhein, Andrea		
	08026/223344	Geschäft
	08026/112233	Privat
Angrainer, Gernot u. Gisela		
	0171/67676767	Handy Partner
	0201/998877	Geschäft
	0201/778899	Privat
B		
Bayerlein, Friedbert u. Ros		
	beyerlein@t-online.de	Mail
	0171/4477898	Handy Partner
	0172/665544	Handy
	041/366588	Privat
C		
Czermagen, Sylvia		
	0143/1234567	Handy

Abbildung 7- 11

Mit den Navigationsschaltflächen unten links blättern Sie sich einmal durch die gesamte Liste. Speichern Sie diese Liste ab und geben ihr den Namen *rptTelefonliste*.

Berichtserstellung mit dem Assistenten

Adress-Liste

Sie können diesen Bericht, analog der Telefonliste, wieder im *Entwurfsmodus* zusammenstellen. Damit Sie etwas Neues kennenlernen, benutzen Sie zur Erstellung dieses Berichtes aber zur Abwechslung einmal den *Assistenten*. Klicken Sie auf der Access-Arbeitsfläche das Objekt *Berichte* an und anschließend wählen Sie „*Erstellt einen Bericht unter Verwendung des Assistenten*" und klicken auf Neu.

Kapitel 7

Abbildung 7-12

Im sich öffnenden Fenster wählen Sie Berichts-Assistent und wählen als zu verwendende Tabelle oder Abfrage *abfrAdressliste* aus.

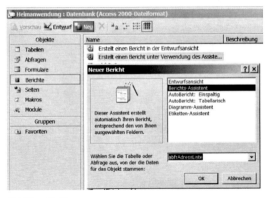

Abbildung 7-13

Nach einem Klick auf OK. Es öffnet sich ein weiteres Fenster und Sie können alle für den Bericht notwendigen Felder auswählen. Für diesen Bericht benötigen Sie folgende Felder: *AdressName, AdressVorname, Strasse, Anschrift, TelefonNummer, TelefonArt*.

Markieren Sie in der Rubrik „Verfügbare Felder" jedes dieser Felder und klicken auf die Taste „>", damit eine Übernahme in die Rubrik „Ausgewählte Felder" erfolgt.

Berichte 409

Kapitel 7

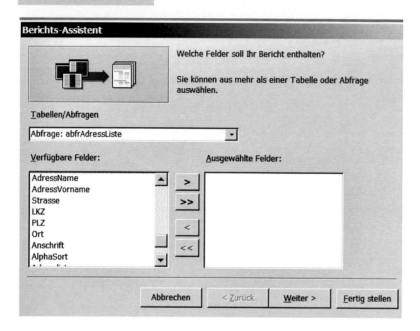

Abbildung 7-14

Nach einem Klick auf Weiter, können Sie auswählen nach welcher Tabelle die Daten angezeigt werden sollen. Lassen Sie dabei den Vorschlag des Assistenten für die Tabelle tblAdressdaten bestehen. Im nächsten Dialogfenster können Sie eine Gruppierungsebene festlegen. Sinnvollerweise gruppieren Sie die Adressen nach dem Feld *AlphaSort*, also nach dem ABC... Hier könnten Sie auch noch weitere Gruppierungsebenen festlegen, wenn das einmal notwendig wäre. In diesem Falle genügt aber die eine Ebene. Im darauffolgenden Dialogfenster können Sie eine Sortierung vornehmen. Wählen Sie hier einfach die TelefonArt als Kriterium, damit die Arten jeweils in alphabetischer Reihenfolge erscheinen. Nach einem Klick auf *Weiter* wählen Sie das Layout „Abgestuft" aus und lassen den Vorschlag des Papierformats in Hochformat bestehen. Nach einem neuerlichen Klick auf *Weiter*, wählen Sie „Weiches Grau" als Berichtsform aus (Sie können aber probeweise auch einmal die anderen Modi ausprobieren). Nach einem nochmaligen Klick auf *Weiter* geben Sie dem Bericht den Namen *rptAdressListe*.

Access schaltet daraufhin in den Ansichtsmodus um und zeigt Ihnen die automatisch kreierte Adressliste an.

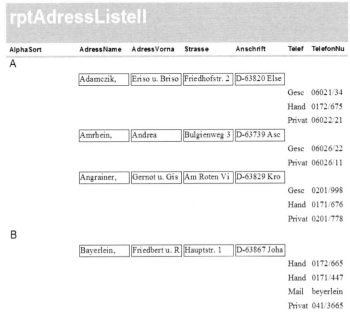

Abbildung 7-15

Sie sehen selbst, dass dieser Bericht nicht dem entspricht, was Sie sich erhofft haben. Aber das Grundgerüst wurde geschaffen, so dass jetzt mit ein wenig manueller Anpassung sicher Ihre Vorstellungen verwirklicht werden.

Bearbeitung eines automatisch erstellten Berichtes

Schalten Sie vom Ansichtsmodus wieder zurück in den Entwurfsmodus.

Kapitel 7

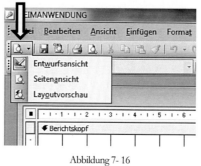

Abbildung 7- 16

Der Entwurfsmodus sieht wie folgt aus:

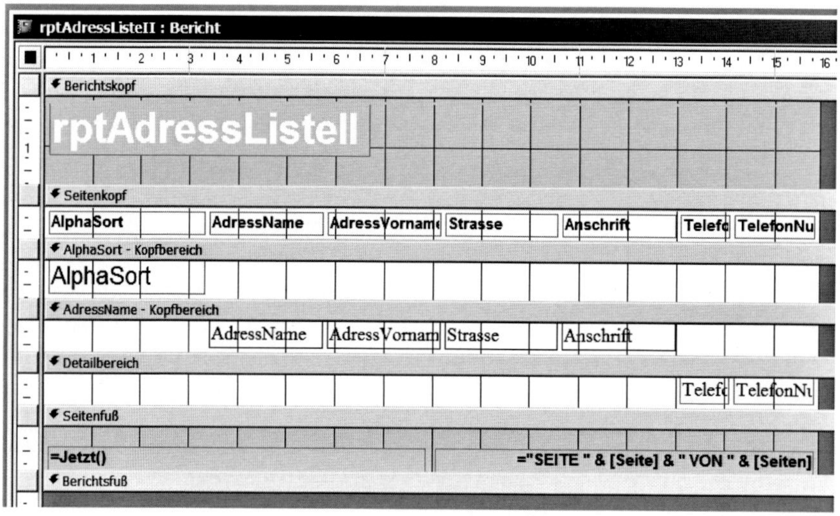

Abbildung 7- 17

Im Seitenkopf benötigen Sie die Überschriften *AlphaSort, AdressVorname, Strasse* und *TelefonArt* nicht. Klicken Sie diese Felder an und drücken Sie dann die ENTF-Taste. Klicken Sie jetzt mit der rechten Maustaste die Überschrift *AdressName* an, wählen im sich öffnenden Fenster *Eigenschaften* aus, klicken auf die Spalte *Alle* und ändern die Beschriftung in „Name und Anschrift" ab.

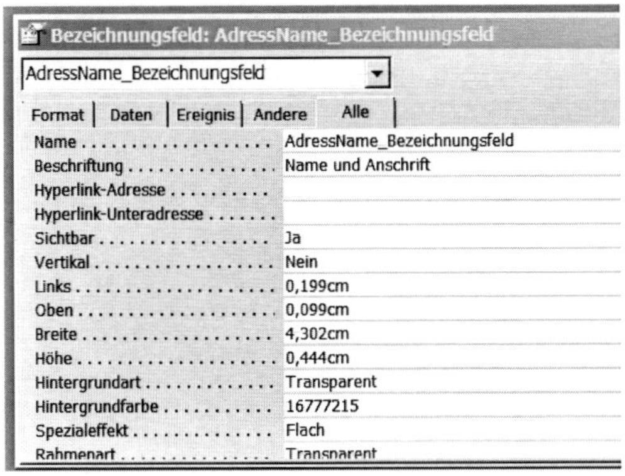

Kapitel 7

Abbildung 7-18

Ändern Sie außerdem den linken Rand auf 0,199 cm und die Breite auf 4,3 cm ab.

Die Überschrift *TelefonNummer* ändern Sie ab in *KommunikationsDaten,* weil hier nicht nur Telefonnummern, sondern auch Handynummern und Mailadressen aufgeführt werden. Zu diesem Zweck klicken Sie mit der rechten Maustaste auf diese Überschrift, gehen ins Eigenschaftsfenster auf das Register *Alle* und ändern die Zeile *Beschriftung* entsprechend ab. Im Register Format stellen Sie den linken Rand bei 7,8 und die Breite mit 5,2 cm ein.

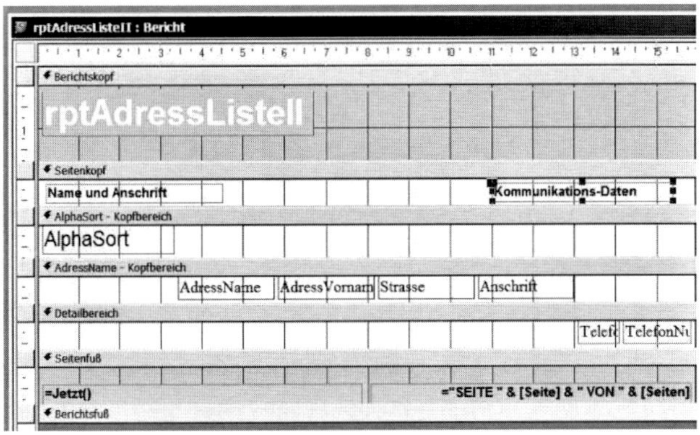

Abbildung 7-19

Berichte

Kapitel 7

Klicken Sie im Berichtskopf die Überschrift an und ändern die Beschriftung im Eigenschaftsfenster (Register *ALLE*) ab in „Adress-Liste". Im AlphaSort-Kopfbereich nehmen Sie auch noch einige Änderung für den Sortierbuchstaben vor: Rechter Mausklick auf das Feld AlphaSort -> *Eigenschaften* -> *Format* -> *Hintergrundfarbe* ->Klick ins weiße Datenfeld ->Taste mit den 3 Punkten -> Farbauswahl: *hellgelb* -> OK

Schriftfarbe: 255   Schriftart: Arial   Schriftgrad: 14   Schriftbreite: Fett

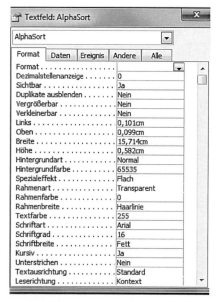

Abbildung 7- 20

Das Feld AlphaSort ziehen Sie am rechten mittleren Anfasser mit gedrückter linker Maustaste bis zum rechten Formularrand, so dass sich später beim Ausdruck ein gelber Balken für jeden Buchstaben des Alphabetes zeigt. Im Entwurf zeigt sich uns folgendes Bild:

Kapitel 7

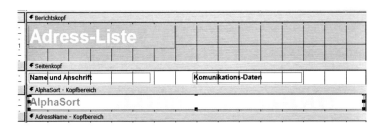

Abbildung 7- 21

So jetzt müssen Sie noch den Detailbereich des Berichtes anpassen. Dazu schaffen Sie zunächst ein wenig Platz, in dem Sie den Cursor auf die obere Begrenzung der grau dargestellten Seitenfuß-Zeile setzen. Der Cursor verwandelt sich dabei in ein Fadenkreuz. Mit gedrückter linker Maustaste verschieben Sie nun den Seitenfußbereich etwas nach unten. Damit vergrößert sich automatisch der Detailbereich.

Markieren Sie das Feld AdressName, gehen in das Eigenschaftsfenster in das Register Format und verändern die Eigenschaften:

Sichtbar: von Ja auf Nein
Links: 14,9 cm
Breite: 0,3 cm

Verfahren Sie mit dem Feld AdressVorname ähnlich und verändern die Eigenschaften wie folgt:

Sichtbar: von Ja auf Nein
Links: 15,3 cm
Breite: 0,3 cm

Damit haben Sie die beiden Felder verkleinert und auf unsichtbar gestellt. Sie erinnern sich sicherlich, dass bei Erstellung der Abfrage im Feld AdressName der Nachname der Person und ein evtl. anderslautender Nachnahme des Partners zusammengefasst wurde. Auch das Feld AdressVorname umfasst den Vornamen der Person und einen evtl. Vorname des Partners. Sie fassen jetzt diese beiden

Berichte   415

Kapitel 7

Felder wieder in ein einziges Feld zusammen. Deshalb benötigen Sie die beiden unsichtbar gestellten Felder nicht in der Liste. Sie müssen aber im Adressen-Kopfbereich noch vorhanden sein, damit Sie diese zusammenfassen können.

Abbildung 7- 22

Ziehen Sie also aus der Toolbox ein ungebundenes Textfeld (**ab**) in den Adressen-Kopfbereich, löschen das dazugehörende Bezeichnungsfeld.

Im Eigenschaftsfenster dieses Textfeldes erfassen Sie folgende Werte:

Im Register *Alle* geben Sie als Namen für dieses Feld „GesamtName" ein. Im Register Format erfassen Sie als linken Rand 0,099 cm und als Breite 8,2 cm, als Schriftart Arial in 11 pt und fett.

Im Register *Daten* geben Sie in der Zeile Steuerelementinhalt ein:

= [AdressName] & „ " & [AdressVorname]

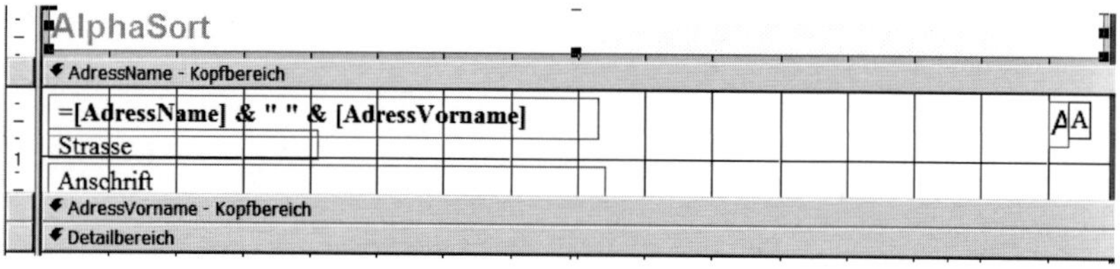

Abbildung 7- 23

Jetzt ziehen Sie das Feld Strasse nach unten und platzieren es unter dem Feld GesamtName. Den linken Rand setzen Sie dabei wieder auf 0,101, die Breite auf

4,0. Unter dieses Feld ziehen Sie jetzt das Feld Anschrift, in dem die LKZ, die PLZ und der Ort über die Abfrage zusammengefasst sind. Linker Rand ist auch hier 0,101 und die Breite legen Sie mit 8,2 fest. Wie in der Telefonliste können Sie nun noch die einzelnen Adressen durch eine Linie voneinander trennen. Klicken Sie in der Toolbox auf das Linien-Symbol und ziehen oberhalb des Gesamt-Namens ein Linie vom linken bis zum rechten Rand. Im Eigenschaftsfenster dieser Linie können Sie nachprüfen, ob diese auch gerade ist. Dort muss im Register *Format* die Höhe dieser Linie 0 sein. Ist dies bei Ihnen nicht der Fall, so ändern Sie Ihren Wert auf 0 cm ab.

Im Detailbereich der Liste müssen Sie noch die Telefonnummer bzw. die Mailadresse formatieren. Im Eigenschaftsfenster des Feldes TelefonNummer geben Sie als linken Rand 7,9 cm, als Breite 5,6 cm und als Höhe 0,53 cm an. Für das Feld TelefonArt nehmen Sie einen linken Rand von 13,5 cm, eine Breite von 2,4 cm und ebenfalls eine Höhe von 0,53 cm. Der Listenentwurf müsste eigentlich jetzt so aussehen:

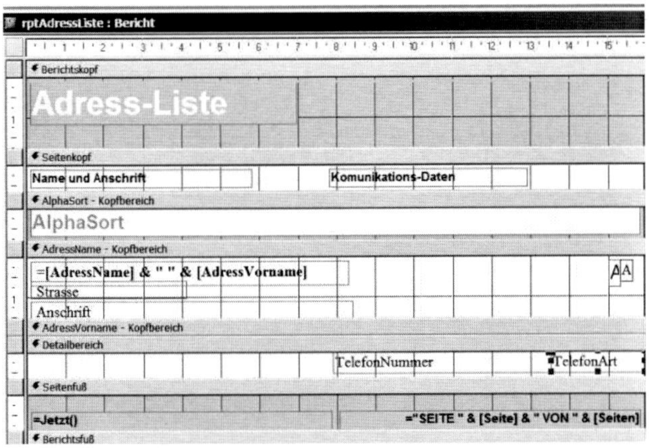

Abbildung 7-24

Wenn Sie jetzt umschalten in den Ansichtsmodus, können Sie die fertige Liste betrachten:

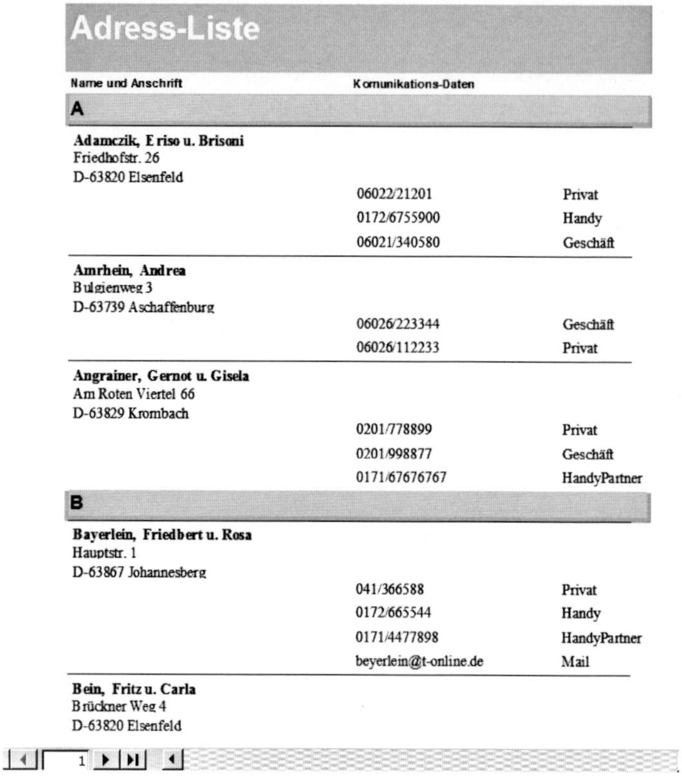

Kapitel 7

Adress-Liste	
Name und Anschrift	Komunikations-Daten

A

Adamczik, Eriso u. Brisoni
Friedhofstr. 26
D-63820 Elsenfeld

06022/21201	Privat
0172/6755900	Handy
06021/340580	Geschäft

Amrhein, Andrea
Bulgienweg 3
D-63739 Aschaffenburg

06026/223344	Geschäft
06026/112233	Privat

Angrainer, Gernot u. Gisela
Am Roten Viertel 66
D-63829 Krombach

0201/778899	Privat
0201/998877	Geschäft
0171/67676767	HandyPartner

B

Bayerlein, Friedbert u. Rosa
Hauptstr. 1
D-63867 Johannesberg

041/366588	Privat
0172/665544	Handy
0171/4477898	HandyPartner
beyerlein@t-online.de	Mail

Bein, Fritz u. Carla
Brückner Weg 4
D-63820 Elsenfeld

Abbildung 7-25

Speichern Sie den Bericht nunmehr unter den Namen *rptAdressenListe* ab.

Geburtstags- u. Jubiläumlisten

Sie hatten sich vorgenommen, aus den Adressdaten eine Geburtstags- und Jubiläumsliste herauszufiltern. Dabei werden Sie zwei Listen anfertigen und zwar zunächst eine Liste für das ganze Jahr, d.h. Sie erhalten eine Liste mit den relevanten Daten, aber seitenweise nach Monaten getrennt. Anschließend

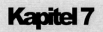

programmieren Sie eine reine Monatsliste, die nur die Daten des ausgesuchten Monats enthält. Dies soll ein Übungsbeispiel sein, wie aus verschiedenen Sortierkriterien verschiedene Listen erzeugt werden können.

Monatsliste

Benutzen Sie hierfür am besten wieder den Berichtsassistenten und bauen dann den Bericht wieder nach Ihren Bedürfnissen um. Gehen wir ans Werk: Auf der Access-Arbeitsfläche wählen Sie wiederum Berichte an und wählen aus: *"Erstellt einen Bericht unter Verwendung des Assistenten"* und klicken auf *Neu*, weil Sie ja einen neuen Bericht erstellen wollen. Im sich öffnenden Fenster wählen Sie nochmals Berichts-Assistent aus. Als Datenquelle nehmen Sie die Tabelle Geburtstage.

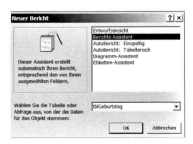

Abbildung 7- 26

Mit einer Bestätigung der Auswahl mit OK wird Ihnen ein weiteres Dialog-Fenster angezeigt mit den Feldinhalten der Tabelle *Geburtstage*. Aus dieser Tabelle wählen Sie alle Felder aus. Hierzu brauchen Sie nur den Doppelpfeil anklicken und alle Tabellenfelder werden in die Berichtsauswahl in das rechte Anzeigefeld übernommen.

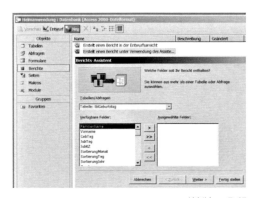

Abbildung 7- 27

Kapitel 7

Nach einem Klick auf Weiter, erfassen Sie ein Gruppierungskriterium. Hierfür wählen Sie SortierungMonat aus und klicken auf den einfachen Rechtspfeil, damit alle Daten zunächst einmal nach den Monaten des Geburtsdatums gruppiert werden.

Abbildung 7-28

Damit haben Sie den Bericht gruppiert.

Abbildung 7-29

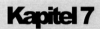

Mit Weiter öffnet sich ein weiteres Fenster und Sie können die Daten nunmehr innerhalb der Gruppierung noch weiter sortieren. Dies ist notwendig, damit in der Liste innerhalb des durch die Gruppierung vorgegebenen Monats die Geburtsdaten auch noch innerhalb des Monats sortiert werden, also nicht der 31. Mai vor dem 01. Mai ausgegeben wird. Als Sortierkriterium wählen Sie aus den Tabellenfeldern nicht das Geburtsdatum aus, da damit automatisch auch nach dem Geburtsjahr sortiert würde, sondern wählen das Feld *SortierungTag* aus. Die vorgegebene aufsteigende Reihenfolge behalten Sie bei.

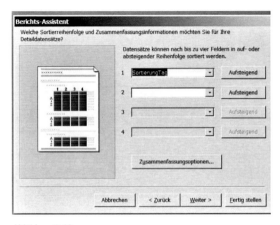

Abbildung 7- 30

Weitere Sortierkriterien werden nicht benötigt, so dass Sie mit Weiter zum nächsten Auswahlfenster des Assistenten kommen. Hier bleibt Ihnen die Wahl zwischen verschiedenen Formen des Berichtes. Belassen Sie es bei der Vorgabe: *Abgestuft* und klicken auf Weiter. Auch im nächsten Fenster behalten Sie die Layout-Form *Geschäftlich* bei.

Kapitel 7

Geburtstagsliste

SortierungMo	rungTag	FamilienNa	Vorname	ebTag	ubTag	JubK	rungJahr	Zusatz
1								
	1	Bein	Gundi	)1.1950			1950	
	5	Hermann	Gundi	)1.1950			1950	
	6	Angrainer	Gisela	)1.1938			1938	
	10	Hörer	Anna	)1.1942			1942	
	15	Lutze	Maria	)1.1931			1931	
	16	Hegenbarth	Lukas	)1.1998			1998	
	21	Völker	Gitti	)1.1942			1942	
	22	Lorenzo	Elsbeth	)1.1928			1928	
	22	Soldi	Margarete	)1.1964			1964	
	24	Hendel	Maria	)1.1922			1922	
2								
	1	Helfer	Maria	)2.1929			1929	
	2	Knoblauch	Berta	)2.1940			1940	
	3	Amrhein	Andrea	)2.1922			1922	

Abbildung 7- 31

Später können Sie ja einmal mit den anderen Layoutformen experimentieren und Berichte nach Ihrem Geschmack erstellen. Im nächsten Fenster erfassen Sie noch die Überschrift und tragen einfach *Geburtstagsliste* ein und klicken auf Fertigstellen. Sie sehen nun die soeben mit dem Assistenten erstellte Liste und bemerken sofort, dass diese sicherlich nicht dem entspricht, was wir uns erhofft haben Dies macht aber gar nichts, denn mit einigen kleinen Änderungen wird der Bericht bald besser aussehen. Gehen Sie zunächst in die Entwurfsansicht zurück, damit Sie am Layout Änderungen vornehmen können.

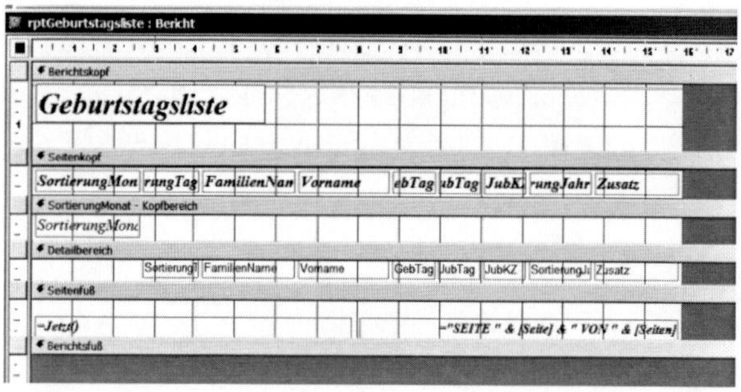

Abbildung 7- 32

Aus den bisherigen Berichten haben Sie gesehen, dass die Listenüberschrift immer nur auf der ersten Seite eines Berichtes erscheint. Dies kommt daher, dass vom Assistenten diese Überschrift immer in den Berichtskopf gesetzt wird. Berichtskopf aber heißt eben, dass diese Überschrift nur am Anfang (im Kopf) eines Berichtes erscheint. Wenn Sie diese Überschrift auf jedem Blatt sehen wollen, so gehen Sie wie folgt vor:

Markieren Sie zunächst die Überschrift und schneiden sie aus (Klick mit rechter Maustaste, Ausschneiden). Setzen Sie dann den Cursor auf die obere graue Begrenzungslinie des Seitenkopfes, so dass ein Fadenkreuz erscheint. Mit der gedrückten linken Maustaste schieben Sie den Seitenkopf etwas nach oben, lassen aber noch ein wenig Platz zur unteren Begrenzungslinie des Berichtskopfes. In den Berichtskopf verschieben Sie jetzt die Tabellenfelder

Sortierung Tag,   SortierungMonat   SortierungJahr

aus den Spalten *SortierungMonat-Kopfbereich* und *Detailbereich* und zwar möglichst nebeneinander. Die drei Felder werden jetzt markiert und über Eigenschaften ändern Sie die Feldeigenschaft Sichtbar auf NEIN.

Am oberen Rand des Berichtskopfes hat der Assistent noch eine Begrenzungslinie eingebaut. Diese löschen Sie heraus (Linie anklicken, rechte Maustaste, Löschen).

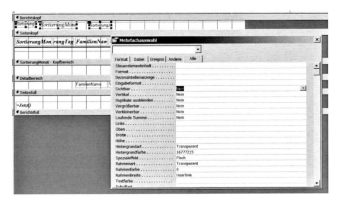

Abbildung 7-33

Kapitel 7

Für den neuen Seitenkopf benötigen Sie etwas mehr Platz. Setzen Sie den Cursor auf die obere graue Begrenzungslinie der Spalte *SortierungMonat – Kopfbereich*. Es erscheint wieder das Fadenkreuz und mit gedrückter linker Maustaste verschieben Sie diese Spalte ein wenig nach unten.

Jetzt bauen Sie den Seitenkopf neu auf. Ziehen Sie die blaue Begrenzungslinie an den unteren Rand der Spalte (linker Mausklick und mit gedrückter Taste nach unten ziehen). Die Beschriftungsfelder SortierungMonat, SortierungTag, Vorname, Zusatz und SortierungJahr benötigen Sie nicht mehr. Deshalb löschen Sie diese Felder. Die restlichen Felder ziehen Sie etwas nach unten und zwar kurz vor die soeben verschobene blaue Begrenzungslinie.

Aus der Toolbox ziehen Sie über die soeben verschobenen Beschriftungen ein Bezeichnungsfeld auf und geben die Listenbezeichnung *Geburtstags- u. Jubil.-Liste* ein. Im Eigenschaftsfeld können Sie die Hintergrundfarbe noch mit Gelb einstellen und die Schriftgröße mit 14 pt. der Schriftart Arial und fett. Die Höhe dieses Feldes legen Sie mit 0,9 und die Breite mit 6,9 fest.

Ziehen Sie mit Hilfe der Toolbox noch ein Textfeld auf und zwar in der gleichen Höhe wie das vorherige Bezeichnungsfeld, in das Sie später die Auswahl von Monat und Jahr der Listenbezeichnung eintragen lassen um auch zu wissen für welchen Monat und Jahr die Liste Gültigkeit hat. Das dazugehörende Bezeichnungsfeld können Sie löschen. Schieben Sie dieses Feld unmittelbar an die Listenbezeichnung heran und wählen auch den gelben Hintergrund.

Als Schriftart wählen Sie Arial, 14 pt. fett und kursiv und als Textfarbe Blau (8388608), damit Sie ein gleiches Aussehen erhalten wie das nebenstehendes Bezeichnungsfeld.

Das Bezeichnungsfeld *FamilienName* ziehen Sie unter die soeben fertiggestellte Listenbezeichnung. Im Eigenschaftsfeld ändern Sie die Beschriftung auf *Name* ab. Auf die gleiche Höhe ziehen Sie nun die Bezeichnungsfelder für *GebTag*, *JubTag*, *JubKZ*. Damit Sie später sofort wissen welches Alter das Geburtstagskind hat oder der wievielte Hochzeits- oder Todestag ist, müssen Sie diese Zahl immer neu errechnen. Zur Feldüberschrift ziehen Sie noch ein Bezeichnungsfeld aus der Toolbox auf und beschriften es mit *Alter*.

Zur optischen Verschönerung des Berichtes ziehen Sie über den Bezeichnungsfeldern noch eine Linie zur Abtrennung gegenüber der Listenüberschrift. In der Toolbox wählen Sie das Liniensymbol und ziehen auf das Formular von links beginnend bis zum rechten Rand diese Linie auf. Damit sie auch nachher gerade ist, markieren Sie diese Linie und setzen die Höhe im Eigenschaftsfeld auf 0. Als Rahmenfarbe nehmen Sie blau und als Rahmenbreite legen Sie 1 pt. fest.

In der Spalte Detailbereich löschen Sie die Felder *FamilienName* und *Vorname*, da Sie Name und Vorname in ein Feld zusammenfassen. Hierzu ziehen Sie aus der Toolbox ein Textfeld auf und platzieren es ganz links. Breite etwa 6 cm, Höhe 0,4 cm. Das hierzu gehörende Bezeichnungsfeld (Text xx) wird gelöscht, da keine Verwendung besteht. Sie haben hierfür ein Bezeichnungsfeld Name bereits im Seitenkopf geschaffen. Im Eigenschaftsfeld unter dem Register *Alle* tragen Sie in der Zeile Steuerelementeigenschaft die Zusammensetzung des anzuzeigenden Feldinhaltes wie folgt ein

=FamilienName & „ " & Vorname

Sie verbinden also den gespeicherten Familienname mit einem Leerzeichen und mit dem Vornamen.

Das Feld Zusatz löschen Sie, da es nicht benötigt wird, die übrigen Felder richten Sie unter deren Bezeichnungsfelder aus, vergrößern sie ein wenig, damit nachher der Feldinhalt gut sichtbar ist. Dies können Sie zwischendurch immer wieder einmal kontrollieren, in dem Sie das Formular vom Entwurfsmodus in den Ansichtsmodus umschalten. Um das Alter in der Liste anzeigen zu können, ziehen Sie noch ein weiteres ungebundenes Textfeld in den Detailbereich auf, das Sie *BerechnungAlter* nennen.

Der Entwurf müsste nunmehr wie folgt aussehen:

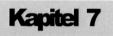

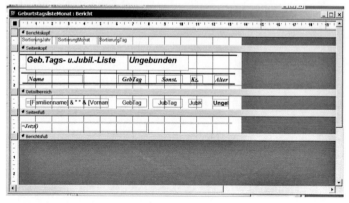

Abbildung 7- 34

Das grobe Gerüst der Liste ist nun fertig. Jetzt geht es an die Feinheiten. Sie wollen diese Liste ja für einen bestimmten Monat eines Jahres ausgeben. Aus diesem Grund benötigen Sie noch ein Formular, in dem Sie die Ausgabewünsche erfassen und dann auf den Bericht übertragen können. Dieses Erfassungsformular bauen Sie im Kapitel 8 auf. Sie werden dort sowohl den Monat als auch das Jahr als Zahl erfassen. Außerdem werden Sie dort auch die Monatsziffer in den Monatsnamen umwandeln. Wenn Sie dem Seitenkopf noch eine andere Hintergrundfarbe geben wollen, so können Sie dies über das Eigenschaftsfenster jederzeit veranlassen. Sie klicken im Seitenkopf ganz links in das graue Viereck

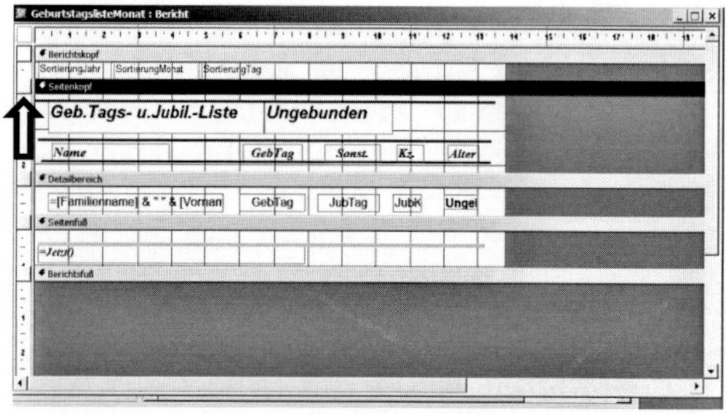

Abbildung 7- 35

Kapitel 7

wählen mit einem rechten Mausklick die Eigenschaftsauswahl an. In dem Register *Format*, wählen Sie Hintergrundfarbe und klicken auf die drei Punkte außen rechts und können in der Farbpalette eine Ihnen angenehme Farbe auswählen. Sie können aber auch zunächst den Bericht ohne eine neue Farbauswahl fertigstellen.

Klicken Sie mit der rechten Maustaste das ungebundene Textfeld *MonatJahr* an und gehen über Eigenschaften in das Eigenschaftsfenster. Im Register *Daten* geben Sie in der Zeile *Steuerelementinhalt* ein:

> =forms!frmAdressenDruckAuswahl!NameMonat & „ " & _
> forms!AdressenDruckAuswahl.AuswahlJahr

zusammen aus der Bestückung von *NameMonat* und dem *Jahr* aus dem Erfassungsformular. Der Code lautet dafür:

MonatJahr = NameMonat & " " & Forms!frmListenAuswahl.AuswahlJahr

Sie verbinden nun den Monatsnamen aus dem späteren Auswahlformular mit der Jahreszahl aus dem Erfassungsformular. Zwischen dem Monatsnamen und der Jahreszahl soll noch ein Leerzeichen eingebaut werden. Sie müssen also den Monatsnamen mit einem Leerzeichen verbinden und danach noch die Jahreszahl anhängen. Diese geschieht jeweils mit dem Verbindungszeichen „&". Auf ein außenstehendes Formular, wie z.B. dem Druckauswahl-Formular, greifen Sie stets mit dem Befehl

Forms!

gefolgt von einem Ausrufezeichen und der genauen Bezeichnung des Formulars und durch einen „." (Punkt) getrennt, auf die entsprechende Variable dieses Formulars zu.

Eine weitere Verfeinerung der Liste können Sie dadurch herbeiführen, dass Sie jeden Namensandruck mit einem unterschiedlichen Hintergrund belegen, einmal z.B. mit weißem Hintergrund, den nächsten mit einem grauen Hintergrund und den dritten wieder mit einem weißen Hintergrund. So wird die Liste besser lesbar.

Berichte

Kapitel 7

Dies können Sie immer dann verwirklichen, wenn der Detailbereich der Liste gedruckt wird. Hierzu schreiben Sie ein wenig Code, den Sie natürlich nicht nur bei dieser Liste, sondern auch in anderen Listen unverändert übernehmen können. Dieser Code wurde als allgemeingültiger Code in der Codesammlung im *Anhang 4* aufgenommen.

Klicken Sie im Detailbereich mit der rechten Maustaste wieder in das kleine graue Kästchen ganz links außen. Wählen Eigenschaften an und gehen in das Register *Ereignis*. Da die Hintergrundfarbe während des Druckvorgangs gewählt werden soll, gehen Sie in die Zeile *Beim Drucken*, klicken auf die drei Punkte rechts außen, wählen im nächsten Fenster Code-Generator an und sehen im VBA-Fenster die beiden Zeilen

Private Sub Detailbereich_Print(Cancel As Integer, PrintCount As Integer)
End Sub

Also eine Prozedur, die beim Drucken des Detailbereichs ablaufen soll. Jede Farbe besitzt eine Nummer, das haben Sie ja schon erfahren (z.B. hat die Farbe Rot die Nummer 255). Hier benötigen Sie jetzt die Farben Weiß und Hellgrau. Die Farbe Weiß hat die Nummer 16777215, die Farbe Hellgrau die Nummer 12632256. Diese Nummern können Sie leicht herausfinden, wenn Sie in einem Eigenschaftsfeld die Hintergrundfarbe über die Farbpalette anwählen, sich eine Farbe aussuchen und dann mit OK bestätigen. Im Eigenschaftsfeld erscheint dann die Farbnummer.

Die beiden Farben, die Sie für die Druckzeilen benötigen, speichern Sie zunächst in eine Konstante. Im Gegensatz zu einer Variablen, die Sie ja schon kennengelernt und angewandt haben, und die jeweils unterschiedliche Werte aufnehmen kann, beinhaltet eine Konstante, wie der Name schon sagt, immer einen festen, also einen konstanten Wert. In diesem Fall also die Farbnummern. Sie müssen die Konstanten am Anfang der Prozedur deklarieren. Dies geschieht dadurch, dass man dem Konstanten-Namen ein *Const* voransetzt und dieser Konstanten dann den Farbwert zuweist. In diesem Fall deklarieren Sie die beiden Konstanten nach der ersten Zeile unserer obigen Prozedur:

' Weiß: FarbNr. 16777215

Kapitel 7

'Hellgrau: FarbNr. 12632256

Const Farbe1 = 16777215

Const Farbe2 = 12632256

Anschließend programmieren Sie den eigentlichen Prozedur-Ablauf. Sie fragen ab, ob die Farbe *Weiß* aktuell ist, dann schalten Sie um auf die Farbe *Grau*, ansonsten soll auf die Farbe Weiß umgeschaltet werden. Die vollständige Anweisung heißt dann:

If Me.Detailbereich.BackColor = Farbe1 Then

  ' Von Weiß auf Grau umschalten
  Me.Detailbereich.BackColor = Farbe2

Else

  Me.Detailbereich.BackColor = Farbe1

  'von Grau auf Weiß umschalten

End If

Jetzt müssen Sie noch das Feld *BerechnungAlter* bestücken. Hierzu benötigen Sie wiederum eine Prozedur, bei der Sie sich einer VBA-Funktion bedienen. Die Funktion *DatePart()* kann aus einem beliebigen Datum Teile, wie das Jahr, den Monat oder den Tag ermitteln, mit dem man dann weitere Berechnungen anstellen kann. Sie benötigen dies hier mit dem Jahr im Tabellenfeldern *GebTag* und *JubTag*. Innerhalb der runden Klammern verlangt die Funktion zwingend die Bezeichnung des Datumsteils, den Sie verwenden wollen und durch ein Komma getrennt das Tabellenfeld aus dem dieser Teil berechnet werden soll. Sie benötigen für Ihre Zwecke das Geburtsjahr aus dem Tabellenfeld *GebTag*, das Sie mit dem Jahr im Auswahlformular vergleichen wollen. Das herauszunehmende Geburtsjahr wird in der Funktion mit „yyyy" deklariert. Die Funktion lautet demnach

DatePart("yyyy", GebTag)

Wollten Sie den Monat aus dem Geburtsjahr isolieren müssten Sie diese Funktion abändern in

DatePart("m", GebTag)

Kapitel 7

und beim Tag würde sie lauten

DatePart("d", GebTag).

In das Berichtsfeld *BerechnungAlter* werden Sie nun das Alter als Differenz zwischen Geburtsjahr und Auswahljahr berechnen lassen. Diese Prozedur lassen Sie ebenfalls dann ablaufen, wenn der Detailbereich gedruckt wird. Sie gehen also zur vorigen Prozedur mit den farbwechselnden Zeilen. Vor der Zeile *End Sub* fügen Sie ein:

BerechnungAlter = Forms!frmAdressenDruckAuswahl.AuswahlJahr - DatePart("yyyy", GebTag)

Ebenso verfahren Sie mit der Jahresdifferenz beim Jubiläums- bzw. Todestag. Da dieser Tag aber nicht bei jedem der Listenteilnehmer anfällt, fragen Sie ab, ob das Tabellenfeld *JubTag* tatsächlich einen Wert besitzt. Dies bewerkstelligen Sie mit einer Bedingungsfrage. Wenn das Feld *JubTag* einen Wert besitzt, dann soll die Differenz zwischen dem Jahr dieses Wertes und dem Jahr aus dem Auswahlformular in das Listenfeld BerechnungAlter geschrieben werden. Die Teilprozedur lautet demnach

If JubTag > 0 Then

    **BerechnungAlter = Forms!frmAdressenDruckAuswahl.AuswahlJahr _
    DatePart("yyyy", JubTag)**

End If

Übersichtlich wäre es außerdem, wenn man runde Geburtstage in der Liste auch noch farblich herausheben würden. Dies kann man tun, in dem bestimmte Geburtstage, z.B. den 50., 60., ...90. in roter Farbe oder einer anderen auffälligen Farbe andruckt werden. Hierzu muss bei den Eigenschaften eines Feldes nur die Textfarbe geändert werden. Da die VBA-Anweisungen in englischer Sprache erfolgen heißt die Textfarbe *Forecolor*. Damit ein solcher Farbwechsel funktioniert, benötigen Sie wiederum zwei Konstante, nämlich einmal für die Standarddruckerfarbe schwarz (FarbNr. = 0) und eine für die abgehobene Druckerfarbe, z.B. rot (FarbNr. = 255). Sie haben in der Anweisung für den Detaildruck bereits für den farblichen Wechsel beim Zeilendruck zwei Konstante deklariert. Deklarieren Sie am gleichen Ort zwei weitere Konstante mit

Kapitel 7

Const DruckRot = 255

Const DruckSchwarz = 0

Wenn also im Listenfeld *BerechnungAlter* ein runder Geburtstag ermittelt wird, dann soll dieser in der Farbe Rot angezeigt werden. Die Anweisung lautet dafür wie folgt:

```
If BerechnungAlter = 50 Or BerechnungAlter = 60 Or BerechnungAlter = 65 Or  BerechnungAlter = 70 Or _
BerechnungAlter = 75 Or BerechnungAlter = 80 Or BerechnungAlter = 85 Or BerechnungAlter = 90 Then
          Me!BerechnungAlter.ForeColor = DruckRot
Else
          Me!BerechnungAlter.ForeColor = DruckSchwarz
End If
```

Wenn Daten in der Geburtstagstabelle gespeichert sind, funktioniert der Listendruck bereits jetzt. Sollten aber zum Druckzeitpunkt noch keine Daten in der Tabelle sein, würde der Listenkopf gedruckt werden, ohne dass die Liste ansonsten Daten enthält. Das ist nicht schön und verschwendet Papier. Deshalb ist anzuraten einen solchen Fall mit ein wenig Programmcode abzufangen.

Mit der rechten Maustaste klicken Sie ganz oben links in das kleine schwarze Kästchen und wählen Eigenschaften und im Register *Ereignis* gehen Sie in die Zeile *Bei ohne Daten*. Mit der linken Maustaste klicken Sie in die weiße Zeile, dann ganz rechts auf die drei Punkte und wählen Code-Generator an. Sie erhalten Kopf und Fuß einer neuen Prozedur

Private Sub Report_NoData(Cancel As Integer)

End Sub

Zwischen diesen beiden Zeilen fügen Sie jetzt den Programm-Code ein.

```
On Error GoTo Fehler
Application.Echo False
' globalen Fehler ausgeben, wenn keine Daten vorhanden sind
   MsgBox "Der Bericht kann nicht angezeigt oder gedruckt " _
```

Berichte

Kapitel 7

& vbCrLf & "werden, da er im Moment keine Daten enthält.", 16, "Achtung!"
' Ausgabe abbrechen
   DoCmd.CancelEvent
   DoCmd.Hourglass False
   Application.Echo True
DoCmd.Close
Fehler: Ende
Ende:

In dieser Prozedur verwenden Sie erstmals eine sogen. Fehlerprozedur. D.h. wenn irgendein Fehler bei Ablauf des Programmcodes auftauchen sollte, soll sofort zu einer Zeile *Fehler* verzweigt werden, in der Ersatzanweisungen eingefügt werden können, was mit dem Programmablauf weiter geschehen soll. Man darf dabei aber nicht vergessen, dass man auch eine Zeile Fehler am Schluss der Prozedur einfügt, sonst erfolgt ein Programmabsturz. Sie machen das in der vorletzten Zeile. Getrennt durch einen Doppelpunkt sagen Sie dem Programm wie es bei einem Fehler weitergehen soll. In diesem Falle soll es zur Zeile *Ende* gehen. Hierzu schreiben Sie in der nächsten Zeile einfach das Wort „Ende" und einen Doppelpunkt, so dass nunmehr das Programm prüft, ob ein Fehler vorliegt, wenn ja, dann verzweigt es zur Zeile *Fehler* und erhält dort die Anweisung, die Prozedur zu beenden.

Sollte tatsächlich ein solcher Fehler (in unserem Programm bei leerer Tabelle) auftreten, würde am Bildschirm ebenfalls ein Fehlerhinweis erscheinen, der von Access deklariert wird. Meist kann niemand damit etwas anfangen. Deshalb schalten Sie mit dem Programmcode zunächst diese programminterne Anweisung aus. Dies geschieht mit der Anweisung

Application.Echo False

Statt dieser nichtssagenden Fehlermeldung wollen Sie dem Benutzer sicher aber eine Erklärung bieten, welcher Fehler aufgetreten ist. Die können Sie mit einer *MsgBox* wie folgt tun:

MsgBox "Der Bericht kann nicht angezeigt oder gedruckt " _

& vbCrLf & "werden da er im Moment keine Daten enthält.", 16, "Achtung!"
Sie sagen dem Anwender, dass ein Bericht nicht angezeigt werden kann, weil keine Daten vorhanden sind. Hierzu benutzen Sie einen zweizeiligen Text. Vergessen Sie bei der Anweisung den Unterstrich nach der ersten Zeile nicht und verbinden Sie die ersten Zeile mit einem Zeilenvorschub (vBCrlf), damit der nachfolgende Text nicht den vorhergehenden überschreibt. In die Meldung integrieren Sie ein Stopp-Symbol (16), um die Aufmerksamkeit des Anwenders auf diese Meldung zu lenken. Über die Meldungsbox schreiben Sie dann auch noch „Achtung".

Nach dieser Meldung müssen Sie eine Anweisung erteilen, was weiter geschehen soll. Im vorliegenden Falle soll die Druckanweisung abgebrochen werden. Das ist ein sogen. *Event*, also ein Ereignis. Die Programmanweisung erfolgt mit einer *DoCmd*-Anweisung und sieht wie folgt aus

DoCmd.CancelEvent
Vergessen dürfen Sie aber jetzt nicht, dass Sie die Bildschirmanweisung für Fehlerroutinen ausgeschaltet haben, diese aber künftig ja wieder benötigen. Sie müssen sie also wieder einschalten. Dies tun Sie mit der Anweisung

Application.Echo True
Wenn Sie nähere Informationen wünschen, wie VBA-Anweisungen benutzt werden und wie die Syntax für solche Anweisungen aussehen muss, so können Sie das Access-Hilfesystem jederzeit aufrufen. Klicken Sie dazu auf die VBA-Funktion z.B. in unserem Falle auf *MsgBox, Echo, DoCmd* oder *CancelEvent* und drücken die F1-Taste. Hier erfahren Sie eine ausführliche Beschreibung und auch Beispiele, wie Sie solche Anweisungen nutzen können.

Ausprobieren können Sie die Liste allerdings erst, wenn Sie das Auswahlformular erstellt haben, Dies geschieht im nächsten Kapitel.

Kapitel 7

Jahresliste

Manchem Anwender ist es lieber, wenn er nicht für jeden Monat eine separate Liste ausdrucken muss, sondern eine einzige Liste für ein entsprechendes Kalenderjahr hat. Deshalb werden Sie jetzt noch eine solche Liste erstellen.

Benutzen Sie wieder den Berichtsassistenten. Bis zum Rohbericht beschränke ich mich deshalb auf stichwortartige Angaben, da Sie dies ja oben nochmals in allen Einzelheiten nachlesen können.

Arbeitsfläche: *Berichte* anklicken,
Erstellt einen Bericht unter Verwendung des Assistenten,
Klick auf *Neu*

Fenster Neuer Bericht:	Berichts-Assistent
	Tabelle Geburtstage
	Klick auf OK
Auswahl Tabellenfelder:	FamilienName
	Vorname
	GebTag
	JubTag
	JubKZ
	SortierungMonat
	SortierungJahr
	SortierungTag
	Klick auf Weiter
Gruppierungsebene:	SortierungMonat
	SortierungTag
	Klick auf Weiter
Layoutebene:	abgestuft

Kapitel 7

	Hochformat
	Klick auf Weiter
Formatebene:	Geschäftlich
	Klick auf Weiter
Titel:	Geburtstagsliste
	Klick auf Fertigstellen

Der Rohbericht sieht danach so aus:

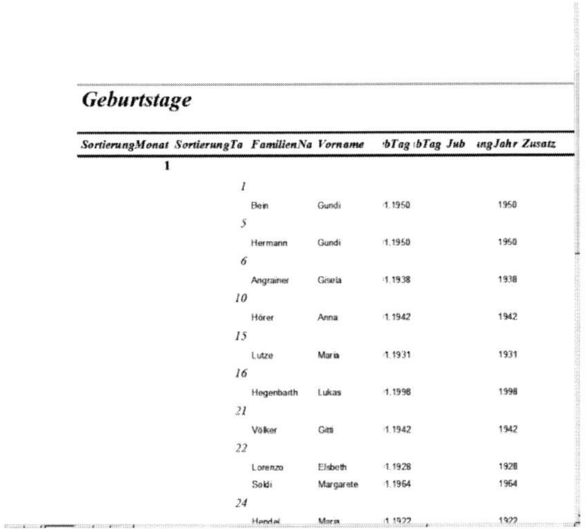

Geburtstage

SortierungMonat	SortierungTa	FamilienNa	Vorname	bTag	bTag	Jub	ngJahr	Zusatz
1								
	1	Bein	Gundi	1.1950			1950	
	5	Hermann	Gundi	1.1950			1950	
	6	Angrainer	Gisela	1.1938			1938	
	10	Hörer	Anna	1.1942			1942	
	15	Lutze	Maria	1.1931			1931	
	16	Hegenbarth	Lukas	1.1998			1998	
	21	Völker	Gitti	1.1942			1942	
	22	Lorenzo	Elsbeth	1.1928			1928	
		Soldi	Margarete	1.1964			1964	
	24							
		Hendel	Mara	1.1922			1922	

Abbildung 7- 36

Schalten Sie wieder um in den Entwurfsmodus und bearbeiten das neue Formular wie das vorherige.

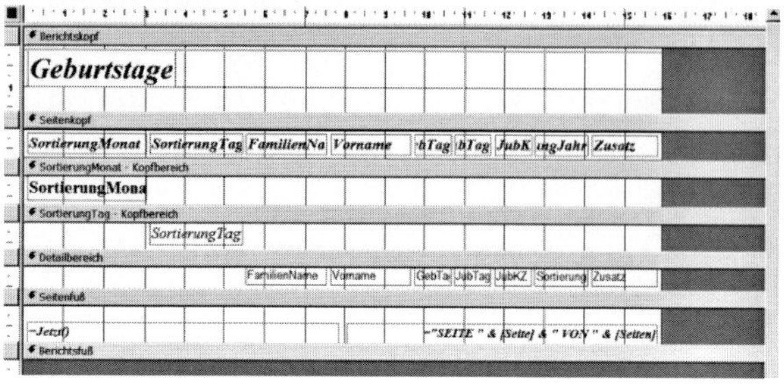

Kapitel 7

Abbildung 7-37

Auch in diesem Formular soll die Listenüberschrift wieder auf jeder Druckseite erscheinen.

Zunächst schaffen Sie ein wenig Platz um die Überschrift aus dem Berichtskopf in den Seitenkopf verschieben zu können. Setzen Sie den Cursor auf die obere graue Begrenzungslinie der Zeile *SortierungMonat Kopfbereich*. Der Cursor nimmt die Form eines Kreuzes an. Bei gedrückter linker Maustaste ziehen Sie den grauen Balken ein wenig nach unten. Anschließend markieren Sie alle Bezeichnungsfelder im Seitenkopf und ziehen diese bei gedrückter linker Maustaste an den Rand des grauen Balkens *SortierungMonat –Kopfbereich*.

Markieren Sie die derzeitige Überschrift und schneiden sie aus (Klick auf rechte Maustaste, Ausschneiden). Setzen Sie dann den Cursor in den freien Raum des Seitenkopfes und zwar ziemlich links, klicken mit der rechten Maustaste und wählen aus dem Kontextmenü *Einfügen* aus. Am oberen Rand des Berichtskopfes hat der Assistent noch eine Begrenzungslinie eingebaut. Diese löschen Sie heraus (Linie anklicken, rechte Maustaste, Löschen).

Mit gedrückter linker Maustaste schieben Sie den Seitenkopf nach oben, bis er an der unteren grauen Begrenzungslinie des Berichtskopfes anstößt.

Die Überschrift heben Sie farblich hervor, in dem Sie im Eigenschaftsfeld die Hintergrundfarbe auf Gelb einstellen. Wenn Sie schon im Eigenschaftsfeld sind, ändern Sie die Überschrift gleich ab in *Geb.Tag- u. Jubil.-Liste*.

Kapitel 7

Um die Liste später für alle Jahre verwenden zu können, muss beim Druck das gewünschte Jahr vorgegeben werden. Das Auswahlformular wurde schon bei der vorigen Liste besprochen und wird in Kapitel 8 programmiert. Damit das dann ausgewählte Jahr auch in der jetzigen Liste angedruckt wird, müssen Sie in die Überschrift noch ein weiteres ungebundenes Textfeld für die Jahreszahl integrieren. Aus der Toolbox ziehen Sie ein Textfeld (**ab**) neben die Listenbezeichnung auf, löschen das dazugehörende Bezeichnungsfeld (anklicken mit linker Maustaste und Taste Entfernen drücken) und geben im Eigenschaftsfeld im Register Alle als Steuerelementinhalt ein:

=Formulare!frmAdressenDruckAuswahl.AuswahlJahr

Dies bedeutet, dass das im Auswahlformular (*frmAdressenDruckAuswahl*) eingegebene Jahr in die Geburtstagsliste übernommen wird. Das Textfeld selbst formatieren Sie wie die bisherige Überschriftzeile. Die Arbeit müsste jetzt wie folgt aussehen:

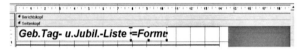

Abbildung 7- 38

Als Nächstes werden Sie den Seitenkopf weiter bearbeiten. Im Assistentenentwurf sind noch Überschriften enthalten, die nicht mehr benötigt werden. Löschen Sie die Bezeichnungsfelder *SortierungMonat, SortierungTag, Vorname, SortierungJahr, JubTag* und *JubKZ*.

An weiteren Überschriftfeldern, brauchen Sie *GebTag, Name, Alter, Sonstiges*.

Das Bezeichnungsfeld *GebTag* existiert bereits durch den Assistenten. Markieren Sie das Feld und ziehen es mit gedrückter linker Maustaste an den linken Rand des Seitenkopfes. Die Beschriftung des Bezeichnungsfeldes *FamilienName* ändern Sie im Eigenschaftsfeld (Register *Alle*) in *Name* ab. Das Bezeichnungsfeld *Zusatz* ändern Sie auf gleiche Weise in *Sonstiges* ab. Aus der Toolbox ziehen Sie ein Bezeichnungsfeld auf und beschriften es mit ALTER.

Berichte

Kapitel 7

Formatieren Sie diese Überschriftfelder einheitlich im Eigenschaftsfenster, Register *Format*, mit Oben 1,399, Höhe 0,529, Textfarbe 8388608 (Blau), Schriftgrad 11 pt., Schriftbreite Fett und Kursiv auf JA.

Den linken Rand des Feldes *GebTag* setzen Sie auf 0,3, den linken Rand der Überschrift NAME auf 2,099, das Feld ALTER auf 8,698 und das Feld SONSTIGES auf 11,298 cm.

Als nächstes nehmen Sie sich die Zeile *SortierungMonat – Kopfbereich* vor.

Das Feld *SortierungMonat* ziehen Sie etwas nach rechts um Platz zu schaffen für den Andruck des Monatsnamens. Außerdem nehmen Sie für dieses Feld im Eigenschaftsfenster (Register *Format*) die Eigenschaft *Sichtbar* auf NEIN vor. In der Tabelle Geburtstag ist der Monat als Zahl abgespeichert. In der Liste möchten Sie aber den Monat mit seinem jeweiligen Namen ausgeben. Hierzu benötigen Sie ein neues Textfeld mit dem Sie die Zahl in einen Namen umwandeln. Aus der Toolbox ziehen Sie deshalb ein Textfeld (**ab**) auf, dem Sie im Eigenschaftsfeld (Register ALLE) den Namen MONATSNAME geben. Das Bezeichnungsfeld wird nicht benötigt, deshalb markieren Sie es und löschen es heraus. Das Feld *Monatsname* ziehen Sie dann nach links und ändern die Formatierung im Eigenschaftsfenster (Register FORMAT) wie folgt ab: Schriftfarbe 255 (rot), Schriftgrad 12 pt., Schriftbreite FETT, linker Rand 0,099 cm.

Damit der richtige Monatsname beim Ausdruck erscheint, benötigen Sie wieder ein wenig Programmcode. Die Bestückung des Monatsnamens erfolgt beim Formatieren dieses Kopfbereichsteils. Klicken Sie mit der rechten Maustaste in das kleine graue Quadrat links neben der Bezeichnung *SortierungMonat–Kopfzeile* um das Eigenschaftsfenster zu öffnen. Im Register *Ereignis* klicken Sie in die weiße Zeile bei *Beim Formatieren*. Anschließend klicken Sie auf das Kästchen mit den drei Punkten und wählen Code-Generator an. Im Programmcode-Fenster wird Ihnen die Sub-Prozedur wie folgt vorgegeben:

Private Sub Gruppenkopf0_Format(Cancel As Integer, FormatCount As Integer)
End Sub

Kapitel 7

Zwischen die beiden Zeilen fügen Sie den bereits aus der vorherigen Liste bekannten Programmcode mit der *Select Case*-Auswahl ein:

Select Case SortierungMonat

Case 1
Monatsname = "JANUAR"

Case 2
Monatsname = "FEBRUAR"

Case 3
Monatsname = "MÄRZ"

Case 4
Monatsname = "APRIL"

Case 5
Monatsname = "MAI"

Case 6
Monatsname = "JUNI"

Case 7
Monatsname = "JULI"

Case 8
Monatsname = "AUGUST"

Case 9
Monatsname = "SEPTEMBER"

Case 10
Monatsname = "OKTOBER"

Case 11
Monatsname = "NOVEMBER"

Case 12
Monatsname = "DEZEMBER"

End Select

Mit dieser Anweisung wandeln Sie die im Feld *SortierungMonat* enthaltene Monatszahl in die Monatsbezeichnung um.

Kapitel 7

In der nächsten Rubrik *SortierungTag–Kopfbereich* hat der Assistent bereits das notwendige Tagessortierfeld vorgegeben, damit die Geburtstage innerhalb der einzelnen Monate aufsteigend sortiert werden. Das Sortierfeld muss im Bericht aber nicht erscheinen, weshalb Sie das Feld mit der rechten Maustaste anklicken und im Eigenschaftsfeld (Register *Format*) die Eigenschaft Sichtbar auf NEIN stellen.

Jetzt verbleibt noch den Detailbereich des Formulars zu bestücken. Als erstes Feld nehmen Sie den Geburtstag. Ziehen Sie das Tabellenfeld *GebTag* deshalb nach links und geben im Eigenschaftsfeld als linken Rand 0,3 cm an.

Der Name soll nicht nach Familien- und Vorname getrennt werden, sondern er soll in einem Feld zusammengezogen werden um unerwünschte Leerzeichen zu vermeiden. Hierzu benötigen Sie wieder aus der Toolbox ein sogen. Textfeld (**ab**), das Sie in den Detailbereich ziehen. Das dazugehörende Bezeichnungsfeld kann gelöscht werden. Es wird nicht mehr benötigt, da Sie eine entsprechende Überschrift im Seitenkopf bereits eingefügt haben. Im Eigenschaftsfenster im Register *Format* stellen Sie die Textfarbe auf 16711680 (Blau), den Schriftgrad auf 9 pt. und die Schriftbreite mit Mittel ein.

Im Register *Daten* müssen Sie jetzt noch den Vor- und Familiennamen zusammensetzen. In der Zeile *Steuerelementinhalt* geben Sie dazu ein:

=[Familienname] & " " & [Vorname]

Sie benötigen noch ein weiteres Textfeldelement aus der Toolbox, das Sie in den Detailbereich einfügen. Auch hier löschen Sie das dazugehörige Bezeichnungsfeld. Im Eigenschaftsfenster (Register *Alle*) geben Sie diesem Feld den Namen *BerechnungAlter*.

Die Tabellenfelder *FamilienName, Vorname, Zusatz, SortierungJahr* benötigen Sie nicht mehr. Sie können gelöscht werden. Die Felder *JubTag* und *JubKZ* ziehen Sie nach rechts zusammen, so dass sie in etwa unter der Überschrift SONSTIGES platziert sind.

Der Entwurf sieht so oder ähnlich aus:

Kapitel 7

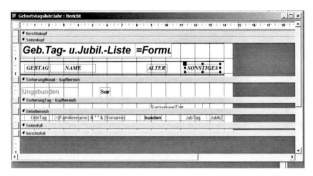

Abbildung 7-39

Wie bei dem vorhergehenden Bericht soll beim Drucken das entsprechende Alter errechnet und angedruckt werden. Außerdem sollen einige wichtige runde Geburtstage in roter Farbe zu sehen sein und im Bericht sollen die einzelnen Zeilen wieder in unterschiedlichen Schattierungen dargestellt werden.

Um dies zu bewerkstelligen, klicken Sie mit der rechten Maustaste in das kleine graue Quadrat links neben der Beschriftung *Detailbereich*. Im Eigenschaftsfenster gehen Sie in das Register *Ereignis*. In der Zeile *Beim Drucken* klicken Sie in die weiße Zeile, dann auf das Kästchen mit den drei Punkten, wählen im darauf folgenden Fenster *Code-Generator* an und erfassen den bereits im vorigen Bericht erstellten Code. Am Einfachsten ist es, wenn Sie den vorhergehenden Bericht im Entwurfsmodus nochmals öffnen, in der Symbolleiste *Code* auswählen und im Codefenster den Code ohne die erste und letzte Zeile markieren, mit der rechten Maustaste klicken und Kopieren auswählen. Schließen Sie dann den alten Bericht und fügen den Code mit einem rechten Mausklick zwischen die beiden bereits vorgegebenen Zeilen

Private Sub Detailbereich_Print(Cancel As Integer, PrintCount As Integer)
End Sub

ein. So ersparen Sie sich eine neuerliche Code-Erfassung.

Sollte Ihnen die verschiedene Zeileneinfärbung nicht gefallen, so eliminieren Sie den dafür verantwortlichen Code und fügen stattdessen eine Zeilentrennung mit

Berichte　　　　　　　　　　　　　　　　　　　　　　　　　　**441**

Kapitel 7

einer Linie ein. Klicken Sie dazu in der Toolbox auf die Linie und ziehen diese unterhalb der Detailfelder vom linken zum rechten Rand auf. Im Eigenschaftsfenster im Register Format stellen sie die Höhe auf 0 ein, damit sie immer gerade ist.

Wie im vorherigen Bericht sollten Sie jetzt noch die Tatsache abfangen, dass beim Druckaufruf evtl. keine Daten vorliegen.

Klicken Sie mit der rechten Maustaste in das schwarze Quadrat links in der Linealzeile. Im Eigenschaftsfenster des Berichtes wählen Sie im Register *Ereignis* die Zeile *Bei Ohne Daten* aus, klicken rechts auf die drei Punkte, wählen Code-Generator an und fügen zwischen die beiden vorgegebenen Prozedurzeilen den gleichen Code wie im Vorbericht ein. Wie Sie diesen Code am einfachsten einfügen, haben Sie gerade etwas weiter oben praktiziert. Jetzt müsste die Liste vollständig sein.

Ausprobieren können Sie sie derzeit jedoch noch nicht, da Sie im Kapitel 8 erst noch das Auswahlformular erstellen müssen, damit die notwendigen Daten für die Überschrift zur Verfügung stehen.

Damit Sie einen Vorgeschmack auf das Aussehen bereits jetzt bekommen, ist die fertige Liste in Abbildung 7-40 einmal abgedruckt und zwar mit einer Linientrennung zwischen den einzelnen Geburtstagen, anstatt mit der farblichen Trennung.

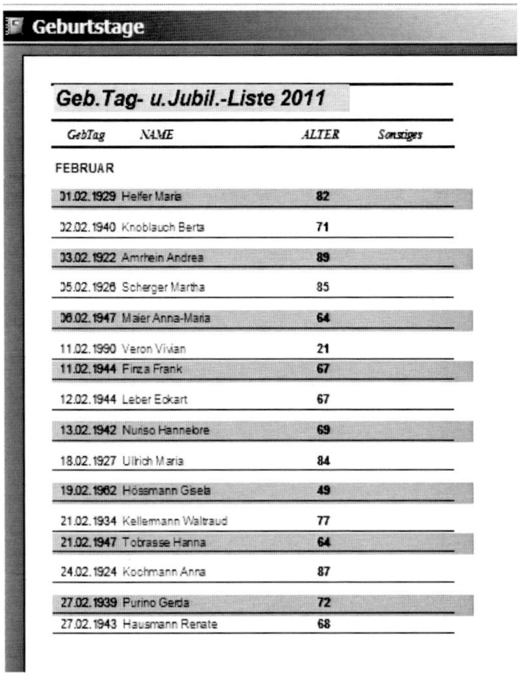

Kapitel 7

Geburtstage			
Geb.Tag- u.Jubil.-Liste 2011			
GebTag	NAME	ALTER	Sonstiges
FEBRUAR			
01.02.1929	Helfer Maria	82	
02.02.1940	Knoblauch Berta	71	
03.02.1922	Amrhein Andrea	89	
05.02.1926	Scherger Martha	85	
06.02.1947	Maier Anna-Maria	64	
11.02.1990	Veron Vivian	21	
11.02.1944	Finza Frank	67	
12.02.1944	Leber Eckart	67	
13.02.1942	Nuriso Hannelore	69	
18.02.1927	Ulrich Maria	84	
19.02.1962	Hösmann Gisela	49	
21.02.1934	Kellermann Waltraud	77	
21.02.1947	Tobrasse Hanna	64	
24.02.1924	Kochmann Anna	87	
27.02.1939	Purino Gerda	72	
27.02.1943	Hausmann Renate	68	

Abbildung 7-40

Einladungsliste

Mit dem Erfassungsprogramm aus Kapitel 4 haben Sie Gäste ausgesucht, die zur Feier kommen sollen. Außerdem haben Sie dort ein Auswahlprogramm für den Listendruck erstellt. In diesem Auswahlprogramm können Sie u.a. auch die Liste der eingeladenen Personen zum Druck auswählen. In diesem Kapitel werden Sie nun diese Liste aufbauen. In Kapitel 5 haben Sie auch eine Abfrage erstellt, die die eingeladenen Personen aus der Tabelle *AdressDaten* filtert.

Auf der Access-Arbeitsfläche wählen Sie das Objekt *Bericht*, und zwar soll Sie auch hier der Assistent unterstützen. Klicken Sie also *„Erstellt einen Bericht unter Verwendung des Assistenten"* an und wählen NEU. Im nachfolgenden Fenster wählen Sie *Berichtsassistent* und geben als Datenquelle die erstellte Abfrage

Kapitel 7

„*abfrDruckEinlListe*" an. Im darauffolgenden Fenster wählen Sie die Datenfelder aus, die in der Liste benötigt werden. Das sind:

GastName, Strasse, PLZ, Ort, Telefon

Klicken auf Weiter. Das nächste Gruppierungsfenster können Sie übergehen, da eine Gruppierung nicht benötigt wird. Klicken Sie also einfach auf Weiter.

Im Sortierungsfenster geben Sie an, dass nach dem Feld *GastName* sortiert werden soll und zwar in aufsteigender Richtung und klicken auf Weiter. Im nächsten Fenster belassen Sie die Vorgabe *Tabellarisch* und klicken auf Weiter. Auch das nächste Fenster können Sie unverändert übernehmen. Nur wenn Ihnen die Liste nicht gefallen sollte, versuchen Sie einfach einmal die anderen Vorgaben. Mit einem Klick auf Weiter müssen Sie dann die Titelzeile eingeben. Geben Sie dafür „Einladungsliste" ein und klicken auf *Fertigstellen*.

Es wird danach sofort die Liste angezeigt (siehe Abbildung 7-41).

Da es sich nur um eine vorläufige Liste handelt, weil die endgültige Gästeliste erst nach den erfolgten Zusagen der Eingeladenen erstellt wird, könnten Sie das automatische Layout belassen.

Zu Übungszwecken werden Sie sie natürlich etwas verfeinern. Klicken Sie in der Arbeitsfläche auf das Icon für Entwurfsansicht, damit Sie den Bericht bearbeiten können.

Zunächst müssten Sie entscheiden, ob die Überschrift „Einladungsliste" nur auf dem ersten Blatt erscheinen soll, oder auf jeder Seite der Liste. Wenn es genügt, dass die Bezeichnung nur auf der ersten Seite gedruckt werden soll, können Sie diese Beschriftung im *Berichtskopf* belassen.

Kapitel 7

Einladungsliste1

GastName	Strasse	LKZ	PLZ	Ort
Amrhein Andrea	Bulgienweg 3	D-	63739	Aschaffenburg
Ellvanger Lolita	Parmesanweg 12	D-	01594	Althirschstein
Friese Gertrud	Schulgasse 4	D-	63897	Miltenberg
Friese Wilhelm	Schulgasse 4	D-	63897	Miltenberg
Gorodzek Margarete	Ostwestgasse 112	D-	63856	Bessenbach
Huthmann Brigitte	Am Hang 14	D-	63820	Obernburg
Huthmann Hans	Am Hang 14	D-	63820	Obernburg
Kochmann Anna	Luitpoldstr. 6	D-	63849	Leidersbach
Mertens Berthold	Hauptstr. 22	D-	63864	Glattbach
Mertens Paula	Hauptstr. 22	D-	63864	Glattbach
Miesepeter Hans-Peter	Frauentorgraben 9	D-	63768	Hösbach
Morissa Patrizia	Gertraudweg 5	D-	63856	Bessenbach
Neugierig Peter	Gertraudweg 5	D-	63856	Bessenbach
Nuriso Pietro	Parkallee 5	D-	63814	Mainaschaff
Risserlein Fritz	Ligusterweg 6	D-	63814	Mainaschaff
Steigerwald Jürgen	Braunwarthweg 1	D-	63741	Aschaffenburg

Abbildung 7- 41

Ansonsten müssten Sie im *Detailbereich* etwas Platz schaffen und diese Bezeichnung dorthin kopieren. In unserem Fall soll es genügen, dass die Berichtsbezeichnung nur auf der ersten Berichtsseite gedruckt wird. Allerdings soll neben dieser Bezeichnung auch den Grund der Feier und das Datum angedruckt werden. Der Druckaufruf dieses Berichtes erfolgt aus dem bereits erstellten Formular „*frmDruckAuswahlEinladung*". Dort sind Grund und Datum bereits angegeben und Sie können die beiden Kriterien in den Bericht übernehmen. Hierzu platzieren Sie neben dem Berichtstitel „Einladungsliste" ein Textfeld (**ab**), das Sie aus der Toolbox herüberziehen. Das automatisch miterstellte Bezeichnungsfeld markieren Sie und löschen es weg, da es nicht benötigt wird. Mit der rechten Maustaste klicken Sie das verbliebene Textfeld an und öffnen das Eigenschaftsfenster (siehe Abbildung 7-42).

Im Register *Daten* verweisen Sie in der Zeile Steuerelementinhalt auf den im Aufruf-Formular erfassten Feier-Grund

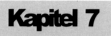

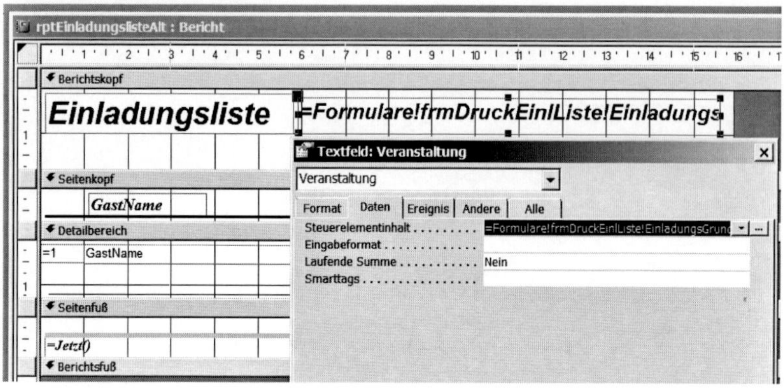

Kapitel 7

Abbildung 7- 42

Eine Zuweisung wird stets mit einem „=" eingeleitet. Danach geben Sie an, dass sich das zu druckende Element in einem Formular befindet und setzen anschließend ein „!". Benennen Sie dieses Formular und geben das Feld an, in dem der Feier-Grund beinhaltet ist. Den Feldnamen trennen Sie vom übrigen Ausdruck durch einen Punkt.

Dies sieht korrekt dann wie folgt aus:

= *Forms!frmDruckAuswahlEinladung.cmbVeranstaltung*

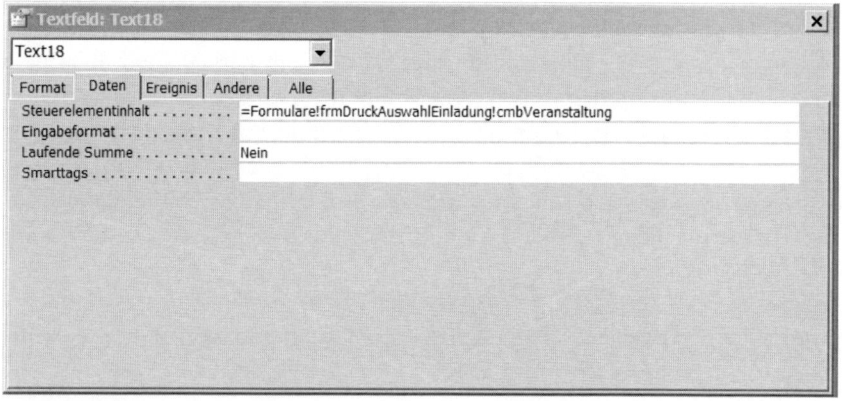

Abbildung 7- 43

Kapitel 7

Jetzt fügen Sie auch noch das Datum der Feier ein. Auch hierzu ziehen Sie aus der Toolbox ein Textfeld (*ab*) auf den Bericht, platzieren es unter dem Feld *Feier-Grund* und löschen das dazugehörende Bezeichnungsfeld.

Wenn nicht genügend Platz vorhanden ist, müssen Sie vorher den Seitenkopf etwas nach unten schieben. Dafür müssen Sie den Cursor auf die obere graue Begrenzungslinie des Seitenkopfes setzen, wobei sich der Cursor in ein Fadenkreuz verwandelt. Mit gedrückter linker Maustaste können Sie den Seitenkopf nach unten verschieben.

Nun müssen Sie das eingefügte Textfeld mit Daten füllen. Wie schon bei dem vorhergehenden Textfeld verweisen Sie wiederum auf ein Feld in dem aufrufenden Formular. Dies ist dort das Feld „FeierTag". Klicken Sie hierzu wiederum mit der rechten Maustaste das Textfeld im Bericht an, rufen das Eigenschaftsfenster auf und geben im Register *Daten* in der Zeile *Steuerelementinhalt* ein:

= forms!frmDruckAuswahlEinladung.FeierTag

Damit wäre der Berichtstitel neu gestaltet. Jetzt sollten Sie aber auch noch die Auflistung der Gäste neu gestalten. Löschen Sie aus dem Seitenkopf alle Überschriften, außer den Überschriften für *GastName, Ort* und *Telefon*. Die Seitenüberschrift „GastName" verschieben Sie auf die Position 1,185 cm des Lineals, die Überschrift „Ort" verschieben Sie auf die Position 6,198 cm des Lineals. Außerdem verändern Sie die Bezeichnung in „Anschrift". Hierzu klicken Sie in dieses Überschriftfeld, löschen die alte Bezeichnung und geben die neue entsprechend ein. Die Überschrift „Telefon" setzen Sie auf die Position 13,097 cm des Lineals. Im Detailbereich sind auch einige Änderungen vorzunehmen. Wünschenswert wäre vielleicht, dass man aus der Liste sofort ersehen kann, wie viele Personen eingeladen sind. Dazu ziehen Sie aus der Toolbox ein Textfeld (**ab**) in den Detailbereich. Das dazugehörende Bezeichnungsfeld löschen Sie. Das Textfeld selbst muss nicht groß sein, da Sie darin nur eine maximal dreistellige Zahl darstellen müssen. Platzieren Sie dieses Feld an der Position 0 cm mit einer Breite von 1 cm. Damit die Personenzahl laufend höher gezählt wird, klicken Sie mit der rechten Maustaste auf das Feld, wählen das Eigenschaftsfenster und geben in der Zeile *Steuerelementinhalt* des Registers *Daten* ein: =1

Berichte

Kapitel 7

Außerdem klicken Sie in den weißen Teil der Zeile „Laufende Summe" und wählen rechts außen über den kleinen Pfeil die Auswahl „Über Gruppe" aus.

Diese Eingabe hat zur Folge, dass jede im Bericht aufgeführte Person in Einer-Schritten hochgezählt wird. Würden Sie z.B. =2 eingeben, würde in Zweier-Schritten hochgezählt, also 2, 4, 6, 8 etc. Nun löschen Sie alle Felder im Detailbereich bis auf *Straße* und *Telefon*. Das Feld *Telefon* ziehen Sie unter die entsprechende Überschrift.

Das Feld *GastName* ziehen Sie im Detailbereich auf Position 1,199 cm und geben ihm eine Breite von 4,6 cm und eine Höhe von 0,4 cm. Das Feld *Straße* ziehen Sie an die Position 6,198 cm. Unterhalb dieses Feldes platzieren Sie die beiden Felder PLZ und Ort nebeneinander. Wenn Sie auch das Länderkennzeichen einbauen wollen, dann müssen Sie die drei Felder nebeneinander platzieren. Speichern Sie den Bericht unter dem Namen *rptEinladungsliste*.

So müsste der Berichtsentwurf aussehen

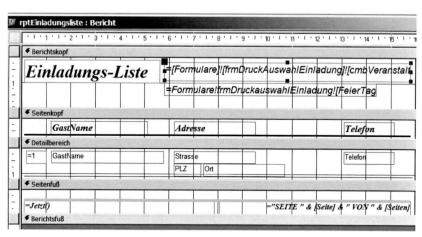

Abbildung 7-44

und so die fertige Einladungsliste

Kapitel 7

Einladungsliste TanteEmma 80.Geburtstag
10.11.2006

	GastName	Anschrift	Telefon
1	Friese Wilhelm	Schulgasse 4 D-63897 Miltenberg	09371/8899
2	Gorodzek Margarete	Ostwestgasse 112 D-63856 Bessenbach	09321/898776
3	Helmerich Bert	Luisenweg 44 D-63814 Mainaschaff	06021/99874
4	Helmerich Elke	Luisenweg 44 D-63814 Mainaschaff	06021/99874
5	Huthmann Andreas	Am Hang 14	06022/778866

Abbildung 7- 45

Tisch-Listen

Die Tischliste soll alle Tische und alle daran geplanten Personen beinhalten. Sie benutzen für die Erstellung wieder den Berichtsassistenten. Auf der Access-Arbeitsfläche wählen Sie das Objekt *Bericht* und klicken auf „*Erstellt einen Bericht unter Verwendung des Assistenten*". Anschließend klicken Sie auf *Neu*. Im nachfolgenden Fenster wählen Sie *Berichtsassistent* und geben als Datenquelle die Tabelle *tblGast*, weil Sie in diese Tabelle über das erstellte Formular *frmTischvergabe* die Gäste auf die vorhandenen Tische verteilt haben. Im darauffolgenden Fenster wählen Sie die Datenfelder aus, die Sie in der Liste benötigen. Das sind: *GastName* und *TischNummer* und klicken auf *Weiter (siehe Abbildung 7- 46)*.

Klicken Sie wieder auf Weiter. Im Sortierungsfenster geben Sie an, dass nach dem Feld *GastName* sortiert werden soll und zwar in aufsteigender Richtung und klicken anschließend auf Weiter. Im nächsten Fenster belassen Sie die Vorgabe *Tabellarisch* und klicken auf Weiter. Auch das nächste Fenster können Sie unverändert übernehmen.

Kapitel 7

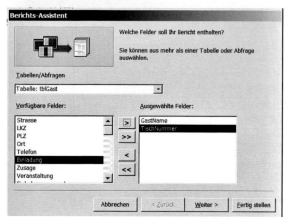

Abbildung 7-46

Als nächstes kommen Sie zum Gruppierungsfenster. Die Daten sollen ja nach den einzelnen Tischnummern gruppiert werden, deshalb markieren Sie im linken Fensterteil *TischNummer* und klicken auf den kleinen Pfeil „>". Damit wird aus der Tischnummer eine Gruppe im Bericht gebildet und alle eingeladenen Personen, die Sie an diesem Tisch platziert haben, werden dieser Gruppierung untergeordnet. Siehe Abbildung 7-47.

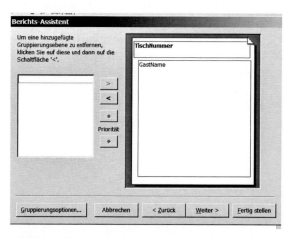

Abbildung 7-47

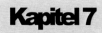

Nur wenn Ihnen die Liste nicht gefallen sollte, probieren Sie einfach einmal die anderen Vorgaben aus. Mit einem Klick auf Weiter müssen Sie dann die Titelzeile eingeben. Geben Sie dafür „Tisch-Liste" ein und klicken auf *Fertigstellen*.

Es wird Ihnen danach sofort die Liste wie Abbildung 7-48 angezeigt.

Einige kleine Schönheitsreparaturen benötigt die neue Liste schon noch. Wechseln Sie deshalb in den Entwurfsmodus.

Tisch-Liste

TischNummer	GastName
2	
	Bayerlein Friedbert
	Bayerlein Rosa
4	
	Breitenbach Franz
	Breitenbach Frieda
	Finza Alfred
	Finza Berta
	Finza Charly
	Finza Dieter
	Finza Elisabeth
	Finza Frank
5	
	Friese Wilhelm
	Gruber Rosa
	Helmerich Bert
	Helmerich Elke
6	
	Huthmann Brigitte
	Huthmann Hans
	Kolbe Manfred
	Morissa Patrizia

Abbildung 7- 48

Im Berichtskopf hat der Assistent über der Berichtsbezeichnung einen dicken grauen Strich gezogen. Markieren Sie diesen Strich, drücken dann die rechte

Kapitel 7

Maustaste und klicken auf „Kopieren". Anschließend klicken Sie die rechte Maustaste noch einmal an und klicken auf „Einfügen". Jetzt befinden sich im Berichtskopf zwei graue Linien untereinander. Markieren Sie jetzt die unterste der beiden Linien und ziehen Sie diese bei gedrückter linker Maustaste nach unten, ein klein wenig unterhalb der Titelbezeichnung und lassen die Maustaste wieder los. Damit wird die Titelbezeichnung von zwei grauen Linien eingerahmt.

Wenn Sie eine andersfarbige Linie bevorzugen, klicken Sie die Linie mit der rechten Maustaste, wechseln zum Eigenschaftsfenster und ändern im Register *Format* die Rahmenfarbe über die Farbpalette entsprechend Ihren Vorstellungen ab.

Im Seitenkopf hat der Assistent noch eine blaue Linie eingefügt. Diese können Sie markieren und löschen. Das Steuerelement *TischNummer* ziehen Sie mit gedrückter linker Maustaste nach rechts etwa auf die Position 3 cm um etwas Platz zu schaffen. Die Bezeichnungsfelder *TischNummer* und *GastName* ziehen Sie mit gedrückter linker Maustaste vom Seitenkopf in die Spalte „Tischnummer-Kopfbereich" und zwar das Bezeichnungsfeld *TischNummer* auf Position 0,2 cm und das Bezeichnungsfeld *GastName* platzieren Sie unterhalb des Tabellenfeldes *TischNummer*. Damit machen Sie den Weg frei, den Seitenkopf ganz auszuschalten, denn die Überschriften sollen vor jeder Tischaufzählung neu angedruckt werden.

Über das Eigenschaftsfeld formatieren Sie das Tabellenfeld *TischNummer* und zwar mit der Schriftart Arial, 14 pt, fett und der Schriftfarbe Rot. Anschließend fassen Sie mit der linken Maustaste den oberen Rand des „Tischnummer-Kopfbereich" an – der Mauszeiger ändert sich dabei in ein Fadenkreuz – und ziehen mit gedrückter Maustaste diesen Bereich so weit nach oben, dass er unmittelbar an den Seitenkopfbereich anstößt.

Das Tabellenfeld *GastName* im Detailbereich verschieben Sie soweit, dass es unterhalb der Überschrift *GastName* steht.

Sicherlich wäre es schön, wenn Sie bei jedem Tisch noch anzeigen würden, wie viele Plätze an dem Tisch insgesamt vorhanden sind und wie viele davon belegt sind.

Kapitel 7

Zu diesem Zweck ziehen Sie aus unserer Toolbox ein Textfeld (**ab**) in den „Tischnummer-Kopfbereich" etwa an die Position 13,9 cm. Im Register *Alle* des Eigenschaftsfensters geben Sie dem Textfeld die Bezeichnung „PlatzAnzahl" und im Register *Format* stellen Sie in der Zeile *Format* „allgemeine Zahl" ein. Dem Bezeichnungsfeld geben Sie im Registers *Alle* in der Zeile *Beschriftung* die Bezeichnung „Gesamtplätze:". Sie kennen aus den bisherigen Programmierungen die VBA-Funktion *DLookup*. Sie haben sie schon mehrmals eingesetzt. Diese ist Ihnen natürlich auch jetzt wieder hilfreich. Klicken Sie bitte im Bereich „Tischnummer-Kopfbereich" ganz links auf die graue quadratische Schaltfläche und holen sich über die rechte Maustaste das Eigenschaftsfenster für diesen Berichtsbereich. Im Register *Ereignis* gehen Sie in die Zeile „Beim Drucken", klicken in den weißen Zeilenbereich, dann auf die Schaltfläche ganz rechts, wählen Code-Generator an und sind damit im VBA-Editor mit den Vorgabezeilen

Private Sub Gruppenkopf0_Print(Cancel As Integer, PrintCount As Integer)
End Sub

Zwischen die beiden Zeilen programmieren Sie jetzt die Feldaktualisierung

Me.PlatzAnzahl = DLookup("AnzahlPlätze", "tblTisch", "TischNummer = " & _
Me.TischNummer)

Sie erinnern sich, dass Sie in der Tabelle *tblTisch* für jede Tischnummer die Anzahl vorhandener Plätze eingegeben haben und zwar in dem Feld *AnzahlPlätze*. Dies machen Sie sich jetzt zunutze und fokussieren sich auf das Tabellenfeld *TischNummer*, die gerade im Bericht angedruckt wird.

Damit auch die belegten Plätz an jedem Tisch angezeigt werden, ziehen Sie aus der Toolbox ein weiteres Textfeld auf und platzieren es unmittelbar unter dem vorherigen. Im Register *Alle* des Eigenschaftsfensters geben Sie dem Textfeld die Bezeichnung „BelegtAnzahl" und im Register *Format* stellen Sie in der Zeile *Format* „allgemeine Zahl" ein. Dem Bezeichnungsfeld geben Sie im Registers *Alle* in der Zeile *Beschriftung* die Bezeichnung „davon belegt:".

Im Formular *frmTischvergabe* haben Sie bereits die Formel angewandt, mit der die Anzahl der belegten Plätz errechnet werden kann. Wenn Sie diese Funktion nicht

Kapitel 7

mehr kennen, können Sie einmal kurz dort nachschlagen. Die Anzahl der belegten Plätze muss auch beim Drucken des Berichtsteils „Tischnummer-Kopfbereich" erfolgen. Sie können deshalb den vorhergehenden Programmcode einfach um eine weitere Berechnungszeile erweitern. Klicken Sie hierzu in der Symbolleiste auf das Icon für *Code* und fügen folgende Zeile nach der *Dlookup*-Zeile ein:

```
Me.BelegtAnzahl = DCount("TischNummer", "tblGast", "TischNummer=" & _
Me.TischNummer)
```

Mit dieser Programmzeile zählen Sie in der Tabelle *tblGast* alle Felder mit der Tischnummer zusammen, die der gerade anzudruckenden Tischnummer entsprechen. In Kapitel 4 haben Sie Formular *frmDruckAuswahlEinladung* erstellt. Dort können Sie den Druck auch dieses Formulars anwählen. Den Berichtstitel sollten Sie auch um die Veranstaltung und den Veranstaltungstag ergänzen. Beide Elemente erfassen Sie in dem eben erwähnten Auswahlformular, so dass sie beim Ausdrucken auch zur Verfügung stehen. Im vorhergehenden Bericht haben Sie das schon einmal praktiziert. Zum Einprägen wiederhole ich noch einmal die gesamte Arbeit. Hierzu platzieren Sie neben dem Berichtstitel „Tisch-Liste" ein Textfeld (**ab**), das Sie aus der Toolbox herüberziehen. Das automatisch miterstellte Bezeichnungsfeld markieren Sie und löschen es weg, da es nicht benötigt wird. Mit der rechten Maustaste klicken Sie das verbliebene Eingabefeld an und öffnen das Eigenschaftsfenster. Im Register *Daten* verweisen Sie in der Zeile *Steuerelementinhalt* auf den im Aufruf-Formular erfassten Feier-Grund.

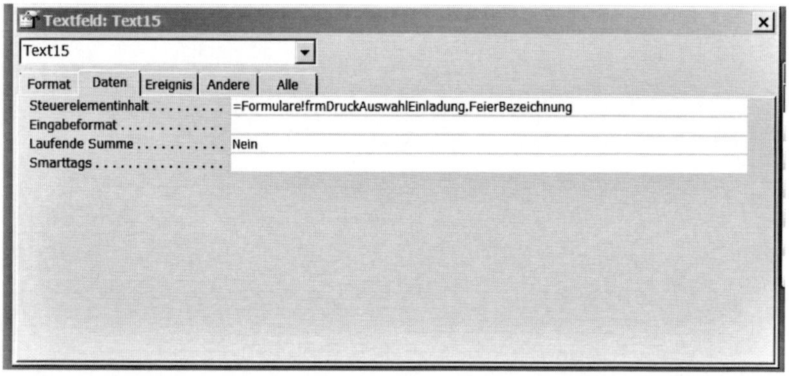

Abbildung 7-49

Eine Zuweisung wird stets mit einem „=" eingeleitet. Danach geben Sie an, dass sich das zu druckende Element in einem Formular befindet und setzen anschließend ein „!". Sie benennen dieses Formular und geben das Feld an, in dem der Feier-Grund beinhaltet ist. Den Feldnamen trennen Sie vom übrigen Ausdruck durch einen Punkt. Dies sieht korrekt dann wie folgt aus:

= Forms!frmDruckAuswahlEinladung.FeierBezeichnung

Jetzt fügen Sie auch noch das Datum der Feier ein. Auch hierzu ziehen Sie aus der Toolbox ein Textfeld (**ab**) auf den Bericht, platzieren es unter dem Feld *Feier-Grund* und löschen wieder das dazugehörende Bezeichnungsfeld. Wenn nicht genügend Platz vorhanden ist, müssen Sie vorher den Seitenkopf etwas nach unten schieben. Dafür müssen Sie den Cursor auf die obere graue Begrenzungslinie des Seitenkopfes setzen, wobei sich der Cursor in ein Fadenkreuz verwandelt. Mit gedrückter linker Maustaste können Sie den Seitenkopf nach unten verschieben. Nun müssen Sie das eingefügte Textfeld mit Daten füllen. Wie schon bei dem vorhergehenden Textfeld verweisen Sie wiederum auf ein Feld im aufrufenden Formular. Dies ist dort das Feld „EinladungsTag". Klicken Sie mit der rechten Maustaste das Textfeld im Bericht an, rufen das Eigenschaftsfenster auf und geben im Register *Daten* in der Zeile *Steuerelementinhalt* ein:

= forms!frmDruckAuswahlEinladung.FeierTag

Im Eigenschaftsfenster im Register *Format* wählen Sie die Schriftart Arial mit 12 pt und fett, sowie der Textfarbe Blau an.

Die beiden nächsten Abbildungen zeigen Ihnen den Berichtsentwurf und die Ansicht des fertigen Berichtes. allerdings nur wenn Sie diese Liste über das Formular *frmDruckAuswahlEinladung* aufrufen oder die Parameternachfrage des Assistenten mit einem Einladungsgrund und einem Einladungsdatum entsprechend beantwortet haben. Ansonsten werden Ihnen kein Einladungsgrund und kein Einladungsdatum angezeigt.

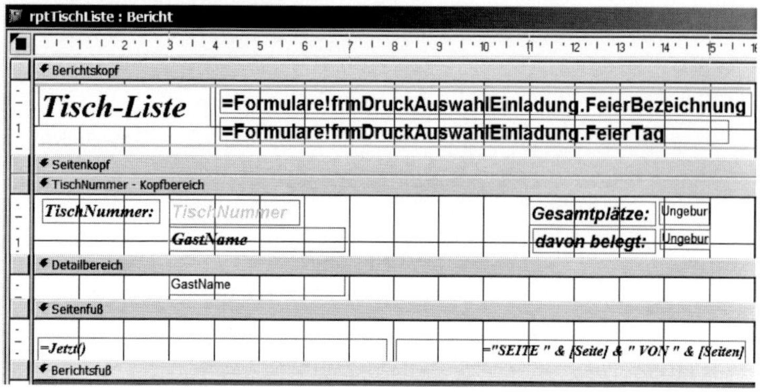

Kapitel 7

Abbildung 7- 50

Die Ansicht des Berichts sieht folgendermaßen aus:

müsste der Abbildung 7-51 gleichkommen,

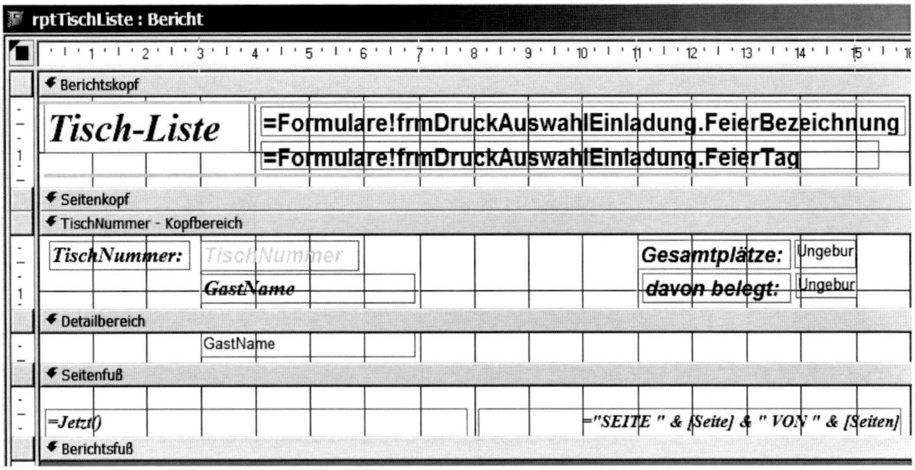

Kapitel 7

```
rptTischListe : Bericht

Berichtskopf

    Tisch-Liste     =Formulare!frmDruckAuswahlEinladung.FeierBezeichnung
                    =Formulare!frmDruckAuswahlEinladung.FeierTag

Seitenkopf
TischNummer - Kopfbereich

    TischNummer:  TischNummer              Gesamtplätze:  Ungebur
                  GastName                 davon belegt:  Ungebur

Detailbereich
                  GastName

Seitenfuß

    =Jetzt()                               ="SEITE " & [Seite] & " VON " & [Seiten]

Berichtsfuß
```

Abbildung 7-51

Speichern sie diese Liste ab unter der Bezeichnung *rptTischListe*.

Tischliste einzeln

Diese Tischliste soll Ihnen für einen beliebigen Tisch, den Sie für die Feier vorgesehen haben, eine Liste erstellen, aus der Sie die einzelnen Personen ersehen können, die Sie diesem Tisch zugeordnet haben. Oftmals wird eine solche Liste am Kopf des Tisches befestigt, damit die Gäste beim Vorbeigehen sehen, wo ihr entsprechender Platz ist. Benutzen Sie wieder den Berichtsassistenten. Auf der Access-Arbeitsfläche wählen Sie das Objekt *Bericht* und klicken auf „*Erstellt einen Bericht unter Verwendung des Assistenten*". Anschließend klicken Sie auf *Neu*.

Im nachfolgenden Fenster wählen Sie *Berichtsassistent* und geben als Datenquelle die bereits erstellte Abfrage *abfrTischvergabe* ein. Im Formular *frmTischvergabe* sind die Gäste auf die vorhandenen Tische verteilt worden. Die Abfrage filtert Ihnen nun die Gäste für den jeweils gewünschten Tisch heraus. Im darauffolgenden Fenster wählen Sie die Datenfelder aus, die Sie in der Liste benötigen. Das sind: *GastName* und *TischNummer* und klicken auf *Weiter*.

Kapitel 7

Als nächstes kommen Sie zum Gruppierungsfenster. Die Daten sollen ja nach den einzelnen Tischnummern gruppiert werden, deshalb markieren Sie im linken Fensterteil *TischNummer und klicken auf den kleinen Pfeil* „>". Damit wird aus der Tischnummer eine Gruppe im Bericht gebildet und alle eingeladenen Personen, die Sie an diesem Tisch platziert haben, werden dieser Gruppierung untergeordnet.

Klicken Sie wieder auf Weiter. Im Sortierungsfenster geben Sie an, dass nach dem Feld *GastName* sortiert werden soll und zwar in aufsteigender Richtung und klicken auf Weiter. Im nächsten Fenster belassen Sie die Vorgabe *Tabellarisch* und klicken auf Weiter. Im nächsten Fenster wählen Sie zur Abwechslung einmal „Weiches Grau" an um ein wenig Abwechslung in die Berichte zu bekommen. Mit einem Klick auf Weiter müssen Sie dann die Titelzeile eingeben. Geben Sie wiederum „Tisch-Liste" ein und klicken auf *Fertigstellen*. Der Assistent fragt nun nach dem Parameter für die Tischnummer, weil Sie in der Abfrage als Kriterium eine existierende Tischnummer verlangt haben. Später wird dieser Bericht über das Erfassungsformular *frmDruckAuswahlEinladung* aufgerufen, wo zwangsweise eine Tischnummer eingegeben werden muss.

Es wird danach sofort die Liste angezeigt.

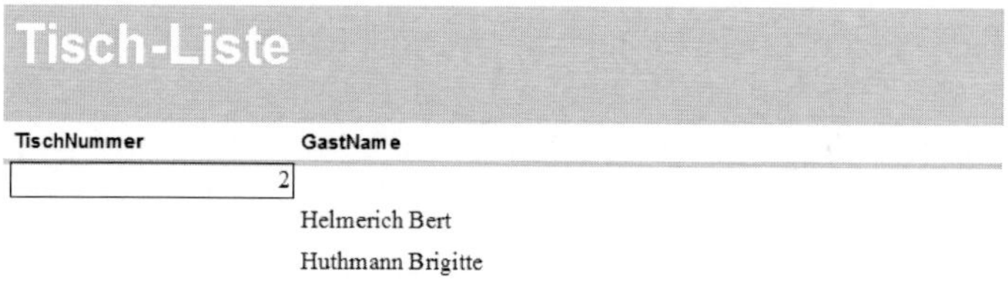

Tisch-Liste

TischNummer	GastName
2	
	Helmerich Bert
	Huthmann Brigitte

Abbildung 7- 52

Auch hier nehmen Sie bitte einige kleine Korrekturen am Bericht vor. Wechseln Sie deshalb in den Entwurfsmodus.

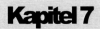

Über das Eigenschaftsfeld formatieren Sie das Tabellenfeld *TischNummer* und zwar mit der Schriftart Arial, 20 pt, fett und der Schriftfarbe Rot. Die Höhe des Textfeldes legen wir mit 0,8 cm und die Breite mit 1,7 cm fest.

Den Berichtstitel sollten Sie auch um die Veranstaltung und den Veranstaltungstag ergänzen. Beide Elemente ergeben sich aus dem Formular *frmDruckAuswahlEinladung*, das Sie bereits erstellt haben. In dem vorhergehenden Bericht haben Sie das schon einmal praktiziert. Zum Einprägen wiederhole ich noch einmal die gesamte Arbeit.

Platzieren Sie neben dem Berichtstitel „Tisch-Liste" ein Textfeld (**ab**), das Sie aus der Toolbox herüberziehen. Das automatisch mit erstellte Bezeichnungsfeld wird markiert und gelöscht. Es wird nicht benötigt. Mit der rechten Maustaste klicken Sie das verbliebene Eingabefeld an und öffnen das Eigenschaftsfenster.

Im Register *Daten* verweisen Sie in der Zeile *Steuerelementinhalt* auf den im Aufruf-Formular erfassten Feier-Grund.

Eine Zuweisung wird stets mit einem „=" eingeleitet. Danach geben Sie an, dass sich das zu druckende Element in einem Formular befindet und setzen anschließend ein „!". Benennen Sie dieses Formular und geben das Feld an, in dem der Feier-Grund beinhaltet ist. Den Feldnamen trennen Sie vom übrigen Ausdruck durch einen Punkt.

Dies sieht korrekt dann wie folgt aus:

= Forms!frmDruckAuswahlEinladung.FeierBezeichnung

Der Assistent wandelt das englische Wort *Forms* automatisch in die deutsche Bezeichnung *Formular* um.

Jetzt fügen Sie auch noch das Datum der Feier ein. Auch hierzu ziehen Sie aus der Toolbox ein Textfeld (**ab**) auf den Bericht, platzieren es unter dem Feld *Feier-Grund* und löschen wieder das dazugehörende Bezeichnungsfeld.

Kapitel 7

Wenn nicht genügend Platz vorhanden ist, müssen Sie vorher den Seitenkopf etwas nach unten schieben. Dafür müssen Sie den Cursor auf die obere graue Begrenzungslinie des Seitenkopfes setzen, wobei sich der Cursor in ein Fadenkreuz verwandelt. Mit gedrückter linker Maustaste können Sie den Seitenkopf nach unten verschieben.

Nun müssen Sie das eingefügte Textfeld mit Daten füllen. Wie schon bei dem vorhergehenden Textfeld verweisen Sie wiederum auf ein Feld im aufrufenden Formular. Dies ist dort das Feld „EinladungsTag". Sie klicken hierzu mit der rechten Maustaste das Textfeld im Bericht an, rufen das Eigenschaftsfenster auf und geben im Register *Daten* in der Zeile *Steuerelementinhalt* ein:

= forms!frmDruckAuswahlEinladung.FeierTag

Im Eigenschaftsfenster im Register *Format* wählen Sie die Schriftart Arial mit 12 pt und fett, sowie der Textfarbe Blau an. Bei der Textausrichtung geben Sie *linksbündig* an.

Wenn Sie jetzt in den Ansichts-Modus umschalten und die Parameterabfragen für die Tischnummer übergehen – später werden diese Angaben vom Formular *frmDruckAuswahlEinladung* zugeteilt - zeigt sich der Bericht etwa so:

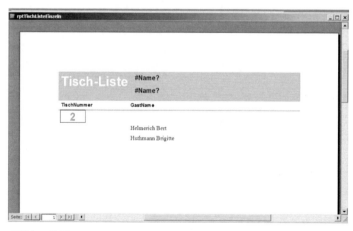

Abbildung 7- 53

Speichern Sie die Liste ab unter der Bezeichnung *rptTischListeEinzeln*.

Gäste-Liste

Nach dem alle Einladungen verschickt und die eingeladenen Personen ihre Zusage gegeben haben, wollen Sie zur weiteren Planung der Feierlichkeiten eine endgültige Gästeliste erstellen. Mit dem erstellten Formular zur Verwaltung von Einladungen und Zusagen *frmEinladungen* haben Sie die relevanten Personen mit Zusagen in die Tabelle *tblGast* übernommen. Jetzt müssen Sie diese Daten noch zu Papier bringen.

Auch diesen Bericht werden Sie mit dem Berichtsassistenten erstellen. Auf der Access-Arbeitsfläche wählen Sie das Objekt *Bericht* und klicken auf „*Erstellt einen Bericht unter Verwendung des Assistenten*". Anschließend klicken Sie auf *Neu*. Im nachfolgenden Fenster wählen Sie *Berichtsassistent* und geben als Datenquelle die Tabelle *tblGast* ein. Im darauffolgenden Fenster wählen Sie die Datenfelder aus, die in der Liste benötigt werden. Das sind: *GastName, Telefon* und *TischNummer* und klicken auf *Weiter*.

Als nächstes kommen Sie zum Gruppierungsfenster. Sie benötigen lediglich eine alphabetische Liste, so dass eine Gruppierung jetzt nicht erforderlich ist.

Sie klicken auf *Weiter*. Im Sortierungsfenster geben Sie an, dass Sie nach dem Feld *GastName* sortieren wollen und zwar in aufsteigender Richtung und klicken auf *Weiter*. Im nächsten Fenster belassen Sie die Vorgabe *Tabellarisch* und klicken auf *Weiter*. Im nächsten Fenster wählen Sie zur Abwechslung „Weiches Grau" an um ein wenig Abwechslung in die Berichte zu bekommen. Mit einem Klick auf *Weiter* müssen Sie dann die Titelzeile eingeben. Geben Sie „Gäste-Liste" ein und klicken auf *Fertigstellen*.

Es wird danach sofort die Liste angezeigt.

Kapitel 7

Gäste-Liste

GastName	Telefon	TischNummer
Breitenbach Franz	0444/8867	1
Breitenbach Frieda	0444/8867	1
Helmerich Bert	06021/99874	2
Huthmann Brigitte	06022/778866	2
Huthmann Hans	06022/778866	3
Nuriso Hannelore	06021/225566	3

Abbildung 7- 54

Viel gibt es an dieser Liste nicht zu verändern, außer dass es vielleicht sinnvoll wäre, die Feierlichkeit und das Datum der Feier, wie in den vorhergehenden Berichten, hinzuzufügen. Gehen Sie deshalb in die Entwurfsansicht.

Aber das können Sie ja jetzt schon im Schlaf, deshalb nur eine kleine stichpunktartige Hilfe:

Aus der Toolbox ziehen Sie zwei Textfelder auf den Berichtsentwurf und platzieren diese in den Berichtskopf neben dem Berichtstitel. Die beiden Bezeichnungsfelder können Sie löschen. Im Register *Daten* des Eigenschaftsfeldes beider Textfelder geben Sie in der Zeile *Steuerelementinhalt* wieder ein

= *forms!frmDruckAuswahlEinladung.FeierBezeichnung* bzw.

= *forms!frmDruckAuswahlEinladung.FeierTag*

Im Register *Format* ändern Sie noch die Schriftart in Arial in der Größe 12 pt und fett, sowie der Textfarbe Weiß. Bei Datum sollten Sie in der Textausrichtung noch die Änderung zu linksbündig vornehmen.

Kapitel 7

Wenn Sie jetzt in den Ansichtsmodus wechseln wird sich der Bericht so oder ähnlich zeigen:

Gäste-Liste	#Name?	
	#Name?	
GastName	Telefon	TischNummer
Breitenbach Franz	0444/8867	1
Breitenbach Frieda	0444/8867	1
Helmerich Bert	06021/99874	2
Huthmann Brigitte	06022/778866	2
Huthmann Hans	06022/778866	3
Nuriso Hannelore	06021/225566	3

Abbildung 7- 55

Wenn dieser Bericht später über das Druckauswahlformular *frmDruckAuswahlEinladung* aufgerufen wird, verschwinden auch die nichtssagenden Bezeichnungen „#Name?" und werden ersetzt durch die Feierlichkeit und das Feier-Datum.

Abbildung 7- 56

Speichern Sie den Bericht unter dem Namen *rptGästeListe* ab.

Kapitel 7

Glückwunsch-Liste

Nachdem die Feier vorüber ist, möchte man sicherlich zusammenstellen, was an Geschenken und Glückwünschen von wem eingegangen sind. Im Erfassungsprogramm haben Sie die einzelnen Glückwunschkarten, Geschenke, Geldspenden und Gutscheine erfasst. Jetzt werden Sie eine Zusammenstellung zu Papier bringen. Auch für diesen Bericht wird wieder der Berichtsassistent bemüht. Auf der Access-Arbeitsfläche wählen Sie das Objekt *Bericht* und klicken auf „*Erstellt einen Bericht unter Verwendung des Assistenten*". Anschließend klicken Sie auf *Neu*. Im nachfolgenden Fenster wählen Sie *Berichtsassistent* und geben als Datenquelle die die Abfrage *abfrGlückwunschDruck* ein. Im darauffolgenden Fenster wählen Sie die Datenfelder aus, die Sie in der Liste benötigen. Das sind alle Felder, außer den Feldern *ID* und *PersNr*. Als nächstes kommen Sie zum Gruppierungsfenster. Da Sie keine Gruppierung vornehmen wollen, können Sie mit *Weiter* zum nächsten Fenster übergehen. Im Sortierungsfenster geben Sie an, dass Sie nach dem Feld *NameSchenker* sortieren wollen und zwar in aufsteigender Richtung und klicken auf Weiter. Im nächsten Fenster belassen Sie die Vorgabe *Tabellarisch* und klicken auf Weiter. Anschließend wählen Sie wieder „Weiches Grau" für den Bericht an. Mit einem Klick auf Weiter müssen Sie dann die Titelzeile eingeben. Geben Sie „Glückwunsch-Liste" ein und klicken auf *Fertigstellen*. Der Assistent zeigt nunmehr die von ihm erstellte Liste an:

NameSchenker	Ka	Gesch	Geschenkbezeich	Gel	eldbetrag	Gutsc	:heinWert	Gutscheinbezeich
Adamczik Eriso	☑	☐		☐	0,00 €	☐	0,00 €	
Amrhein Andrea	☑	☑	Flasche Wein	☐	0,00 €	☐	0,00 €	
Angruiner Gernot	☑	☐		☑	50,00 €	☐	0,00 €	
Bayerlein Friedb	☑	☐		☑	100,00 €	☐	0,00 €	
Bein Fritz	☑	☐		☐	0,00 €	☐	0,00 €	
Breitenbach Fran	☑	☐		☐	0,00 €	☐	0,00 €	
Bruder Hermann	☑	☐		☐	0,00 €	☑	50,00 €	test
Czermagen Sylvi	☐	☑	1 Fl. Rotwein	☐	0,00 €	☐	0,00 €	
Körzinger Miria	☐	☐		☑	100,00 €	☐	0,00 €	
Leber Eckart	☐	☐		☑	0,00 €	☐	0,00 €	
Miesepeter Hans-	☑	☐		☐	0,00 €	☐	0,00 €	
Neugierig Peter	☑	☐		☐	0,00 €	☐	0,00 €	
Scherger Martha	☑	☐		☐	0,00 €	☑	33,00 €	Gasthaus Krone
Soldi Theo	☐	☐		☐	0,00 €	☑	50,00 €	Fegerer
Urban Heinz	☑	☑	Blumenvase	☐	0,00 €	☐	0,00 €	

Abbildung 7- 57

Sicherlich gefällt Ihnen diese Liste noch nicht. Verbessern Sie diese noch etwas und schalten hierfür um in den Entwurfsmodus.

Sie werden zunächst die einzelnen Glückwunsch-Teile (Karte, Geschenk, Geld, Gutschein) mit ihren evtl. näheren Erläuterungen (Bezeichnung des Geschenks, Geldbetrag, Wert des Gutscheins und Gutscheinbezeichnung) in einzelne Spalten zusammenführen.

Sowohl im Seitenkopf als auch in der Zeile Detailbereich löschen Sie die Bezeichnungen *Geschenk, Geld* und *Gutschein*. Diese Ja/Nein-Felder benötigen Sie im Bericht nicht, denn wenn ein Geschenk anzudrucken ist, so genügt die Geschenkbezeichnung, oder wenn Geld anzudrucken ist, genügt der entsprechende Geldbetrag, ebenso natürlich verhält es sich bei den Gutscheinen. Im Seitenkopf können Sie außerdem noch die Überschrift *GutscheinBezeichnung* löschen. Die verbleibenden Überschriften ordnen Sie jetzt neu an. Markieren Sie die Überschrift Gutschein, rufen das Eigenschaftsfenster auf und geben im Register Format als Wert in der Zeile *Links* 12,7 cm und als *Breite* 2,2 cm an. Zentrieren Sie diese Überschrift in der Zeile *Textausrichtung*. Die Überschrift Geld erhält den Wert Links von 9,4 und eine Breite von 1,5 cm. Auch diese Überschrift wird zentriert. Die Überschrift Geschenk platzieren Sie bei 6,2 und die Breite bei 2,8 cm. Vergessen Sie auch hier nicht die Schriftzentrierung.

Die Überschrift Karte setzen Sie bei Links auf 4,4 und eine Breite von 1,1 cm. Auch hier bitte die Zentrierung nicht vergessen. Der Überschrift geben Sie eine Breite von 3,8 cm. Hier erfolgt keine Zentrierung. Jetzt sind natürlich auch die Datenfelder im Detailbereich entsprechend der Überschriften auszurichten. Da Sie bei den Gutscheinen neben dem eigentlichen Wert auch noch andrucken wollen, wo der Gutschein eingelöst werden kann, werden Sie diese beiden Daten untereinander setzen. Vergrößern Sie den Detailbereich um einige Millimeter, in dem Sie auf den oberen Rand der Anzeige Seitenfuß den Cursor stellen – er verwandelt sich dabei in ein Fadenkreuz – und mit gedrückter linker Maustaste etwas nach unten ziehen. Markieren Sie das Datenfeld *GutscheinBezeichnung* und ziehen es mit gedrückter linker Maustaste unter das Datenfeld *GutscheinWert*. Über das Eigenschaftsfenster im Register *Format* können Sie beide Felder exakt ausrichten, z.B.

Kapitel 7

GutscheinWert: Oben 0 cm, Links 12,998 cm, Breite 1,5 cm

GutscheinBezeichnung: Oben 0,5 cm, Links 12,198 cm, Breite 3,4 cm

Am besten Sie zentrieren auch beide Werte. Das Datenfeld GeldBetrag platzieren Sie links bei 9,4 mit einer Breite von 1,5 cm. Mit dem Datenfeld Geschenk verfahren Sie ebenso, Links 6,2 cm und Breite 2,8 cm. Beim Häkchenfeld für Karte geben Sie als linken Rand 4,7 cm ein. Dem Datenfeld *NameSchenker* spendieren Sie eine Breite von 3,8 cm.

Überprüfen Sie jetzt den neuen Bericht in der Ansicht. Er sollte in etwa so aussehen:

Glückwunsch-Liste

NameSchenker	Karte	Geschenk	Geld	Gutschein
Adamczik Eriso	☑		0,00 €	0,00 €
Amrhein Andrea	☑	Flasche Wein	0,00 €	0,00 €
Angrainer Gernot	☑		50,00 €	0,00 €
Bayerlein Friedbert	☑		100,00 €	0,00 €
Bein Fritz	☑		0,00 €	0,00 €
Breitenbach Franz	☑		0,00 €	0,00 €
Bruder Hermann	☑		0,00 €	50,00 € test
Czermagen Sylvia	☐	1 Fl. Rotwein	0,00 €	0,00 €
Körzinger Miriam	☐		100,00 €	0,00 €
Leber Eckart	☐		0,00 €	0,00 €
Miesepeter Hans-Peter	☑		0,00 €	0,00 €

Abbildung 7- 58

Zur besseren Übersicht ziehen Sie aus der Toolbox noch eine Linie in den Detailbereich herüber und platzieren diese unter den Daten (von Oben ca. 1,2 cm). Sollte die Linie nicht exakt gerade sein, können Sie das im Eigenschaftsfenster nachbessern. Dabei muss die Höhe den Wert 0 haben oder erhalten.

Kapitel 7

Auch bei dieser Liste sollten Sie noch angeben zu welcher Feierlichkeit sie gehört. Gehen Sie deshalb noch einmal in die Entwurfsansicht.

Aus der Toolbox ziehen Sie zwei Textfelder auf den Berichtsentwurf und platzieren diese in den Berichtskopf neben dem Berichtstitel. Die beiden Bezeichnungsfelder können Sie wieder löschen. Im Register *Daten* des Eigenschaftsfeldes beider Textfelder geben Sie in der Zeile *Steuerelementinhalt* wieder ein

= forms!frmDruckAuswahlEinladung.FeierBezeichnung bzw.

= forms!frmDruckAuswahlEinladung.FeierTag

Im Register *Format* geben Sie noch die Schriftart Arial in der Größe 12 pt und fett, sowie der Textfarbe Weiß ein. Bei Datum sollten Sie in der Textausrichtung noch die Änderung zu linksbündig vornehmen.

Wenn dieser Bericht später über das Druckauswahlformular *frmDruckAuswahlEinladung* aufgerufen wird, sind auch diese beiden Felder mit auf der Liste.

Speichern Sie den Bericht unter dem Namen *rptGlückwunschListe* ab.

Liste bebuchbarer Konten für Haushaltsbuch

Diese Liste erstellen Sie mit dem Berichtsassistenten. Auf der Access-Arbeitsfläche wählen Sie das Objekt *Bericht* und klicken auf „*Erstellt einen Bericht unter Verwendung des Assistenten*". Anschließend klicken Sie auf NEU. Im nachfolgenden Fenster wählen Sie *Berichtsassistent* und geben als Datenquelle die die Tabelle *tblBuchungsKonten* ein. Im darauffolgenden Fenster wählen Sie die Datenfelder aus, die Sie in dieser Liste benötigen. Das sind alle Felder dieser Tabelle. Betätigen Sie die >>-Taste, so dass alle Tabellenfelder in die Rubrik „Ausgewählte Felder" übernommen werden. Bestätigen Sie diese Arbeit mit Weiter. Da keine Gruppierungsebenen in dieser Liste benötigt werden, klicken Sie auf Weiter. Die Liste soll nach Kontonummern aufsteigend sortiert werden. Wählen Sie deshalb in

Kapitel 7

der ersten Zeile das Feld *KtoNr* aus und bestätigen mit Weiter. Wählen Sie danach „Tabellarisch" aus und kommen mit Weiter in das nächste Nachfragefenster. Dort geben Sie als Format der Liste „Weiches Grau" ein. Nach einem nochmaligen Klick auf Weiter können Sie eine Überschrift für diese Liste eingeben. Erfassen Sie hier „Buchungskonten Haushaltsbuch" und klicken auf Fertigstellen. Die neue Liste wird nun im Ansichtsmodus angezeigt.

Buchungskonten Haushaltsbuch

Konto-Nummer:	Kontobezeichnung	Buchungsart
1210	Raiffeisenbank	3
1910	Festgeldkonto Nr. 1	3
1999	Saldovorträge	3
2000	Gehalt	1
2010	Kindergeld	1
2100	Lottogewinn	1
3000	Lebensmittel	2
3010	Putzmittel	2
3020	Kleidung Erwachsene	2
3030	Kleidung Kinder	2
3040	Kosten Schule Kinder	2
3050	Vergnügen	2
3500	Kinobesuche	2

Abbildung 7-59

Sicher ist es nicht zufriedenstellend, wenn in dieser Liste als Buchungsart nur Ziffern angezeigt werden. Besser wäre es wenn hier eine klare Textansage erfolgen würde. Aber das können Sie ganz leicht ändern.

Gehen Sie dazu in den Entwurfsmodus. Klicken Sie im Detailbereich das Feld *BuchungsArt* an und verkleinern es auf 0,65 cm. Dies können Sie auf zweierlei Arten tun. Einmal können Sie das Feld mit der rechten Maustaste anklicken, das

Eigenschaftsfenster wählen und im Register *Format* die Breite entsprechend einstellen. Sie können aber das Feld auch mit der linken Maustaste anklicken. Es wird dadurch markiert. Wenn Sie jetzt den mittleren Punkt des rechten Randes der Markierung mit der gedrückten linken Maustaste anfassen, können Sie das Feld mit einem Ziehen nach links ebenfalls auf die richtige Breite bringen.

Fügen Sie jetzt neben dem Feld *BuchungsArt* über die Toolbox ein Textfeld ein (**ab**). Das dazugehörende Bezeichnungsfeld klicken Sie kurz an und entfernen es. Es wird hier nicht benötigt. Platzieren Sie das Textfeld nun dicht an das Feld *BuchungsArt* und geben eine Breite von 3 cm vor. Geben Sie im Register *Alle* diesem Feld den Namen „txtBuchungsArt". Jetzt müssen Sie noch ein wenig Programmcode schreiben, damit es auch mit dem richtigen Text gefüllt wird.

Klicken Sie mit der rechten Maustaste in das linke graue Quadrat vor der Bezeichnung „Detailbereich", wählen Eigenschaften an und gehen in das Register *Ereignis*. Das richtige Ereignis für die Textumsetzung ist das Ereignis „Beim Drucken". Klicken Sie in den weißen Bereich dieser Zeile, klicken danach die Schaltfläche mit den drei Punkten an, wählen Code-Generator aus und übergeben dem Textfeld *txtBuchungsArt* mit einer *If-Then-Elseif*-Anweisung den richtigen Ausdruck.

```
Private Sub Detailbereich_Print(Cancel As Integer, PrintCount As Integer)
If Me.Buchungsart = 1 Then
    Me.txtBuchungsArt = "Einnahmen"
ElseIf Me.Buchungsart = 2 Then
    Me.txtBuchungsArt = "Ausgaben"
Else
    Me.txtBuchungsArt = "Finanzkonto"
End If
End Sub
```

Die Entwurfsansicht des Formulars zeigt sich etwas so:

Berichte

Kapitel 7

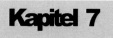

Abbildung 7- 60

Im Ansichtsmodus müsste das Formular nunmehr seinen Zweck erfüllen:

Buchungskonten Haushaltsbuch

Konto-Nummer:	Kontobezeichnung	Buchungsart	
1210	Raiffeisenbank	3	Finanzkonto
1910	Festgeldkonto Nr. 1	3	Finanzkonto
1999	Saldovorträge	3	Finanzkonto
2000	Gehalt	1	Einnahmen
2010	Kindergeld	1	Einnahmen
2100	Lottogewinn	1	Einnahmen
3000	Lebensmittel	2	Ausgaben
3010	Putzmittel	2	Ausgaben
3020	Kleidung Erwachsene	2	Ausgaben
3030	Kleidung Kinder	2	Ausgaben
3040	Kosten Schule Kinder	2	Ausgaben
3050	Vergnügen	2	Ausgaben
3500	Kinobesuche	2	Ausgaben

Abbildung 7- 61

Einen kleinen Schönheitsfehler sollten Sie noch ausbügeln. Wenn Sie diese Liste zum Ausdruck aufrufen und noch keine Buchungskonten gespeichert sind, erzeugt das Programm einen Laufzeitfehler und stürzt ab. Um dies zu verhindern, müssen Sie vor dem Druck abfragen, ob Daten vorhanden sind und wenn nicht, den Benutzer darauf hinweisen, dass ein Druck wegen fehlender Daten nicht möglich ist.

Klicken Sie oben links in das kleine graue Quadrat mit der rechten Maustaste und rufen das Eigenschaftsfenster des Berichtes auf. Im Register *Daten* ist eine Zeile vorhanden „Bei ohne Daten". Klicken Sie diese Zeile an, und betätigen anschließend die kleines Schaltfläche rechts mit den drei Punkten, wählen Code-Generator an und schreiben folgenden Programmcode zwischen die beiden Vorgabezeilen der Prozedur:

Private Sub Report_NoData(Cancel As Integer)

Application.Echo False
' globalen fehler ausgeben, wenn keine daten vorhanden sind
    MsgBox "Der Bericht kann nicht angezeigt oder gedruckt " _
    & vbCrLf & "werden da er im Moment keine Daten enthält.", 16, "Achtung!"
' Ausgabe abbrechen
    DoCmd.CancelEvent
    Application.Echo True
DoCmd.Close
Ende:
End Sub

Schalten Sie dabei zunächst die Access-Meldungen aus, die bei einem Laufzeitfehler automatisch ausgegeben werden, da der Benutzer mit einer eigens gestalteten MsgBox von Ihnen auf diesen Umstand hingewiesen wird.

Sie haben eine solche Anweisung schon einmal programmiert und zwar mit „Set warning false". Die Anweisung „Application.Echo False" bewirkt ebenfalls die Ausschaltung Access-eigener Meldungen.

Kapitel 7

Wenn eine Anweisung – wie hier der Inhalt der MsgBox – länger als eine Zeilenlänge ist, so können Sie diese Anweisung in mehrere Zeilen aufteilen, müssen aber am Ende einer Zeile dies mit einem Unterstrich („_") kennzeichnen.

Nach der Bestätigung des Nutzers, dass er den Fehlerhinweis gelesen hat, wird das Ereignis „Berichtsdruck" abgebrochen. Dies geschieht mit einer *DoCmd*-Anweisung – im vorliegenden Beispiel getrennt durch einen Punkt – mit *CancelEvent*, also Abbruch des Ereignisses.

Vergessen dürfen Sie allerdings auch hier nicht die Wiedereinschaltung der Access-Meldungen.

Speichern Sie diese Liste unter dem Namen *rptBuchungskontenHHB* ab.

Kontendruck

Nachdem Sie alle Einnahmen und Ausgaben erfasst haben wollen Sie natürlich auch sehen, wohin Ihr Geld gekommen ist. Dafür gibt es mehrere Methoden. Eine dieser Methoden, nämlich den Ausdruck der einzelnen Einnahmen- und Ausgabekonten, soll zuerst bearbeitet werden. Bei diesem Ausdruck sollen die gebuchten Einnahmen und Ausgaben aller angelegten Konten, zusammengefasst nach den Kontonummern und sortiert nach Buchungsdatum ausgedruckt werden.

Dies soll mithilfe eines Haupt- und eines Unterberichtes gelöst werden. Im Unterbericht sollen die einzelnen Datensätze, die zu einem bestimmten Konto gehören aufgeführt werden. Im Hauptbericht wird das entsprechende Konto mit seiner Kontonummer und seiner Kontobezeichnung dargestellt und der Unterbericht in den Detailbereich integriert.

Für den Hauptbericht benötigen Sie als Datengrundlage die Tabelle *tblBuchungskonten*, für den Unterbericht die Tabelle *tblKontenDruck*.

Erstellen Sie zunächst das Unterformular/-bericht. Auf der Access-Arbeitsfläche wählen Sie das Objekt *Bericht* und klicken auf „*Erstellt einen Bericht unter Verwendung des Assistenten"*. Anschließend klicken Sie auf NEU. Im nachfolgenden Fenster wählen Sie *Berichtsassistent* und geben als Datenquelle die die Tabelle *tblKontenDruck* ein. Im darauffolgenden Fenster wählen Sie die Datenfelder aus, die Sie in dem Unterformular benötigen. Das sind alle Felder dieser Tabelle mit Ausnahme des Feldes *BuchungArt*. Am einfachsten betätigen Sie die >>-Taste, so dass alle Tabellenfelder in die Rubrik „Ausgewählte Felder" übernommen werden. Markieren Sie dann in der rechten Rubrik „Ausgewählte Felder" das Feld „BuchungsArt" und betätigen die Schaltfläche mit dem „<", so dass dieses Feld aus den ausgewählten Felder eliminiert wird. Bestätigen Sie diese Arbeit mit Weiter.

Legen Sie eine Gruppierungsebene fest und wählen Sie hierfür das Feld *KontoNummer* aus. Mit einem Klick auf Weiter kommen Sie zur nächsten Assistentenfrage, nämlich der Sortierung. Hier verwenden Sie das Feld *BuchDat*, nach dem die späteren Ausdrucke innerhalb eines Kontos sortiert werden sollen. Im nächsten Fenster wählen Sie „Abgestuft" als Layout-Vorschlag, nach einem Klick auf Weiter wählen Sie „Weiches Grau" als Format aus und geben danach „rptKontenDruck_UF" als Name dieses Unterformulars ein und drücken auf Fertigstellen. Sie sehen danach das Ergebnis im Ansichtsmodus.

Für unseren Zweck als Unterformular müssen noch einige Änderungen vorgenommen werden. Schalten Sie dazu in den Entwurfsmodus um.

Markieren Sie zunächst die Berichts-Überschrift im Berichtskopf und löschen Sie diese. Sie wird für die weitere Arbeit nicht benötigt. Stattdessen ziehen Sie die Bezeichnungsfelder *BuchDat, GegenKonto, Betrag, BelegNummer* und *Bemerkung* aus dem Seitenkopfbereich in den Berichtskopfbereich. Das Bezeichnungsfeld *KontoNummer* können Sie löschen. Das Bezeichnungsfeld *BelegNummer* platzieren Sie neben dem Feld *Gegenkonto*.

Formatieren Sie nun die einzelnen Bezeichnungsfelder über das jeweilige Eigenschaftsfenster des Steuerelements. Geben Sie für alle Bezeichnungsfelder als Schriftart Arial in der Größe von 10 pt und extra fett ein.

Kapitel 7

Markieren Sie die Bezeichnungsfelder einzeln und geben folgende Formatierungen vor:

	BuchDat	**GegenKonto**	**Beleg-Nr**	**Betrag**	**Bemerkung**
Links:	0 cm	1,8 cm	4,5 cm	6,4 cm	9,3 cm
Oben:	0,099 cm	0,099 cm	0,099 cm	0,099 cm	0,09 cm
Breite:	1,8 cm	2,11 cm	1,4 cm	2,2 cm	2,8 cm
Höhe:	0,44 cm	0,91 cm	0,91 cm	0,44 cm	0,44 cm
Richtg.	Zentriert	zentriert	zentriert	rechtsb.	linksb.

Das Textfeld *KontoNummer* im „KontoNummer-Kopfbereich" können Sie ebenfalls löschen.

Die übrigen Textfelder im Detailbereich ordnen Sie so an, dass sie auf die dazugehörenden Bezeichnungsfelder im Berichtskopf ausgerichtet sind.

Beim späteren Druck soll auch eine Absummierung des Feldes *Betrag* erfolgen, damit der Benutzer sofort den Gesamtbetrag einer Ausgabe oder Einnahme ablesen kann. Platzieren Sie aus der Toolbox ein Textfeld (**ab**) in den Berichtsfuß. Im Register *Alle* des Eigenschaftsfensters des Bezeichnungsfeldes schreiben Sie in der Zeile Beschriftung „Summe:" Das eigentliche Textfeld platzieren Sie dabei so, dass es unterhalb des Betragsfeldes liegt. Ebenfalls im Register *Alle* des Eigenschaftsfensters geben Sie diesem Feld den Namen „Gesamt" und als Steuerelementinhalt geben Sie an

= *Summe(Betrag)*

Summe ist eine VBA-Funktion, die als Parameter das Tabellenfeld erwartet, das addiert werden soll. Im vorliegenden Fall ist das natürlich das Feld Betrag. Im Register *Format* des Eigenschaftsfensters klicken Sie außerdem in die Zeile *Format*. Über die kleine Schaltfläche rechts können Sie diesem Feld die Formatierung als Währung zuweisen.

Zum Schluss gehen Sie in das Eigenschaftsfenster für den Bericht (Schaltfläche ganz oben links) und geben im Register *Format* eine Berichtsbreite von 14 cm ein.

Speichern Sie nunmehr den Bericht unter dem Namen *rptKontenDruck_UF* ab.

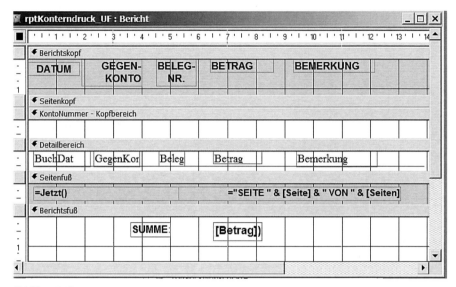

Abbildung 7-62

Als nächstes erstellen Sie den Hauptbericht für den Kontendruck. In diesem werden Sie lediglich eine Seitenüberschrift mit der Kontonummer und der Kontenbezeichnung sowie den soeben erstellten Unterbericht einfügen. Auf der Access-Arbeitsfläche wählen Sie das Objekt *Bericht* und klicken auf „*Erstellt einen Bericht in der Entwurfsansicht*". Anschließend klicken Sie auf NEU. Im nachfolgenden Fenster wählen Sie *Entwurfsansicht* und geben als Datenquelle die Tabelle *tblBuchungskonten* ein und bestätigen mit Weiter. Es wird Ihnen nun ein leerer Berichtsentwurf angezeigt. Wenn die Feldliste nicht sichtbar ist, schalten Sie diese bitte ein.

Kapitel 7

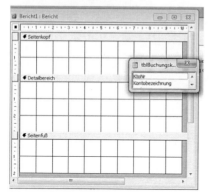

Abbildung 7-63

Ziehen Sie die beiden Felder *KtoNr* und *Kontobezeichnung* in den Seitenkopf des Berichtsentwurfs. Fassen Sie das Bezeichnungsfeld für *KontoNr* am linken oberen Anfasser an und ziehen es mit gedrückter linker Maustaste nach oben, so dass es in der linken oberen Ecke des Seitenkopfes liegt. Fassen Sie jetzt das dazugehörende Textfeld ebenfalls am linken oberen Anfasser an und ziehen es bei gedrückter linker Maustaste unterhalb des soeben verschoben Bezeichnungsfeldes. Verfahren Sie mit dem Tabellenfeld *Kontobezeichnung* ebenso.

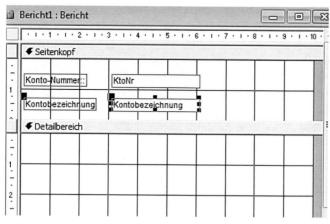

Abbildung 7-64

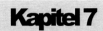

Formatieren Sie die beiden Bezeichnungsfelder im Eigenschaftsfenster mit der Schriftart Arial und 12 pt und fett, die beiden Textfelder mit Schriftart Arial 14 pt und fett und Textfarbe Rot (255). Jetzt fügen Sie in den Detailbereich des Berichtsentwurfs den Unterbericht ein. Schalten Sie die Toolbox ein, falls diese noch nicht sichtbar ist, klicken Sie einmal auf das Symbol Unterbericht

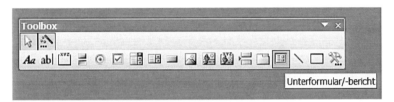

Abbildung 7-65

Ziehen Sie im Detailbereich dann ein Rechteck auf und zwar ca. 13 cm breit. Daraufhin öffnet sich ein Nachfragefenster des Assistenten. Wählen Sie dort die zweite Option „Bestehenden Bericht oder Formular benutzen" und wählen aus der vorgegebenen Auswahl den Bericht *rptKontendruck_UF* aus und klicken auf Weiter.

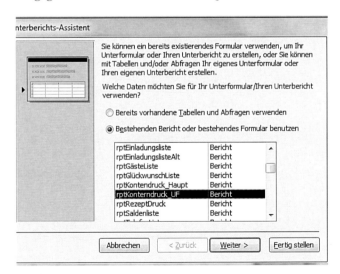

Abbildung 7-66

Berichte

Kapitel 7

Das nächste Nachfragefenster können Sie übernehmen und klicken einfach auf Fertigstellen. Damit ist der Unterbericht eingefügt. Speichern Sie den Hauptbericht unter dem Namen *rptKontenDruck_Haupt* ab. Falls Sie schon Buchungen probehalber erfasst haben, können Sie den fertigen Bericht jetzt im Ansichtsmodus anschauen. Er könnte ähnlich wie die Abbildung 7-67 ausschauen:

Kto.-Nr.	Kontobezeichnung:
1210	Raiffeisenbank

DATUM	GEGEN-KONTO	BELEG-NR.	BETRAG	BEMERKUNG
02.09.2010	3020	8	100,00 €	ffffffff
02.09.2010	2000	7	.477,00 €	Nachzahlung
02.09.2010	3030	6	100,00 €	Schuhe Eric
02.09.2010	3020	5	125,00 €	Mantel f. Gitte
02.09.2010	2010	4	-150,00 €	KiGe September
02.09.2010	3010	3	22,50 €	Meister Proper
02.09.2010	3000	2	122,50 €	Einkauf
	SUMME		157,00 €	

Abbildung 7-67

Damit haben Sie eine Übersicht geschaffen, aus der Sie jede einzelne Buchungsbewegung – gesammelt auf den einzelnen Konten – verfolgen können.

Saldenliste

Als Nächstes werden Sie noch eine Saldenliste erstellen, aus der für jedes Konto die hierauf gebuchte Gesamtsumme ersichtlich ist. Dabei sollte neben der bebuchten Kontosumme auch die Gesamtsumme jeder einzelnen Kontengruppe (Einnahmen, Ausgaben bzw. Finanzkontobestände) ersichtlich sein.

Hierfür haben Sie in Kapitel 6 eine Abfrage erstellt, die Ihnen nunmehr die Zahlen für den Bericht aufbereitet.

Kapitel 7

Auf der Access-Arbeitsfläche wählen Sie das Objekt *Berichte* aus und wählen danach wieder den Berichtsassistenten und klicken auf NEU. Im nächsten Dialogfeld wählen Sie den Berichtsassistenten aus und anschließend die von Ihnen erstellte Abfrage *abfrSuSa*. Im darauffolgenden Dialogfenster wählen Sie die notwendigen Felder für diesen Bericht aus, das sind einmal

die *Kontonummer*, die *KontoBezeichnung*, den *Betrag* und die *Gruppe*.

Mit einem Klick auf Weiter kommen Sie zum Dialogfenster für die Gruppierung des Berichtes. Da nach den Planungen Gruppensummen gebildet werden sollen, muss der Bericht natürlich auch nach Gruppen aufgeteilt werden. Wählen Sie also das Feld *Gruppe* als Gruppierungsfeld. Nach einem Klick auf Weiter können Sie ein Sortierkriterium erfassen. Wählen Sie hierfür die *Kontonummer* an. Die nächsten beiden Dialogfenster können Sie unverändert lassen. Erfassen Sie dann den Berichtstitel mit „Saldenliste" und bestätigen Sie Ihre Auswahl mit *Fertigstellen*.

Sie sehen sofort die Saldenliste im Ansichtsmodus. Dieser bedarf lediglich einiger kleiner Korrekturen. Wechseln Sie deshalb wieder in den Entwurfsmodus.

Klicken Sie zunächst den Berichtstitel an und geben ihm über das Eigenschaftsfenster im Register Format eine Breite von 4,3 cm. Fügen Sie über die Toolbox noch ein ungebundenes Textfeld an. Geben Sie diesem im Eigenschaftsfenster, Register Alle, den Namen Zeit. In Kapitel 8 werden Sie Menüs und Untermenüs für den Ausdruck erstellen. Dort geben Sie auch einen Zeitraum vor, für den die Saldenliste erstellt werden soll. Dem Textfeld geben Sie eine Breite von 7,4 cm und eine Höhe von 0,7 cm. Im Register Daten des Eigenschaftsfensters geben Sie in der Zeile Steuerelementinhalt ein:

```
=[Formulare]![frmListendruckHHB]![ZeitraumVon] & " - " & _
[Formulare]![frmListendruckHHB]![ZeitraumBis]
```

Damit wird in diesem Textfeld der im Formular frmListendruckHHB erfasste Wert des Berichtszeitraums angegeben. Formatieren Sie dieses Feld noch mit einer blauen Schriftfarbe in der Größe Arial, 14 pt. fett.

Berichte

Kapitel 7

Markieren Sie anschließend im Gruppe-Kopfbereich das Feld *Gruppe* und geben ihm über das Eigenschaftsfenster im Register *Format* eine Breite von 1 cm. Im gleichen Register in der Zeile *Format* wählen Sie Standardzahl an, damit die bisher noch vorhandenen Nachkommastellen in der Anzeige verschwinden. Außerdem wählen Sie als Schriftart Arial in 11 pt und fett.

Damit der Benutzer auch sofort weiß um welche Gruppe es sich handelt sollte auch neben der Gruppennummer noch ein Klartext erscheinen. Hierzu können Sie aus der Toolbox ein Textfeld (**ab**) aufziehen. Das hierzu gehörende Bezeichnungsfeld markieren und löschen Sie, da es nicht benötigt wird. Geben Sie diesem Textfeld über das Eigenschaftsfenster im Register *Alle* den Namen „Gruppenbezeichnung". Diesem nunmehr unbenannten Textfeld hauchen Sie Leben ein in dem Sie ein wenig Programmcode schreiben und dieses Feld mit der entsprechenden Gruppenbezeichnung ausstatten.

Jeder Berichtsabschnitt (Berichtskopf, Detailbereich etc.) so auch natürlich der Teilbereich „Gruppe-Kopfbereich" hat eigene Eigenschaften. Klicken Sie deshalb das linke graue Quadrat neben der Bereichsbezeichnung an und rufen damit die Eigenschaften dieses Bereichs auf. Gehen Sie dann in das Register *Ereignis*, wählen danach das Ereignis „Beim Formatieren" aus und gehen mit der Schaltfläche rechts außen in den Code-Generator und ergänzen den vorgegebenen Code-Rahmen mit nachfolgenden Anweisungen:

```
Private Sub Gruppenkopf0_Format(Cancel As Integer, FormatCount As Integer)
Select Case Gruppe
Case 1
   Me.GruppenBezeichnung = "Geldbestand"
Case 2
   Me.GruppenBezeichnung = "Einnahmen"
Case 3
   Me.GruppenBezeichnung = "Ausgaben"
End Select

End Sub
```

Benutzen Sie hier einmal die *Select-Case*-Anweisung. Als Bezugsgröße nehmen Sie die Gruppe und benennen die Gruppen mit den Bezeichnungen, die Sie auch im Erfassungsformular für die Buchungskonten verwendet haben.

Anstatt der Case-Anweisung hätten Sie genau so auch eine *If-Then-Else-ElseIf*-Anweisung benutzen können, die zum gleichen Ergebnis führen würde.

Dieses Feld formatieren Sie jetzt bitte noch über Eigenschaften / Format mit der Schriftart Arial, 10 pt und fett, sowie der Textfarbe Blau.

Einer Eigenart von Access müssen Sie allerdings noch Rechnung tragen. Beim Formatieren dieses Bereichs ist die erste anzuzeigende Gruppe bereits verarbeitet. Deshalb müssen Sie beim Drucken die erste Gruppe nochmals explizit vorgeben. Dies geschieht am Besten im Berichtskopf.

Klicken Sie also mit der rechten Maustaste auf die Schaltfläche links oben im Teilbereich „Berichtskopf" um das Eigenschaftsfenster zu aktivieren. Im Register *Ereignis* wählen Sie in der Zeile „Beim Drucken" den Code-Generator an und schreiben zwischen den Rahmen-Code:

Me.GruppenBezeichnung = "Geldbestand"

Wenn Sie jetzt einmal kurz in den Ansichtsmodus wechseln müsste die Gruppenbezeichnung für jede Gruppe angedruckt werden.

Zurück im Entwurfsmodus des Berichtes werden Sie nun die Gruppensumme einer jeden Gruppe bilden. Eine solche Gruppensumme kann nicht im Detailbereich eines Berichtes untergebracht, sondern muss im Gruppenfuß gebildet werden. Ein Gruppenfuß wird allerdings auf unserer Berichtsfläche nicht angezeigt. Holen Sie das nach. Im Auswahlmenü unter ANSICHT können Sie den Gruppenfuß anklicken, so dass dieser Teilbereich auf die Arbeitsfläche übernommen wird.

Platzieren Sie jetzt ein Textfeld (**ab**) aus der Toolbox in diesen Gruppenfuß-Bereich etwa unterhalb des Betragsfeldes aus dem Detailbereich. Beschriften Sie

Kapitel 7

das Bezeichnungsfeld im Eigenschaftsfenster mit „Gruppensumme:". Als Textfarbe nehmen Sie blau, als Schrift Arial, 10 pt fett und kursiv.

Das Textfeld selbst formatieren Sie in der Zeile *Format* des Eigenschaftsregisters *Format* mit *Euro*. Geben Sie auch diesem Feld die Textfarbe Blau und die Schriftart Arial in der Größe 10 pt, fett und kursiv.

Im Register Daten müssen Sie nun den Steuerelementinhalt eingeben, also das, was dieses Feld anzeigen soll. Dies ist natürlich die Summe der Kontensalden dieser Gruppe. Geben Sie die Funktion *Summe()* mit einem vorangestellten „="-Zeichen ein. In der Klammer müssen Sie das Feld angeben, das summiert werden soll, in unserem Falle „SummevonBetrag".

= Summe([SummevonBetrag])

So müsste der Bericht im Entwurfsmodus aussehen:

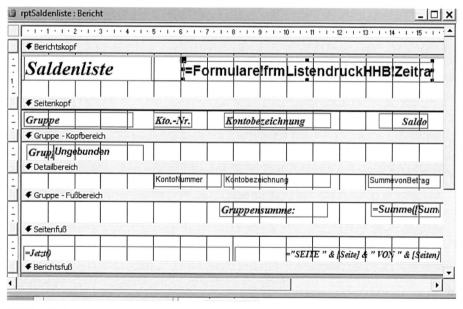

Abbildung 7- 68

und so im Ansichtsmodus:

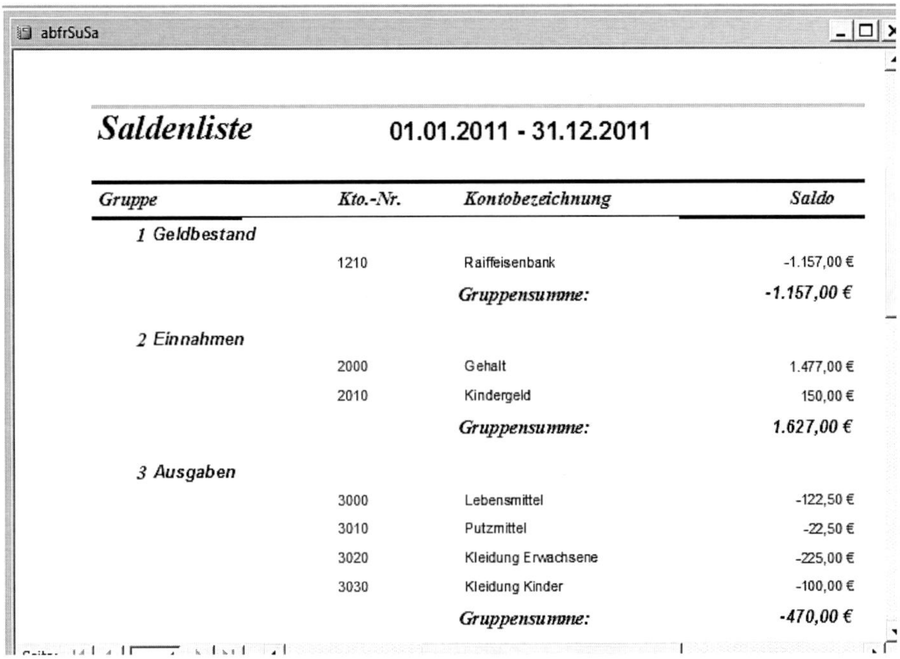
abfrSuSa

Saldenliste 01.01.2011 - 31.12.2011

Gruppe	Kto.-Nr.	Kontobezeichnung	Saldo
1 Geldbestand			
	1210	Raiffeisenbank	-1.157,00 €
		Gruppensumme:	-1.157,00 €
2 Einnahmen			
	2000	Gehalt	1.477,00 €
	2010	Kindergeld	150,00 €
		Gruppensumme:	1.627,00 €
3 Ausgaben			
	3000	Lebensmittel	-122,50 €
	3010	Putzmittel	-22,50 €
	3020	Kleidung Erwachsene	-225,00 €
	3030	Kleidung Kinder	-100,00 €
		Gruppensumme:	-470,00 €

Abbildung 7- 69

Speichern Sie diesen Bericht unter dem Namen *rptSaldenliste* ab.

Rezept-Druck

Für den Ausdruck von Rezepten benötigen Sie zwei Berichte, einmal den Hauptbericht, in dem die Rezeptbezeichnung und evtl. ein Bild, die Portionen-Anzahl und die Zubereitung gedruckt werden. Außerdem benötigen Sie noch einen Unterbericht, der in den Hauptbericht integriert wird, in welchem die einzelnen Zutaten aufgeführt werden.

Kapitel 7

Zunächst muss der Unterbericht erstellt werden. Hierzu bemühen Sie den Berichtsassistenten und wählen als Datengrundlagen die in Kapitel 6 erstellte Abfrage *abfrRezeptZutatenMenge*.

Aus dieser Abfrage benötigen Sie die Felder *Anzahl*, *MengenKZ* und *ZutatBezeichnung*. Jetzt löschen Sie alle Teilbereiche dieses Unterberichtes außer dem Detailbereich. Klicken Sie im Hauptmenü auf Ansicht und entfernen dort die Häkchen für Kopf- und Fußzeile und Seitenkopf/-fuß. Es verbleibt also lediglich der kleine Detailbereich bestehen.

Speichern Sie diesen Bericht unter dem Namen *UF_Rezept_Zutat* ab.

Abbildung 7-70

Jetzt erstellen Sie den Hauptbericht.

Auf der Access-Arbeitsfläche wählen Sie das Objekt Berichte an, klicken auf NEU und bleiben in der Entwurfsansicht. Als Datengrundlage nehmen Sie die Tabelle *tblRezepte*. Wenn die Feldliste der Tabelle nicht angezeigt wird, holen Sie sich diese über das Hauptmenü. Ziehen Sie die Felder *RezeptNr*, *Bezeichnung*, *Kategorie*, *Personenzahl* in den Berichtskopf. Vergrößern Sie den Berichtskopf etwa auf eine

Höhe von 3,5 cm. Von den beiden Felder *RezeptNr* und *Bezeichnung* löschen Sie die Bezeichnungsfelder. Diese werden nicht benötigt. Das Feld *RezeptNr* platzieren Sie oben links, etwa 0,3 cm vom linken Rand mit einer Breite von 0,6 cm und eine Höhe von 0,7 cm. Direkt daneben folgt das Feld *Bezeichnung* mit derselben Höhe und einer Breite von ca. 8 cm. An den unteren Rand links des Berichtskopfes setzen Sie das Feld *Kategorie* inkl. dem Bezeichnungsfeld. Das Feld *PersonenZahl* setzen Sie rechts daneben, ebenfalls mit dem Bezeichnungsfeld.

Da weder das Feld *Kategorie* noch das Feld *Personenzahl* eindeutige Hinweise in Klartext, sondern lediglich Ziffern beinhalten, müssen Sie diese noch näher erläutern. Ergänzen Sie deshalb beide Felder mit je einem Textfeld (**ab**) aus der Toolbox, dass Sie jeweils neben dem Textfeld des Tabellenfeldes setzen. Die hier zugehörenden Bezeichnungsfelder können Sie dabei löschen. Dem Textfeld neben Kategorie geben Sie im Eigenschaftsfenster im Register *Alle* den Namen *KategorieNamen*, dem anderen Feld den Namen *Portionen*.

Beim Drucken des jeweiligen Berichtskopfes sollen diese beiden letzten Textfelder eine entsprechende Klartext-Anzeige liefern. Hierzu benötigen Sie ein wenig VBA-Code. Klicken Sie in das linke obere graue Quadrat des Berichtskopfs mit der rechten Maustaste und gehen Sie über das Eigenschaftsfeld des Berichtskopfes im Register *Ereignis* auf die Zeile „Beim Drucken", nehmen den Code-Generator und ergänzen die beiden vorgegebenen Rahmenzeilen mit den nachfolgenden Anweisungen:

```
Private Sub Berichtskopf_Print(Cancel As Integer, PrintCount As Integer)

Me.KategorieName = DLookup("KategorieBezeichnung",
"tblRezeptKategorie", "KategorienNr = " & Me.Kategorie)
If Me.Kategorie = 1 Then
    Me.Portionen = "Personen"
End If
If Me.Kategorie = 2 Then
    Me.Portionen = "Stück"
End If
If Me.Kategorie = 3 Then
    Me.Portionen = "Portionen"
```

Berichte

Kapitel 7

End If
End Sub

Die Kategorie-Bezeichnungen sind in der Tabelle *tblRezeptKategorien* gespeichert. Mit der Ihnen bereits geläufigen Domänenfunktion *Dlookup()* können Sie die jeweils notwendige Bezeichnung herausfiltern. In der Tabelle *tblRezeptkategorien* sind auch die Rezeptgrößen wie Personenanzahl, Portionenanzahl oder Stückanzahl gespeichert. Auch diese können wir aus der Tabelle entnehmen.

Damit der Bericht nicht zu große Ränder aufweist und Sie etwas mehr Spielraum haben, die Felder unterzubringen, ändern Sie das Format des Berichtes. Im Hauptmenü Datei – Seite einrichten - ändern Sie die Randvorgaben wie folgt:

Oben auf 10 mm   Unten auf 10 mm

Rechts auf 0,8 mm   Links auf 20 mm

Im Detailbereich bringen Sie den oben erstellten Unterbericht unter. Klicken Sie in der Toolbox das Symbol für Unterformular/Bericht an und ziehen Sie ein entsprechendes Rechteck im oberen linken Teil des Detailbereichs auf.

Wählen Sie im Dialogfenster die zweite Option, einen bestehenden Bericht zu verwenden und wählen den Unterbericht *UF_Rezept_Zutaten* aus. Klicken Sie auf *Weiter* um den Dialog fortzusetzen (Abbildung 7-71).

Im nächsten Dialogfenster wählen Sie als Verknüpfungselement die Option „Eigene definieren" aus und wählen daraufhin in der ersten Zeile der Rubrik Formular-/Berichtsfelder mit der kleinen Pfeil-Schaltfläche „RezeptNr" aus. In der Rubrik Unterformular-/Unterberichtsfelder wählen Sie „tblRezeptZutaten.RezeptNr".

Damit haben Sie das Unterformular über die RezeptNr, die ja in beiden Tabellen vorhanden ist, verbunden, so dass nunmehr im Hauptformular nur diejenigen Zutaten angezeigt werden, die auch zu diesem Rezept gehören (Abbildung 7-72). Drücken Sie jetzt die Taste „Fertigstellen".

Kapitel 7

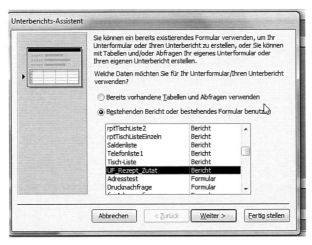

Abbildung 7- 71

Abbildung 7- 72

Den Namen des Unterberichtes können Sie markieren und im Eigenschaftsfenster im Register *Format* in der Zeile Sichtbar auf Nein stellen, so dass beim Ausdruck dieser Namen nicht angezeigt wird. Ziehen Sie an dieser Stelle besser ein Bezeichnungsfeld aus der Toolbox auf und beschriften es mit „Zutaten". Neben

Kapitel 7

dem Unterbericht ziehen Sie jetzt noch aus der Feldliste das Memofeld Zubereitung auf. Ziehen Sie auch über das Memofeld aus der Toolbox ein Bezeichnungsfeld und beschriften es mit „Zubereitung". Speichern Sie den Bericht unter dem Namen *rptRezeptDruck* ab.

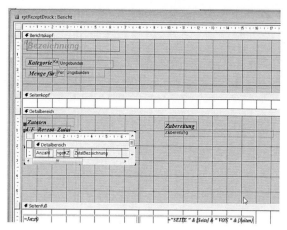

Abbildung 7- 73

Der Rezeptdruck dürfte in etwa so aussehen:

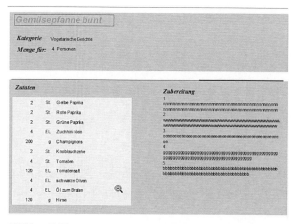

Abbildung 7- 74

Kapitel 7

Adress-Etiketten

Auch die Adressetiketten werden als Bericht behandelt. Wählen Sie deshalb auf der Access-Arbeitsfläche das Objekt Bericht aus. Dieser Bericht wird mit dem Assistenten erstellt, wählen Sie deshalb diese Optionsart aus und klicken auf Neu. Im ersten Dialogfenster wählen Sie *Etiketten-Assistent* an und nehmen als Datengrundlage die Abfrage *abfrAdressEtiketten* und bestätigen mit OK.

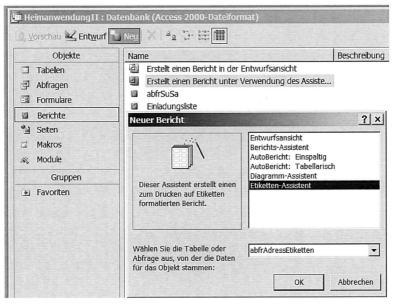

Abbildung 7-75

Im nächsten Dialogfenster werden Ihnen eine Menge handelsüblicher Etikettenformate vorgegeben, die Sie käuflich erwerben und danach mit Ihrem Programmmodul bedrucken können. Sie können dabei nach Herstellerfirmen und anschließend nach Artikelnummern das von Ihnen favorisierte Etikett auswählen. Um es in diesem Buch einheitlich weiterzugestalten, wählen Sie von der Firma Herma das Etikett mit der Artikelnummer 5067. Das ist ein Etikett in der Größe 60 x 60 mm. Auf einem DINA4-Blatt befinden sich dabei 3 Etikettenreihen nebeneinander. Selbstverständlich können Sie auch andere Etiketten aussuchen,

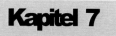

Kapitel 7

der Arbeitsvorgang ändert sich deshalb nicht. Mit einem Klick auf Weiter kommen Sie ins nächste Dialogfeld und können die Schrift, Art und Größe auswählen. Behalten Sie zunächst einmal Arial, 11 pt, normal bei.

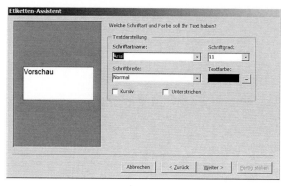

Abbildung 7-76

Im darauffolgenden Dialogfenster werden die Felder übernommen, die für den Ausdruck der Adresse benötigt werden. Im vorliegenden Fall ist das lediglich das Feld AdressName. Markieren Sie dieses Feld und übernehmen es mit der Schaltfläche mit dem Pfeil nach rechts.

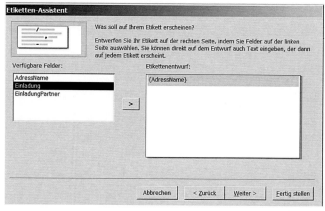

Abbildung 7-77

Im nächsten Dialogfenster können Sie eine Sortierreihenfolge für die Etikett-Ausgabe eingeben. Sie können hier das Feld *AdressName* hernehmen. Sie können aber die Sortierung auch ignorieren. Im letzten Dialogfenster geben Sie diesem Bericht den Namen *rptAdressEtiketten* und drücken auf Fertigstellen. Es wird Ihnen nun das DINA4-Blatt mit den drei Etikettenreihe angezeigt. Damit ist der Etikettendruck fertig.

Termin-Liste

Die Termin-Liste erstellen Sie wieder mit dem Berichtsassistenten.

Auf der Access-Arbeitsfläche wählen Sie das Objekt Berichte und Berichtserstellung mit dem Assistenten und klicken auf Neu. Im aufgehenden Dialogfenster bestätigen Sie nochmals die Arbeit mit dem Assistenten und geben als Datengrundlage die Tabelle *tblTerminDruck* an.

Übernehmen Sie danach alle verfügbaren Tabellenfelder mit einem Klick auf „>>". Wählen Sie anschließend als Gruppierung das TagesDatum an. Klicken Sie auf Gruppierungsoptionen und übernehmen „TagesDatum nach Tag. Im nächsten Dialogfenster lassen Sie den Bericht nach dem Feld *datZeit* in aufsteigender Reihenfolge sortieren. Als Layout übernehmen Sie die Vorgabe „abgestuft" und als Format „Weiches Grau".

Als Titel erfassen Sie „Termin-Liste" und klicken auf Fertigstellen. Der Assistent zeigt Ihnen nunmehr den fertigen Bericht wie in Abbildung 7-78 an.

Sie sehen jedoch selbst, dass hier noch einige Verbesserungen durchzuführen sind. So erscheint das Datum gleich zweimal, nämlich einmal als Gruppenkopf mit der Umrandung und dann nochmals als drittes Feld. Außerdem sind die Felder teilweise zu kurz, sodass Teile des Feldinhalts verschluckt werden.

Kapitel 7

Abbildung 7-78

Gehen Sie in die Entwurfsansicht des Formulars. Klicken Sie im TagesDatum-Kopfbereich mit der rechten Maustaste auf das Feld *TagesDatum* und gehen ins Eigenschaftsfenster. Im Register *Format* geben Sie in der Zeile *Format* „Datum kurz" ein. Im Register *Daten* ändern Sie das vorgegebene Format von „Long Date" in „Short Date" ab, denn es genügt, wenn das Tagesdatum ohne den Wochentag angezeigt wird. Sollten Sie aber „Long Date" bevorzugen, so belassen Sie es einfach.

Ändern Sie das Berichtsformat von Hochformat in Querformat um (Datei -> Seite einrichten ->Register Seite -> Querformat). Es ist sicherlich nicht richtig, wenn in einer solchen Terminübersicht alle jemals erfassten Termine und Erinnerungen angezeigt werden. Besser ist natürlich, wenn eine bestimmte Zeitauswahl angegeben werden kann und nur die Termine zu sehen sind, die in diese Zeitspanne fallen. Sie haben im vorhergehenden Kapitel schon ein Auswahlformular *frmDruckTerminübersicht* erstellt, in dem Sie den Zeitraum in den ungebundenen Textfeldern *DatumVon* und *DatumBis* erfassen können. Diesen Zeitraum sollten Sie auch in Ihrem Bericht wieder sichtbar machen. Aus der Toolbox ziehen Sie sich zwei ungebundene Textfelder in den Berichtskopf und geben diesen die Namen *DatVon* bzw. *DatBis*. Jetzt müssen Sie diesen Feldern noch den Hinweis geben, woher diese Daten kommen sollen. Markieren Sie hierzu das erste Feld *Datv*on, gehen ins Eigenschaftsfenster in das Register *Date*n und geben in der Zeile Steuerelementinhalt den Verweis auf die korrespondierende Variable im Formular *frm DruckTerminübersicht* an:

=Formulare!frmDruckTerminübersicht!DatumVon

Verfahren Sie mit dem zweiten Textfeld ebenso, nur geben Sie als korrespondierende Variable „DatumBis" ein. Zwischen diese beiden Textfelder ziehen Sie sich aus der Toolbox noch ein Bezeichnungsfeld herüber und schrieben als Inhalt „Bis" hinein. Markieren Sie nun die drei neuen Felder und formatieren diese einheitlich Auf Arial, 16 pt und fett und eine Höhe von 0,9 cm. Geben sie den beiden Datumsfeldern eine Breite von 3 cm und dem Bis-Feld eine Breite von 2 cm.

Im Detailbereich des Berichtes markieren Sie das Feld Tagesdatum und drücken die Entf-Taste. Löschen Sie im Seitenkopf entsprechend auch die dazugehörende Überschrift.

Richten Sie alle anderen Felder entsprechend der Abbildung 7-79.

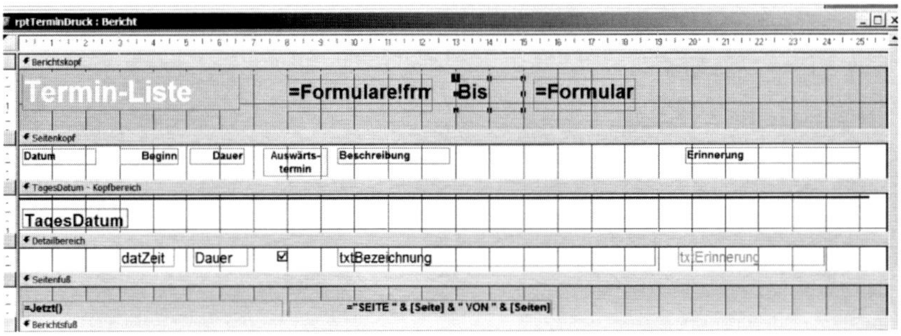

Abbildung 7- 79

Vergessen Sie nicht, den Druckabbruch einzubauen, wenn keine Daten vorhanden sind. Schauen Sie bei den anderen Berichten nochmals nach, falls Sie die Prozedur nicht mehr kennen.

Kapitel 7

Wenn Sie nunmehr den Bericht über das Formular *frmDruckTerminübersicht* aufrufen, erhalten Sie alle Termine, die in der vorgewählten Zeitspanne erfasst sind.

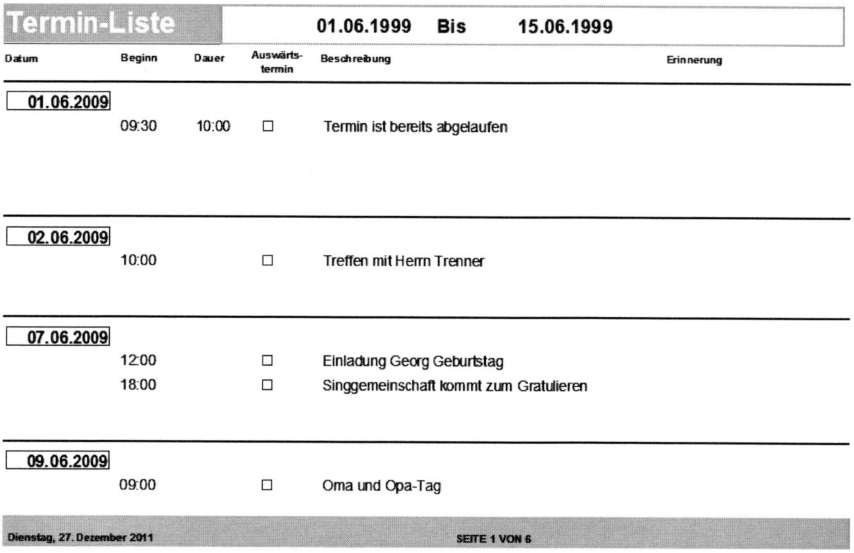

Termin-Liste				01.06.1999 Bis 15.06.1999	
Datum	Beginn	Dauer	Auswärts-termin	Beschreibung	Erinnerung
01.06.2009	09:30	10:00	☐	Termin ist bereits abgelaufen	
02.06.2009	10:00		☐	Treffen mit Herrn Trenner	
07.06.2009	12:00		☐	Einladung Georg Geburtstag	
	18:00		☐	Singgemeinschaft kommt zum Gratulieren	
09.06.2009	09:00		☐	Oma und Opa-Tag	

Dienstag, 27. Dezember 2011   SEITE 1 VON 6

Abbildung 7- 80

Speichern Sie diesen Bericht ab unter dem Namen *rptTerminDruck*.

Kapitel 8

MENÜ-STRUKTUREN

Sie haben nun alle Module für Ihr Programm „Heimanwendung" fertiggestellt. Durch Aufruf der einzelnen Module aus der Access-Arbeitsfläche könnten Sie Ihre Daten verwalten und Ihre Berichte erstellen. Zu einem richtigen EDV-Programm gehören aber nicht nur die einzelnen Modul-Einheiten, sondern es gehört auch eine komfortable Menü-Struktur dazu, aus der die Module schnell und übersichtlich ausgewählt werden können.

Zunächst sollten Sie deshalb eine solche hierarchische Struktur auf dem Papier entwerfen, damit Sie daraus sehen, wie viele Untermenüs in ein Hauptmenü einzugliedern sind.

Die Struktur für das Programm „Heimanwendung" sieht folgendermaßen aussehen:

- A) Hauptauswahl-Menü
- B) Allgemeine Daten
- C) Adressen
    - (1) Erfassung Adressen
    - (2) Erfassung Postleitzahlen
    - (3) Listendruck
        - a. Adressen-Liste
        - b. Adress-Etiketten
        - c. Telefonliste
        - d. Geburtstagsliste Jahr
        - e. Geburtstagsliste Monat
- D) Musik
    - (1) Erfassung Lieder
- E) Bücher
    - (1) Erfassung Bücher
    - (2) Erfassung Buch-Kategorien
    - (3) Erfassung Buchverlage
    - (4) Erfassung Buchautoren
- F) Feste
    - (1) Erfassung Veranstaltungen
    - (2) Erfassung Einladungen u. Zusagen
    - (3) Tischerfassung

Kapitel 8

   (4) Tischbelegung
   (5) Glückwunsch-Erfassung
   (6) Listendruck
     a. Einladungsliste
     b. Gästeliste
     c. Tischliste gesamt
     d. Tischliste einzel
     e. Glückwunsch-Liste
G) Terminkalender
   (1) Termin-Erfassung
   (2) Erinnerungspunkte
   (3) Druck Terminübersicht
H) Haushaltsbuch
   (1) Buchungskonten
   (2) Einnahmen- Ausgaben-Erfassung
   (3) Listendruck
     a. Buchungskonten
     b. Kontendruck
     c. Saldenliste
I) Koch- und Backrezepte
   (1) Erfassung Kategorien
   (2) Erfassung Mengenbezeichnung
   (3) Erfassung Rezepte
   (4) Listendruck
     a. Rezept-Druck

Wenn Sie die Struktur Ihres Programmes so zusammengestellt haben, können Sie an die Programmierung der einzelnen Untermenüs herangehen. Dabei ist es sinnvoll, immer mit der jeweils untersten Ebene zu beginnen. Das sind im vorliegenden Fall die Listendrucke. Überall dort, wo Sie mehrere Listendrucke haben, ist ein entsprechendes Untermenü notwendig.

Untermenü Listendrucke Adressverwaltung

Auf der Access-Arbeitsfläche wählen Sie das Objekt Formulare an, wählen danach *„Erstellt ein Formular in der Entwurfsansicht"* und klicken auf NEU. Im aufgehenden Dialogfenster bestätigen Sie *Entwurfsansicht* und klicken auf OK. Eine Datengrundlage benötigen Sie hier nicht. Die angezeigte Formularfläche vergrößern Sie auf eine Breite von 22,5 cm und eine Höhe von 10.5 cm. Ziehen Sie jetzt einen

Kapitel 8

blauen Rahmen auf, so wie Sie es im Musterformular vorgegeben haben. Anschließend ziehen Sie aus der Toolbox ein Bezeichnungsfeld (**Aa**) auf und geben als Formulartitel *Listendruck* ein. Im Eigenschaftsfenster dieses Bezeichnungsfeldes ändern Sie im Register *Format* die Hintergrundfarbe in Blau, die Textfarbe in Weiß und die Schriftgröße in 14 pt. Fett.

Jetzt müssen Sie noch eine Variable deklarieren, die den jeweiligen Berichtsnamen aufnehmen kann. Diese Variable darf aber nicht in einer Sub-Prozedur deklariert werden, da sie ansonsten nur für diese einzelne Prozedur Gültigkeit hat. Sie werden aber später sehen, dass Sie den Variableninhalt in mehreren Prozeduren benötigen. Deshalb muss sie vor der ersten Subprozedur dieses Moduls stehen. Öffnen Sie dazu über das Symbolmenü Code den VBA-Editor. Dort steht bis jetzt nur eine einzige Zeile Code, nämlich:

Option Compare Database

In der nächsten Zeile deklarieren Sie jetzt die Variable *stDocName* als String-Variable:

Dim stDocName As String

Die Auswahl der verschiedenen Listen werden Sie mithilfe einer Optionsgruppe erledigen. In der Toolbox klicken Sie auf Optionsgruppe und ziehen auf dem neuen Formular unterhalb des Titels ein Rechteck auf, beginnend bei 2 cm vom linken Rand bis 8 cm und einer Höhe von ca. 5 cm. Es öffnet sich danach ein Dialogfenster, in das Sie die einzelnen Listen, die zur Auswahl gestellt werden sollen, eintragen können. In die erste Vorgabezeile schreiben Sie „Adress-Liste" und drücken danach die TAB-Taste. Sie gelangen in die zweite Zeile und beschriften diese mit „Adress-Etiketten", die nächste Zeilen mit „Telefonliste", „Geburtstagsliste Jahr" und „Geburtstagsliste Monat". Damit haben Sie alle notwendigen Listen aufgeführt. Schließen Sie dieses Fenster mit einem Klick auf Weiter ab. Im nächsten Dialogfenster können Sie eine Standardauswahl an Formularen vorgeben. Der Assistent schlägt Ihnen die Adress-Liste vor. Belassen Sie diese Vorgabe und schließen Sie dieses Fenster mit einem Klick auf Weiter ab. Im nächsten Fenster sehen Sie, dass der Assistent jeder Liste eine Zahl zugeordnet hat und zwar von 1 – 5. Mit diesem numerischen Wert können Sie später auf die Listenauswahl reagie-

Kapitel 8

ren. Klicken Sie wieder auf Weiter und Sie können das Aussehen der Optionsgruppe noch etwas verschönern.

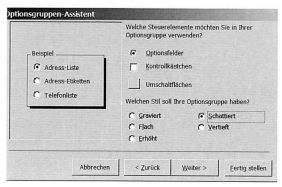

Abbildung 8-1

Sie können nun auswählen, ob Sie runde Optionsfelder, eckige Kontrollkästchen oder aber Umschaltflächen angezeigt haben wollen. Umschaltflächen eignen sich hier allerdings nicht. Belassen Sie zunächst einmal die runden Optionsfelder, klicken Sie allerdings weiter unten auf schattiert. Das sieht im fertigen Formular gut aus. Auf der linken Seite des Dialogfensters sehen Sie, wie Ihre Optionsgruppe später aussehen wird. Setzen Sie Ihre Arbeit mit einem Klick auf Weiter fort. Im nachfolgenden Dialog geben Sie der Optionsgruppe einen Namen, und zwar „optListenauswahl" und klicken auf Fertigstellen. Damit ist die Optionsgruppe in Ihrem Formular eingefügt. Sie können den Bezeichnungsfeldern jetzt noch den hellgelben Hintergrund und die rote Textfarbe verpassen. Dies geschieht – aber das wissen ja jetzt längst – im Eigenschaftsfenster dieser Felder.

Da Sie für die Geburtstagslisten noch zusätzliche Angaben benötigen, bevor Sie den Ausdruck starten, z.B. das Jahr oder aber der gewünschte Monat und das dazugehörende Jahr, müssen Sie noch ungebundene Textfelder einfügen. Sie wissen bereits, dass Sie dazu das Symbol Textfeld (**ab**) in der Toolbox anklicken und auf dem Formularentwurf aufziehen müssen. Das erste Textfeld für die Monatseingabe ziehen Sie im oberen Lineal bei 10 auf. Beginnen Sie etwa auf der Höhe des Optionsgruppen-Rahmens. Im Eigenschaftsfenster im Register *Alle*, geben Sie diesem Feld den Namen „AuswahlMonat". Die Beschriftung des Bezeichnungsfeldes ändern Sie im Eigenschaftsfenster ab in „Für Monat:". Der Monat wird hier als Ziffer eingegeben. Damit Sie auch den Monatsnamen sehen können, ziehen Sie ein weiteres ungebundenes Textfeld (ab) aus der Toolbox herüber, löschen das dazugehörende Bezeichnungsfeld und platzieren das Textfeld unmittelbar neben das andere Textfeld. Im Eigenschaftsfenster, Register Alle, geben Sie diesem Feld den Namen „NameMonat".

Ziehen Sie ein weiteres ungebundenes Textfeld unterhalb des vorigen auf, geben ihm den Namen „AuswahlJahr" und beschriften das Bezeichnungsfeld mit „Für Jahr".

Für die Geburtstagslisten sollten Sie dem Nutzer die Wahl lassen, ob auch die Kinder mit aufgenommen werden sollen oder nicht. Deswegen sollen Sie auch hierfür eine Auswahlmöglichkeit vorsehen. Die bewerkstelligen Sie diesmal mit einem Optionsfeld, das Sie immer dann aktivieren können, wenn die Kinder mit in die Liste integriert werden sollen. Klicken Sie in der Toolbox auf Optionsfeld und ziehen auf dem Formularentwurf unterhalb der obigen Auswahlpunkte dieses Feld auf. Da bei einem Optionsfeld das zugehörige Bezeichnungsfeld rechts steht, müssen Sie es noch umdrehen. Ihnen ist es sicherlich noch geläufig, dass Sie durch das Anfassen des großen schwarzen Quadrats mit der linken Maustaste die beiden zusammengehörenden Felder einzeln verschieben können. Bringen Sie also jetzt das Bezeichnungsfeld nach links und das eigentliche Optionsfeld nach rechts, so wie die anderen Felder auch. Geben Sie dem Optionsfeld im Eigenschaftsfenster, Register *Alle*, den Namen „optKinder".

Jetzt sollten Sie dem Nutzer noch eine weitere Auswahlmöglichkeit beim Drucken bieten, nämlich einmal, ob er die Liste auf dem Bildschirm zunächst kontrollieren möchte, also eine sogen. Vorschau sehen will, oder ob er die Liste gleich auf den Drucker schicken will. Auch hierfür eignet sich wieder eine Optionsgruppe, dies Sie unmittelbar unter die zuletzt erstellten ungebundenen Textfelder aufziehen. Wie das geht, schauen Sie oben nochmals nach, wenn Sie es noch nicht ohne Hilfe ausführen können. Für die Optionsgruppe werden nur zwei Zeilen benötigt, nämlich „Vorschau" und „Drucken". Geben Sie dieser Optionsgruppe im

Kapitel 8

Eigenschaftsfenster den Namen „optDrucken" und formatieren die beiden Bezeichnungsfelder wie üblich.

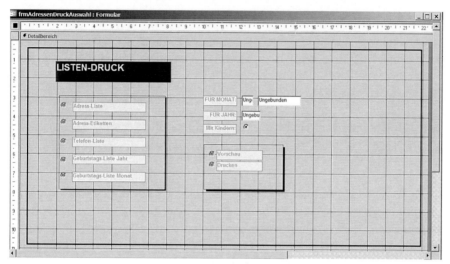

Abbildung 8- 2

Soweit war die Sache eigentlich ganz einfach. Die eigentliche Arbeit besteht jetzt darin, für alle Optionsgruppen und Felder entsprechenden Programmcode zu schreiben, damit der Nutzer dann auch die richtigen Listen mit richtiger Bezeichnung und Zusammensetzung erhält. Die ungebundenen Textfelder, die Sie eingerichtet haben, werden nur bei den Geburtstagslisten benötigt. Für alle anderen Listen sind sie nicht relevant. Es ist deshalb elegant, wenn Sie diese Felder komplett ausblenden würden und nur dann anzeigen lassen, wenn der Nutzer eine Geburtstagsliste auswählt. Dabei benötigt er bei Auswahl der Jahresliste nur das Feld für die Jahreszahl, bei Auswahl der Monatsliste müssen die Felder Monat und Jahr angezeigt werden. Das Optionsfeld Kinder benötigt er bei beiden Listen.

Sie müssen deshalb eine Ereignisprozedur erstellen, um die Felder zunächst einmal auszublenden. Das geschieht beim Laden des Formulars, denn zu diesem Zeitpunkt hat noch keine Auswahl stattgefunden, deshalb werden diese Felder auch nicht benötigt.

Kapitel 8

Klicken Sie mit der rechten Maustaste hierzu ganz oben links in das graue Quadrat neben dem Lineal um das Eigenschaftsfenster des Formulars zu öffnen. Gehen Sie danach auf das Register Ereignis, klicken die die Zeile „Bei Laden". Über die kleine Schaltfläche mit den drei Punkten rechts außen gelangen Sie in ein Dialogfenster, aus dem Sie „Code-Generator" anwählen. VBA kennt eine Funktion *Visible*, die den Wert *True* oder *False* haben kann. Diese Funktion können Sie einem beliebigen Feld zuweisen. Hat sie den Wert *False*, dann wird das Feld im Formular nicht angezeigt. Hat sie den Wert *True*, dann können Sie das Feld sehen. Ergänzen Sie nun die beiden Vorgabezeilen des Code-Generators, in dem Sie den nicht benötigten Feldern den Visible-Wert *False* zuweisen.

```
Private Sub Form_Load()
Me.AuswahlJahr.Visible = False
Me.AuswahlMonat.Visible = False
Me.NameMonat.Visible = False
Me.optKinder.Visible = False
Me.optListenAuswahl = 1
End Sub
```

Beginnen Sie jetzt mit der Bearbeitung der ersten Optionsgruppe. Sie erinnern sich sicherlich noch daran, dass bei der Erstellung der Optionsgruppe, jeder Liste eine bestimmte Zahl zugewiesen wurde, z.B. der Adressliste die Zahl 1 usw. Diese Zahl nutzen Sie jetzt dazu festzustellen, welche Liste der Nutzer zum Drucken haben will.

Hat der Nutzer einen Bericht ausgewählt löst er damit das Ereignis „Nach Aktualisierung" aus. Dies machen Sie sich nunmehr zu nutzen, in dem Sie für dieses Ereignis den entsprechenden Code schreiben. Klicken Sie den Rahmen der ersten Optionsgruppe mit der rechten Maustaste an, gehen in das Eigenschaftsfenster und zwar in das Register *Ereignis*, dort in die Zeile *Nach Aktualisierung*, klicken kurz in die weiße Zeile und anschließend auf die Schaltfläche rechts mit den drei Punkten. Danach aktivieren Sie den Code-Generator und sie sehen im Editor die beiden Vorgabezeilen:

Private Sub optListenAuswahl_AfterUpdate()

Kapitel 8

End Sub

Über eine *If-Then-Endif*-Bedingung können Sie die weiteren Maßnahmen entsprechend der Berichtswahl treffen. Sie erinnern sich noch daran, dass Sie beim Laden des Moduls verschiedene Felder ausgeblendet haben. Sie müssen jetzt darauf achten, alle oder einige Felder wieder sichtbar zu machen sind, sofern Sie für die Auswahl benötigt werden.

Wenn der Nutzer die erste Liste, das ist die Adressliste, ausgewählt hat, werden keine der ausgeblendeten Felder notwendig sein. Es kann nach dieser Auswahl also direkt zur nächsten Optionsgruppe gesprungen werden. Deshalb lautet die erste Bedingung:

If optListenAuswahl = 1 Then
   Me.optDrucken.SetFocus
End If

Bei Anwahl der zweiten Liste hat sich der Nutzer für die Adressetiketten entschieden. Auch hier brauchen Sie keines der ausgeblendeten Felder. Sie können demnach auch in dieser Bedingung die gleiche Anweisung wie oben geben, nämlich dass nach der Auswahl sofort zur Optionsgruppe Drucken verzweigt werden kann.

If optListenAuswahl = 2 Then
   Me.optDrucken.SetFocus
End If

Auch bei Anwahl der dritten Liste, der Telefonliste, benötigen Sie die ausgeblendeten Felder nicht und es sind auch keine anderen Bedingungen zu erfüllen, so dass Sie auch hier festlegen können:

If optListenAuswahl = 3 Then
   Me.optDrucken.SetFocus
End If

Kapitel 8

Bei der nächsten Auswahl haben Sie allerdings ein bisschen Mehrarbeit. Bei der Jahresgeburtstagsliste benötigen Sie ein ausgeblendetes Feld, nämlich mindestens das Feld AuswahlJahr. Da Sie aber auch dem Nutzer die Freiheit lassen, Kinder in die Geburtstagsliste aufnehmen zu können, benötigen Sie auch noch das Optionsfeld für den Kindereinschluß. Sie müssen die Visible-Funktion dieser Felder auf *True* einstellen und außerdem den Fokus auf das erste notwendige Eingabefeld *AuswahlJahr* setzen. Die Bedingung lautet deshalb:

```
If optListenAuswahl = 4 Then
    'Geburtstagsliste Jahr gewählt
    Me.AuswahlJahr.Visible = True
    Me.optKinder.Visible = True
    Me.AuswahlJahr.SetFocus
End If
```

Bei Anwahl der fünften Liste müssen Sie sowohl die Felder *AuswahlJahr*, die *Kinderoption* als auch die Felder *AuswahlMonat* und *NameMonat* sichtbar machen. Danach müssen Sie den Fokus auf den einzugebenden Monat führen.

```
If optListenAuswahl = 5 Then
    'Geburtstagsliste Monat gewählt
    Me.AuswahlMonat.Visible = True
    Me.AuswahlJahr.Visible = True
    Me.NameMonat.Visible = True
    Me.optKinder.Visible = True
    Me.AuswahlMonat.SetFocus
End If
```

Werden die Geburtstagslisten angewählt müssen Sie veranlassen, dass in den auszudruckenden Berichten auch die aktuellsten Daten vorhanden sind. Sie müssen dazu in die Tabelle *tblGeburtstag* diese Daten jedes Mal neu übertragen. Sie haben dazu in Kapitel 5 verschiedene Abfragen erstellt, die Sie jetzt allesamt aktivieren müssen. Bei der Abfrageerstellung wurde auch eine Löschabfrage erstellt, die sicherstellen soll, dass zunächst alle Daten, die bereits aus früheren Aufträgen in der Tabelle stehen, gelöscht werden, sodass die Anfügeabfragen

Kapitel 8

danach stets aktuelle Daten übertragen. Eine Abfrage wird aktiviert mit dem VBA-Befehl

DoCmd.OpenQuery

Dieser Befehl wird ergänzt um den Namen der Abfrage und gefolgt von zwei Access-Konstanten. Bei einer Anfügeabfrage haben Sie schon kennengelernt, dass Access immer eine Hinweismeldung bringt. Um diese auszuschließen benötigen Sie den Befehl

DoCmd.SetWarnings False

Nach Abschluss der Operation müssen Sie allerdings diese Hinweismöglichkeit von Access wieder einschalten. Der gesamte Bedingungsbefehl muss demnach lauten:

```
If optListenAuswahl = 4 Or optListenAuswahl = 5 Then
    'Listendaten bestücken d.h.Geburtstagsdaten einlesen
    DoCmd.SetWarnings False

    DoCmd.OpenQuery "abfrGebTagLöschen", acNormal, acEdit
    DoCmd.OpenQuery "abfrGebTagBestücken1", acNormal, acEdit
    DoCmd.OpenQuery "abfrGebTagBestücken2", acNormal, acEdit
    DoCmd.OpenQuery "abfrGebTagBestücken3", acNormal, acEdit
    DoCmd.OpenQuery "abfrGebTagBestücken4", acNormal, acEdit
    DoCmd.OpenQuery "abfrGebTagBestücken5", acNormal, acEdit

    If Me.optKinder = -1 Then
      'Kinder sollen in Geburtstagsliste aufgenommen werden
      DoCmd.OpenQuery "abfrGebTagBestückenKind", acNormal, acEdit
    End If
    DoCmd.SetWarnings False
End If
```

Stellen Sie sich jetzt einmal vor, der Nutzer lässt zunächst eine Geburtstagsliste ausdrucken, wobei die beim Laden des Moduls ausgeblendeten Felder teilweise oder ganz sichtbar gemacht wurden, und möchte jetzt noch eine Telefonliste drucken. Bei dieser Telefonliste werden aber die Auswahlfelder nicht benötigt. Also müssen Sie ausgeschaltet werden, und zwar bei einer Anwahl der drei ersten

Listen. Nehmen Sie in die Prozedur noch folgende Bedingung auf, so haben Sie das Problem auch gelöst:

```
If optListenAuswahl = 1 Or optListenAuswahl = 2 Or optListenAuswahl = 3 Then
    Me.AuswahlJahr.Visible = False
    Me.AuswahlMonat.Visible = False
    Me.optKinder.Visible = False
End If
```

Diese Prozedur ist damit abgeschlossen.

Sie sollten auch sicherstellen, dass Geburtstagslisten nur für das aktuelle und für künftige Kalenderjahre ausgedruckt werden können. Wenn ein Wert in das ungebundene Textfeld „AuswahlJahr" eingegeben wurde, d.h. nach Aktualisierung dieses Feldes, können Sie abprüfen, ob die eingegebene Jahreszahl in diese Wertereihe passt. Klicken Sie also das Feld *AuswahlJahr* mit der rechten Maustaste an, wählen das Eigenschaftsfenster an und gehen in das Register *Ereignis*. In der Zeile „Nach Aktualisierung" klicken Sie zunächst in den weißen Zeilenbereich, dann auch die Schaltfläche mit den drei Punkten, auf Code-Generator und schreiben die folgenden Programmzeilen zwischen die beiden Vorgabezeilen:

```
Private Sub AuswahlJahr_AfterUpdate()
If Me.AuswahlJahr < 2011 Then
    MsgBox "Es sind nur Jahreseingaben über 2011 möglich", 48, "ACHTUNG!"
    Me.AuswahlJahr.SetFocus
End If
End Sub
```

Damit ist sichergestellt, dass kein Jahr kleiner als 2011 eingegeben werden kann.

In dem Feld „AuswahlMonat" geben Sie derzeit den ausgewählten Monat mit Ziffern zwischen 1 und 12 ein. Fangen Sie zunächst ab, dass der Nutzer keine anderen Ziffern als die Zahlenwerte von 1 bis 12 eingeben kann. Gibt er andere Werte ein, weisen Sie ihn mit einer Msgbox darauf hin. Damit auch der Monatsname am Bildschirm ersichtlich wird, schreiben Sie wiederum ein wenig

Kapitel 8

Programmcode. Am besten geschieht dies, wenn Sie im Feld *AuswahlMonat* einen Wert erfasst haben, d.h. also wieder *Nach Aktualisierung* dieses Feldes. Öffnen Sie das Eigenschaftsfenster für dieses Feld und gehen in das Register Ereignis. In der Zeile Nach Aktualisierung klicken Sie auf die Schaltfläche mit den drei Punkten, wählen Code-Generator an und weisen dem Feld NameMonat den entsprechenden Monatsnamen zu. Der Code hierzu sieht folgendermaßen aus:

```
Private Sub AuswahlMonat_AfterUpdate()
If Me.AuswahlMonat < 1 Or Me.AuswahlMonat > 12 Then
    MsgBox "Es sind nur Monatseingaben zwischen 1 und 12 möglich", 48, "ACHTUNG!"
Else
Select Case AuswahlMonat
Case 1
NameMonat = "Januar"
Case 2
NameMonat = "Februar"
Case 3
NameMonat = "März"
Case 4
NameMonat = "April"
Case 5
NameMonat = "Mai"
Case 6
NameMonat = "Juni"
Case 7
NameMonat = "Juli"
Case 8
NameMonat = "August"
Case 9
NameMonat = "September"
Case 10
NameMonat = "Oktober"
Case 11
NameMonat = "November"
```

Kapitel 8

Case 12
NameMonat = "Dezember"
End Select
End If
End Sub

Zum komfortablen Ablauf benötigen Sie jetzt noch zwei Befehlsschaltflächen. Zum einen müssen Sie das Programm anweisen, dass die Listenerstellung entsprechend der Auswahl des Nutzers zu erfolgen hat. Zum Weiteren müssen Sie sicherstellen, dass eine Listenvorschau am Bildschirm nicht permanent stehen bleibt, sondern wieder geschlossen wird.

Schalten Sie zunächst den Befehlsschaltflächen-Assistenten in der Toolbox aus. Ziehen Sie aus der Toolbox eine Befehlsschaltfläche auf das Formular und geben ihr im Eigenschaftsfenster (Register Alle) den Namen *befAusführen*. In die Zeile Beschriftung geben sie ein: „Ausführen". Im Register Format stellen Sie die Textfarbe auf Rot, die Schrift auf Arial, 10 pt und fett ein. Im Register *Ereignis* klicken Sie in die Zeile „Beim Klicken" und gehen über die rechte Schaltfläche mit den drei Punkten zum Code-Generator, sodass sich der VBA-Editor öffnet. Er gibt Ihnen die beiden Prozedurzeilen

Private Sub befAusführen_Click()

End Sub

vor. Jetzt haben Sie mit einer *If-Then-Else*-Anweisung die verschiedenen Listen-Auswahlmöglichkeiten des Nutzers abzufragen und außerdem abzuprüfen, ob ein Direktdruck oder eine Vorschau-Anzeige ausgewählt wurde. Entsprechend müssen Sie reagieren und den gewählten Bericht anzeigen oder drucken. Je nachdem welcher Zahlenwert in der Variablen *optListenAuswahl* steht, weisen Sie der Variablen *stDocName* den Namen der Liste zu. Je nachdem ob der Nutzer die Vorschau oder den Direktdruck angewählt hat, geben Sie nach dem *DoCmd.OpenReport*-Befehl den Berichtsnamen und die Methode *acPreview* für eine Berichtsvorschau hinzu, oder Sie belassen den Befehl ohne Zusatz im Programmcode. Wenn Sie den Code hierfür einmal aufmerksam durchlesen, werden Sie ihn ganz leicht verstehen:

Kapitel 8

```
If optListenAuswahl = 1 Then
   stDocName = "AdressenListe"
   If optDrucken = 1 Then
      DoCmd.OpenReport stDocName, acPreview
   Else
      DoCmd.OpenReport stDocName
   End If
End If
'
If optListenAuswahl = 3 Then
   stDocName = "TelefonListe"
   If optDrucken = 1 Then
      DoCmd.OpenReport stDocName, acPreview
   Else
      DoCmd.OpenReport stDocName
   End If
End If
'
If optListenAuswahl = 4 Then
   stDocName = "GeburtstagsListeJahr"
   If optDrucken = 1 Then
      DoCmd.OpenReport stDocName, acPreview
   Else
      DoCmd.OpenReport stDocName
   End If
End If
'
If optListenAuswahl = 5 Then
   stDocName = "GeburtstagsListeMonat"
   If optDrucken = 1 Then
      DoCmd.OpenReport stDocName, acPreview
   Else
      DoCmd.OpenReport stDocName
   End If
```

Kapitel 8

End If

Exit_befAusführen_Click:
   Exit Sub

Err_befAusführen_Click:
   MsgBox Err.Description
   Resume Exit_befAusführen_Click

Ziehen Sie jetzt noch eine weitere Befehlsschaltfläche auf, und lassen auch diesmal den Assistenten ausgeschaltet. Er kann Ihnen keinen geeigneten Code anbieten.

Im Eigenschaftsfenster ändern Sie den Vorgabenamen *Befehl41* (bei Ihnen kann eine andere Ziffer stehen) im Register *Alle* in *befSchliessen* um, in der Zeile Beschriftung geben Sie ein "Listenvorschau schließen". Im Register *Format* ändern Sie die Textfarbe in Rot und wählen wiederum die Schriftart Arial in 10 pt und fett. Im Register *Ereignis* klicken Sie auf die Zeile „Beim Klicken" und gehen über die Schaltfläche mit den drei Punkten in den Code-Generator. Zwischen die beiden vorgegebenen Code-Zeilen geben Sie den Schließen-Befehl des DoCmd-Objektes, verbunden mit der Access-Variablen *acReport* und dem Namen des zu schließenden Berichtes ein. Die Variable acReport müssen Sie deshalb angeben, damit das Programm weiß, ob ein Formular oder ein Bericht zu schließen ist. Der Berichtsname ist noch in der Variablen *stDocName* aus dem Druckbefehl gespeichert, weil Sie diese Variable nicht in der Sub-Prozedur, sondern bereits am Modulanfang deklariert haben. Sie bleibt deshalb auch solange bestehen, bis Sie das Modul schließen.

Private Sub befSchliessen_Click()
DoCmd.Close acReport, stDocName
End Sub

Beide Befehlsschaltflächen sollten eine Breite von 3,7 cm und eine Höhe von1 cm haben und den linken Rand etwa bei 17,7 cm haben

Kapitel 8

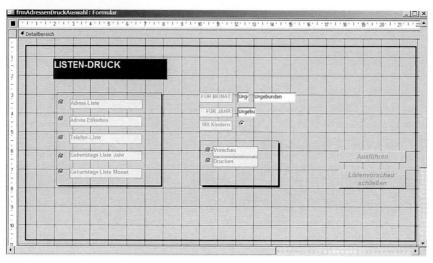

Abbildung 8- 3

Speichern Sie dieses Untermenü unter dem Namen *frmAdressenDruckAuswahl* ab.

Untermenü Druckauswahl Festverwaltung

Auf der Access-Arbeitsfläche wählen Sie das Objekt Formulare an, wählen danach „*Erstellt ein Formular in der Entwurfsansicht*" und klicken auf NEU. Im aufgehenden Dialogfenster bestätigen Sie *Entwurfsansicht* und klicken auf OK. Eine Datengrundlage benötigen Sie hier nicht. Die angezeigte Formularfläche vergrößern Sie auf eine Breite von 20,5 cm und eine Höhe von 13 cm. Ziehen Sie jetzt einen blauen Rahmen auf, so wie Sie es im Musterformular vorgegeben haben. Anschließend ziehen Sie aus der Toolbox ein Bezeichnungsfeld (**Aa**) auf und geben als Formulartitel *Druckauswahl Festverwaltung* ein. Im Eigenschaftsfenster dieses Bezeichnungsfeldes ändern Sie im Register *Format* die Hintergrundfarbe in Blau, die Textfarbe in Weiß und die Schriftgröße in 14 pt. Fett.

Jetzt müssen Sie noch eine Variable deklarieren, die den jeweiligen Berichtsnamen aufnehmen kann. Diese Variable darf aber nicht in einer Sub-Prozedur deklariert werden, da sie ansonsten nur für diese einzelne Prozedur Gültigkeit hat. Sie werden aber später sehen, dass Sie den Variableninhalt in mehreren Prozeduren benötigen. Deshalb muss sie vor der ersten Subprozedur dieses Moduls stehen. Öffnen Sie dazu über das Symbolmenü Code den VBA-Editor. Dort steht bis jetzt nur eine einzige Zeile Code, nämlich:

Option Compare Database

In der nächsten Zeil deklarieren Sie jetzt die Variable stDocName als String-Variable:

Dim stDocName As String

Die Auswahl der verschiedenen Listen werden Sie wieder mithilfe einer Optionsgruppe erledigen. In der Toolbox klicken Sie auf Optionsgruppe und ziehen auf dem neuen Formular unterhalb des Titels ein Rechteck auf, beginnend bei 1,5 cm vom linken Rand bis 13 cm und einer Höhe von ca. 7 cm.

Es öffnet sich danach ein Dialogfenster, in das Sie die einzelnen Listen, die zur Auswahl gestellt werden sollen, eintragen. In die erste Vorgabezeile schreiben Sie „Einladungs-Liste" und drücken danach die TAB-Taste. Sie gelangen in die zweite Zeile und beschriften diese mit „Gäste-Liste", die nächste Zeilen mit „Tisch-Liste gesamt", „Tisch-Liste Einzeltisch" und „Geschenke-Liste". Damit haben Sie alle notwendigen Listen aufgeführt. Schließen Sie dieses Fenster mit einem Klick auf Weiter ab. Im nächsten Dialogfenster können Sie eine Standardauswahl an Formularen vorgeben. Der Assistent schlägt Ihnen die Einladungs-Liste vor. Belassen Sie diese Vorgabe und schließen Sie dieses Fenster mit einem Klick auf Weiter ab. Im nächsten Fenster sehen Sie, dass der Assistent jeder Liste eine Zahl zugeordnet hat und zwar von 1 – 5. Mit diesem numerischen Wert können Sie später auf die Listenauswahl reagieren. Klicken Sie wieder auf Weiter und verschönern das Aussehen der Optionsgruppe noch etwas.

Sie können auswählen, ob Sie runde Optionsfelder, eckige Kontrollkästchen oder aber Umschaltflächen angezeigt haben wollen. Belassen Sie die runden Optionsfelder, klicken Sie allerdings weiter unten auf schattiert. Das sieht im

Kapitel 8

fertigen Formular gut aus. Auf der linken Seite des Dialogfensters sehen Sie eine Vorschau dieser Optionsgruppe. Setzen Sie Ihre Arbeit mit einem Klick auf Weiter fort. Im nachfolgenden Dialog geben Sie der Optionsgruppe einen Namen, und zwar „optDruckauswahl" und klicken auf Fertigstellen. Damit ist die Optionsgruppe in Ihrem Formular eingefügt. Sie können den Bezeichnungsfeldern jetzt noch den hellgelben Hintergrund und die rote Textfarbe verpassen. Dies geschieht – aber das wissen ja jetzt längst – im Eigenschaftsfenster der einzelnen Felder. Der Assistent hat Ihnen noch ein Überschriftsfeld eingefügt. Das brauchen Sie aber nicht. Markieren Sie das Feld und löschen es.

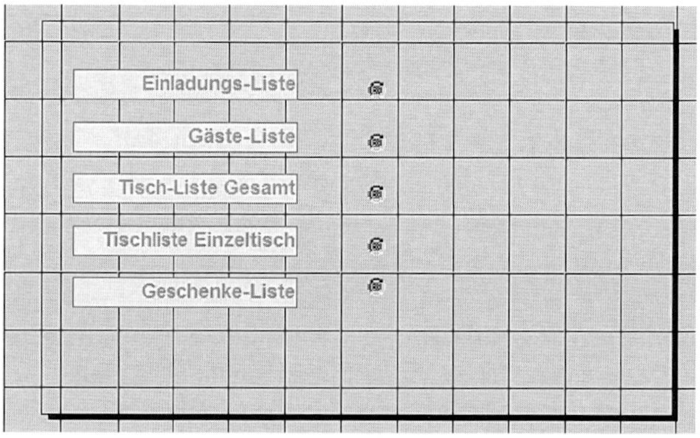

Abbildung 8-4

Da Sie für die Überschriften aller Listen noch die Veranstaltung und den Veranstaltungstag benötigen, müssen Sie diese hier noch erfassen. Dazu benötigen Sie ein Kombinationsfeld, aus dem die Veranstaltung ausgewählt werden kann, die Sie in der Tabelle *tblVeranstaltung* gespeichert haben. Diese Veranstaltung soll auch im Klartext erscheinen, ebenso der Veranstaltungstag. Klicken Sie zunächst in der Toolbox auf das Symbol *Kombinationsfeld* und ziehen auf der Formularfläche das Feld links unterhalb der Optionsgruppe auf. Achten Sie aber vor dem Aufziehen darauf, dass der Assistent eingeschaltet ist. Im ersten Dialogfenster entscheiden Sie sich für die erste Option, da Sie Werte aus einer Tabelle entnehmen wollen. Im zweiten Dialogfeld wählen Sie die Tabelle *tblVeranstaltungen* aus und fahren mit Klick auf Weiter fort. Im nächsten Dialogfenster übernehmen Sie die beiden Felder *EinladungsNummer* und *EinladungsGrund*. Mit „Weiter" gelangen Sie zum

Kapitel 8

nächsten Dialogfenster. Geben Sie hier das Feld *EinladungsGrund* für die aufsteigende Sortierung ein. Im anschließenden Fenster zeigt Ihnen der Assistent, welche Felder im Kombinationsfeld angezeigt werden. Verkleinern Sie das Feld *EinladungsNummer* etwas, da hier sicherlich nur zweistellige Zahlen vorkommen werden. Das nächste Feld vergrößern Sie etwas, da zu erwarten ist, dass die Veranstaltungsbezeichnung etwas mehr Platz beanspruchen wird. Im nächsten Fenster markieren Sie das Feld *EinladungsNummer*, da dieses Schlüsselfeld für das weitere Vorgehen benötigt wird. Im letzten Dialogfenster geben Sie als Beschriftung „Veranstaltung" ein und klicken auf *Fertigstellen*. Geben Sie dem Kombinationsfeld im Eigenschaftsfenster, Register *Alle*, den Namen *cmbFeier*.

Ziehen Sie aus der Toolbox ein ungebundenes Textfeld (**ab**) auf und löschen das dazugehörende Bezeichnungsfeld. Als Breite nehmen Sie 4,4 cm. Geben Sie dem Feld den Namen *FeierBezeichnung*.

Ziehen Sie ein weiteres ungebundenes Textfeld auf, löschen ebenfalls das dazugehörige Bezeichnungsfeld und platzieren Sie es neben dem vorhergehenden Feld. Geben Sie diesem Feld eine Breite von 2 cm und als Namen *FeierTag*. Jetzt müssen Sie diese beiden Felder noch mit Daten bestücken. Markieren Sie dazu das Textfeld des Kombinationsfeldes, öffnen das Eigenschaftsfenster, klicken im Register Ereignis in die Zeile „Nach Aktualisierung". Über einen Klick auf die Schaltfläche mit den drei Punkten rechts und der Auswahl Code-Generator gelangen Sie in den VBA-Editor. Zwischen die beiden Prozedurzeilen müssen Sie jetzt die Felder bestücken. Sie kennen bereits aus der Formularerstellung in Kapitel 4 die Funktion *Dlookup*. Diese nutzen Sie auch jetzt wieder. Die vollständige Prozedur sieht danach wie folgt aus:

Private Sub cmbFeier_AfterUpdate()

*Me.FeierBezeichnung = DLookup("EinladungsGrund", "tblVeranstaltungen", _
"EinladungsNummer =" & Me.cmbFeier)*

*Me.Feiertag = DLookup("EinladungsTag", "tblVeranstaltungen", "EinladungsNummer ="
& _ Me.cmbFeier)*

End Sub

Menü-Strukturen

Kapitel 8

Damit sind beide Felder bestückt. Jetzt müssen Sie nur noch dafür sorgen, dass der Cursor nach der Listen-Auswahl auch direkt auf das Kombinationsfeld *cbmFeier* springt. Klicken Sie den Rahmen der Optionsgruppe mit der rechten Maustaste an und gehen in das Eigenschaftsfenster. Im Register Ereignis klicken Sie in die Zeile „Nach Aktualisierung", dann auf die Schaltfläche rechts mit den drei Punkten, wählen Code-Generator an und geben zwischen die beiden Vorgabezeilen der Prozedur ein:

Me.cmbFeier.Set Focus

Sie haben in der Auswahl eine Liste Tisch-Liste Einzeltisch. Da Sie ja mehrere Tische mit unterschiedlichen Nummern verwalten, ist es notwendig, dass bei dieser Listenanwahl auch die Tischnummer abgefragt werden muss, für die Sie die Liste erhalten wollen.

Ziehen Sie weiteres Kombinationsfeld aus der Toolbox auf die Formularfläche und platzieren es unter das Kombinationsfeld *cmbFeier*. Wählen Sie auch hier in den Dialogfenster die Option 1 an, weil Sie Daten aus der Tabelle tblTisch anzeigen wollen. Alle anderen Schritte sind im vorhergehenden Kombinationsfeld bereits beschrieben. Schauen Sie bitte dort nach, wenn Sie nicht weiter wissen. Im Eigenschaftsfenster geben Sie diesem Steuerelement den Namen *cmbTischAuswahl*. Im Register Alle geben Sie als Beschriftung „Tischauswahl" ein und im Register Format werden Sie dem Bezeichnungsfeld eine Höhe von 0,5 cm, die Hintergrundfarbe mit Hellgelb, die Textfarbe Rot und als Schriftart Arial, 10 pt und fett, sowie rechtsbündig zuweisen. Da Sie diese Schaltfläche aber nur dann benötigen, wenn Sie die Liste *Tisch-Liste Einzeltisch* anwählen, blenden Sie diese immer dann aus, wenn Sie eine andere Liste ausgewählt haben. Als Ereignis für das Ausblenden verwenden Sie im Eigenschaftsfenster im Register *Ereignis* „Bei Fokuserhalt" aus. Klicken Sie mit der rechten Maustaste auf das erste Optionsfeld für die Einladungsliste, sodass das Eigenschaftsfenster geöffnet werden kann. In der Zeile „Bei Fokuserhalt" gehen Sie über die Schaltfläche mit den drei Punkten und Code-Generator in den VBA-Editor und ergänzen die beiden Vorgabezeilen wie folgt:

Private Sub optListe1_GotFocus()
Me.cmbTischAuswahl.Visible = False
End Sub

Kapitel 8

Damit wird bei Anwahl dieser Liste das Kombinationsfeld *cmbTischAuswahl* ausgeblendet. Wiederholen Sie das Ganze noch mit den Optionsfeldern für die *Gäste-Liste, die Tisch-Liste gesamt* und die *Geschenke-Liste*. Auch für die *Tisch-Liste Einzeltisch* verfahren Sie ebenso, nur werden Sie hier die Eigenschaft *Visible* auf *True* setzen, d.h. in diesem Falle soll das Kombinationsfeld eingeblendet werden.

Private Sub optListe4_GotFocus()
Me.cmbTischAuswahl.Visible = True
End Sub

Sie können für den eigentlichen Druck der Listen bzw. der Bildschirmvorschau wieder eine Optionsgruppe anlegen, wie Sie das schon bei der vorhergehenden Druckauswahl gemacht haben. Sie können aber auch hergehen und lediglich drei Schaltflächen erstellen, mit denen Sie diese Prozeduren regeln können. Das sollten Sie jetzt einmal experimentieren.

Zunächst müssen Sie aber zwei Variable deklarieren, und zwar mit der Gültigkeit für das ganze Modul, weil Sie diese auch in anderen Prozeduren wieder benötigen. Gehen Sie über das Symbol Code des Symbolmenüs in den VBA-Editor. Sie sehen dort als erste Zeile

Option Compare Database

Diese Zeile besagt, dass Sie zwingend Variablen vor deren Einsatz deklarieren müssen. Gehen Sie im Editor auf die zweite Zeile und deklarier die beiden Variablen wie folgt:

Option Compare Database
Dim strDocName As String
Dim antwort As Integer

Schalten Sie nun den Assistenten aus, weil Sie diese Schaltfläche manuell mit Code bestücken. Ziehen Sie aus der Toolbox eine Befehlsschaltfläche auf den Formularentwurf. Geben Sie der Schaltfläche im Eigenschaftsfenster im Register *Alle* den Namen *befVorschau*. Gehen Sie jetzt in das Register Ereignis und dort in die Zeile „Beim Klicken", und rufen den VBA-Editor auf. Sie erhalten die beiden Vorgabezeilen:

Private Sub befVorschau_Click()

Menü-Strukturen

Kapitel 8

End Sub

Bevor Sie den Aufruf der einzelnen Listen für die Vorschau starten, wäre es gut, wenn Sie abprüfen würden, ob auch die notwendigen Daten für die Berichtsüberschrift, nämlich die Auswahl der Veranstaltung, vom Nutzer tatsächlich vorgenommen wurde. Mit einer *If-Then*-Abfrage können Sie feststellen, ob der Nutzer im Kombinationsfeld *cmbFeier* eine Eingabe vorgenommen hat. Sollte dies nicht der Fall sein, lassen Sie ihn einfach mit dem Cursor in das Kombinationsfeld zurückspringen, damit er diese Eingabe nachholen kann. Dafür setzen Sie den Fokus auf das Kombinationsfeld. Allerdings müssen Sie das Programm veranlassen, dass es die Sub-Prozedur in diesem Falle verlässt. Dies geschieht mit der Anweisung „Exit Sub" (auf Deutsch: verlasse die Sub-Prozedur), denn sonst würde diese weiter abgearbeitet werden, was aber zu Fehlern im Berichtsaufbau führen würde.

Zwischen die beiden Vorgabezeilen schreiben Sie deshalb folgenden Programmcode:

On Error GoTo Err_befVorschau_Click

```
' Abprüfen, ob auch die Veranstaltungsvorgaben eingegeben sind
If IsNull(Me.cmbFeier) Or Me.cmbFeier = " " Then
    antwort = MsgBox("Sie haben noch keine Veranstaltung eingegeben", vbCritical, _ "Achtung!")
    Me.cmbFeier.SetFocus
    Exit Sub
End If
```

Die erste Zeile ist eine Fehlerbehandlungsroutine, die Sie sich bei Ihren Prozeduren stets anwenden sollten. Sie besagt, wenn aus irgendwelchen Gründen bei Abarbeitung dieser Prozedur ein Fehler auftreten sollte, dann soll auf die Zeile

Err_befVorschau_Click:

gesprungen werden. Dies ist eine Unterroutine dieser Prozedur, die im Falle eines Fehlers einen Hinweis ausgibt, um welchen Fehler es sich handelt und danach ebenfalls die Prozedur verlässt. Diesen Teil der Routine sehen Sie gleich unten.

Kapitel 8

Sie haben mit dem Programmcode jetzt eine evtl. Vergesslichkeit des Nutzers abgefangen bzw. ihm die Möglichkeit eingeräumt, das Vergessene nachzuholen.

Wenn der Nutzer die Tischliste Einzeltisch anwählt, benötigen Sie für den Berichtsdruck zusätzlich noch die Tischnummer. Es ist deshalb anzuraten, die soeben erstellte Abprüfung auch hierfür nochmals einzusetzen. Wenn der Nutzer die Eingabe der Tischnummer vergessen haben sollte, dann weisen Sie ihn wieder darauf hin und springen zurück zum Kombinationsfeld cmbTischAuswahl und verlassen die Prozedur wieder. Der Code hierfür lautet wie folgt:

```
' Abprüfen ob die Tischnummer eingegeben ist
If IsNull(Me.cmbTischAuswahl) Or Me.cmbTischAuswahl = " " Then
    antwort = MsgBox("Sie haben keine Tischnummer erfasst", vbCritical, "Achtung!")
    Me.cmbTischAuswahl.SetFocus
    Exit Sub
End If
```

Als Nächstes werden Sie anhand der Ziffern der Optionsgruppe *optDruckauswahl* den angewählten Bericht ermitteln, um ihn mit seinem Namen dann aufrufen zu können. Nachfolgenden Programmcode fügen Sie jetzt der Subprozedur hinzu:

```
If optDruckauswahl = 1 Then
    strDocName = "rptEinladungsliste"
End If

If optDruckauswahl = 2 Then
    strDocName = "rptGästeListe"
End If

If optDruckauswahl = 3 Then
    strDocName = "rptTischListe"
End If

If optDruckauswahl = 4 Then
    strDocName = "rptTischListeEinzeln"
End If

If optDruckauswahl = 5 Then
    strDocName = "rptGlückwunschListe"
End If
```

Menü-Strukturen

Kapitel 8

DoCmd.OpenReport strDocName, acPreview

Exit_befVorschau_Click:
   Exit Sub

Err_befVorschau_Click:
   MsgBox Err.Description
   Resume Exit_befVorschau_Click

Sie fragen also ab, ob der Nutzer die erste Druckauswahloption angeklickt hat, der Wert also 1 ist, dann soll der weiter oben deklarierten Variablen *stDocName* der Name des infrage kommenden Berichts übergeben werden. Da in der Optionsgruppe immer nur ein Bericht angeklickt werden kann, ist damit sichergestellt, welcher Bericht zur Anzeige gebracht werden soll. Mit dem Befehl **DoCmd.OpenReport strDocName** öffnen Sie den Bericht. Durch ein Komma getrennt hängen Sie für die Bildschirmvorschau noch eine Access-Konstante hinzu. Das **acPreview** bedeutet, dass der angewählte Bericht nicht auf den Drucker umgeleitet wird, sondern nur im Bildschirm als Vorschau (preview) zu sehen ist.

Der ausgewählte Bericht kann jetzt ohne Fehler angezeigt werden. Sie benötigen jetzt noch eine Schaltfläche um diesen Vorschaubericht wieder zu schließen, sonst bleibt er stets am Bildschirm zu sehen.

Vergewissern Sie sich, dass der Assistent noch ausgeschaltet ist, denn auch diese Befehlsschaltfläche programmieren Sie wieder manuell. Ziehen Sie aus der Toolbox eine Befehlsschaltfläche auf und geben ihr im Eigenschaftsfenster im Register *Alle* den Namen *befVorschauSchliessen*. Gehen Sie danach in das Register *Ereignis* in die Zeile „Beim Klicken" und über die Schaltfläche mit den drei Punkten in den VBA-Editor. Sie gelangen direkt in die Vorgabezeilen der neuen Subprozedur. Zwischen die beiden Zeilen schreiben Sie jetzt einen ähnlichen Programmcode wie vorher. Sie bestücken die Variable *stDocName* wieder mit dem Namen des Vorschauberichtes und schließen diesen anschließend mit dem Befehl **DoCmd.Close acReport, strDocName.** Auch hier lernen Sie wieder eine Access-Konstante kennen, nämlich *acReport* (Report ist der englische Begriff von Bericht). Mit der Eigenschaft *DoCmd* können Sie auf ein Objekt zugreifen und dort eine

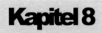

Methode ausführen, hier die Schließen-Methode *Close*. Sie schließen mit dem Befehl also einen Bericht.

```
Private Sub befVorschauSchliessen_Click()

On Error GoTo Err_befVorschauSchliessen_Click

If optDruckauswahl = 1 Then
   strDocName = "rptEinladungsliste"
End If

If optDruckauswahl = 2 Then
   strDocName = "rptGästeListe"
End If

If optDruckauswahl = 3 Then
   strDocName = "rptTischListe"
End If
If optDruckauswahl = 4 Then
   strDocName = "rptTischListeEinzeln"
End If
If optDruckauswahl = 5 Then
   strDocName = "rptGlückwunschListe"
End If
```

DoCmd.Close acReport, strDocName

```
Exit_befVorschauSchliessen_Click:
   Exit Sub

Err_befVorschauSchliessen_Click:
   MsgBox Err.Description
   Resume Exit_befVorschauSchliessen_Click

End Sub
```

Die Berichtsvorschau ist nun abgeschlossen. Sie können den Bericht öffnen und anzeigen und Sie können ihn auch wieder vom Bildschirm verschwinden lassen. Jetzt bleibt Ihnen nur noch eine Befehlsschaltfläche zum Ausdruck des Berichtes auf einem Drucker zu erstellen. Ziehen Sie nochmals aus der Toolbox eine Befehlsschaltfläche herüber. Achten Sie wiederum darauf, dass der Assistent

Kapitel 8

ausgeschaltet ist. Geben Sie dieser Schaltfläche im Eigenschaftsfenster im Register *Alle* den Namen befDrucken. Im Register Ereignis klicken Sie in die Zeile „Beim Klicken" und gehen über Code-Generator in den VBA-Editor. Sie haben wieder zwei Vorgabezeilen

Private Sub befDrucken_Click()
End Sub

Zwischen diese beiden Zeilen müssen Sie jetzt den Programmcode einfügen. Da der Programmcode für die Vorschau fast identisch ist mit den Befehlen, die Sie für den Drucker benötigen, markieren Sie die Befehlsfolge für die Vorschau ohne die beiden Vorgabezeilen, klicken mit der rechten Maustaste in die Markierung und wählen *Kopieren* aus. Setzen Sie den Cursor nun zwischen die beiden Vorgabezeilen des Druckbefehls, klicken wieder mit der rechten Maustaste und wählen *Einfügen*.

Eine Änderung erfährt der kopierte Code. Die Access-Konstante im eigentlichen Druckausführungsbefehl wird verändert. Statt *acPreview* heißt Sie jetzt *acNormal*, weil Sie jetzt den Bericht „normal" behandeln wollen, nämlich über den Drucker auf Papier zu bringen:

DoCmd.OpenReport strDocName, acNormal

Zum Schluss formatieren Sie die drei Befehlsschaltflächen noch einheitlich. Markieren Sie diese und gehen ins Eigenschaftsfenster in das Register *Format*. Wählen Sie folgende Einstellungen:

Links: 15,5 cm
Höhe: 1 cm
Breite: 3 cm
Textfarbe: rot (255)

Als Schrift verwenden Sie Arial in 10 pt fett. Speichern Sie das Formular ab unter dem Namen *frmDruckAuswahlEinladung*. Es sollte so aussehen wie in Abbildung 8-5.

Kapitel 8

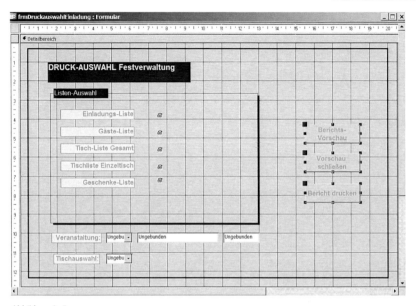

Abbildung 8-5

Untermenü Listendruck Haushaltsbuch

Sie haben jetzt schon zwei Untermenüs erstellt. Das Nächste dürfte Ihnen sicherlich schon leichter fallen, da sich die Arbeitsschritte wiederholen.

Auf der Access-Arbeitsfläche wählen Sie das Objekt Formulare an, wählen danach *„Erstellt ein Formular in der Entwurfsansicht"* und klicken auf NEU. Im aufgehenden Dialogfenster bestätigen Sie *Entwurfsansicht* und klicken auf OK. Eine Datengrundlage benötigen Sie hier nicht. Die angezeigte Formularfläche vergrößern Sie auf eine Breite von 24,5 cm und eine Höhe von 13.5 cm. Ziehen Sie jetzt einen blauen Rahmen auf, so wie Sie es im Musterformular vorgegeben haben. Anschließend ziehen Sie aus der Toolbox ein Bezeichnungsfeld (**Aa**) auf und geben als Formulartitel *Listendruck Haushaltsbuch* ein. Im Eigenschaftsfenster dieses Bezeichnungsfeldes ändern Sie im Register *Format* die Hintergrundfarbe in Blau, die Textfarbe in Weiß und die Schriftgröße in 14 pt. Fett.

Kapitel 8

Jetzt müssen Sie noch eine Variable deklarieren, die den jeweiligen Berichtsnamen aufnehmen kann. Diese Variable darf aber nicht in einer Sub-Prozedur deklariert werden, da sie ansonsten nur für diese einzelne Prozedur Gültigkeit hat. Sie werden aber später sehen, dass Sie den Variableninhalt in mehreren Prozeduren benötigen. Deshalb muss sie vor der ersten Subprozedur dieses Moduls stehen. Öffnen Sie dazu über das Symbolmenü Code den VBA-Editor. Dort steht bis jetzt nur eine einzige Zeile Code, nämlich:

Option Compare Database

In der nächsten Zeil deklarieren Sie jetzt die Variable *stDocName* als String-Variable:

Dim stDocName As String

Die Auswahl der verschiedenen Listen werden Sie mithilfe einer Optionsgruppe erledigen. In der Toolbox klicken Sie auf Optionsgruppe und ziehen auf dem neuen Formular unterhalb des Titels ein Rechteck auf, beginnend bei 3 cm vom linken Rand bis 8 cm und einer Höhe von ca. 5 cm.

Es öffnet sich danach ein Dialogfenster, in das Sie die einzelnen Listen, die zur Auswahl gestellt werden sollen, eintragen können. In die erste Vorgabezeile schreiben Sie „Saldenliste" und drücken danach die TAB-Taste. Sie gelangen in die zweite Zeile und beschriften diese mit „Kontenübersicht", die nächste Zeilen mit „Kontenplan". Damit haben Sie alle notwendigen Listen aufgeführt. Schließen Sie dieses Fenster mit einem Klick auf Weiter ab. Im nächsten Dialogfenster können Sie eine Standardauswahl an Formularen vorgeben. Der Assistent schlägt Ihnen die Saldenliste vor. Belassen Sie diese Vorgabe und schließen Sie dieses Fenster mit einem Klick auf Weiter ab. Im nächsten Fenster sehen Sie, dass der Assistent jeder Liste eine Zahl zugeordnet hat und zwar von 1 – 3. Mit diesem numerischen Wert können Sie später auf die Listenauswahl reagieren. Klicken Sie wieder auf Weiter und Sie können das Aussehen der Optionsgruppe noch etwas verschönern.

Belassen Sie die runden Optionsfelder, klicken Sie weiter unten auf *schattiert*. Auf der linken Seite des Dialogfensters sehen Sie, wie Ihre Optionsgruppe später

Kapitel 8

aussehen wird. Setzen Sie Ihre Arbeit mit einem Klick auf Weiter fort. Im nachfolgenden Dialog geben Sie der Optionsgruppe einen Namen, und zwar „optHHBDruck" und klicken auf Fertigstellen. Damit ist die Optionsgruppe in Ihrem Formular eingefügt. Der Optionsrahmen ist leider etwas klein geraten. Ändern Sie ihn auf die Maße ab, die vorher für das Aufziehen genannt wurden. Vergrößern Sie die Optionsfelder noch etwas um die Lesbarkeit zu erhöhen. Im Eigenschaftsfenster im Register Format stellen Sie die Höhe auf 0,6 cm, die Breite auf 2,5 cm, die Hintergrundfarbe auf Hellgelb, die Textfarbe auf Rot und die Schrift auf Arial 9 pt fett ein. Die vom Assistenten in den Rahmen eingefügte Beschreibung löschen Sie am besten weg, in dem Sie sie markieren und die *ENTF*-Taste drücken.

Jetzt benötigen Sie noch einige ungebundene Textfelder für die Eingabe des Zeitraums, für den der Listendruck Gültigkeit hat. Den Zeitraum haben Sie in der Tabelle *tblAllgemein* festgehalten und wird als Vorgabe in diese Felder übernommen. Wenn Sie aber unterjährige Ausdrucke erstellen, müssen Sie diese Vorgaben entsprechend anpassen.

Ziehen Sie zunächst ein ungebundenes Textfeld (**ab**) aus der Toolbox auf und platzieren es unter die Optionsgruppe. Im Eigenschaftsfenster im Register *Alle* geben Sie dem Textfeld den Namen *ZeitraumVon*, im Register *Format* geben Sie in der Zeile Format *Datum kurz* ein, außerdem eine Höhe von 0,5 cm fest und als Schriftart Arial in der Größe 9 pt. Dem Bezeichnungsfeld geben Sie im Register Format des Eigenschaftsfensters die Hintergrundfarbe hellgelb, die Textfarbe Rot, die Schriftart Arial in 9 pt fett und rechtsbündig, den linken Rand legen Sie mit 2,1 cm und die Breite mit 2,5 cm fest.

Ziehen Sie aus der Toolbox ein weiteres ungebundenes Textfeld auf und platzieren es unter dem vorigen. Dem Textfeld geben Sie den Namen *ZeitraumBis*, alle übrigen Formatierungen nehmen sie wie oben vor.

Jetzt tragen Sie den Buchungszeitraum noch aus den Werten der Tabelle *tblAllgemein* vor. Sie kennen die Funktion *Dlookup()* bereits. Die Aktualisierung dieser Werte geschieht beim Laden des Formulars. Gehen Sie in das Eigenschaftsfenster des Formulars (rechter Mausklick ganz oben links in das

Kapitel 8

Quadrat neben dem Lineal), gehen in das Register *Ereignis* in die Zeile *Beim Anzeigen*. Über die Schaltfläche rechts außen kommen Sie zur Auswahl Code-Generator und danach in den VBA-Editor. Geben Sie zwischen die beiden Vorgabezeilen folgende Befehle ein:

Private Sub Form_Current()
Me.ZeitraumVon = DLookup("BuchungszeitraumVom", "tblAllgemein")
Me.ZeitraumBis = DLookup("BuchungsZeitraumBis", "tblAllgemein")
End Sub

Als letzten Schritt müssen Sie nur noch die drei Schalflächen erstellen für die Vorschau-Anzeige und die Vorschau-Löschung, sowie für den eigentlichen Druck.

Deklarieren Sie zunächst noch eine Variable, die Gültigkeit für das ganze Modul haben, unter der Zeile der vorher schon deklarierten Variablen strDocName.

Option Compare Database
Dim strDocName As String
Dim antwort As Integer

Schalten Sie nun den Assistenten aus, weil Sie die Schaltfläche manuell mit Code bestücken. Ziehen Sie aus der Toolbox eine Befehlsschaltfläche auf den Formularentwurf. Geben Sie der Schaltfläche im Eigenschaftsfenster im Register *Alle* den Namen *befVorschau*. Gehen Sie jetzt in das Register *Ereignis* und dort in die Zeile „Beim Klicken", und rufen den VBA-Editor auf. Sie erhalten die beiden Vorgabezeilen:

Private Sub befVorschau_Click()

End Sub

Bevor Sie den Aufruf der einzelnen Listen für die Vorschau starten, wäre es gut, wenn Sie abprüfen würden, ob auch die notwendigen Daten für die Berichtsüberschrift, nämlich der Buchungszeitraum, eingegeben ist. Bewerkstelligen Sie dies mit *If-Then*-Abfrage. Sollte dies nicht der Fall sein, lassen Sie ihn einfach mit dem Cursor in das Textfeld für den *ZeitraumVom* zurückspringen, damit er diese Eingabe nachholen kann. Dafür setzen Sie den Fokus auf dieses Textfeld. Allerdings müssen Sie das Programm veranlassen, dass es die Sub-Prozedur in diesem Falle wieder verlässt. Dies geschieht mit der Anweisung „Exit Sub" (auf Deutsch: verlasse die Sub-Prozedur), denn sonst würde diese weiter abgearbeitet werden, was aber zu Fehlern im Berichtsaufbau führen würde.

Zwischen die beiden Vorgabezeilen schreiben Sie deshalb folgenden Programmcode:

```
On Error GoTo Err_befVorschau_Click

' Abprüfen, ob auch die Buchungszeiträume eingegeben sind
If IsNull(Me.ZeitraumVon) Or IsNull(Me.ZeitraumBis) Then
    antwort = MsgBox ("Bitte Buchungszeiträume eingegeben", vbCritical, "Achtung!")
    Me.ZeitraumVon.SetFocus
    Exit Sub
End If
```

Die erste Zeile ist eine Fehlerbehandlungsroutine, die Sie sich bei Ihren Prozeduren stets anwenden sollten. Sie besagt, wenn aus irgendwelchen Gründen bei Abarbeitung dieser Prozedur ein Fehler auftreten sollte, dann soll auf die Zeile

Err_befVorschau_Click:

gesprungen werden. Dies ist eine Unterroutine dieser Prozedur, die im Falle eines Fehlers einen Hinweis ausgibt, um welchen Fehler es sich handelt und danach ebenfalls die Prozedur verlässt. Diesen Teil der Routine sehen Sie gleich unten.

Sie haben mit dem Programmcode jetzt eine evtl. Vergesslichkeit des Nutzers abgefangen bzw. ihm die Möglichkeit eingeräumt, das Vergessene nachzuholen.

Als Nächstes werden Sie anhand der Ziffern der Optionsgruppe *optListenauswahl* den angewählten Bericht ermitteln, um ihn mit seinem Namen dann aufrufen zu können. Nachfolgenden Programmcode fügen Sie jetzt der Subprozedur hinzu:

```
If optListenauswahl = 1 Then
    strDocName = "rptSaldenliste"
End If

If optListenauswahl = 2 Then
    strDocName = "rptKonterndruck_Haupt"
End If
```

Menü-Strukturen

Kapitel 8

```
If optListenauswahl = 3 Then
   strDocName = "rptBuchungskontenHHB"
End If

If optDruckauswahl = 4 Then
   strDocName = "rptTischListeEinzeln"
End If
```

DoCmd.OpenReport strDocName, acPreview

```
Exit_befVorschau_Click:
    Exit Sub

Err_befVorschau_Click:
    MsgBox Err.Description
    Resume Exit_befVorschau_Click
```

Sie fragen also ab, ob der Nutzer die erste Druckauswahloption angeklickt hat, der Wert also 1 ist, dann soll der weiter oben deklarierten Variablen *strDocName* der Name des infrage kommenden Berichts übergeben werden. Da in der Optionsgruppe immer nur ein Bericht angeklickt werden kann, ist damit sichergestellt, welcher Bericht zur Anzeige gebracht werden soll. Mit dem Befehl **DoCmd.OpenReport strDocName** öffnen Sie den Bericht. Durch ein Komma getrennt hängen Sie für die Bildschirmvorschau noch eine Access-Konstante hinzu. Das **acPreview** bedeutet, dass der angewählte Bericht nicht auf den Drucker umgeleitet wird, sondern nur im Bildschirm als Vorschau (preview) zu sehen ist.

Der ausgewählte Bericht kann jetzt ohne Fehler angezeigt werden. Sie benötigen jetzt noch eine Schaltfläche um diesen Vorschaubericht wieder zu schließen, sonst bleibt er stets am Bildschirm zu sehen.

Vergewissern Sie sich, dass der Assistent noch ausgeschaltet ist, denn auch diese Befehlsschaltfläche programmieren Sie manuell. Ziehen Sie aus der Toolbox eine Befehlsschaltfläche auf und geben ihr im Eigenschaftsfenster im Register *Alle* den Namen *befVorschauSchliessen*. Gehen Sie danach in das Register *Ereignis* in die Zeile „Beim Klicken" und über die Schaltfläche mit den drei Punkten in den VBA-Editor. Sie gelangen direkt in die Vorgabezeilen der neuen Subprozedur. Zwischen die beiden Zeilen schreiben Sie jetzt einen ähnlichen Programmcode wie vorher. Sie bestücken die Variable *strDocName* wieder mit dem Namen des Vorschauberichtes und schließen diesen anschließend mit dem Befehl **DoCmd.Close acReport, strDocName**. Auch hier lernen Sie wieder eine Access-Konstante kennen, nämlich *acReport* (Report ist der englische Begriff für Bericht). Mit der Eigenschaft *DoCmd* können Sie auf ein Objekt zugreifen und dort eine Methode ausführen, hier die Schließen-Methode *Close*. Sie schließen mit dem Befehl also einen Bericht.

```
Private Sub befVorschauSchliessen_Click()

On Error GoTo Err_befVorschauSchliessen_Click

If optListenauswahl = 1 Then
    strDocName = "rptSaldenliste"
End If

If optListenauswahl = 2 Then
    strDocName = "rptKontendruck_Haupt"
End If

If optDruckauswahl = 3 Then
    strDocName = "rptBuchungskontenHHB"
End If
```

DoCmd.Close acReport, strDocName

```
Exit_befVorschauSchliessen_Click:
    Exit Sub

Err_befVorschauSchliessen_Click:
    MsgBox Err.Description
    Resume Exit_befVorschauSchliessen_Click

End Sub
```

Die Berichtsvorschau ist nun abgeschlossen. Sie können den Bericht öffnen und anzeigen und Sie können ihn auch wieder vom Bildschirm verschwinden lassen. Jetzt bleibt Ihnen nur noch eine Befehlsschaltfläche zum Ausdruck des Berichtes auf einem Drucker zu erstellen. Ziehen Sie nochmals aus der Toolbox eine Befehlsschaltfläche herüber. Achten Sie wiederrum darauf, dass der Assistent

Kapitel 8

ausgeschaltet ist. Geben Sie dieser Schaltfläche im Eigenschaftsfenster im Register *Alle* den Namen *befDrucken*. Im Register Ereignis klicken Sie in die Zeile „Beim Klicken" und gehen über Code-Generator in den VBA-Editor. Sie haben wieder zwei Vorgabezeilen

Private Sub befDrucken_Click()
End Sub

Zwischen diese beiden Zeilen müssen Sie jetzt den Programmcode einfügen. Da der Programmcode für die Vorschau fast identisch ist mit den Befehlen, die Sie für den Drucker benötigen, markieren Sie die Befehlsfolge für die Vorschau ohne die beiden Vorgabezeilen, klicken mit der rechten Maustaste in die Markierung und wählen *Kopieren* aus. Setzen Sie den Cursor nun zwischen die beiden Vorgabezeilen des Druckbefehls, klicken wieder mit der rechten Maustaste und wählen *Einfügen*.

Eine Änderung erfährt der kopierte Code. Die Access-Konstante im eigentlichen Druckausführungsbefehl wird verändert. Statt *acPreview* heißt Sie jetzt *acNormal*, weil Sie jetzt den Bericht „normal" behandeln wollen, nämlich über den Drucker auf Papier zu bringen:

DoCmd.OpenReport strDocName, acNormal

Zum Schluss formatieren Sie die drei Befehlsschaltflächen noch einheitlich. Markieren Sie diese und gehen ins Eigenschaftsfenster in das Register *Format*. Wählen Sie folgende Einstellungen:

Links:	15,5 cm
Höhe:	1 cm
Breite:	3 cm
Textfarbe:	Rot (255)

Als Schrift verwenden Sie Arial in 10 pt fett. Speichern Sie das Formular ab unter dem Namen *frmListenDruckHHB*. Es sollte so aussehen:

Kapitel 8

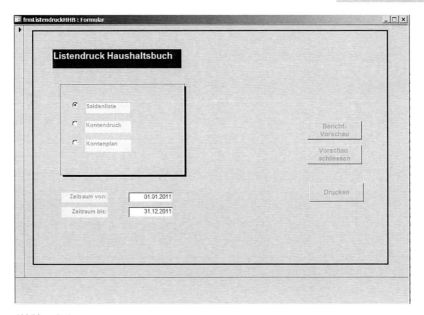

Abbildung 8-6

Menü zum Programmaufruf

Anschließend erstellen Sie die Menüstruktur der zweiten Ebene, das sind die Aufrufe für die einzelnen Formulare. Dabei gehen Sie am besten von einem Hauptmenü aus, aus dem heraus Sie die einzelnen Modulgruppen aufrufen können. Aus den Modulgruppen werden dann Formulare und Berichte z.B. über die obigen Untermenüs aufgerufen.

Access selbst bietet Ihnen die Möglichkeit über den sogen. Übersichtsmanager eine komplette Menüstruktur zu erstellen. Allerdings sind Sie dabei nicht sehr flexibel. Ich würde stattdessen vorschlagen, dass Sie die komplette Struktur händisch durchführen, weil Sie dabei auch die bisher erlernten Programmierschritte weiter verinnerlichen können. Vorschlagen möchte ich Ihnen auch, dass Sie ein einziges Menüformular in seinen grundlegenden Eigenschaften erstellen und – ähnlich wie bei den Formularen – dieses als Muster für alle anderen kopieren und dann jeweils individuell anpassen.

Kapitel 8

Muster-Menüformular

Auf der Access-Arbeitsfläche klicken Sie auf das Objekt *Formulare* und zwar erstellen Sie dieses Formular in der Entwurfsansicht und klicken auf Neu. Im Dialogfenster bleiben Sie bei Entwurfsansicht. Eine Datenbasis benötigen Sie nicht, weil Sie nur Programmmodule aufrufen wollen. Ziehen Sie die graue Formularfläche auf eine Breite von ca. 28 cm und eine Höhe von ca. 12 cm. Ziehen Sie um die neue Formularfläche einen Rand (Toolbox, Rechteck). Geben Sie diesem Rand im Eigenschaftsfenster (Register Format) eine Rahmenbreite von 3 pt und eine Rahmenfarbe Rot (255). Wenn das Eigenschaftsfenster noch offen ist, klicken Sie jetzt das linke obere Quadrat neben dem horizontalen Lineal mit der linken Maustaste an, ansonsten mit der rechten und rufen evtl. das Eigenschaftsfenster des Formulars nochmals auf. Im Register *Format* klicken Sie jeweils in die Zeile Bildlaufleisten, Datensatzmarkierer und Navigationsschaltflächen, sodass in allen drei Zeilen jeweils der Wert „nein" steht.

Jetzt können Sie, wenn Sie wollen, noch ein wenig Farbabwechslung in das Formular bringen. Klicken Sie irgendwo in den Detailbereich, gehen in das Eigenschaftsfenster dieses Detailbereichs in das Register *Format* die Hintergrundfarbe 33023 aus, das ist der 26.Farbvorschlag. Ergänzen Sie das Formular noch um eine Überschrift. Ziehen Sie aus der Toolbox ein Bezeichnungsfeld (Aa) auf. Beginnen Sie den linken Rand bei 2 cm und ziehen Sie ihn etwa bis 10,5 cm, also einer effektiven Breite von 8,5 cm. Als Text erfassen Sie zunächst einmal „Überschrift" und klicken einmal in den freien Raum. Holen Sie jetzt noch einmal das Eigenschaftsfenster dieses Bezeichnungsfeldes, gehen in das Register *Format* und nehmen Sie folgende Einstellungen vor:

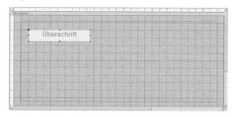

Abbildung 8-7

Breite 8,5 cm, Höhe 1,5 cm, Hintergrundfarbe hellgelb, Textfarbe Rot Schriftart Arial, 25pt, fett und zentriert.

Schließen Sie das Formular und speichern es unter dem Namen *MenüHaupt* ab.

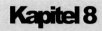

Kopieren Sie jetzt das Formular mehrmals und speichern die Kopien unter den Namen *MenüAdressverwaltung, MenüBuchverwaltung, MenüFeste, MenüHaushaltsbuch, MenüMedienverwaltung* und *MenüTerminverwaltung* ab. Damit haben Sie allen Menüs, die Sie benötigen, eine einheitliche Struktur gegeben.

Haupt-Menü

Öffnen Sie dieses Formular nunmehr im Entwurfsmodus. Klicken Sie zuerst in das Überschriftenfeld und rufen mit der rechten Maustaste das Eigenschaftsfenster auf. Im Register *Alle* in „Haupt-Menü" ab. Aus dem Hauptmenü heraus werden künftig alle Modulgruppen aufgerufen. Deshalb erstellen Sie jetzt Befehlsschaltflächen, mit denen Sie diese Modulgruppen erreichen können. Als Erstes soll aus dem Hauptmenü das Adressverwaltungs-Menü aufgerufen werden. Achten Sie darauf, dass die Toolbox sichtbar und der Assistent eingeschaltet ist. Klicken Sie auf das Symbol Befehlsschaltfläche und ziehen auf der rechten Hälfte des neuen Formulars ein kleines Rechteck auf. Im ersten Dialogfenster wählen Sie im Fenster Kategorien die Option Formularoperationen aus. Im daneben liegenden Aktionen-Fenster wählen Sie Formular öffnen.

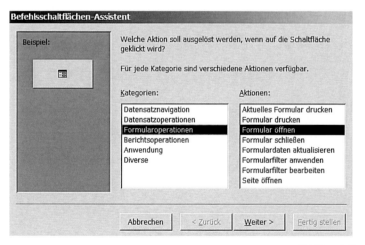

Abbildung 8-8

Kapitel 8

Mit Weiter gelangen Sie in das nächste Dialogfenster. Hier können Sie bestimmen, welches Formular Sie mit dieser Schaltfläche öffnen wollen. Wählen Sie das Menü-Adressverwaltung aus.

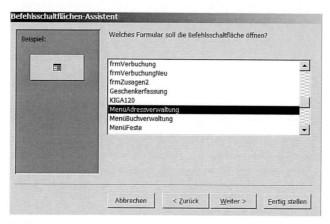

Abbildung 8-9

Im nächsten Dialogfeld beschriften Sie die Schaltfläche mit Adress-Verwaltung.

Abbildung 8-10

Kapitel 8

Im letzten Dialogfeld geben Sie dem Befehl den Namen *befAdressverwaltung* und klicken auf Fertigstellen. Damit können Sie aus dem Hauptmenü das Menü Adressverwaltung aufrufen. Wenn Sie einmal das Symbol Code im Symbolmenü von Access anklicken, sehen Sie den Programmtext, den der Assistent für Sie erstellt hat.

Was fehlt jetzt noch zur perfekten Programmierung? Wenn Sie einmal genau überlegen, werden Sie sehr schnell dahinterkommen. Sie haben ein offenes Formular, nämlich das Hauptmenü und Sie haben mit der Befehlsschaltfläche das Menü-Formular Adress-Verwaltung aufgerufen. Richtig! Sie haben also zwei Formulare zur gleichen Zeit offen. Grundsätzlich würde das nichts ausmachen, aber schön ist das nicht. Also müssen Sie Sorge tragen, dass beim Öffnen eines zweiten Formulars das Erste geschlossen wird. Dazu brauchen Sie lediglich den bisherigen Programmcode ein wenig zu ergänzen, und zwar um den Formularschließungsbefehl

DoCmd.Close acForm „Name des zu schließenden Formulars"

Der Programmcode für diese Schaltfläche lautet also vollständig:

```
Private Sub befAdressverwaltung_Click()
On Error GoTo Err_befAdressverwaltung_Click
Dim stDocName As String
Dim stLinkCriteria As String

stDocName = "MenüAdressverwaltung"
    DoCmd.OpenForm stDocName, , , stLinkCriteria
    DoCmd.Close acForm, "MenüHaupt"
Exit_befAdressverwaltung_Click:
    Exit Sub

Err_befAdressverwaltung_Click:
    MsgBox Err.Description
    Resume Exit_befAdressverwaltung_Click

End Sub
```

Menü-Strukturen 533

Kapitel 8

Jetzt können Sie alle anderen Schaltflächen nach gleichem Muster erstellen. Rufen Sie bei der zweiten Schaltfläche das *MenüMedienverwaltung* auf und geben im Dialogfenster den Namen *befMedienverwaltung* ein. Die dritte Schaltfläche dient dem Aufruf des *MenüFeste* mit dem Befehlsnamen *befFeste*. Die vierte Schaltfläche ruft das MenüTerminverwaltung auf, als Befehlsname geben Sie *befTerminverwaltung* ein. Nächste Schaltflächen sind für das MenüHaushaltsbuch (*befHaushaltsbuchverwaltung*), MenüRezepte (befRezeptverwaltung) und das Modul *Allgemeine Daten*, wobei Sie hier kein Menü sondern direkt das Formular aufrufen. Als Schaltflächenname verwenden Sie *befAllgemeinDaten*.

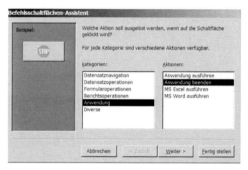

Abbildung 8-11

Ganz zum Schluss wird noch eine Schaltfläche notwendig sein, um das ganze Programm zu schließen. Ziehen Sie eine weitere Schaltfläche auf und geben Sie im ersten Dialogfenster im linken Fenster *Anwendungen* und im rechten Fenster Anwendung beenden ein. Im nächsten Fenster erfassen Sie als Text Ende und im darauffolgenden Fenster geben Sie der Schaltfläche den Namen *befEndeHauptMenü*.

Formatieren Sie die erstellten Schaltflächen noch, in dem Sie die Schaltflächen markieren und im Eigenschaftsfenster folgende Werte erfassen:

Links	17
Breite	7
Höhe	1
Schriftfarbe	rot
Schriftart	Arial, 14 pt. Fett
Textausrichtung	zentriert

Sie haben damit das erste Menü funktionsfähig erstellt. Speichern Sie es ab.

Kapitel 8

Menü-Adressverwaltung

Sie haben jetzt das Hauptmenü fertiggestellt, aus dem Sie heraus das Adressverwaltungs-Menü aufrufen. Sie müssen nunmehr dieses Menü erstellen. Auf der Access-Arbeitsfläche gehen Sie zum Objekt *Formulare* und rufen dort das *MenüAdressverwaltung* im Entwurfsmodus auf. Klicken Sie mit der rechten Maustaste als Erstes auf den Titel und ändern im Eigenschaftsfenster im Register *Alle* die Beschriftung in „Adressen-Verwaltung" um.

Für dieses Menü benötigen Sie drei Schaltflächen um andere Programme aufzurufen und eine Schaltfläche, damit Sie dieses Menü wieder verlassen und in das Hauptmenü zurückkommen können.

Aus der Toolbox ziehen Sie ein Befehlsschaltfläche herüber. Im ersten Dialogfenster wählen Sie im Fenster Kategorien die Option Formularoperationen aus. Im daneben liegenden Aktionen-Fenster wählen Sie Formular öffnen. Mit Weiter gelangen Sie in das nächste Dialogfenster. Hier können Sie bestimmen, welches Formular Sie mit dieser Schaltfläche öffnen wollen. Wählen Sie das Formular *frmAdresserfassung* aus.

Im letzten Dialogfeld geben Sie dem Befehl den Namen *befAdressenerfassung* und klicken auf Fertigstellen. Damit können Sie aus dem Menü Adressverwaltung das Erfassungsformular aufrufen. Sie haben auch hier wieder zwei Formulare zur gleichen Zeit offen. Stellen Sie sicher, dass in diesem Fall das Menü-Formular geschlossen wird. Ergänzen Sie den Programmcode, ähnlich wie Sie es im Hauptmenü bereits getan haben, mit dem Befehl:

DoCmd.Close acForm „MenüAdressverwaltung"

Jetzt können Sie alle anderen Schaltflächen nach gleichem Muster erstellen. Rufen Sie bei der zweiten Schaltfläche das Formular frmPLZ auf und geben im Dialogfenster den Namen *befErfassPostleitzahlen* ein. Die dritte Schaltfläche dient dem Aufruf des Untermenüs *frmAdressenDruckAuswahl* mit dem Befehlsnamen *befDruckauswahl*.

Menü-Strukturen

Kapitel 8

Die letzte Schaltfläche ist notwendig, um aus diesem Menü wieder herauszuspringen, diesmal allerdings nicht zur Programmbeendigung, sondern zurück zum Hauptmenü. Sie lässt sich wie die drei obigen erstellen. Benennen Sie diese Schaltfläche mit *befZurück* und Öffnen das Formular „MenüHaupt" und schließen gleichzeitig das Formular „MenüAdresserfassung".

DoCmd.OpenForm "MenüHaupt", acNormal

DoCmd.Close acForm, "MenüAdressverwaltung"

Formatieren Sie die erstellten Schaltflächen noch, in dem Sie die Schaltflächen markieren und im Eigenschaftsfenster folgende Werte erfassen:

Links	17
Breite	7
Höhe	1
Schriftfarbe	rot
Schriftart	Arial, 14 pt. Fett
Textausrichtung	zentriert

Speichern Sie das Formular ab.

Menü Medienverwaltung

Das nächste Menü schieben Sie bitte als Zwischenmenü zwischen die Buchverwaltung und die Musikverwaltung, damit Sie später noch weitere Medien z.B. Zeitschriften oder Film-DVDs dazuprogrammieren können und alle Medien zentral aus einem Verwaltungsprogramm aufrufen können.

Gehen Sie genauso vor wie in den obigen Menüs in dem Sie das bereits in seinen Grundfesten erstellte *MenüMedienVerwaltung* in der Entwurfsansicht aufrufen. Ändern Sie den Titel im Eigenschaftsfenster ab in „Medien-Verwaltung". Das Menü selbst besteht derzeit aus zwei Schaltflächen um andere weiterführende Menüs aufzurufen und einer Schaltfläche, mit der Sie wieder zurück ins Hauptmenü gelangen.

Gehen Sie so vor, dass Sie mit der ersten Schaltfläche das weiterführende Menü MenüBuchverwaltung aufrufen. Beschriften Sie die Schaltfläche mit „Buchverwaltung". Geben Sie der Schaltfläche den Namen *befMenüBuchverwaltung* und veranlassen Sie anschließend, dass das Medienmenü geschlossen wird.

Mit der nächsten Schaltfläche soll das weiterführende Menü *MenüMusikverwaltung* aufgerufen werden. Wählen Sie bei den Formularoperationen das *MenüMusikverwaltung* aus, beschriften die Schaltfläche mit „Musikverwaltung" und geben ihr den Namen *befMenüMusikverwaltung*. Schließen Sie auch in dieser Prozedur das Medien-Menü

DoCmd.Close acForm, "MenüMedienverwaltung"

Die dritte Schaltfläche entspricht auch der letzten Schaltfläche des vorherigen Menüs mit den Öffnen- und Schliessen-Befehlen:

DoCmd.OpenForm "MenüHaupt", acNormal

DoCmd.Close acForm, "MenüMedienverwaltung"

Für die Formatierung der Schaltflächen halten Sie sich auch wieder an die Daten aus dem vorhergehenden Menü und speichern das Formular jetzt ab.

Menü Buchverwaltung

Laden Sie das kopierte Formular *MenüBuchverwaltung,* wechseln in den Entwurfsmodus und ändern den Titel in „Buchverwaltung" um. Für dieses Auswahlmenü werden 5 Schaltflächen benötigt, nämlich zum Aufruf des eigentlichen Buchverwaltungsmodul, dann zum Aufruf des Kategorienmoduls, des Verlagsmoduls und des Autorenmoduls. Außerdem ist eine Schaltfläche für den Rücksprung ins Hauptmenü notwendig.

Mit der ersten Schaltfläche rufen Sie das Formular frmBuchverwaltung auf, belegen Sie mit der Beschriftung *Bucherfassung* und geben ihr den Namen *befBucherfassung*. Gleichzeitig schließen Sie das MenüBucherfassung.

Menü-Strukturen

Mit den weiteren Schaltflächen öffnen Sie die Formulare *frmBuchkategorien*, *frmBuchVerlage* und *frmBuchAutoren*. Die Schaltflächen beschriften Sie entsprechend mit Kategorien, Verlage, Autoren und die Schaltflächen erhalten die Namen *befBuchkategorie*, *befBuchVerlage* und *befBuchAutoren*.

Die letzte Schaltfläche dient der Öffnung des Hauptmenüs, wird mit „Zurück" beschriftet und erhält den Namen *befZurück*.

Vergessen Sie bei keiner Schaltfläche, nach dem Öffnen eines Formular auch das Menü Buchverwaltung wieder zu schließen mit dem Befehl *DoCmd.Close acForm, "MenüBuchverwaltung*.

Formatieren Sie die Schaltflächen wie in den anderen Menüs und speichern Sie das neue Formular ab.

Menü Musikverwaltung

Öffnen Sie das Menü im Entwurfsmodus und ändern den Titel im Eigenschaftsfenster ab in „Musikverwaltung". Für die Musikverwaltung haben Sie bisher nur ein einziges Formular erstellt, nämlich das Formular frmMusikerfassung. Sie benötigen deshalb auch nur zwei Schaltflächen. Einmal um dieses Formular aufzurufen und zum anderen, um in Hauptmenü zurückzugelangen.

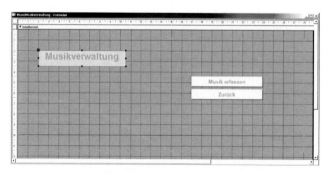

Abbildung 8-12

Ich nehme an, Sie können das jetzt schon ohne Hilfe. Versuchen Sie es einfach einmal ganz alleine. Denken Sie aber daran, dass das Menü bei jeder Schaltfläche wieder geschlossen wird mit

DoCmd.Close acForm, "MenüMusikverwaltung.

Formatieren Sie die Schaltflächen wie vor. Es müsste danach so aussehen:

Speichern Sie das Formular.

Menü Feste

Laden Sie das vorbereitete Formular im Entwurfsmodus, ändern Sie im Eigenschaftsfenster den Titel in „Feste-Verwaltung". Sie benötigen in diesem Auswahlformular insgesamt 7 Schaltflächen.

Name Schaltfläche	Beschriftung	Programm
befVeranstaltung	Veranstaltung	frmVeranstaltung
befEinladungen	Einladung/Zusagen	frmEinladungen/Zusagen
befTischerfassung	Tisch-Erfassung	frmTische
befTischbelegung	Tischbelegung	frmTischbelegung
befGlückwünsche	Glückwünsche	frmGlückwünsche
befBerichtsauswahl	Berichts-Auswahl	frmDruckAuswahlEinladung
befZurück	Zurück	MenüHaupt

Für jede Schaltfläche erfassen Sie auch noch das Schließen des Formulars MenüFeste. Beim letzten Befehl springen Sie zurück ins Hauptmenü.

Formatieren Sie die Schaltflächen wie in den vorherigen Auswahlformularen. Sollten die Abstände zwischen den Schaltflächen nicht gleichmäßig groß sein, markieren Sie alle Schaltflächen und gehen über das Hauptauswahlmenü von Access unter Format, vertikaler Abstand und Angleichen zur automatischen Anordnung der Schaltflächen.

Kapitel 8

Menü Haushaltsbuch

Rufen Sie im Entwurfsmodus das vorbereitete Formular MenüHaushaltsbuch auf und ändern im Eigenschaftsfenster den Titel in „Haushaltsbuch". Für dieses Auswahlmenü benötigen Sie vier Schaltflächen.

Name Schaltfläche	Beschriftung	Programm
befGeldverkehr	Einnahmen/Ausgaben	frmVerbuchung
befBuchungskonten	Buchungskonten	frmBuchungsKonten
befListenDruck	Berichts-Druck	frmListendruck HHB
befZurück	Zurück	MenüHaupt

Vergessen Sie auch hier nicht, nach jedem Programmaufruf das Menü zu schließen. Formatieren Sie auch hier die Schaltflächen und speichern das Programm ab.

Menü Rezepte

Nach der Öffnung des Formulars MenüRezepte ändern Sie den Titel in „Rezepte". An Schaltflächen benötigen Sie 4 Schaltflächen.

Name Schaltfläche	Beschriftung	Programm
befRezeptErfassung	Rezept-Erfassung	frmRezepte
befKategorien	Kategorien	frmRezeptKategorien
befMengen	Mengenbezeichnung	frmRezeptMengen
befZurück	Zurück	MenüHaupt

Auf weitere Erläuterungen kann ich sicherlich verzichten. Die Routinen sind Ihnen jetzt hinreichend bekannt.

Kapitel 8

Menü Termin-Verwaltung

Nach der Öffnung des Formulars MenüTerminVerwaltung ändern Sie den Titel in „Termin-Verwaltung". Sie benötigen hier 4 Schaltflächen.

Name Schaltfläche	Beschriftung	Programm
befTerminKalender	*Terminkalender*	*Terminkalender*
befErinnerung	*Erinnerungen*	*frmErinnerung*
befDruck	*Druck Terminübersicht*	*frmDruckTerminübersicht*
befZurück	*Zurück*	*MenüHaupt*

Farbänderungen der Menüs

Sie haben alle Menüs erstellt. Wenn Sie diese Menüs nun im Ansichtsmodus über das Hauptmenüs einmal nacheinander aufrufen merken Sie schnell, dass durch die bisherige Farbgebung ein neu geladenes Menü erst auf den zweiten Blick zu erkennen ist, da die gewählte Farbe gegenüber den Schaltflächen dominiert und ins Auge fällt. Wenn Sie wollen, können Sie jedem Menü eine andere Hintergrundfarbe geben, sodass bei einem Wechsel sofort das neu geladene Menü heraussticht. Wenn Sie kein Freund von Farbe sind, dann überspringen Sie diesen Punkt.

Eine andere Hintergrundfarbe stellen Sie ein, in dem Sie das entsprechende Menü im Entwurfsmodus öffnen, in einen freien Raum des Detailbereichs des Formulars mit der rechten Maustaste klicken und das Eigenschaftsfenster des Detailbereichs öffnen. Im Register Format können Sie über die Farbpalette eine andere Farbe auswählen. Probieren Sie es einfach einmal aus.

Belebung der Menüs

Sie können die Eintönigkeit der Auswahlformulare auch etwas verringern, wenn Sie in die Menüs Bilder oder Cliparts einfügen. Im Internet gibt es sicherlich genügend davon.

Abbildung 8-13

Wenn Sie ein Bild gefunden haben, das zu einem Menü passt, dann öffnen Sie das Menüformular und lassen sich die Toolbox anzeigen. Klicken Sie in der Toolbox auf das Symbol Bild und ziehen unterhalb des Titels einen Rahmen auf. Jetzt können Sie den Speicherort und den Bildnamen aus dem Explorer auswählen. Es wird dann sofort in das Formular eingefügt.

Zurück-Schaltfläche in Formularen

Sie haben jetzt alle Auswahlmenüs erstellt und können alle Formulare von hier aus aufrufen. Sie können sich sicher noch erinnern, dass ich bei der Erstellung der ersten Befehlsschaltflächen in Kapitel 4 bereits erwähnt habe, dass später noch eine weitere Befehlsschaltfläche hinzukommt. Ähnlich wie bei den Menüs wird auch bei jedem Formular eine Schaltfläche benötigt, mit der Sie das entsprechende Formular wieder schließen und in das aufrufende Menü zurückspringen können.

Sie müssen also alle Formulare der Reihe nach aufrufen und unter die bisherigen Schaltflächen für Neu, Abbrechen, Speichern und Löschen eine weitere hinzufügen, die Sie auch wieder „Zurück" benennen.

Beginnen Sie mit dem Formular *frmAdresserfassung*, das Sie im Entwurfsmodus öffnen. Dieses Formular wird aus dem MenüAdressverwaltung aufgerufen. Wenn Sie mit der Adresserfassung fertig sind, müssen Sie auch zu diesem Menü zurückkehren.

Kapitel 8

Aus der Toolbox ziehen Sie eine Befehlsschaltfläche auf Ihr Formular, wählen im Dialogfenster Formularoperationen an und anschließend Formular öffnen. Im nächsten Dialog erfassen Sie den Menü-Namen, zu dem Sie zurückspringen wollen, das ist das MenüAdressverwaltung. Die Beschriftung der Schaltfläche legen Sie mit „Zurück" fest und den Befehl nennen Sie wieder befZurück und klicken auf Fertigstellen. Rufen Sie jetzt nochmals die vom Assistenten erstellte Sub-Prozedur auf, entweder über das Symbolmenü und Code oder über das Eigenschaftsfenster der Schaltfläche, Register Ereignis, Klick auf die Schaltfläche mit den drei Punkten. Ergänzen Sie –wie vorher bei den Menüs – den Programmcode mit einem Schließenbefehl

Abbildung 8- 14

DoCmd.Close acForm, "frmAdressErfassung"

Zum Schluss formatieren Sie die neue Befehlsschaltfläche noch, um sie den anderen anzugleichen. Speichern Sie dann dieses Formular wieder ab. Rufen Sie jetzt die anderen Formulare auf und verfahren ebenso. Benutzen Sie dabei als Schaltflächen-Name stets „befZurück".

Formular	Zurück zu
frmAllgemeineDaten	MenüHaupt
frmBuchAutoren	MenüBuchverwaltung
frmBuchKategorien	MenüBuchverwaltung
frmBuchVerlage	MenüBuchverwaltung
frmBuchVerwaltung	MenüBuchverwaltung
frmDruckAuswahlEinladung	MenüFeste
frmAdressenDruckAuswahl	MenüAdressVerwaltung
frmEinladungZusagen	MenüFeste
frmTerminkalender	MenüTerminverwaltung
frmErinnerung	MenüTerminverwaltung

Kapitel 8

frmDruckTerminübersicht	MenüTerminverwaltung
frmGlückwünsche	MenüFeste
frmListenAuswahl	MenüAdressVerwaltung
frmListendruckHHB	MenüHaushaltsbuch
frmMusikErfassung	MenüMusikVerwaltung
frmPLZ	MenüAdressVerwaltung
frmRezepte	MenüRezepte
frmRezeptKategorien	MenüRezepte
frmRezeptMenge	MenüRezepte
frmTisch	MenüFeste
frmVeranstaltung	MenüFeste
frmVerbuchung	MenüHaushaltsbuch

Wenn Sie diese Arbeiten erledigt haben, können Sie einmal zwischen den verschiedenen Menüs und den Formularen hin- und herschalten und Ihr Werk überprüfen. Damit ist das Projekt als solches fertiggestellt.

Kapitel 9

WEITERGABE VON PROGRAMMEN

Wenn Sie Programme lediglich für Ihren Eigenbedarf erstellen und nicht an andere weitergeben, können Sie dieses Kapitel überspringen. Wollen Sie aber Ihre Arbeit auch anderen zur Verfügung stellen, dann würden Sie ohne verschiedene Vorsichtsmaßnahmen den Programmcode Ihrer *mdb-Datenbank* preisgeben. Um dies zu verhindern, gibt es verschiedene Schutzmechanismen, die ich ganz kurz vorstellen will.

Office Developer Edition

Bis zu den Versionen Access 2003 gibt es bei Microsoft die kostenpflichtige *Office Developer Edition* zu kaufen, mit der Sie Ihre Programme kompilieren können. Der Anwender kann dann Ihr Projekt nutzen, ohne dass er selbst eine lizenzierte Access-Version besitzt, da mit dem Developer eine Runtime-Version von Access zur Verfügung gestellt wird, die Sie in Ihr Projekt einbinden dürfen. Mit dieser Runtime-Version laufen Ihre Programme auf jedem Rechner aber insoweit abgeblockt als der Nutzer nicht in der Lage ist den Programmcode einzusehen und auch keinerlei Veränderungen an Ihren Tabellen, Formularen und Berichten durchführen kann. Es ist allerdings etwas kostspielig und rentiert sich nur, wenn Sie mit dem Verkauf Ihrer Programme auch etwas Geld verdienen können. Sie ist allerdings nicht ganz frei von Nickelichkeiten und man benötigt schon einige Zeit, um in diese Materie einzusteigen. Ab der Version Access 2007 liefert Microsoft auf der CD die notwendigen Hilfsmittel für eine Kompilierung des Programms kostenfrei mit. Damit können Sie jedem Nutzer ihres Projektes ein fertiges Programm übergeben, bei dem keine Einsicht in Ihre Programmierungs-Internas möglich ist.

MDE-Datenbank

Wenn derjenige, dem Sie Ihr Programm weitergeben über eine Vollversion von Access verfügt, dann können Sie ihm statt der MDB-Datenbank eine MDE-Datei überlassen. Aus MDE-Dateien sind sämtliche änderbaren Teile der Tabellen,

Kapitel 9

Formulare und Berichte entfernt. Diese Teile liegen ausschließlich einer einer kompilierten und nicht einsehbaren Form vor.

Mit der Umwandlung in eine MDE-Datei geht allerdings die bisherige MDB-Datei verloren. Kopieren Sie deshalb vor dieser Arbeit die MDB-Datei in ein neues Verzeichnis und wandeln erst in diesem Verzeichnis um. Klicken Sie dazu im Hauptmenü von Access auf *Extras*, dann auf *Datenbank-Dienstprogramme* und danach auf *MDE-Datei erstellen*.

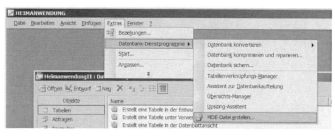

Abbildung 9- 1

Im Dialogfenster können Sie der neuen Datei einen anderen Namen geben, oder den vorgegebenen auch beibehalten.

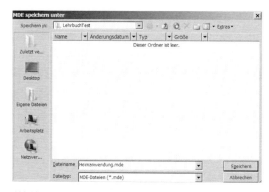

Abbildung 9- 2

Jetzt können Sie diese MDE-Datei bedenkenlos weitergeben.

Kapitel 9

AUFTEILUNG DER PROGRAMMDATEI

Bei Programmen, die Sie weitergeben empfiehlt es sich außerdem die gesamte Applikation in zwei Teile aufzuteilen. Einmal in ein sogenanntes **Front-End**, in dem alle Abfragen, Formulare und Berichte enthalten sind und in **Back-End** genanntes Teil, in dem sämtliche Tabellen enthalten sind. Sollten irgendwann einmal Programmänderungen erwünscht sein, so können Sie diese durchführen und dem Nutzer wieder zur Verfügung stellen, ohne dass zwischenzeitlich dessen weitergeführte Daten verloren gehen.

Die Front-End Datenbank enthält Verknüpfungen auf die Tabellen der Back-End-Datenbank. Auch beim Einsatz Ihres Programms in einem Netzwerk hätte dies den Vorteil, dass jeder Netzwerkteilnehmer seine eigene Front-End-Datenbank besitzt und die Daten als Back-End auf dem Server liegen können.

Access besitzt zum Aufteilen einer Datenbank einen Assistenten, den Sie hierzu einsetzen können.

Im Hauptmenü klicken Sie dazu auf *Extras*, dann auf *Datenbank-Dienstproggramme*, anschließend auf *Assistent zur Datenbankaufteilung*.

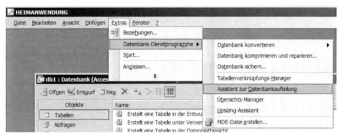

Abbildung 9- 3

Im sich öffnenden Dialogfenster müssen Sie noch einmal bestätigen, dass Sie die Datenbank aufteilen wollen, mit dem Hinweis vorher noch eine Sicherungskopie anzulegen. Mit einem Klick auf die Schaltfläche *Datenbank aufteilen* können Sie der

Kapitel 9

nun zu erstellenden Back-End-Datei einen neuen Namen geben oder den vorgeschlagenen übernehmen. Mit einem weiteren Klick auf *Aufteilen*, erledigt der Assistent die Aufteilungsarbeit. Dies kann einige Zeit dauern. Wenn er fertig ist, meldet er den Vollzug. Wenn Sie im Explorer einmal das Unterverzeichnis anschauen, von dem aus Sie diese Aufteilung vorgenommen haben, können Sie ersehen, dass eine zweite Datenbank mit dem Zusatzausdruck *_be.MDB* erstellt wurde. In dieser befinden Sich also jetzt die Tabellen. Geben Sie Ihrem Interessenten beide Datenbankteile mit, damit er mit Ihrem Werk arbeiten kann.

ANHANG 1 :

Datentypen

Datentyp	*Speicherbedarf*	*Wertebereich*
Byte	1 Byte	0 bis 255
Integer	2 Bytes	-32.768 bis 32.767
Long	4 Bytes	-2.147.483.648 bis 2.147.83.647
Single Gleitkomma mit einfacher Genauigkeit	4 Bytes	$-3{,}402823E^{38}$ bis $-1{,}401298E^{-45}$ $1{,}401298E^{-45}$ bis $3{,}402823E^{38}$
Double (Gleitkomma mit doppelter Genauigkeit)	8 Bytes	$-1{,}79769313486231E^{308}$ bis $+-4{,}94065645841247E^{-324}$ $4{,}94065645841247E-324$ bis $1{,}79769313486232E^{308}$
Currency (Währung)	8 Bytes	-922.357.203.685.477,5808 bis 922.357.203.685.477,5807
Decimal	14 Bytes	+/- 7,9228162514264337593543950335
Boolean	2 Bytes	True oder False
Date	8 Bytes	1.Januar 100 bis 31.Dezember 9999

Anhang 1

Variant	22 Bytes	Variable Länge
String (Text)	2 Byte je Zeichen	Max. 255 Zeichen
Memo	10 Bytes + Zeichenfolgelänge	Max. 65.536 Zeichen

ANHANG 2:

Gebräuchliche Notationen

Steuerelement	Präfix	Beispiel
Befehlsschaltfläche (CommandButton)	cmd	cmdExit
Bericht	rpt	rptSaldenliste
Bezeichnungsfeld (Label)	lbl	lblNachname
Bild (Picture)	pic	picTorte
Kombinationsfeld (Combobox)	cmb	cmbNamenSuche
Formular	frm	frmKunden
Kontrollkästchen (CheckBox)	chk	chkJaNein
Textfeld	txt	txtNachname
Database	db	dbHeimanwendung
Index	Idx	idxPrimaryKey
Abfrage (QueryDef)	qry, abfr	abfrGeburtagsListe

Anhang 2

Datentyp Boolean	bln	blnJa
Währung (Currency)	cur	curVerkaufspreis
Zahl (Byte)	byt	bytZahl
Datum	Dtm	dtmGeburtstag
Zahl (double)	dbl	dblZahl
Zahl (Integer)	int	intZahl
Zahl (Long)	lng	lngZahl
Zahl (Single)	sng	sngZahl

ANHANG 3:

MsgBox Schaltflächen

Konstante	Wert	Beschreibung/Symbol
VbOkOnly	0	Nur Schaltfläche OK
VbOkCancel	1	Schaltflächen OK und Abbrechen
VbAbortRetryIgnore	2	Schaltflächen Abbruch, Wiederholen, Ignorieren
VbYesNoCancel	3	Schaltfläche Ja, Nein, Abbrechen
VbYesNo	4	Schaltfläche, Ja, Nein
VbRetryCancel	5	Schaltfläche Wiederholen, Abbrechen
VbCritical	16	
VbQuestion	32	
VbExclamation	48	
VbInformation	64	
VbDefaultButton1	0	Erste Schaltfläche ist Standardschaltfläche
VbDefaultButton2	256	Zweite Schaltfläche ist Standardschaltfläche
VbDefaultButton3	512	Dritte Schaltfläche ist Standardschaltfläche
VbDefaultButton4	768	Vierte Schaltfläche ist Standardschaltfläche

Sie können in der Msgbox sowohl die VB-Konstanten zusammengesetzt jeweils mit einem „+"-Zeichen als auch deren Zahlenwert, entweder zusammenaddiert oder aber auch einzeln in Klammern gesetzt und ebenfalls mit einem „+"-Zeichen verbunden, verwenden. Das Ergebnis ist immer gleich. Hier einige Beispiele:

Dim a

Anhang 3

a = MsgBox("Datensatz wirklich löschen?", vbYesNo + vbQuestion, "Datensatz löschen?")

a = MsgBox("Datensatz wirklich löschen?", (4 + 32), "Datensatz löschen?")

a = MsgBox ("Eingabe unrichtig!", vbAbortRetryIgnore + vbExclamation, "Bitte überprüfen Sie Ihre Eingabe!")

a = MsgBox ("Eingabe unrichtig!", (2 + 48), "Bitte überprüfen Sie Ihre Eingabe!")

Jeder Button der MsgBox hat einen eigenen Rückgabewert. Zur Feststellung, welchen Button der Anwender gedrückt hat, können Sie sowohl diesen Rückgabewert als auch die VB-Konstante abfragen.

Konstante	Wert	Beschreibung
vbOK	1	Schaltfläche **OK** gedrückt
vbCancel	2	Schaltfläche **Abbrechen** gedrückt
vbAbort	3	Schaltfläche **Abbruch** gedrückt
vbRetry	4	Schaltfläche **Wiederholen** gedrückt

Anhang 3

vbIgnore	5	Schaltfläche **Ignorieren** gedrückt
vbYes	6	Schaltfläche **Ja** gedrückt
vbNo	7	Schaltfläche **Nein** gedrückt

ANHANG 4:

Wiederkehrende Programmabläufe

Beim Berichtsdruck Zeilen abwechselnd farbig markieren

```
Private Sub Detailbereich_Format(Cancel As Integer, FormatCount As Integer)
' Weiß: FarbNr. 16777215
'Hellgrau: FArbNr. 12632256
Const clngCol1 = 16777215
Const clngCol2 = 12632256

If Me.Detailbereich.BackColor = clngCol1 Then
        ' Von weiß auf grau umschalten
        Me.Detailbereich.BackColor = clngCol2
Else
        Me.Detailbereich.BackColor = clngCol1
        'von grau auf weiß umschalten
End If
End Sub
```

Ausdruck eines Berichtes verhindern, wenn keine Daten vorhanden sind

```
Private Sub Report_NoData(Cancel As Integer)
Application.Echo False
' globalen fehler ausgeben, wenn keine daten vorhanden sind
MsgBox "Der Bericht kann nicht angezeigt oder gedruckt " _
& vbCrLf & "werden da er im Moment keine Daten enthält.", 16, "Achtung!"
' ausgabe abbrechen
DoCmd.CancelEvent
Application.Echo True
DoCmd.Close
Ende:
End Sub
```

Rückfrage bei Datensatz löschen

```
Private Sub befLöschen_Click()
On Error GoTo Err_befLöschen_Click
If MsgBox("Datensatz wirklich loeschen?", _
```

Anhang 4

```
        vbExclamation + vbYesNo) = vbNo Then
        Exit Sub
End If
DoCmd.DoMenuItem acFormBar, acEditMenu, 8, , acMenuVer70
DoCmd.DoMenuItem acFormBar, acEditMenu, 6, , acMenuVer70
Exit_befLöschen_Click:
Exit Sub
Err_befLöschen_Click:
MsgBox Err.Description
Resume Exit_befLöschen_Click
End Sub
```

Dateiöffnung mit DAO

```
'Variablen deklarieren
Dim db as DAO.database
Dim rst as DAO.recordset
'Datenbasis bestimmen und Tabelle öffnen
Set db = CurrentDb
Set rs = db.OpenRecordset("select * from Datentabelle", dbOpenDynaset)
' hier erfolgen Anweisungen wie rst.MoveFirst, rst.EOF etc
'zum Abschluss ist das Recordset aufzulösen und die Datei zu schließen:
rst.Nothing
rst.Close
```

Dateiöffnung mit ADO

```
'Variablen deklarieren
Dim conn as New ADODB.Connection
Dim rst as NEW ADODB.Recordset
'Datenbasis bestimmen und Tabelle öffnen
Set conn = Current.Project.Connection
Rst.Open "select * from Datentabelle", conn, adOpenKeyset
' hier erfolgen Anweisungen wie rst.MoveFirst, rst.EOF etc
'zum Abschluss ist das Recordset aufzulösen und die Datei zu schließen:
rst.Nothing
rst.Close
```

,

ANHANG 5

Datum und Zeitfunktionen

Funktion	Beschreibung	Beispiel: 09.12.2011
Now()	Gibt das heutige Datum u. die aktuelle Zeit an	19.11.2011 22:33.04
Date()	Gibt das aktuelle Datum an	19.12.2011
year(Date)	Extrahiert aus dem Datum das Jahr	2011
month(Date)	Extrahiert aus dem Datum den Monat	11
day(Date)	Extrahiert aus dem Datum den Tag	19
Weekday(date)	Gibt den Wochentag an	7

Ermittlung der Wochentage

Konstante	Wert	Beschreibung
VbSunday	1	Sonntag (Voreinstellung)
vbMonday	2	Montag
vbTuesday	3	Dienstag
vbWednesday	4	Mittwoch
vbThursday	5	Donnerstag
vbFriday	6	Freitag
vbSaturday	7	Samstag

Anhang 5

Intervall-Funktionen

Funktion	Beschreibung	Ergebnis mit obigem Datum
DatePart(Interval,Date)	Interval = „jjjj" Jahr	2011
	Interval = „q" Quartal	4
	Interval = "m" Monat	11
	Interval = „d" Tag	19
	Interval = „w" Wochentag	7
	Interval = „ww" Woche	47
	Interval = „h" Stunde	22
	Interval = „n" Minute	33
	Interval = „s" Sekunde	4
DateAdd(Interval,Zahl,Date)	Gibt ein Datum aus, zu dem ein Wert addiert oder subtrahiert wird	DateAdd(„yyyy",+3,Date) =19.11.2014
DateDiff(„Interval,Datum1, Datum2)	Gibt die Differenz zwischen zwei Datumswerten aus	DateDiff(„yyyy",Now,#19. 11.2015#)=4

ANHANG 6

Schleifenstrukturen

Schleifen werden benötigt um eine Folge von Anweisungen wiederholt auszuführen. Die Abfolge von Anweisungen laufen „im Kreis" bis eine Bedingung erfüllt ist. VBA kennt verschiedene Arten von Schleifen:

For-Next-Schleifen

Die Schleifenart können Sie einsetzen, wenn Sie von Beginn an wissen, wie oft die Schleife durchlaufen werden soll. Die Syntax lautet:

For Schleifenzähler = Anfang to Ende [Step]
hier folgen die Anweisungen
Next

Als Schleifenzähler dient eine numerische Variable, auch Zähl- oder Schleifenvariable genannt. Als Anfang wird der Startwert des Schleifenzählers als numerischer Wert angegeben. Als Ende wird ebenfalls ein numerischer Wert erfasst. Optional können Sie noch eine Schrittweite eingeben. Legen Sie hier keinen Wert fest, ist die Schrittweite immer 1, d.h. ein Datensatz nach dem anderen wird verarbeitet.

Beispiel: Sie wollen aus einem Anfangskapital von 10.000 € bei einer 5-jährigen Anlage mit einem Festzinssatz von 3 % wissen, wie hoch das Endkapital ist.

```
Dim Anfangskapital As Integer
Dim Zinssatz As Integer
Dim AnzahlJahre As Integer
Dim Laufzeit As Integer
Dim Zinsen As Currency
Anfangskapital = 10000
Zinssatz = 3
AnzahlJahre = 5
```

Anhang 6

```
For Laufzeit = 1 To AnzahlJahre
Zinsen = Anfangskapital / 100 * 3
Anfangskapital = Anfangskapital + Zinsen
Zinsen = 0
Next
Msgbox("Das Endkapital beträgt: " & Str(Anfangskapital))
```

Do-Loop-Schleifen

Wenn Ihnen die Anzahl der Wiederholungsläufe nicht bekannt ist, muss in der Schleife eine Bedingungsabfrage enthalten sein, damit bei Erfüllung dieser Bedingung die Schleife beendet werden kann. Es gibt mehrere Arten der Do-Loop-Schleifen mit unterschiedlicher Syntax:

Möglichkeit 1:   **Do**
                        Anweisungen
                        Loop Until *Bedingung*

Möglichkeit 2:   **Do Until** *Bedingung*
                        Anweisungen
                        Loop

Möglichkeit 3:   **Do**
                        Anweisungen
                        Loop While *Bedingung*

Möglichkeit 4:   **Do While** *Bedingung*
                        Anweisungen
                        Loop

Die ersten beiden Möglichkeiten garantieren mindestens eine Abarbeitung der Anweisungen, da die Bedingung erst geprüft wird, wenn der Anweisungsblock einmal abgearbeitet ist. Die Möglichkeiten 1 (*Tue etwas, bis die Bedingung erfüllt ist*) und 3 (*Tue etwas, solange noch die Bedingung erfüllt ist*) sind von ihrem Ablauf her identisch. Bei den Möglichkeiten 2 und 4 könnte es dann zu keinem Durchlauf kommen, wenn die Bedingung von Anfang an nicht erfüllt ist

Beispiel: Sie wollen in einer Artikel-Tabelle alle Preise um 10 % erhöhen. Dazu müssen Sie alle Artikel von Anfang (BOF) bis Ende (EOF) durchlaufen. Die Datensätze werden solange durchlaufen, bis das Tabellenende erreicht ist.

```
Do while not EOF
Preis = Preis + (Preis*10/100)
loop
```

ANHANG 7

Domänen-Funktionen

Funktion in Access	Funktion in VBA	Beschreibung
DomMittelwert	DAvg	Ermittelt den Mittelwert
DomAnzahl	**DCount**	Ermittelt die Anzahl
DomWert	**Dlookup**	Schlägt einen Wert nach
DomMin	DMin	Ermittelt den kleinsten Wert
DomMax	DMax	Ermittelt den größten Wert
DomErsterWert	DFirst	Ermittelt den ersten Wert
DomLetzter Wert	DLast	Ermittelt den letzten Wert
DomStdAbw	DStDev	Gibt die Standardabweichung einer Stichprobe an
DomStdAbwG	DStDevP	Gibt die Standardabweichung einer Grundgesamtheit an
DomSumme	**DSum**	Ermittelt die Summe
DomVarianz	DVar	Gibt die Varianz einer Stichprobe an
DomVarianzG	DVarP	Gibt die Varianz einer Grundgesamtheit an

Mit den Domänen-Funktionen können Sie statistische Werte ermitteln. Mit den fett gedruckten Funktionen haben Sie in diesem Buch bereits gearbeitet. Eine Domäne ist dabei immer eine Datensatzgruppe. Als Domäne müssen Sie eine Tabelle oder eine Auswahlabfrage angeben, aus der das Ergebnis entnommen werden soll. Als Parameter benötigen Sie ein Datenfeld mit dem oder aus dem Sie einen Wert ziehen wollen, eine Domäne und evtl. ein Kriterium, mit dem Sie die Datensatzgruppe bestimmen können. Die einzelnen Parameter sind jeweils in Anführungszeichen zu setzen und durch ein Semikolon zu trennen. In Access können Sie über das Eigenschaftsfenster in dem Register Daten den Steuerelement-Inhalt mit einer Domänen-Funktion festlegen. Im VBA-Code können Sie einer Variablen oder

Anhang 7

einem Datenfeld den Wert zuweisen. Die Syntax für alle Domänen-Funktionen ist gleich und lautet:

= Domänenfunktion("Datenfeld";"Tabelle oder Abfrage"; Kriterium)

Beispiel:

Sie wollen einem ungebundenen Textfeld in einem Formular, namens „Ort" einen Wert zuweisen, der in der Tabelle tblPLZ im Feld „Behausung" steht.

Me.Ort=DLookup(„Behausung"; „tblPLZ"; „PLZ = " & Me.PLZ)

STICHWORT-VERZEICHNIS

A

Abs() 347
Access-Anwendungsfenster 9
acNewRec 283
acPreview 514, 522
acReport 514, 523
Aktivierungsreihenfolge 126
Aktualisierungsweitergabe 77
Änderung der Reihenfolge 126
Ansichtsmodus 140
Arbeitsfeld 96
AutoWert 19

B

Befehlsschaltfläche 108
Berichte 4
Between() 385
Bezeichnungsfeld 10, 106
Beziehungen 76
   Eins-zu-Eins-Beziehung 76
   Eins-zu-Viele-Beziehung 76
   Viele-zu-Viele-Beziehung 76
Bild-Objekt 108

D

DateAdd 205
Datenfeld 10
Datentyp 5
DatePart 200
DatePart() 427
DatTeil 341
DCount 366
DCount(). 181
Dim 237

Dir()- 271
Dlookup() 153
DoCmd
   DoCmd.CancelEvent 431
   DoCmd.DoMenuItem 139
   DoComd.Set Warnings 194
DoCmd.Close 276
DoCmd.OpenQuery 355
DoCmdOpenForm 356
DSum() 240

E

Eigenschaftsfenster 11, 100
Eingabeformat 61
Entwurfsmodus 49
Erfassungsformulare 89

F

Feldbeschreibung 17
Felddatentyp 17
Feldname 16
Form_Current() 366
Format$ 213
Formatieren von
   Befehlsschaltflächen 115
Forms! 425
Formularansicht 93
Formulare 4
Formularfläche 97
Formular-Titel 116

G

Gebundenes Objektfeld 108
Globale Module 5
GoToRecord 283

H

Hintergrundfarbe 117

I

If-Then-Else-Anweisung 128
Index 18
ISBN-Nummer 44, 46, 73, 291
IsNull() 151

K

Kalendersteuerelement 208
Kombinationsfeld 107, 117
Kombinationsfeld mit Assistent und Dateiwerten 169
Kombinationsfeld mit Datensatz-Suche 121
Kombinationsfeldes mit selbst erfassten Daten 147
Konstanten 7
Kontrollkästchen 107

L

Left() 151
Linie 109
Listenfeld 107

M

Makros 10
Microsoft DAO 3.6-Bibliothek 381
Module 2
MsgBox 113, 114, 115, 236, 270, 272, 296, 369, 378, 404, 405, 429, 430, 468, 512, 514, 515, 529, 552

N

Navigationsschaltflächen 94
Notation 7
Now 213
NZ() 271

O

Objekte 3
Objektfeld 108
On Error 139
OpenReport 516
Optionsfeld 107
Optionsgruppe 106
Optionsschalter 107
Order by 139, 246

P

Primärschlüssel 19
Programmcode 142
Projekte 2
Prozeduren 3

R

Rahmen aufziehen und formatieren 116
Rechteck 109
Referentielle Integrität 77
Register Alle 12
Register Andere 12
Register Daten 11
Register Ereignis 11
Register Format 11
Registerseiten 144
Registersteuerelement 108, 143
Requery 139
Resume 272

S

Schaltfläche 11
Schaltfläche Datensatz löschen 112
Schaltfläche Datensatz rückgängig machen 112
Schaltfläche Datensatz speichern 111
Schaltfläche Neuer Datensatz 109
Schlüsselspalte ausblenden 170
Schriftart 117
Schriftbreite 117
Schriftgrad 117
Seiten 4
Seitenumbruch 108
Select 139
Select-Case-Anweisung 267
SetFocus 129, 166, 168, 169, 174, 192, 193, 238, 239, 246, 248, 283, 371, 375, 512
Standard-Navigationsschaltflächen 104
Steuerelemente 10
Steuerelemente verschieben 101

Summe() 471, 479
Symbolleiste 10

T

Tabellen 4, 49
Tabellen-Assistenten 50
Textausrichtung 137
Textfarbe 117
Textfeld 10, 106
Toolbox 105

U

Unterformular 109

V

Variablen 5
vbCritical 113
vbCrLf 163
vbYesNo 113
Verknüpfungstyp 79
Visible 374

W

Where() 228, 385